AF524746

GRöLS
Verlage

„Bücher sind wie Fallschirme. Sie nützen uns nichts, wenn wir sie nicht öffnen."

Gröls Verlag

Redaktionelle Hinweise und Impressum

Das vorliegende Werk wurde zugunsten der Authentizität sehr zurückhaltend bearbeitet. So wurden etwa ursprüngliche Rechtschreibfehler regelmäßig *nicht* behoben, denn kleine Unvollkommenheiten machen das Buch – wie im Übrigen den Menschen – erst authentisch. Mitunter wurden jedoch zum Beispiel Absätze behutsam neu getrennt, um den Lesefluss zu erleichtern.

Um die Texte zu rekonstruieren, werden antiquarische Bücher von Lesegeräten gescannt und dann durch eine Software lesbar gemacht. Der so entstandene Text wird von Menschen gegengelesen und korrigiert – hierbei treten auch Fehler auf. Wenn Sie ebenfalls antiquarische Texte einreichen möchten, finden Sie weitere Informationen auf www.groels.de

Viel Freude bei der Lektüre wünscht Ihnen das Team des Gröls-Verlags.

Adressen

Verleger: Hermann-Josef Gröls,

Im Borngrund 26, 61440 Oberursel

Externer Dienstleister für Distribution & Herstellung:

BoD, In de Tarpen 42, 22848 Norderstedt

Unsere „Edition | Werke der Weltliteratur“ hat den Anspruch, eine der größten und vollständigsten Sammlungen klassischer Literatur in deutscher Sprache zu werden. Nach und nach versammeln wir hier nicht nur die „üblichen Verdächtigen“ von Goethe bis Schiller, sondern auch Kleinode der vergangenen Jahrhunderte, die – zu Unrecht – drohen, in Vergessenheit zu geraten. Wir kultivieren und kuratieren damit einen der wertvollsten Bereiche der abendländischen Kultur. Kleine Auswahl:

Francis Bacon • Neues Organon • **Balzac** • Glanz und Elend der Kurtisanen • **Joachim H. Campe** • Robinson der Jüngere • **Dante Alighieri** • Die Göttliche Komödie • **Daniel Defoe** • Robinson Crusoe • **Charles Dickens** • Oliver Twist • **Denis Diderot** • Jacques der Fatalist • **Fjodor Dostojewski** • Schuld und Sühne • **Arthur Conan Doyle** • Der Hund von Baskerville • **Marie von Ebner-Eschenbach** • Das Gemeindekind • **Elisabeth von Österreich** • Das Poetische Tagebuch • **Friedrich Engels** • Die Lage der arbeitenden Klasse • **Ludwig Feuerbach** • Das Wesen des Christentums • **Johann G. Fichte** • Reden an die deutsche Nation • **Fitzgerald** • Zärtlich ist die Nacht • **Flaubert** • Madame Bovary • **Gorch Fock** • Seefahrt ist not! • **Theodor Fontane** • Effi Briest • **Robert Musil** • Über die Dummheit • **Edgar Wallace** • Der Frosch mit der Maske • **Jakob Wassermann** • Der Fall Maurizius • **Oscar Wilde** • Das Bildnis des Dorian Grey • **Émile Zola** • Germinal • **Stefan Zweig** • Schachnovelle • **Hugo von Hofmannsthal** • Der Tor und der Tod • **Anton Tschechow** • Ein Heiratsantrag • **Arthur Schnitzler** • Reigen • **Friedrich Schiller** • Kabale und Liebe • **Nicolo Machiavelli** • Der Fürst • **Gotthold E. Lessing** • Nathan der Weise • **Augustinus** • Die Bekenntnisse des heiligen Augustinus • **Marcus Aurelius** • Selbstbetrachtungen • **Charles Baudelaire** • Die Blumen des Bösen • **Harriett Stowe** • Onkel Toms Hütte • **Walter Benjamin** • Deutsche Menschen • **Hugo Bettauer** • Die Stadt ohne Juden • **Lewis Caroll** • *und viele mehr….*

Wissenschaft der Logik II
Die subjektive Logik oder Lehre vom Begriff

Georg Wilhelm Friedrich Hegel

Inhalt

Vorrede zur ersten Ausgabe

Die völlige Umänderung, welche die philosophische Denkweise seit etwa fünf und zwanzig Jahren unter uns erlitten, der höhere Standpunkt, den das Selbstbewußtseyn des Geistes in dieser Zeitperiode über sich erreicht hat, hat bisher noch wenig Einfluß auf die Gestalt der Logik gehabt.

Dasjenige, was vor diesem Zeitraum Metaphysik hieß, ist, so zu sagen, mit Stumpf und Stiel ausgerottet worden, und aus der Reihe der Wissenschaften verschwunden. Wo lassen oder wo dürfen sich Laute der vormaligen Ontologie, der rationellen Psychologie, der Kosmologie oder selbst gar der vormaligen natürlichen Theologie noch vernehmen lassen? Untersuchungen, zum Beispiel über die Immaterialität der Seele, über die mechanische und die Endursachen, wo sollten sie noch ein Interesse finden? Auch die sonstige Beweise vom Daseyn Gottes werden nur historisch, oder zum Behufe der Erbauung und Gemüthserhebung angeführt. Es ist dieß ein Faktum, daß das Interesse Theils am Inhalte, Theils an der Form der vormaligen Metaphysik, Theils an beiden zugleich verloren ist. So merkwürdig es ist, wenn einem Volke, z.B. die Wissenschaft seines Staatsrechts, wenn ihm seine Gesinnungen, seine sittlichen Gewohnheiten und Tugenden unbrauchbar geworden sind, so merkwürdig ist es wenigstens, wenn ein Volk seine Metaphysik verliert, wenn der mit seinem reinen Wesen sich beschäftigende Geist kein wirkliches Daseyn mehr in demselben hat.

Die exoterische Lehre der kantischen Philosophie, daß der Verstand die Erfahrung nicht überfliegen dürfe, sonst werde das Erkenntnisvermögen theoretische Vernunft, welche für sich nichts als Hirngespinnste gebähre, hat es von der wissenschaftlichen Seite gerechtfertigt, dem spekulativen Denken zu entsagen. Dieser popularen Lehre kam das Geschrei der modernen Pädagogik, die Noth der Zeiten, die den Blick auf das unmittelbare Bedürfniß richtet, entgegen, daß, wie für die Erkenntniß die Erfahrung das Erste, so für die Geschicklichkeit im öffentlichen und Privatleben, theoretische Einsicht sogar schädlich, und Übung und praktische Bildung überhaupt das Wesentliche, allein Förderliche sey. Indem so die Wissenschaft und der gemeine Menschenverstand sich in die Hände arbeiteten, den Untergang der Metaphysik zu bewirken, so schien das sonderbare Schauspiel herbeigeführt zu werden, ein gebildetes Volk ohne Metaphysik zu sehen; wie einen sonst mannigfaltig ausgeschmückten Tempel ohne Allerheiligstes. Die Theologie, welche in frühern Zeiten die Bewahrerin der spekulativen Mysterien und der obzwar abhängigen Metaphysik war, hatte diese Wissenschaft gegen Gefühle, gegen das Praktisch-populare und gelehrte Historische aufgegeben. Welcher Veränderung entsprechend ist, daß anderwärts jene Einsamen, die von ihrem Volke aufgeopfert und aus der Welt ausgeschieden wurden, zu dem Zwecke, daß die Kontemplation des Ewigen und ein ihr allein dienendes Leben vorhanden sey, nicht um eines Nutzens, sondern um des Segens willen, verschwanden; ein Verschwinden, das in einem andern

Zusammenhange, dem Wesen nach als dieselbe Erscheinung, wie das vorhin Erwähnte, betrachtet werden kann. So daß, nach Vertreibung dieser Finsternisse, der farblosen Beschäftigung des in sich gekehrten Geistes mit sich selbst, das Daseyn in die heitere Welt der Blumen verwandelt zu seyn schien, unter denen es bekanntlich keine schwarze giebt.

Ganz so schlimm als der Metaphysik ist es der Logik nicht ergangen. Daß man durch sie denken lerne, was sonst für ihren Nutzen und damit für den Zweck derselben galt, gleichsam als ob man durch das Studium der Anatomie und Physiologie erst verdauen und sich bewegen lernen sollte , dieß Vorurtheil hat sich längst verloren, und der Geist des Praktischen dachte ihr wohl kein besseres Schicksal zu, als ihrer Schwester. Dessen ungeachtet, wahrscheinlich um einigen formellen Nutzens willen, wurde ihr noch ein Rang unter den Wissenschaften gelassen, ja sie wurde selbst als Gegenstand des öffentlichen Unterrichts beibehalten. Dieß bessere Loos betrifft jedoch nur das äußere Schicksal; denn ihre Gestalt und Inhalt ist derselbe geblieben, als er sich durch eine lange Tradition fortgeerbt, jedoch in dieser Überlieferung immer mehr verdünnt und abgemagert hatte; der neue Geist, welcher der Wissenschaft nicht weniger als der Wirklichkeit aufgegangen ist, hat sich in ihr noch nicht verspüren lassen. Es ist aber ein für allemal vergebens, wenn die substantielle Form des Geistes sich umgestaltet hat, die Formen früherer Bildung erhalten zu wollen; sie sind welke Blätter, welche von den neuen Knospen, die an ihren Wurzeln schon erzeugt sind, abgestoßen werden.

Mit dem Ignoriren der allgemeinen Veränderung fängt es nach gerade an, auch im Wissenschaftlichen auszugehen. Unbemerkter Weise sind selbst den Gegnern die andern Vorstellung geläufig und eigen geworden, und wenn sie gegen deren Quelle und Principien fortdauernd spröde thun und sich widersprechend dagegen benehmen, so haben sie dafür die Konsequenzen sich gefallen lassen, und des Einflusses derselben sich nicht zu erwehren vermocht; zu ihrem immer unbedeutender werdenden negativen Verhalten wissen sie sich auf keine andere Weise eine positive Wichtigkeit und einen Inhalt zu geben, als daß sie in den neuen Vorstellungsweisen mitsprechen.

Von der andern Seite scheint die Zeit der Gährung, mit der eine neue Schöpfung beginnt, vorbei zu seyn. In ihrer ersten Erscheinung pflegt eine solche sich mit fanatischer Feindseligkeit gegen die ausgebreitete Systematisierung des frühen Princips zu verhalten, Theils auch furchtsam zu seyn, sich in der Ausdehnung des Besondern zu verlieren, Theils aber die Arbeit die zur wissenschaftlichen Ausbildung erfordert wird, zu scheuen, und im Bedürfnisse einer solchen zuerst zu einem leeren Formalismus zu greifen. Die Anforderung der Verarbeitung und Ausbildung des Stoffes wird nun um so dringender. Es ist eine Periode in der Bildung einer Zeit, wie in der Bildung des Individuums, wo es vornehmlich um Erwerbung und Behauptung des Princips in seiner unentwickelten Intensität zu thun ist. Aber die höhere Forderung geht darauf, daß es zur Wissenschaft werde.

Was nun auch für die Sache und für die Form der Wissenschaft bereits in sonstiger Rücksicht geschehen seyn mag; die logische Wissenschaft, welche die eigentliche Metaphysik oder reine spekulative Philosophie ausmacht, hat sich bisher noch sehr vernachlässigt gesehen. Was ich unter dieser Wissenschaft und ihrer Standpunkte näher verstehe, habe ich in der Einleitung vorläufig angegeben. Die Nothwendigkeit, mit dieser Wissenschaft wieder einmal von vorne anzufangen, die Natur des Gegenstandes selbst, und der Mangel an Vorarbeiten, welche für die vorgenommen Umbildung hätten benutzt werden können, mögen bei billigen Beurtheilern in Rücksicht kommen, wenn auch eine vieljährige Arbeit diesem Versuche nicht eine größere Vollkommenheit geben konnte. Der wesentliche Gesichtspunkt ist, daß es überhaupt um einen neuen Begriff wissenschaftlicher Behandlung zu thun ist. Die Philosophie, indem sie Wissenschaft seyn soll, kann, wie ich anderwärts erinnert Phänomenologie des Geistes, Vorr. zur ersten Ausg. Die eigentliche Ausführung ist die Erkenntniß der Methode, und hat ihre Stelle in der Logik selbst, habe, hierzu ihre Methode nicht von einer untergeordneten Wissenschaft, wie die Mathematik ist, borgen, so wenig als es bei kategorischen Versicherungen innerer Anschauung bewenden lassen, oder sich des Raisonnements aus Gründen der äußern Reflexion bedienen. Sondern es kann nur die Natur des Inhalts seyn, welche sich im wissenschaftlichen Erkennen bewegt, indem zugleich diese eigne Reflexion des Inhalts es ist, welche seine Bestimmung selbst erst setzt und erzeugt.

Der Verstand bestimmt und hält die Bestimmungen fest; die Vernunft ist negativ und dialektisch, weil sie die Bestimmungen des Verstands in Nichts auflöst; sie ist positiv, weil sie das Allgemeine erzeugt, und das Besondere darin begreift. Wie der Verstand als etwas Getrenntes von der Vernunft überhaupt, so pflegt auch die dialektische Vernunft als etwas Getrenntes von der positiven Vernunft genommen zu werden. Aber in ihrer Wahrheit ist die Vernunft Geist, der höher als Beides, verständige Vernunft, oder vernünftiger Verstand ist. Er ist das Negative, dasjenige, welches die Qualität sowohl, der dialektischen Vernunft, als des Verstandes ausmacht; er negirt das Einfache, so setzt er den bestimmten Unterschied des Verstandes, er löst ihn eben so sehr auf, so ist er dialektisch. Er hält sich aber nicht im Nichts dieses Resultates, sondern ist darin ebenso positiv, und hat so das erste Einfache damit hergestellt, aber als Allgemeines, das in sich konkret ist; unter dieses wird nicht ein gegebenes Besonderes subsumirt, sondern in jenem Bestimmen und in der Auflösung desselben hat sich das Besondere schon mit bestimmt. Diese geistige Bewegung, die sich in ihrer Einfachheit ihre Bestimmtheit, und in dieser ihre Gleichheit mit sich selbst giebt, die somit die immanente Entwickelung des Begriffes ist, ist die absolute Methode des Erkennens, und zugleich die immanente Seele des Inhalts selbst. Auf diesem sich selbst konstruirenden Wege allein, behaupte ich, ist die Philosophie fähig, objektive, demonstrirte Wissenschaft zu seyn. In dieser Weise habe ich das Bewußtseyn in der Phänomenologie des Geistes darzustellen versucht. Das Bewußtseyn ist der Geist als konkretes und zwar in der Äußerlichkeit befangenes Wissen; aber die Formbewegung dieses Gegenstandes beruht allein, wie die

Entwickelung alles natürlichen und geistigen Lebens, auf der Natur der reinen Wesenheiten, die den Inhalt der Logik ausmachen. Das Bewußtseyn, als der erscheinende Geist, welcher sich auf seinem Wege von seiner Unmittelbarkeit und äußerlichen Konkretion befreit, wird zum reinen Wissen, das sich jene reinen Wesenheiten selbst, wie sie an und für sich sind, zum Gegenstand giebt. Sie sind die reinen Gedanken, der sein Wesen denkende Geist. Ihre Selbstbewegung ist ihr geistiges Leben, und ist das, wodurch sich die Wissenschaft konstituirt, und dessen Darstellung sie ist.

Es ist hiermit die Beziehung der Wissenschaft, die ich Phänomenologie des Geistes nenne, zur Logik angegeben. Was das äußerliche Verhältniß betrifft, so war dem ersten Theil des Systems der Wissenschaft, (Bamberg und Würzburg bei Göbhard 1807). Dieser Titel wird der zweiten Ausgabe, die auf nächsten Ostern erscheinen wird, nicht mehr beigegeben werden. An die Stelle des im Folgenden erwähnten Vorhabens eines zweiten Theils, der die sämmtlichen andern philosophischen Wissenschaften enthalten sollte, habe ich seitdem die Encyklopädie der philosophischen Wissenschaften, voriges Jahr in der dritten Ausgabe, ans Licht treten lassen (Anmerkung zur zweiten Ausgabe), der die Phänomenologie enthält, ein zweiter Theil zu folgen bestimmt, welcher die Logik und die beiden realen Wissenschaften der Philosophie, die Philosophie der Natur und die Philosophie des Geistes, enthalten sollte, und das System der Wissenschaft beschlossen haben würde. Aber die nothwendige Ausdehnung, welche die Logik für sich erhalten mußte, hat mich veranlaßt, diese besonders ans Licht treten zu lassen; sie macht also in einem erweiterten Plane die erste Folge zur Phänomenologie des Geistes aus. Späterhin werde ich die Verarbeitung der beiden genannten realen Wissenschaften der Philosophie folgen lassen. Dieser erste Band der Logik aber enthält als erstes Buch die Lehre vom Seyn; das zweite Buch, die Lehre vom Wesen, als zweite Abtheilung des ersten Bandes; der zweite Band aber wird die subjektive Logik, oder die Lehre vom Begriff enthalten.

Nürnberg, den 22 März 1812

Vorrede zur zweiten Auflage

An diese neue Bearbeitung der Wissenschaft der Logik, wovon hiermit der erste Band erscheint, bin ich wohl mit dem ganzen Bewußtseyn sowohl der Schwierigkeit des Gegenstandes für sich und dann seiner Darstellung, als der Unvollkommenheit, welche die Bearbeitung desselben in der ersten Ausgabe an sich trägt, gegangen; so sehr ich nach weiterer vieljähriger Beschäftigung mit dieser Wissenschaft bemüht gewesen, dieser Unvollkommenheit abzuhelfen, so fühle ich noch Ursache genug zu haben, die Nachsicht des Lesers in Anspruch zu nehmen. Ein Titel solchen Anspruchs aber zunächst darf wohl auf den Umstand gegründet werden, daß sich für den Inhalt vornehmlich nur äußerliches Material in der früheren Metaphysik und Logik vorgefunden hat. So allgemein und häufig dieselben, die letztere noch bis auf unsere Zeiten fort, getrieben worden, so wenig hat solche Bearbeitung die spekulative Seite betroffen; vielmehr ist im Ganzen dasselbe Material wiederholt, abwechselnd bald bis zu trivialer Oberflächlichkeit verdünnt, bald der alte Ballast umfangsreicher von Neuem hervorgeholt und mitgeschleppt worden, so daß durch solche, häufig ganz nur mechanische Bemühungen dem philosophischen Gehalt kein Gewinn zuwachsen konnte. Das Reich des Gedankens philosophisch, d.i. in seiner eigenen immanenten Thätigkeit, oder was dasselbe ist, in seiner nothwendigen Entwickelung darzustellen, mußte deswegen ein neues Unternehmen seyn, und dabei von vorne angefangen werden; jenes erworbene Material, die bekannten Denkformen, aber ist als eine höchst wichtige Vorlage, ja eine nothwendige Bedingung, dankbar anzuerkennende Voraussetzung anzusehen, wenn dieselbe auch nur hier und da einen dürren Faden, oder die leblosen Knochen eines Skeletts, sogar in Unordnung untereinander geworfen, dargiebt.

Die Denkformen sind zunächst in der Sprache des Menschen herausgesetzt und niedergelegt, es kann in unseren Tagen nicht oft genug daran erinnert werden, daß das, wodurch sich der Mensch vom Thiere unterscheidet, das Denken ist. In Alles, was ihm zu einem Innerlichen, zur Vorstellung überhaupt, wird, was er zu dem Seinigen macht, hat sich die Sprache eingedrängt, und was er zur Sprache macht und in ihr äußert, enthält eingehüllter, vermischter, oder herausgearbeitet, eine Kategorie; so sehr natürlich ist ihm das Logische, oder vielmehr dasselbige ist seine eigenthümliche Natur selbst. Stellt man aber die Natur überhaupt, als das Physikalische, dem Geistigen gegenüber, so müßte man sagen, daß das Logische vielmehr das Übernatürliche ist, welches sich in alles Naturverhalten des Menschen, in sein Empfinden, Anschauen, Begehren, Bedürfniß, Trieb eindrängt und es dadurch überhaupt zu einem Menschlichen, wenn auch nur formell, zu Vorstelllungen und Zwecken, macht. Es ist der Vortheil einer Sprache, wenn sie einen Reichthum an logischen Ausdrücken, nämlich eigenthümlichen und abgesonderten, für die Denkbestimmungen selbst besitzt; von den Präpositionen, Artikeln, gehören schon viele solchen Verhältnissen an, die auf dem Denken beruhen; die chinesische Sprache soll es in ihrer Ausbildung gar nicht oder nur dürftig bis dahin gebracht haben; aber diese Partikeln treten ganz dienend, nur etwas weniges abgelöster, als die Augmente, Flexionszeichen und dergl. auf. Viel wichtiger ist es, daß in einer Sprache die Denkbestimmungen zu Substantiven und Verben herausgestellt und so zur gegenständlichen Form gestempelt sind; die deutsche Sprache hat darin viele Vorzüge vor den anderen modernen Sprachen; sogar sind manche ihrer Wörter von der weiteren Eigenheit, verschiedene Bedeutungen nicht nur, sondern entgegengesetzte zu haben, so daß darin selbst ein spekulativer Geist der Sprache nicht zu verkennen ist; es kann dem Denken eine Freude gewähren, auf solche Wörter zu stoßen, und die Vereinigung Entgegengesetzter, welches Resultat der Spekulation für den Verstand aber widersinnig ist, auf naive Weise schon lexikalisch als Ein Wort von den entgegengesetzten Bedeutungen vorzufinden. Die Philosophie bedarf daher überhaupt keiner besonderen Terminologie; es sind wohl aus fremden Sprachen einige Wörter aufzunehmen, welche jedoch durch den Gebrauch bereits das Bürgerrecht in ihr erhalten haben, ein affektirter Purismus würde da, wo es am entschiedensten auf die Sache ankommt, am wenigsten am Platze seyn. Das Fortschreiten der Bildung überhaupt und insbesondere der Wissenschaften, selbst der empirischen und sinnlichen; indem sie im Allgemeinen sich in den gewöhnlichsten Kategorien (z.B. eines Ganzen und der Theile, eines Dinges und seiner Eigenschaften und dergleichen) bewegen, fördert nach und nach auch höhere Denkverhältnisse zu Tage, oder hebt sie wenigstens zu größerer Allgemeinheit und damit zu näherer Aufmerksamkeit hervor. Wenn z.B. in der Physik die Denkbestimmung der Kraft vorherrschend geworden ist, so spielt in neuerer Zeit die Kategorie der Polarität, die übrigens zu sehr... tort e... travers in Alles selbst in das Licht eingedrängt wird, die bedeutendste Rolle, die Bestimmung von einem Unterschiede, in welchem die Unterschiedenen untrennbar verbunden sind; daß auf solche Weise von der Form der Abstraktion, der Identität, durch welche eine Bestimmtheit z.B. als Kraft eine Selbstständigkeit erhält, fortgegangen, und die Form des Bestimmens, des Unterschiedes, welcher zugleich als ein Untrennbares in der Identität bleibt, herausgehoben und eine geläufige Vorstellung geworden, ist von unendlicher Wichtigkeit. Die Naturbetrachtung bringt durch die Realität, in welcher ihre Gegenstände sich festhalten, dieses Zwingende mit sich, die Kategorien, die in ihr nicht länger ignorirt werden können, wenn auch mit der größten Inkonsequenz gegen andere, die auch geltend gelassen werden, zu fixiren, und es nicht zu gestatten, daß, wie im Geistigen leichter geschieht, zu Abstraktionen von dem Gegensatze und zur Allgemeinheit übergegangen wird.

Aber indem so die logischen Gegenstände, wie deren Ausdrücke, etwa in der Bildung Allbekanntes sind, so ist, wie ich anderwärts gesagt, was bekannt ist, darum nicht erkannt, und es kann selbst die Ungeduld erregen, sich noch mit Bekanntem beschäftigen zu sollen, und was ist bekannter, als eben die Denkbestimmungen, von denen wir allenthalben Gebrauch machen, die uns in jedem Satze, den wir sprechen, zum Munde herausgehen. Über den Gang des Erkennens von diesem Bekannten aus, über das Verhältniß des wissenschaftlichen Denkens zu diesem natürlichen Denken, die allgemeinen Momente anzugeben soll dieses Vorwort bestimmt seyn, so viel, zusammengenommen mit dem, was die frühere Einleitung enthält, wird hinreichend seyn, um eine allgemeine Vorstellung, wie man eine solche von einer Wissenschaft zum voraus, vor derselben, welche die Sache selbst ist, zu erhalten fordert, von dem Sinne des logischen Erkennens zu geben.

Zunächst ist es als ein unendlicher Fortschritt anzusehen, daß die Formen des Denkens von dem Stoffe, in welchen sie im selbstbewußten Anschauen, Vorstellen, wie in unserem Begehren und Wollen, oder vielmehr auch in dem vorstellenden Begehren und

Wollen (und es ist kein menschliches Begehren oder Wollen ohne Vorstellen) versenkt sind, befreit, diese Allgemeinheiten für sich herausgehoben, und wie Plato, dann aber Aristoteles vornehmlich gethan, zum Gegenstande der Betrachtung für sich gemacht worden; dieß giebt den Anfang des Erkennens derselben. "Erst nachdem beinahe alles Nothwendige", sagt Aristoteles, "und was zur Bequemlichkeit und zum Verkehr des Lebens gehört, vorhanden war, hat man angefangen, sich um philosophische Erkenntniß zu bemühen." "In Ägypten," hatte er vorher bemerkt, "sind die mathematischen Wissenschaften früh ausgebildet worden, weil daselbst der Priesterstand früh in die Lage versetzt worden, Muße zu haben." In der That setzt das Bedürfniß sich mit den reinen Gedanken zu beschäftigen einen weiten Gang voraus, den der Menschengeist durchgemacht haben muß, es ist, kann man sagen, es ist das Bedürfniß des schon befriedigten Bedürfnisses der Nothwendigkeit der Bedürfnißlosigkeit, zu dem er gekommen seyn muß, der Abstraktion von dem Stoffe des Anschauens, Einbildens u.s.f. der konkreten Interessen des Begehrens, der Triebe, des Willens, in welchem Stoffe die Denkbestimmungen eingehüllt stecken. In den stillen Räumen des zu sich selbst gekommenen und nur in sich seyenden Denkens schweigen die Interessen, welche das Leben der Völker und der Individuen bewegen. "Nach so vielen Seiten," sagt Aristoteles in demselben Zusammenhange, "ist die Natur des Menschen abhängig, aber diese Wissenschaft, die nicht zu einem Gebrauche gesucht wird, ist allein die an und für sich freie und sie scheint darum nicht ein menschlicher Besitz zu seyn. " Die Philosophie überhaupt hat es noch mit konkreten Gegenständen, Gott, Natur, Geist, in ihren Gedanken zu thun, aber die Logik beschäftigt sich ganz nur mit diesen für sich in ihrer vollständigen Abstraktion. Diese Logik pflegt darum dem Studium der Jugend zunächst anheim zu fallen, als welche noch nicht in die Interessen des konkreten Lebens eingetreten ist, in der Muße in Rücksicht derselben lebt, und nur erst für ihren subjektiven Zweck mit der Erwerbung der Mittel und der Möglichkeiten, in den Objekten jener Interessen thätig zu werden, sich und mit diesen selbst noch theoretisch sich zu beschäftigen hat. Unter diese Mittel wird im Widerspiele von der angeführten Vorstellung des Aristoteles, die logische Wissenschaft gerechnet, die Bemühung mit derselben ist eine vorläufige Arbeit, ihr Ort die Schule, auf welche erst der Ernst des Lebens und die Thätigkeit für die wahrhaften Zwecke folgen soll. Im Leben geht es zum Gebrauch der Kategorien, sie werden von der Ehre, für sich betrachtet zu werden, dazu herabgesetzt, in dem geistigen Betrieb lebendigen Inhalts in dem Erschaffen und Auswechseln der darauf bezüglichen Vorstellungen, zu dienen, Theils als Abbreviaturen durch ihre Allgemeinheit; denn welche unendliche Menge von Einzelnheiten des äußerlichen Daseyns und der Thätigkeit faßt die Vorstellung. Schlacht, Krieg, Volk, oder Meer, Thier u.s.f. in sich zusammen; wie ist in der Vorstellung: Gott oder Liebe u.s.f. in die Einfachheit solchen Vorstellens eine unendliche Menge von Vorstellungen, Thätigkeit, Zuständen u.s.f. epitomirt! Theils zur näheren Bestimmung und Findung der gegenständlichen Verhältnisse, wobei aber Gehalt und Zweck, die Richtigkeit und

Wahrheit des sich einmischenden Denkens ganz von dem Vorhandenen selbst abhängig gemacht ist und den Denkbestimmungen für sich keine Inhaltbestimmende Wirksamkeit zugeschrieben wird. Solcher Gebrauch der Kategorien, der vorhin die natürliche Logik genannt worden ist, ist bewußtlos, und wenn ihnen in wissenschaftlicher Reflexion das Verhältniß, als Mittel zu dienen, im Geiste angewiesen wird, so wird das Denken überhaupt zu etwas den anderen geistigen Bestimmungen Untergeordnetem gemacht. Von unseren Empfindungen, Trieben, Interessen sagen wir nicht wohl, daß sie uns dienen, sondern sie gelten als selbstständige Kräfte und Mächte, so daß wir dieß selbst sind, so zu empfinden, dieß zu begehren und zu wollen, in dieß unser Interesse zu legen. Aber wieder kann es vielmehr unser Bewußtseyn werden, daß wir im Dienste unserer Gefühle, Triebe, Leidenschaften, Interessen, ohnehin von Gewohnheiten stehen, als daß wir sie im Besitz haben, noch weniger, daß sie bei unser innigen Einheit mit ihnen uns als Mittel dienen. Dergleichen Bestimmungen des Gemüths und Geistes zeigen sich uns bald als Besondere im Gegensatze gegen die Allgemeinheit, als die wir uns bewußt werden, in der wir unsere Freiheit haben, und halten dafür, in diesen Besonderheiten vielmehr befangen zu seyn, von ihnen beherrscht zu werden. Sonach können wir dann viel weniger dafür halten, daß die Denkformen, die sich durch alle unserer Vorstellungen, diese seyen bloß theoretisch, oder enthalten einen Stoff, der der Empfindung, dem Triebe, dem Willen angehört, hindurch ziehen, uns dienen, daß wir sie, und sie nicht vielmehr uns im Besitz haben; was ist uns übrig gegen sie, wie sollen wir, ich mich als das Allgemeinere über sie hinausstellen, sie die selbst das Allgemeine als solches sind. Wenn wir uns in eine Empfindung, Zweck, Interesse legen, und uns darin beschränkt, unfrei fühlen, so ist der Ort, in den wir daraus heraus und in die Freiheit zurück zu ziehen vermögen, dieser Ort der Gewißheit seiner selbst, der reinen Abstraktion, des Denkens. Oder ebenso, wenn wir von den Dingen sprechen wollen, so nennen wir die Natur oder das Wesen derselben ihren Begriff, und dieser ist nur für das Denken; von den Begriffen der Dinge aber werden wir noch viel weniger sagen, daß wir sie beherrschen oder daß die Denkbestimmungen, von denen sie der Komplex sind, uns dienen, im Gegentheil muß sich unser Denken nach ihnen beschränken und unsere Willkür oder Freiheit soll sie nicht nach sich zurichten wollen. Insofern also das subjektive Denken unser eigenstes, innerlichstes Thun ist, und der objektive Begriff der Dinge die Sache selbst ausmacht, so können wir aus jenem Thun nicht heraus seyn, nicht über demselben stehen, und ebenso wenig können wir über die Natur der Dinge hinaus. Von der letzteren Bestimmung jedoch können wir absehen; sie fällt mit der ersteren insofern zusammen, da sie eine Beziehung unserer Gedanken auf die Sache, aber nur etwas Leeres ergäbe, weil die Sache damit als Regel für unsere Begriffe aufgestellt werden würde, aber eben die Sache für uns nichts Anderes als unsere Begriffe von ihr seyn kann. Wenn die kritische Philosophie das Verhältniß dieser drei Terminorum so versteht, daß wir die Gedanken zwischen uns und zwischen die Sachen als Mitte stellen in dem Sinne, daß diese Mitte uns von den Sachen vielmehr abschließt, statt uns mit denselben zusammenzuschließen, so ist dieser Ansicht die einfache Bemerkung entgegenzusetzen, daß eben diese Sachen, die jenseits unserer und jenseits der sich auf sie beziehenden Gedanken auf dem anderen Extreme stehen sollen, selbst Gedankendinge, und als ganz unbestimmte, nur Ein Gedankending, (das sogenannte Ding-an-sich) der leeren Abstraktion selbst sind.

Doch dieß mag für den Gesichtspunkt genügen, aus welchem das Verhältniß verschwindet, nach welchem die Denkbestimmungen nur als zum Gebrauch und als Mittel genommen werden; wichtiger ist das weiter damit Zusammenhängende, nach welchem sie als äußere Formen gefaßt zu werden pflegen. Die uns alle Vorstellungen, Zwecke, Interessen und Handlungen durchwirkende Thätigkeit des Denkens ist, wie gesagt, bewußtlos geschäftig (die natürliche Logik); was unser Bewußtseyn vor sich hat, ist der Inhalt, die Gegenstände der Vorstellungen, das, womit das Interesse erfüllt ist; die Denkbestimmungen gelten nach diesem Verhältniß als Formen, die nur an dem Gehalt, nicht der Gehalt selbst seyen. Wenn es aber an dem ist, was vorhin angegeben worden, und was sonst im Allgemeinen zugestanden wird, daß die Natur, das eigenthümliche Wesen, das wahrhaft Bleibende und Substantielle bei der Mannigfaltigkeit und Zufälligkeit des Erscheinens und der Zufälligkeit des Erscheinens und der vorübergehenden Äußerung, der Begriff der Sache, das in ihr selbst Allgemeine ist, wie jedes menschliche Individuum zwar ein unendlich eigenthümliches, das Prius aller seiner Eigenthümlichkeit darin Mensch zu seyn in sich hat, wie jedes einzelne Thier, das Prius, Thier zu seyn: so wäre nicht zu sagen, was, wenn diese Grundlage aus dem mit noch so vielfachen sonstigen Prädikaten Ausgerüsteten weggenommen würde, ob sie gleich wie die anderen ein Prädikat genannt werden kann, was so ein Individuum noch seyn sollte. Die unerläßliche Grundlage, der Begriff, das Allgemeine, das der Gedanke, insofern man nur von der Vorstellung bei dem Worte: Gedanke, abstrahiren kann, selbst ist, kann nicht nur als eine gleichgültige Form, die an einem Inhalte sey, angesehen werden. Aber diese Gedanken aller natürlichen und geistigen Dinge, selbst der substantielle Inhalt, sind noch ein socher, der vielfache Bestimmtheiten enthält und noch den Unterschied einer Seele und eines Leibes, des Begriffs und einer relativen Realität an ihm hat; die tiefere Grundlage ist die Seele für sich, der reine Begriff, der das Innerste der Gegenstände, ihr einfacher Lebenspuls, wie selbst des subjektiven Denkens derselben ist. Diese logische Natur, die den Geist beseelt, in ihm treibt und wirkt, zum Bewußtseyn zu bringen, dieß ist die Aufgabe. Das instinktartige Thun unterscheidet sich von dem intelligenten und freien Thun dadurch überhaupt, daß dieses mit Bewußtseyn geschieht, indem der Inhalt des Treibenden heraus aus der unmittelbaren Einheit mit dem Subjekte zur Gegenständlichkeit vor dieses gebracht ist, beginnt die Freiheit des Geistes, der in dem instinktweisen Wirken des Denkens befangen in den Banden seiner Kategorien in einen unendlich mannigfachen Stoff zersplittert ist. In diesem Netze schürzen sich hin und wieder festere Knoten, welche die Anhalts- und Richtungspunkte seines Lebens und Bewußtseyns sind, sie verdanken ihre Festigkeit und Macht eben dem, daß sie vor das Bewußtseyn gebracht an und für sich seyenden Begriffe seiner Wesenheit sind. Der wichtigste Punkt für die Natur des Geistes ist das Verhältniß nicht nur dessen, was er an sich ist, zu dem was er wirklich ist, sondern dessen, als was er sich weiß; dieses Sichwissen ist darum, weil er wesentlich Bewußtseyn, Grundbestimmung seiner Wirklichkeit. Diese Kategorien, die nur instinktmäßig als Triebe wirksam sind, und zunächst vereinzelt, damit veränderlich und sich verwirrend in das Bewußtseyn des Geistes gebracht, und ihm so eine vereinzelte und unsichere Wirklichkeit gewähren, zu reinigen und ihn damit in ihnen zur Freiheit und Wahrheit zu erheben, dieß ist also das höhere logische Geschäft.

Was wir als Anfang der Wissenschaft, dessen hoher Werth für sich und zugleich als Bedingung der wahrhaften Erkenntniß vorhin anerkannt worden ist, angaben, die Begriffe und die Momente des Begriffs überhaupt, die Denkbestimmungen zunächst als Formen, die von dem Stoffe verschieden und nur an ihm seyen, zu behandeln, dieß giebt sich sogleich an sich selbst als ein zur Wahrheit, die als Gegenstand und Zweck der Logik angegeben wird, unangemessenes Verhalten kund. Denn so als bloße Formen, als verschieden von dem Inhalte, werden sie in einer Bestimmung stehend angenommen, die sie zu endlichen stempelt und die Wahrheit, die in sich unendlich ist, zu fassen unfähig macht. Mag das Wahre sonst, in welcher Rücksicht es sey, wieder mit Beschränkung und Endlichkeit vergesellschaftet seyn, dieß ist die Seite seiner Negation, seiner Unwahrheit und Unwirklichkeit, eben seines Endes, nicht der Affirmation, welche es als Wahres ist. Gegen die Kahlheit der bloß formellen Kategorien hat der Instinkt der gesunden Vernunft sich endlich so erstarkt gefühlt, daß er ihre Kenntniß mit Verachtung dem Gebiete einer Schullogik und Schulmetaphysik überläßt, zugleich mit der Mißachtung des Werthes, den schon das Bewußtseyn dieser Fäden für sich hat, und mit der Bewußtlosigkeit, in dem instinktartigen Thun natürlicher Logik, noch mehr in dem reflektirten Verwerfen der Kenntniß und Erkenntniß der Denkbestimmungen selbst, im Dienste des ungereinigten und damit unfreien Denkens gefangen zu seyn. Die einfache Grundbestimmung oder gemeinschaftliche Formbestimmung der Sammlung solcher Formen ist die Identität, die als Gesetz, als A=A, als Satz des Widerspruchs in der Logik dieser Sammlung behauptet wird. Die gesunde Vernunft hat ihre Ehrerbietung vor der Schule, die im Besitze solcher Gesetze der Wahrheit und in der sie noch immer so fortgeführt werden, so sehr verloren, daß sie dieselbe darob verlacht, und einen Menschen, der nach solchen Gesetzen wahrhaft zu sprechen weiß: die Pflanze ist eine Pflanze, die Wissenschaft ist die Wissenschaft, und sofort ins Unendliche, für unerträglich hält. Über die Formeln auch, welche die Regeln des Schließens, das in der That ein Hauptgebrauch des Verstandes ist, hat sich so ungerecht es ist zu verkennen, daß sie ihr Feld in der Erkenntniß haben, worin sie gelten müssen und zugleich, daß sie wesentliches Material für das Denken der Vernunft sind, das ebenso gerechte Bewußtsein festgesetzt, daß sie gleichgültige Mittel wenigstens ebenso sehr des Irrthums und der Sophisterei sind, und wie man auch sonst die Wahrheit bestimmen mag, für die höhere, z.B. die religiöse Wahrheit unbrauchbar sind; daß sie überhaupt nur eine Richtigkeit der Erkenntnisse, nicht die Wahrheit betreffen.

Die Unvollständigkeit dieser Weise, das Denken zu betrachten, welche die Wahrheit auf der Seite läßt, ist allein dadurch zu ergänzen, daß nicht bloß das, was zu äußeren Form gerechnet zu werden pflegt, sondern der Inhalt mit in die denkende Betrachtung gezogen wird. Es zeigt sich von selbst bald, daß was in der nächsten gewöhnlichsten Reflexion als Inhalt von der Form geschieden wird, in der That nicht formlos, nicht bestimmungslos in sich, seyn soll; so wäre er nur das Leere, etwa die Abstraktion des Dings-an-sich, daß er vielmehr Form in ihm selbst, ja durch sie allein Beseelung und Gehalt hat und daß sie selbst es ist, die nur in den Schein eines Inhalts, so wie damit auch in den Schein eines an diesem Scheine Äußerlichen, umschlägt. Mit dieser Einführung des Inhalts in die logische Betrachtung, sind es nicht die Dinge, sondern die Sache, der Begriff der Dinge, welcher Gegenstand wird.

Hierbei kann man aber auch daran erinnert werden, daß es eine Menge Begriffe, eine Menge Sachen giebt. Wodurch aber diese Menge beschränkt wird, ist Theils vorhin gesagt worden, daß der Begriff als Gedanke überhaupt, als Allgemeines, die unermeßliche Abbreviatur gegen die Einzelnheit der Dinge, wie sie ihre Menge dem unbestimmten Anschauen und Vorstellen vorschweben, ist; Theils aber ist ein Begriff sogleich erstens der Begriff an ihm selbst, und dieser ist nur Einer, und ist die substantielle Grundlage; vor's Andere aber ist er wohl ein bestimmter Begriff, welche Bestimmtheit an ihm das ist, was als Inhalt erscheint, die Bestimmtheit des Begriffs aber ist eine Formbestimmung dieser substantiellen Einheit, ein Moment der Form als Totalität, des Begriffes selbst, der die Grundlage der bestimmten Begriffe ist. Dieser wird nicht sinnlich angeschaut oder vorgestellt; er ist nur Gegenstand, Produkt und Inhalt des Denkens, und die an und für sich seyende Sache, der Logos, die Vernunft dessen, was ist, die Wahrheit dessen, was den Namen der Dinge führt; am wenigsten ist es der Logos, was außerhalb der logischen Wissenschaft gelassen werden soll. Es muß darum nicht ein Belieben seyn, ihn in die Wissenschaft herein zu ziehen oder ihn draußen zu lassen. Wenn die Denkbestimmungen, welche nur äußerliche Formen sind, wahrhaft an ihnen selbst betrachtet werden, kann nur ihre Endlichkeit und die Unwahrheit ihres Für-sich-seyn-sollens und als ihre Wahrheit, der Begriff, hervorgehen. Daher wird die logische Wissenschaft, indem sie die Denkbestimmungen, die überhaupt unsern Geist instinktartig und bewußtlos durchziehen, und selbst indem sie in die Sprache hereintreten, ungegenständlich, unbeachtet bleiben, abhandelt, auch die Rekonstruktion derjenigen seyn, welche durch die Reflexion herausgehoben und von ihr als subjektive, an dem Stoff und Gehalt äußere Formen fixiert sind.

Die Darstellung keines Gegenstandes wäre an und für sich fähig, gar streng ganz immanent plastisch zu seyn, als die der Entwickelung des Denkens in seiner Nothwendigkeit; keiner führte so sehr diese Forderung mit sich; seine Wissenschaft müßte darin auch die Mathematik übertreffen, denn kein Gegenstand hat in ihm selbst diese Freiheit und Unabhängigkeit. Solcher Vortrag erforderte, wie dieß in seiner Art in dem Gange der mathematischen Konsequenz vorhanden ist, daß bei keiner Stufe der Entwickelung eine Denkbestimmung und Reflexion vorkäme, die nicht in dieser Stufe unmittelbar hervorgeht, und aus den vorhergehenden in sie herübergekommen ist. Allein auf solche abstrakte Vollkommenheit der Darstellung muß freilich im Allgemeinen Verzicht gethan werden; schon indem die Wissenschaft mit dem rein Einfachen, hiermit dem Allgemeinsten und Leersten, anfangen muß, ließe der Vortrag nur eben diese selbst ganz einfachen Ausdrücke des Einfachen ohne allen weiteren Zusatz irgend eines Wortes zu; was der Sache nach Statt finden dürfte, wären negirende Reflexionen, die das abzuhalten und zu entfernen sich bemühten, was sonst die Vorstellung oder ein ungeregeltes Denken einmischen könnte. Solche Einfälle in den einfachen immanenten Gang der Entwickelung sind jedoch für sich zufällig, und die Bemühung, sie abzuwehren, wird somit selbst mit dieser Zufälligkeit behaftet; ohnehin ist es vergeblich allen solchen Einfällen, eben weil sie außer der Sache liegen, begegnen zu wollen, und wenigstens wäre Unvollständigkeit das, was hierbei für die systematische Befriedigung verlangt würde. Aber die eigenthümliche Unruhe und Zerstreuung unseres modernen Bewußtseyns läßt es nicht anders zu, als gleichfalls mehr oder weniger auf nahe liegende Reflexionen und Einfälle Rücksicht zu nehmen, ein plastischer Vortrag erfordert dann auch einen plastischen Sinn des Aufnehmens und Verstehens; aber solche plastische Jünglinge und Männer so ruhig mit der Selbstverläugnung eigener Reflexionen und Einfälle, womit das Selbstdenken sich zu erweisen ungeduldig ist, nur der Sache folgende Zuhörer, wie sie Plato dichtet, würden in einem modernen Dialoge nicht aufgestellt werden können; noch weniger dürfte auf solche Leser gezählt werden. Im Gegentheil haben sich mir zu häufig und zu heftig solche Gegner gezeigt, welche nicht die einfache Reflexion machen mochten, daß ihre Einfälle und Einwürfe Kategorien enthalten, welche Voraussetzungen sind und selbst erst der Kritik bedürfen, ehe sie gebraucht werden. Die Bewußtlosigkeit hierüber geht unglaublich weit; sie macht das Grund-Mißverständniß, das üble d. h. ungebildete Benehmen, bei einer Kategorie, die betrachtet wird, etwas Anderes zu denken und nicht diese Kategorie selbst. Diese Bewußtlosigkeit ist um so weniger zu rechtfertigen, als solches Anderes andere Denkbestimmungen und Begriffe sind, in einem Systeme der Logik aber eben diese anderen Kategorien gleichfalls ihre Stelle müssen gefunden haben, und daselbst für sich der Betrachtung werden unterworfen seyn. Am auffallendsten ist dieß in der überwiegenden Menge von Einwürfen und Angriffen, die auf die ersten Begriffe oder Sätze der Logik, das Seyn und Nichts und das Werden, als welches, selbst eine einfache Bestimmung, wohl unbestritten, die einfachste Analyse zeigt dieß, jene beiden Bestimmungen als Momente enthält. Die Gründlichkeit scheint zu erfordern, den Anfang, als den Grund, worauf Alles gebaut sey, vor Allem aus zu untersuchen, ja nicht weiter zu gehen, als bis er sich fest erwiesen hat, im Gegentheil vielmehr, wenn dieß nicht der Fall ist, alles noch Folgende zu verwerfen. Diese Gründlichkeit hat zugleich den Vortheil, die größte Erleichterung für das Denkgeschäft zu gewähren, sie hat die ganze Entwickelung in diesen Keim eingeschlossen vor sich, und hält sich für mit Allem fertig, wenn sie mit diesem fertig ist, der das Leichteste zum Abthun ist, denn er ist das Einfachste, das Einfache selbst; es ist die geringe Arbeit, die erforderlich ist, wodurch sich diese so selbst zufriedene Gründlichkeit wesentlich empfiehlt. Diese Beschränkung auf das Einfache läßt der Willkür des Denkens, das für sich nicht einfach bleiben will, sondern seine Reflexionen darüber anbringt, freien Spielraum. Mit dem guten Rechte, sich zuerst nur mit dem Princip zu beschäftigen, und damit sich auf das Weitere nicht einzulassen, thut diese Gründlichkeit in ihrem Geschäfte selbst das Gegentheil hiervon, vielmehr das Weitere, d.i. andere Kategorien als nur das Princip ist, andere Voraussetzungen und Vorurtheile herbeizubringen. Solche Voraussetzungen, daß die Unendlichkeit verschieden von der Endlichkeit, der Inhalt etwas Anderes als die Form, das Innere ein Anderes als das Äußere, die Vermittelung ebenso nicht die Unmittelbarkeit sey, als ob einer dergleichen nicht wüßte, werden zugleich belehrungsweise vorgebracht und nicht sowohl bewiesen, als erzählt und versichert. In solchem Belehren als Benehmen liegt man kann es nicht anders nennen, eine Albernheit; der Sache nach aber Theils das Unberechtigte, dergleichen nur vorauszusetzen und geradezu anzunehmen, Theils aber noch mehr die Unwissenheit, daß es das Bedürfniß und Geschäft des logischen Denkens ist, eben dieß zu untersuchen, ob denn so ein Endliches ohne Unendlichkeit etwas Wahres ist, ebenso solche abstrakte Unendlichkeit, ferner ein formloser Inhalt und eine inhaltlose Form, so ein Inneres für sich, das keine Äußerung hat, eine Äußerlichkeit ohne Innerlichkeit u.s.f. etwas Wahres, ebenso etwas Wirkliches ist. Aber diese Bildung und Zucht des Denkens, durch welche ein plastisches Verhalten desselben bewirkt und die Ungeduld der einfallenden Reflexion überwunden würde, wird allein durch das Weitergehen, das Studium und die Produktion der ganzen Entwickelung verschafft.

Bei der Erwähnung platonischer Darstellung kann, wer ein selbstständiges Gebäude philosophischer Wissenschaft in modernen Zeiten neu aufzuführen arbeitet, an die Erzählung erinnert werden, daß Plato seine Bücher über den Staat sieben Mal umgearbeitet habe. Die Erinnerung hieran, eine Vergleichung, insofern sie eine solche in sich zu schließen schiene, dürfte nur um so mehr bis zu dem Wunsch treiben, daß für ein Werk, das, als der modernen Welt angehörig, ein tieferes Princip, einen schwereren Gegenstand und ein Material von reicherm Umfang zur Bearbeitung vor sich hat, die freie Muße, es sieben und siebenzig Mal durchzuarbeiten, gewährt gewesen wäre. So aber mußte der Verfasser, indem er es im Angesicht der Größe der Aufgabe betrachtet, sich mit dem begnügen, was es hat werden mögen, unter den Umständen einer äußerlichen Nothwendigkeit, der unabwendbaren Zerstreuung durch die Größe und Vielseitigkeit der Zeitinteressen, sogar unter dem Zweifel, ob der laute Lärm des Tages und die betäubende Geschwätzigkeit der Einbildung, die auf denselben sich zu beschränken eitel ist, noch Raum für die Theilnahme an der leidenschaftslosen Stille der nur denkenden Erkenntniß offen lasse.

Berlin, den 7. November 1831.

Die subjektive Logik, oder: Die Lehre vom Begriff

Dieser Theil der Logik, der die *Lehre vom Begriffe* enthÄlt, und den dritten Theil des Ganzen ausmacht, wird auch unter dem besondern Titel: *System der subjektiven Logik*, zur Bequemlichkeit derjenigen Freunde dieser Wissenschaft ausgegeben, die fÜr die hier abgehandelten, in dem Umfange der gewÖhnlich so genannten Logik befaßten Materien ein größeres Interesse zu haben gewöhnt sind, als für die weitern logischen Gegenstände, die in den beiden ersten Theilen abgehandelt worden. Für diese frühern Theile konnte ich auf die Nachsicht billiger Beurtheiler wegen der wenigen Vorarbeiten Anspruch machen, die mir einen Anhalt, Materialien und einen Faden des Fortgangs hätten gewähren können. Bei dem gegenwärtigen darf ich diese Nachsicht vielmehr aus dem entgegengesetzten Grunde ansprechen; indem sich für die Logik des *Begriffs* ein völlig fertiges und festgewordenes, man kann sagen, verknöchertes Material vorfindet, und die Aufgabe darin besteht, dasselbe in Flüssigkeit zu bringen, und den lebendigen Begriff in solchem todten Stoffe wieder zu entzünden; wenn es seine Schwierigkeiten hat, in einem öden Lande eine neue Stadt zu erbauen, so findet sich zwar Material genug, aber desto mehr Hindernisse anderer Art, wenn es darum zu thun ist, einer alten, festgebauten, in fortwährendem Besitz und Bewohnung erhaltenen Stadt eine neue Anlage zu geben; man muß sich unter anderem auch entschließen, von vielem sonst Werthgeachtetem des Vorraths gar keinen Gebrauch zu machen.-Vornehmlich aber darf die Größe des Gegenstandes selbst zur Entschuldigung der unvollkommenen Ausführung angeführt werden. Denn welcher Gegenstand ist erhabener für die Erkenntniß, als die *Wahrheit* selbst? Der Zweifel aber, ob nicht dieser Gegenstand es eben sey, der einer Entschuldigung bedürfe, liegt nicht aus dem Wege, wenn man sich des Sinns erinnert, in welchem *Pilatus* die Frage: *was ist Wahrheit?* sagte; nach dem Dichter: mit der Miene des Hofmanns, die kurzsichtig, doch lächelnd des Ernstes Sache verdammet.

Jene Frage schließt dann den Sinn, der als ein Moment der Höflichkeit angesehen werden kann, und die Erinnerung daran in sich, daß das Ziel, die Wahrheit zu erkennen, etwas bekanntlich Aufgegebenes, längst Abgethanes, und die Unerreichbarkeit der Wahrheit auch unter Philosophen und Logikern von Profession etwas Anerkanntes sey? Wenn aber die Frage der *Religion* nach dem Werthe der Dinge, der Einsichten und Handlungen, die dem Inhalte nach einen gleichen Sinn hat, in unsern Zeiten ihr Recht sich wieder mehr vindicirt, so muß wohl die Philosophie hoffen, daß es auch nicht mehr so auffallend gefunden werde, wenn sie wieder, zunächst in ihrem unmittelbaren Felde, ihr wahrhaftes Ziel geltend macht, und nachdem sie in die Art und Weise und in die Anspruchslosigkeit anderer Wissenschaften auf Wahrheit herabgefallen, sich wieder zu demselben zu erheben strebt. Wegen dieses Versuchs kann es eigentlich nicht erlaubt seyn, eine Entschuldigung zu machen; aber wegen der Ausführung desselben darf ich für eine solche noch erwähnen, daß meine Amtsverhältnisse und andere persönliche Umstände mir nur eine zerstreute Arbeit in einer Wissenschaft gestatten, welche einer unzerstreuten und ungetheilten Anstrengung bedarf und würdig ist.

Nürnberg, den 21. Jul. 1816.

Vom Begriff im Allgemeinen

Was die Natur des Begriffes sey, kann so wenig unmittelbar angegeben werden, als der Begriff irgend eines andern Gegenstandes unmittelbar aufgestellt werden kann. Es könnte etwa scheinen, daß, um den Begriff eines Gegenstandes anzugeben, das Logische vorausgesetzt werde, und dieses somit nicht wieder etwas Anderes zu seinem Voraus haben, noch ein Abgeleitetes seyn könne, wie in der Geometrie logische Sätze, wie sie in Anwendung auf die Größe erscheinen und in dieser Wissenschaft gebraucht werden, in der Form von *Axiomen, unabgeleiteten und unableitbaren* Erkenntnißbestimmungen vorangeschickt werden. Ob nun wohl der Begriff nicht nur als eine subjektive Voraussetzung, sondern als *absolute Grundlage* anzusehen ist, so kann er dieß doch nicht seyn, als insofern er sich zur Grundlage *gemacht* hat. Das abstrakt-Unmittelbare ist wohl ein *Erstes*; als dieß Abstrakte ist es aber vielmehr ein Vermitteltes, von dem also, wenn es in seiner Wahrheit gefaßt werden soll, seine Grundlage erst zu suchen ist. Diese muß daher zwar ein Unmittelbares seyn, aber so, daß es aus der Aufhebung der Vermittelung sich zum Unmittelbaren gemacht hat.

Der Begriff ist von dieser Seite zunächst überhaupt als *das Dritte* zum *Seyn* und *Wesen*, zum *Unmittelbaren* und zur *Reflexion* anzusehen. Seyn und Wesen sind insofern die Momente seines *Werdens*; er aber ist ihre *Grundlage* und *Wahrheit*, als die Identität, in welcher sie untergegangen und enthalten sind. Sie sind in ihm, weil er ihr *Resultat* ist, enthalten, aber nicht mehr als *Seyn* und als *Wesen*; diese Bestimmung haben sie nur, insofern sie noch nicht in diese ihre Einheit zurückgegangen sind.

Die objektive Logik, welche das *Seyn* und *Wesen* betrachtet, macht daher eigentlich die *genetische Exposition des Begriffes* aus. Näher ist die *Substanz* schon das *reale Wesen*, oder das *Wesen*, insofern es mit dem *Seyn* vereinigt und in Wirklichkeit getreten ist. Der Begriff hat daher die Substanz zu seiner unmittelbaren Voraussetzung, sie ist das *an sich*, was er als *Manifestirtes* ist. Die *dialektische Bewegung der Substanz* durch die Kausalität und Wechselwirkung hindurch ist daher die unmittelbare *Genesis* des *Begriffes*, durch welche sein *Werden* dargestellt wird. Aber sein *Werden* hat, wie das Werden überall, die Bedeutung, daß es die Reflexion des Übergehenden in seinen *Grund* ist, und daß das zunächst anscheinend *Andere*, in welches das Erstere übergangen, dessen *Wahrheit* ausmacht. So ist der Begriff die *Wahrheit* der Substanz, und indem die bestimmte Verhältnißweise der Substanz die *Nothwendigkeit* ist, zeigt sich die *Freiheit* als die *Wahrheit der Nothwendigkeit*, und als *die Verhältnißweise des Begriffs*.

Die eigene, nothwendige Fortbestimmung der Substanz ist das *Setzen* dessen, was *an und für sich* ist; der *Begriff* nun ist diese absolute Einheit des *Seyns* und der *Reflexion*, daß das *An- und Fürsichseyn* erst dadurch ist, daß es ebenso sehr *Reflexion* oder *Gesetzseyn* ist, und daß das *Geseztseyn* das *An- und Fürsichseyn* ist. Dieß abstrakte Resultat erläutert sich durch die Darstellung seiner konkreten Genesis; sie enthält die Natur des Begriffes; sie muß aber dessen Abhandlung vorangegangen seyn. Die Haupt-Momente dieser Exposition (welche im zweiten Buch der objektiven Logik ausführlich abgehandelt worden ist) sind daher hier kürzlich zusammen zu stellen:

Die Substanz ist das *Absolute*, das an- und für-sichseyende Wirkliche; *an sich* als einfache Identität der Möglichkeit und Wirklichkeit, absolutes, alle Wirklichkeit und Möglichkeit in *sich* enthaltendes Wesen; *für sich*, diese Identität als absolute *Macht* oder schlechthin sich auf sich beziehende *Negativität*. Die Bewegung der Substantialität, welche durch diese Momente gesetzt ist, besteht darin,

1. Daß die Substanz, als absolute Macht oder sich auf sich beziehende *Negativität*, sich zu einem Verhältnisse unterscheidet, worin jene zunächst nur einfache Momente, als *Substanzen*, und als ursprüngliche *Voraussetzungen* sind. Das bestimmte Verhältniß derselben ist das einer *passiven* Substanz, der Ursprünglichkeit des einfachen *An-sich-seyns*, welches machtlos sich nicht selbst setzend, nur ursprüngliches *Gesetztseyn* ist; und von *aktiver* Substanz der *sich auf sich beziehenden* Negativität, welche als solche sich als Anderes gesetzt hat, und *auf dieß* Andere bezieht. Dieß Andere ist eben die passive Substanz, welche sie sich in der Ursprünglichkeit ihrer Macht als Bedingung *vorausgesetzt* hat. Dieß Voraussetzen ist so zu fassen, daß die Bewegung der Substanz selbst zunächst unter der Form des einen Moments ihres Begriffs, des *An-sich-seyns* ist, daß die Bestimmtheit der einen der im Verhältniß stehenden *Substanzen* auch Bestimmtheit dieses *Verhältnisses* selbst ist.

2. Das andere Moment ist das *Fürsichseyn*, oder daß die Macht *sich als sich auf sich selbst* beziehende Negativität setzt, wodurch sie das *Vorausgesetzte* wieder aufhebt. Die aktive Substanz ist die *Ursache*; sie *wirkt*; das heißt, sie ist nun das *Setzen*, wie sie vorher das *Voraussetzen* war, daß a) der Macht auch der *Schein* der Macht, dem Gesetztseyn auch der *Schein* des Gesetztseyns gegeben wird. Das, was in der Voraussetzung *Ursprüngliches* war, wird in der Kausalität *durch die Beziehung auf Anderes* das, was es an sich ist; die

Ursache bringt eine Wirkung, und zwar an einer andern Substanz hervor; sie ist nunmehr *Macht in Beziehung auf ein Anderes; erscheint* isofern als Ursache, aber ist es erst durch dieß *Erscheinen*. An die passive Substanz tritt die Wirkung, wodurch sie als *Gesetztseyn* nun auch erscheint, aber erst darin passive Substanz ist.

3. Aber es ist noch mehr hierin vorhanden, als nur diese *Erscheinung*; nämlich a). Die Ursache wirkt auf die passive Substanz; sie *verändert* deren Bestimmung; aber diese ist das Gesetztseyn, sonst ist nichts an ihr zu verändern; die andere Bestimmung aber, die sie erhält, ist die Ursachlichkeit; die passive Substanz wird also zur Ursache, Macht und Thätigkeit. b) Es wird die Wirkung an ihr *gesetzt* von der Ursache; das aber von der Ursache Gesetzte ist die im Wirken mit sich identische Ursache selbst; es ist diese, welche sich an die Stelle der passiven Substanzen setzt. Ebenso in Ansehung der aktiven Substanz ist a) das Wirken das Übersetzen der Ursache in die Wirkung, in ihr *Anderes*, das Gesetztseyn, und b) in der Wirkung zeigt sich die Ursache als das, was sie ist, die Wirkung ist identisch mit der Ursache, nicht ein Anderes; die Ursache zeigt also im Wirken das Gesetztseyn als das, was sie wesentlich ist. Nach beiden Seiten also des identischen sowohl als des negativen *Beziehens der andern auf sie*, wird jede das *Gegentheil* ihrer selbst; dieß Gegentheil aber wird jede, daß die andere, also auch jede, *identisch mit sich selbst* bleibt. Aber Beides, das identische und das negative Beziehen, ist ein und dasselbe; die Substanz ist nur in ihrem Gegentheil identisch mit sich selbst, und dieß macht die absolute Identität der als zwei gesetzten Substanzen aus. Die aktive Substanz wird durch das Wirken, d. h. indem sie sich als das Gegentheil ihrer selbst setzt, was zugleich das Aufheben ihres *vorausgesetzten Anderseyns*, der passiven Substanz, ist, als Ursache oder ursprüngliche Substantialität manifestirt. Umgekehrt wird durch das Einwirken das Gesetztseyn *als* Gesetztseyn, das Negative *als* Negatives, somit die passive Substanz als *sich auf sich beziehende* Negativität, manifestirt; und die Ursache geht in diesem Andern ihrer selbst schlechthin nur mit sich zusammen. Durch dieß Setzten wird also die *vorausgesetzte* oder *an sich seyende* Ursprünglichkeit *für sich*; aber dieß An- und Für-sichseyn ist nur dadurch, daß dieß Setzen ebenso sehr ein *Aufheben* des Vorausgesetzten ist, oder die absolute Substanz nur *aus* und *in ihrem Gesetztseyn* zu sich selbst zurückgekommen, und dadurch absolut ist. Diese Wechselwirkung ist hiermit die sich wieder aufhebende Erscheinung; die Offenbarung des *Scheins* der Kausalität, worin die Ursache *als* Ursache ist, *daß er Schein ist*. Diese unendliche Reflexion in sich selbst, daß das An- und Fürsichseyn erst dadurch ist, daß es Gesetztseyn ist, ist die *Vollendung der Substanz*. Aber diese Vollendung ist nicht mehr die *Substanz* selbst, sondern ist ein Höheres, der *Begriff* das *Subjekt*. Der Übergang des Substantialitäts-Verhältnisses geschieht durch seine eigene immanente Nothwendigkeit, und ist weiter nichts, als die Manifestation ihrer selbst, daß der Begriff ihre Wahrheit, und die Freiheit die Wahrheit der Nothwendigkeit ist.

Es ist schon früher im zweiten Buch der objektiven Logik S. 194 f. Anm. erinnert worden, daß die Philosophie, welche sich auf den Standpunkt der *Substanz* stellt und darauf stehen bleibt, das *System des Spinoza* ist. Es ist daselbst zugleich der *Mangel* dieses Systems sowohl der Form als Materie nach aufgezeigt worden. Ein Anderes aber ist die *Widerlegung* desselben. In Rücksicht auf die Widerlegung eines philosphischen Systems ist anderwärts gleichfalls die allgemeine Bemerkung gemacht worden, daß daraus die schiefe Vorstellung zu verbannen ist, als ob das System als durchaus *falsch* dargestellt werden solle, und als ob das *wahre* System dagegen dem falschen *nur entgegengesetzt* sey. Aus dem Zusammenhange, in welchem hier das spinozistische System vorkommt, geht von selbst der wahre Standpunkt desselben und der Frage, ob es wahr oder falsch sey, hervor. Das Substantialitäts-Verhältniß erzeugte sich durch die Natur des *Wesens*; dieß Verhältniß, so wie seine zu einem Ganzen erweiterte Darstellung in einem Systeme ist daher ein *nothwendiger Standpunkt*, auf welchen das Absolute sich stellt. Ein solcher Standpunkt ist daher nicht als eine Meinung, eine subjektive, beliebige Vorstellungs- und Denkweise eines Individuums, als eine Verirrung der Spekulation, anzusehen; diese findet sich vielmehr auf ihrem Wege nothwendig darauf versetzt, und insofern ist das System vollkommen wahr. Aber es *ist nicht der höchste Standpunkt*. Allein insofern kann das System nicht als *falsch*, als der *Widerlegung* bedürftig und fähig angesehen werden; sondern nur dieß daran ist als das *Falsche* zu betrachten, daß es der höchste Standpunkt sey. Das *wahre* System kann daher auch nicht das Verhältniß zu ihm haben, ihm nur *entgegengesetzt* zu seyn; denn so wäre dieß Entgegengesetzte selbst ein Einseitiges. Vielmehr als das Höhere muß es das Untergeordnete in sich enthalten.

Ferner muß die Widerlegung nicht von Außen kommen, d. h. nicht von Annahmen ausgehen, welche außer jenem System liegen, denen es nicht enspricht. Es braucht jene Annahmen nur nicht anzuerkennen; der *Mangel* ist nur für den ein Mangel, welcher von den auf sie gegründeten Bedürfnissen und Forderungen ausgeht. Insofern ist gesagt worden, daß wer die Freiheit und Selbstständigkeit des selbstbewußten Subjekts nicht für sich als entschieden voraussetze, für den könne keine Widerlegung des Spinozismus Statt finden. Ohnehin ignorirt ein so hoher, und in sich schon so *reicher* Standpunkt, als das Substantialitäts-Verhältniß, jene Annahmen nicht, sondern enthält sie auch; eins der Attribute der spinozistischen Substanz ist das *Denken*. Er versteht vielmehr die Bestimmungen, unter welchen diese Annahmen ihm widerstreiten, aufzulösen und in sich zu ziehen, so daß sie *in demselben*, aber in den ihm angemessenen Modifikationen, erscheinen. Der Nerv des äußerlichen Widerlegens beruht dann allein darauf, die entgegengesetzten Formen jener Annahmen, z.B. das absolute Selbstbestehen des denkenden Individuums gegen die Form des Denkens, wie es in der absoluten Substanz mit der Ausdehnung identisch gesetzt wird, seiner Seits steif und fest zu halten. Die wahrhafte Widerlegung muß in die Kraft des Gegners eingehen und sich in den Umkreis seiner Stärke stellen; ihn außerhalb seiner selbst angreifen und da Recht zu behalten, wo er nicht ist, fördert die Sache nicht. Die einzige Widerlegung des Spinozismus kann daher nur darin bestehen, daß sein Standpunkt zuerst als wesentlich und nothwendig anerkannt werde, daß aber zweitens dieser Standpunkt *aus sich selbst* auf den höhern gehoben werde. Das Substantialitäts-Verhältniß, ganz nur *an und für sich selbst* betrachtet, führt sich zu seinem Gegentheil, dem *Begriffe*, über. Die im letzten Buch enthaltene Exposition der Substanz, welche zum *Begriffe* überführt, ist daher die einzige und wahrhafte Widerlegung des Spionzismus. Sie ist die *Enthüllung* der Substanz, und diese ist die *Genesis des Begriffs*, deren Haupt-Momente oben zusammengestellt worden. Die *Einheit* der Substanz ist ihr Verhältniß der *Nothwendigkeit*; aber so ist sie nur *innere Nothwendigkeit*; indem sie durch das Moment der absoluten Negativität *sich setzt*, wird sie *manifestirte* oder *gesetzte Identität*, und damit die *Freiheit*, welche die Identität des Begriffs ist. Dieser, die aus der Wechselwirkung resultirende Totalität, ist die Einheit der *beiden Substanzen* der Wechselwirkung, so daß sie aber nunmehr der Freiheit angehören, indem sie nicht mehr ihre Identität als ein Blindes, das heißt *Innerliches*, sondern daß sie wesentlich die Bestimmung haben, als *Schein* oder Reflexions-Momente zu seyn, wodurch jede mit ihrem Andern oder ihrem Gesetztseyn ebenso unmittelbar zusammengegangen und jede ihr Gesetztseyn *in sich* selbst enthält, somit in ihrem Andern schlechthin nur als identisch mit sich gesetzt ist.

Im *Begriffe* hat sich daher das Reich der *Freiheit* eröffnet. Er ist das freie, weil die *an und für sich seyende Identität*, welche die Nothwendigkeit der Substanz ausmacht, zugleich als aufgehoben, oder als *Gesetztseyn* ist, und dieß Gesetztseyn, als sich auf sich selbst beziehend, eben jene Identiät ist. Die Dunkelheit der im Kausal-Verhältnisse stehenden Substanzen für einander ist verschwunden, denn die Ursprünglichkeit ihres Selbstbestehens ist in Gesetztseyn übergegangen, und dadurch zur sich selbst durchsichtigen *Klarheit* geworden; die *ursprüngliche* Sache ist dieß indem sie nur die *Ursache ihrer selbst* ist, und dieß ist die *zum Begriffe befreite Substanz*.

Es ergiebt sich hieraus für den Begriff sogleich folgende nähere Bestimmung. Weil das An- und Fürsichseyn unmittelbar als *Gesetztseyn* ist, ist der Begriff in seiner einfachen Beziehung auf sich selbst absolute *Bestimmtheit*; aber welche ebenso als sich nur auf sich beziehend unmittelbar einfache Identität ist. Aber diese *Beziehung* der Bestimmtheit *auf sich selbst*, als das *Zusammengehen* derselben mit sich, ist ebenso sehr die *Negation* der *Bestimmtheit*, und der Begriff ist als diese Gleichheit mit sich selbst das *Allgemeine*. Aber diese Identität hat so sehr die Bestimmung der Negativität; sie ist die Negation oder Bestimmtheit, welche sich auf sich bezieht, so ist der Begriff *Einzelnes*. Jedes von ihnen ist die Totalität, jedes enthält die Bestimmung des Andern in sich, und darum sind diese Totalitäten ebenso schlechthin nur *Eine*, als diese Einheit die Diremition ihre selbst in den freien Schein dieser Zweiheit ist; einer Zweiheit, welche in dem Unterschied des *Einzelnen* und *Allgemeinen* als vollkommener Gegensatz erscheint, der aber so sehr *Schein* ist, daß, indem das eine begriffen und ausgesprochen wird, darin das Andere unmittelbar begriffen und ausgesprochen ist.

Das so eben Vorgetragene ist als der *Begriff des Begriffes* zu betrachten. Wenn derselbe von demjenigen abzuweichen scheinen kann, was man sonst unter Begriff verstehe, so könnte verlangt werden, daß aufgezeigt würde, wie dasselbe, was hier als der Begriff sich ergeben hat, in anderen Vorstellungen oder Erklärungen enthalten sey. Einer Seits kann es jedoch nicht um eine durch die *Autorität* des gewöhnlichen Verstehens begründete Bestätigung zu thun seyn; in der Wissenschaft des Begriffes kann dessen Inhalt und Bestimmung allein durch die *immanenten Deduktion* bewährt werden, welche seine Genesis enthält, und welche bereits hinter uns liegt. Auf der andern Seite muß wohl an sich in demjenigen, was sonst als der Begriff des Begriffs vorgelegt wird, der hier deducirte zu erkennen seyn. Aber es ist nicht so leicht, das aufzufinden, was andere von der Natur des Begriffes gesagt haben. Denn meistens befassen sie sich mit dieser Aufsuchung gar nicht, und setzen voraus, daß jeder es schon von selbst verstehe, wenn man von dem Begriffe spreche. Neuerlich konnte man sich der Bemühung mit dem Begriffe um so mehr überhoben glauben, da, wie es eine Zeit lang Ton war, der Einbildungskraft, dann dem Gedächtnisse alles mögliche Schlimme nachzusagen, es in der Philosophie seit geraumer Zeit zur Gewohnheit geworden, und zum Theil noch gegenwärtig ist, auf den *Begriff* alle üble Nachrede zu häufen, ihn, der das Höchste des Denkens ist, verächtlich zu machen und dagegen für den höchsten, sowohl scientifischen als moralischen, Gipfel das *Unbegreifliche* und das *Nichtbegreifen* anzusehen.

Ich beschränke mich hier auf eine Bemerkung, die für das Auffassen der hier entwickelten Begriffe dienen kann, und es erleichtern mag, sich darein zu finden. Der Begriff, insofern er zu einer solchen *Existenz* gediehen ist, welche selbst frei ist, ist nichts Anderes als *Ich* oder das reine Selbstbewußtseyn. Ich *habe* wohl Begriffe, das heißt, bestimmt Begriffe; aber *Ich* ist der reine Begriff selbst, der als Begriff zum *Daseyn* gekommen ist. Wenn man daher an die Grundbestimmungen, welche die Natur des Ich ausmachen, erinnert, so darf man voraussetzen, daß an etwas Bekanntes, d. i. der Vorstellung Geläufiges, erinnert wird. *Ich* aber ist diese *erstlich* reine sich auf sich beziehende Einheit, und dieß nicht unmittelbar, sondern indem es von aller Bestimmtheit und Inhalt abstrahirt, und in die Freiheit der schrankenlosen Gleichheit mit sich selbst zurückgeht. So ist es *Allgemeinheit*; Einheit, welche nur durch jenes *negative* Verhalten, welches als das Abstrahiren erscheint, Einheit mit sich ist, und dadurch alles Bestimmtseyn in sich aufgelöst enthält. *Zweitens* ist Ich ebenso unmittelbar als die sich auf sich selbst beziehende Negativität, *Einzelnheit absolutes Bestimmtseyn*, welches sich Anderem gegenüberstellt, und es ausschließt; *individuelle Persönlichkeit*. Jene absolute *Allgemeinheit*, die ebenso unmittelbar absolute *Vereinzelung* ist, und ein An- und Fürsichseyn, welches schlechthin Gesetztseyn und nur dieß *An- und Fürsichseyn* durch die Einheit mit dem *Gesetztseyn* ist, macht ebenso die Natur des *Ich*, als des *Begriffes* aus; von dem einen und dem Andern ist nichts zu begreifen, wenn nicht die angegebenen beiden Momente zugleich in ihrer Abstraktion und zugleich in ihrer vollkommenen Einheit aufgefaßt werden. Wenn nach der gewöhnlichen Weise von dem *Verstande*, den *Ich habe*, gesprochen wird, so versteht man darunter ein *Vermögen* oder *Eigenschaft*, die in dem Verhältnisse zu Ich stehe, wie die Eigenschaft des Dings zum *Dinge* selbst, einem unbestimmten Substrate, welches nicht der wahrhafte Grund und das Bestimmende seiner Eigenschaft sey. Nach dieser Vorstellung *habe* Ich Begriffe und den Begriff, wie ich auch einen Rock, Farbe und andere äußerliche Eigenschaften habe.

Kant ist über diese äußerliche Verhältniß des Verstandes als des Vermögens der Begriffe, und der Begriffe selbst, zum Ich, hinausgegangen. Es gehört zu den tiefsten und richtigsten Einsichten, die sich in der Kritik der Vernunft finden, daß die *Einheit*, die das *Wesen des Begriffs* ausmacht, als die *ursprünglich-synthetische* Einheit *der Apperception*, als Einheit des: *Ich denke*, oder des Selbstbewußtseyns erkannt wird. Dieser Satz macht die sogenannte *transcendentale* Deduktion der Kategorie aus; sie hat aber von jeher für eines der schwersten Stücke der kantischen Philosophie gegolten, wohl aus keinem andern Grunde, als weil sie fordert, daß über die bloße *Vorstellung* des Verhältnisses, in welchem *Ich und der Verstand* oder der die *Begriffe* zu einem Ding und seinen Eigenschaften oder Accidenzen stehen, zum *Gedanken* hinausgegangen werden soll. *Objekt*, sagt Kant, Kritik der r. V. S. 137, 2. Ausg., ist das, in dessen *Begriff* das *Mannigfaltige* einer gegebenen Anschauung *vereinigt* ist. Alle Vereinigung der Vorstellungen erfordert aber *Einheit des Bewußtseyns* in der *Synthesis* derselben. Folglich ist diese *Einheit des Bewußtseyns* dasjenige, was allein die Beziehung der Vorstellungen auf einen Gegenstand, mithin ihre *objektive Gültigkeit*, ausmacht, und worauf selbst *die Möglichkeit des Verstandes* beruht. Kant unterscheidet die *subjektive Einheit* des Bewußtseyns hiervon, die Einheit der Vorstellung, ob ich mir eines Mannigfaltigen als *zugleich* oder nach einander bewußt bin, was von empirischen Bedingungen abhänge. Die Principien dagegen der *objektiven* Bestimmung der Vorstellungen seyen allein aus dem Grundsatze der *transcendentalen Einheit der Apperception* abzuleiten. Durch die Kategorien, welche diese objektiven Bestimmungen sind, werde das Mannigfaltige gegebener Vorstellungen so bestimmt, daß es zur *Einheit des Bewußtseyns* gebracht werde. Nach dieser Darstellung ist die Einheit des Begriffs dasjenige, wodurch etwas nicht bloße *Gefühlsbestimmung, Anschauung* oder auch bloße *Vorstellung*, sondern *Objekt* ist, welche objektive Einheit, die Einheit des Ich mit sich selbst ist. *Das Begreifen* eines Gegenstandes besteht in der That in nichts Anderem, als daß Ich denselben sich zu *eigen* macht, ihn durchdringt, und ihn in *seine eigene Form*, d. i. in die *Allgemeinheit*, welche unmittelbar *Bestimmtheit*, oder Bestimmtheit, welche unmittelbar Allgemeinheit ist, bringt. Der Gegenstand in der Anschauung oder auch in der Vorstellung ist noch ein *Äußerliches, Fremdes*. Durch das Begreifen wird das *An- und Fürsichseyn*, das er im Anschauen und Vorstellen hat, in ein *Gesetztseyn* verwandelt; Ich durchdringt ihn *denkend*. Wie er aber im Denken ist, so ist er erst *an und für sich*; wie er in der Anschauung oder Vorstellung ist, ist er *Erscheinung*; das Denken hebt seine *Unmittelbarkeit*, mit der er zunächst vor uns kommt, auf, und macht so ein *Gesetztseyn* aus ihm; dieß sein *Gesetztseyn* aber ist *sein An- und Fürsichseyn*, oder seine *Objektivität*. Diese Objektivität hat der Gegenstand somit im *Begriffe*, und dieser ist die *Einheit des Selbstbewußtseyns*, in die er aufgenommen worden; seine Objektivität oder der Begriff ist daher selbst nichts Anderes, als die Natur des Selbstbewußtseyns; hat keine andere Momente oder Bestimmungen, als das Ich selbst.

Hiernach rechtfertigt es sich durch einen Hauptsatz der kantischen Philosophie, daß, um das zu erkennen, was der Begriff sey, an die Natur des Ich erinnert wird. Umgekehrt aber ist hierzu nothwendig, den *Begriff* des Ich aufgefaßt zu haben, wie er vorhin angeführt worden. Wenn bei der bloßen *Vorstellung* des Ich stehen geblieben wird, wie sie unserem gewöhnlichen Bewußtseyn vorgeschwebt, so ist Ich nur das einfache *Ding*, welches auch *Seele* genannt wird, dem der Begriff als ein Besitz oder Eigenschaft *inhärirt*. Diese Vorstellung, welche sich nicht damit einläßt, weder Ich noch den Begriff zu begreifen, kann nicht dazu dienen, das Begreifen des Begriffs zu erleichtern oder näher zu bringen.

Die angeführte kantische Darstellung enthält noch zwei Seiten, die den Begriff betreffen, und einige weitere Bemerkungen nothwendig machen. Vor's Erste sind der *Stufe* des *Verstandes* die *Stufen des Gefühls und der Anschauung* vorausgeschickt; und es ist ein wesentlicher Satz der kantischen Transcendentalphilosophie, daß die *Begriffe ohne Anschauung leer* sind, und allein als *Beziehung* des durch die Anschauung gegebenen *Mannigfaltigen* Gültigkeit haben. Zweitens ist der Begriff als das *Objektive* der Erkenntniß angegeben worden, somit als die *Wahrheit*. Aber auf der andern Seite wird derselbe als etwas *bloß Subjektives* genommen, aus dem sich die *Realität*, unter welcher, da sie der Subjektivität gegenübergestellt wird, die Objektivität zu verstehen ist, nicht *herausklauben* lasse; und überhaupt wird der Begriff und das Logische für etwas nur *Formelles* erklärt, das, weil es von dem Inhalt abstrahire, die Wahrheit nicht enthalte.

Was nun erstens *jenes Verhältniß des Verstandes oder Begriffs zu den ihm vorausgesetzten Stufen* betrifft, so kommt es darauf an, welches die Wissenschaft ist, die abgehandelt wird, um die Form jener Stufen zu bestimmen. In unserer Wissenschaft, als der reinen *Logik*, sind diese Stufen *Seyn* und *Wesen*. In der *Psychologie* sind es das *Gefühl* und die *Anschauung*, und dann die *Vorstellung* überhaupt, welche dem Verstande vorausgeschickt werden. In der *Phänomenologie* des Geistes, als der Lehre vom Bewußtseyn, wurde durch die Stufen des *sinnlichen Bewußtseyns* und dann des *Wahrnehmens* zum Verstande aufgestiegen. Kant schickt ihm nur Gefühl und Anschauung voraus. Wie *unvollständig* zunächst diese Stufenleiter ist, giebt er schon selbst dadurch zu erkennen, daß er als *Anhang* zu der transcendentalen Logik oder Verstandeslehre noch eine *Abhandlung* über die *Reflexions-Begriffe* hinzufügt; eine Sphäre, welche zwischen der *Anschauung* und dem *Verstande*, oder dem *Seyn* und *Begriffe* liegt. Über die Sache selbst ist *vor's Erste* zu bemerken, daß jene Gestalten von *Anschauung, Vorstellung* und dergleichen dem *selbstbewußten Geiste* angehören, der als solcher nicht in der logischen Wissenschaft betrachtet wird. Die reinen Bestimmungen von Seyn, Wesen und Begriff machen zwar auch die Grundlage und das innere einfache Gerüste der Formen des Geistes aus; der Geist als *anschauend*, ebenso als *sinnliches Bewußtseyn*, ist in der Bestimmtheit des unmittelbaren Seyns, so wie der Geist als *vorstellend*, wie auch als *wahrnehmendes* Bewußtseyn sich vom Seyn auf die Stufe des Wesens oder der Reflexion erhoben hat. Allein diese konkreten Gestalten gehen die logische Wissenschaft so wenig an, als die konkreten Formen, welche die logischen Bestimmungen in der Natur annehmen, und welche *Raum und Zeit*, alsdann der sich erfüllende Raum und Zeit, als *unorganische Natur*, und die *organische Natur* seyn würde. Ebenso ist hier auch der Begriff, nicht als Aktus des selbstbewußten Verstandes, nicht der *subjektive Verstand* zu betrachten, sondern der Begriff an und für sich, welcher ebenso wohl eine *Stufe* der *Natur*, als des *Geistes* ausmacht. Das Leben oder die organische Natur ist diese Stufe der Natur, auf welcher der Begriff hervortritt; aber als blinder, sich selbst nicht fassender, d. h. nicht denkender Begriff; als solcher kommt er nur dem Geiste zu. Von jener ungeistigen aber sowohl, als von dieser geistigen Gestalt des Begriffes ist seine logische Form unabhängig, es ist hierüber schon in der *Einleitung* die nöthige Vorerinnerung gemacht worden; es ist dieß eine Bedeutung, welche nicht erst innerhalb der *Logik* zu rechtfertigen ist, sondern mit der man *vor* derselben im Reinen seyn muß. Wie nun aber auch die Formen gestaltet seyn möchten, welche dem Begriffe vorangehen, so kommt es *zweitens* auf das *Verhältniß* an, in welchem der *Begriff* zu *denselben gedacht* wird. Dieß Verhältniß wird sowohl in der gewöhnlichen psychologischen Vorstellung, als auch in der kantischen Transcendentalphilosophie so angenommen, daß der empirische *Stoff*, das Mannigfaltige der Anschauung und Vorstellung zuerst *für sich da* ist, und daß dann der Verstand dazu *hintrete, Einheit* in denselben bringe, und ihn durch *Abstraktion* in die Form der *Allgemeinheit* erhebe. Der Verstand ist auf diese Weise eine für sich leere *Form*, welche Theils nur durch jenen *gegebenen* Inhalt Realität erhält, Theils von ihm *abstrahirt*, nämlich ihn als etwas, aber nur für den Begriff Unbrauchbares *wegläßt*. Der Begriff ist in dem einen und dem andern Thun nicht das Unabhängige, nicht das Wesentliche und Wahre jenes vorausgehenden Stoffes, welches vielmehr die Realität an und für sich ist, die sich aus dem Begriffe nicht herausklauben läßt.

Es muß nun allerdings zugegeben werden, daß der *Begriff als solcher* noch nicht vollständig ist, sondern in die *Idee* sich erheben muß, welche erst die Einheit des Begriffs und der Realität ist; wie *sich* in dem Verfolge durch die Natur des Begriffes *selbst ergeben* muß. Denn die Realität, die er sich giebt, darf nicht als ein Äußerliches aufgenommen, sondern muß nach wissenschaftlicher Forderung aus ihm selbst abgeleitet werden. Aber es ist wahrhaftig nicht jener durch die Anschauung und die Vorstellung gegebene Stoff, welcher gegen den Begriff als das *Reale* geltend gemacht werden darf. *"Es ist nur ein Begriff"*, pflegt man zu sagen, indem man nicht nur die Idee, sondern das sinnliche, räumliche und zeitliche handgreifliche Daseyn als etwas gegenüberstellt, das vortrefflicher sey, als der Begriff. Das *Abstrakte* hält man dann darum für geringer, als das Konkrete, weil aus jenem so viel dergleichen Stoff weggelassen worden sey. Das Abstrahiren hat in dieser Meinung die Bedeutung, daß aus dem Konkreten nur zu *unserem subjektiven Behuf ein* oder *das andere Merkmal* so herausgenommen werden, daß mit dem Weglassen so vieler anderer *Eigenschaften* und *Beschaffenheiten* des Gegenstandes denselben an ihrem *Werthe* und ihrer *Würde* nichts benommen seyn solle; sondern sie als das *Reelle*, nur auf der andern Seite drüben, noch immer als völlig Geltendes gelassen werden; so daß es nur das *Unvermögen* des Verstandes sey, solchen Reichthum nicht aufzunehmen, und sich mit der dürftigen Abstraktion begnügen zu müssen. Wenn nun der gegebene Stoff der Anschauung und das Mannigfaltige der Vorstellung als das Reelle gegen das Gedachte und den Begriff genommen wird, so ist dieß eine Ansicht, welche abgelegt zu haben nicht nur Bedingung des Philosophirens ist, sondern schon von der Religion vorausgesetzt wird; wie ist ein Bedürfniß und der Sinn derselben möglich, wenn die flüchtige und oberflächliche Erscheinung des Sinnlichen und Einzelnen noch für das Wahre gehalten wird? Die Philosophie aber giebt die *begriffene* Einsicht, was es mit der Realität des sinnlichen Seyns für eine Bewandniß habe, und schickt jene Stufen des Gefühls und der Anschauung, des sinnlichen Bewußtseyns u. s. f. insofern dem Verstande voraus, als sie in dessen Werden seine Bedingungen, aber nur so sind, daß der Begriff *aus ihrer Dialektik* und *Richtigkeit* als ihr *Grund* hervorgeht, nicht aber, daß er durch ihre *Realität* bedingt wäre. Das abstrahirende Denken ist daher nicht als bloßes Auf-die-Seite-stellen des sinnlichen Stoffes zu betrachten, welcher dadurch in seiner Realität keinen Eintrag leide, sondern es ist vielmehr das Aufheben und die Reduktion desselben als bloßer *Erscheinung* auf das *Wesentliche*, welches nur im *Begriff* sich manifestirt.

Wenn das freilich nur als ein *Merkmal* oder *Zeichen* dienen soll, was von der konkreten Erscheinung in den Begriff aufzunehmen sey, so darf es allerdings auch irgend eine nur sinnliche einzelne Bestimmung des Gegenstandes seyn, die wegen irgend eines äußerlichen Interesses aus den anderen herausgewählt wird, und von gleicher Art und Natur, wie die übrigen, ist.

Ein hauptsächlicher Mißverstand, welcher hierbei obwaltet, ist, als ob das *natürliche* Princip, oder der *Anfang*, von dem in der *natürlichen* Entwickelung oder in der *Geschichte* des sich bildenden Individuums ausgegangen wird, das *Wahre* und im *Begriffe Erste* sey. Anschauung oder Seyn sind wohl der Natur nach das Erste oder die Bedingung für den Begriff, aber sie sind darum nicht das an und für sich Unbedingte, im Begriffe hebt sich vielmehr ihre Realität und damit zugleich der Schein auf, den sie als das bedingende Reelle hatten. Wenn es nicht um die *Wahrheit*, sondern nur um die *Historie* zu thun ist, wie es im Vorstellen und dem erscheinenden Denken zugehe, so kann man allerdings bei der Erzählung stehen bleiben, daß wir mit Gefühlen und Anschauungen anfangen, und der Verstand aus dem Mannigfaltigen derselben eine

Allgemeinheit oder ein Abstraktes herausziehe, und begreiflich jene Grundlage dazu nöthig habe, welche bei diesem Abstrahiren noch in der ganzen Realität, mit welcher sie sich zuerst zeigte, dem Vorstellen stehen bleibe. Aber die Philosophie soll keine Erzählung dessen seyn, was geschieht, sondern eine Erkenntniß dessen, was *wahr* darin ist, und aus dem Wahren soll sie ferner das begreifen, was in der Erzählung als ein bloßes Geschehen erscheint.

Wenn in der oberflächlichen Vorstellung von dem, was der Begriff ist, alle Mannigfaltigkeit *außer dem Begriffe* steht, und diesem nur die Form der abstrakten Allgemeinheit oder der leeren Reflexionsidentität zukommt, so kann schon zunächst daran erinnert werden, daß auch sonst für die Angaben eines Begriffs oder die Definition, zu der Gattung, welche selbst schon eigentlich nicht rein abstrakte Allgemeinheit ist, ausdrücklich auch die *specifische Bestimmtheit* gefordert wird. Wenn nur mit etwas denkender Betrachtung darauf reflektirt würde, was dieß sagen will, so würde sich ergeben, daß damit das *Unterscheiden* als ein ebenso wesentliches Moment des Begriffes angesehen wird. *Kant* hat diese Betrachtung durch den höchst wichtigen Gedanken eingeleitet, daß es *synthetische Urtheile* a priori gebe. Diese ursprüngliche Synthesis der Apperception ist eines der tiefsten Principien für die spekulative Entwickelung; sie enthält den Anfang zum wahrhaften Auffassen der Natur des Begriffs, und ist jener leeren Identität oder abstrakten Allgemeinheit, welche keine Synthesis in sich ist, vollkommen entgegengesetzt. Diesem Anfange entspricht jedoch die weitere Ausführung wenig. Schon der Ausdruck: *Synthesis* leitet leicht wieder zur Vorstellung einer *äußerlichen* Einheit, und *bloßen Verbindung* von solchen, die *an und für sich getrennt* sind. Alsdann ist die kantische Philosophie nur bei dem psychologischen Reflexe des Begriffs stehen geblieben, und ist wieder zur Behauptung der bleibenden Bedingtheit des Begriffs durch ein Mannigfaltiges der Anschauung zurück gegangen. Sie hat die Verstandeserkenntnisse und die Erfahrung nicht darum als einen *erscheinenden* Inhalt ausgesprochen, weil die Kategorien selbst nur endliche sind, sondern aus dem Grunde eines psychologischen Idealismus, weil sie *nur* Bestimmungen seyen, die vom Selbstbewußtseyn herkommen. Auch gehört hierher, daß der Begriff wieder ohne das Mannigfaltige der Anschauung *inhaltslos* und *leer* seyn soll, ungeachtet er a priori eine *Synthesis* sey; indem er dieß ist, hat er ja die Bestimmtheit und den Unterschied in sich selbst, Indem sie die Bestimmtheit des Begriffs, damit die *absolute Bestimmtheit*, die *Einzelnheit*, ist, ist der Begriff Grund und Quelle aller endlichen Bestimmtheit und Mannigfaltigkeit. Die formelle Stellung, welche er als Verstand behält, wird in der kantischen Darstellung dessen, was *Vernunft* sey, vollendet. In der Vernunft, der höchsten Stufe des Denkens, sollte man erwarten, der Begriff werde die Bedingtheit, in welcher er auf der Stufe des Verstandes noch erscheint, verlieren, und zur vollendeten Wahrheit kommen. Diese Erwartung wird aber getäuscht. Dadurch, daß Kant das Verhalten der Vernunft zu den Kategorien als nur *dialektisch* bestimmt, und zwar das Resultat dieser Dialektik schlechthin nur als das *unendliche Nichts* auffaßt, so verliert die unendliche Einheit der Vernunft auch noch die Synthesis und damit jenen Anfang eines spekulativen, wahrhaft unendlichen Begriffs, sie wird zu der bekannten ganz formellen, *bloß regulativen Einheit* des *systematischen Verstandesgebrauchs*. Es wird für einen Mißbrauch erklärt, daß die Logik, die bloß *ein Kanon der Beurtheilung* seyn solle, als ein *Organon* zur Hervorbringung *objektiver* Einsichten angesehen werde. Die Vernunftbegriffe, in denen man eine höhere Kraft und tiefern Inhalt ahnen mußte, haben nichts *Konstitutives* mehr, wie noch die Kategorien; sie sind *bloße* Ideen; es soll *ganz wohl erlaubt* seyn, sie zu gebrauchen, aber mit diesen intelligibeln Wesen, in denen sich alle *Wahrheit* ganz aufschließen sollte, soll weiter nichts gemeint seyn, als *Hypothesen*, denen eine Wahrheit an und für sich zuzuschreiben, eine völlige Willkür und Tollkühnheit seyn würde, da sie *in keiner Erfahrung vorkommen können*. Hätte man es je denken sollen, daß die Philosophie den intelligibeln Wesen darum die Wahrheit absprechen würde, weil sie des räumlichen und zeitlichen Stoffes der Sinnlichkeit entbehren?

Es hängt hiermit unmittelbar der Gesichtspunkt zusammen, in Rücksicht auf welchen der Begriff und die Bestimmung der Logik überhaupt zu betrachten ist, und der in der kantischen Philosophie auf die gleiche Weise, wie insgemein genommen wird; das *Verhältniß* nämlich des *Begriffs* und *seiner Wissenschaft* zur *Wahrheit* selbst. Es ist vorhin aus der kantischen Deduktion der Kategorien angeführt worden, daß nach derselben das *Objekt*, als in welchem das Mannigfaltige der Anschauung *vereinigt* ist, nur diese Einheit ist *durch die Einheit des Selbstbewußtseyns*. Die *Objektivität des Denkens* ist also hier bestimmt ausgesprochen, eine Identität des Begriffs und des Dinges, welche *die Wahrheit* ist. Auf gleiche Weise wird auch insgemein zugegeben, daß, indem das Denken einen gegebenen Gegenstand sich aneignet, dieser dadurch eine Veränderung erleidet, und aus einem sinnlichen zu einem gedachten gemacht werde; daß aber diese Veränderung nicht nur nichts an seiner Wesentlichkeit ändere, sondern daß er vielmehr erst in seinem Begriffe in seiner *Wahrheit*; in der Unmittelbarkeit, in welcher er gegeben ist, aber nur *Erscheinung* und *Zufälligkeit*, daß die Erkenntniß des Gegenstandes, welche ihn begreift, die Erkenntniß desselben, wie er *an und für sich* ist, und der Begriff seine Objektivität selbst sey. Auf der andern Seite wird aber ebenso wieder behauptet, *wir können die Dinge doch nicht erkennen, wie sie an und für sich seyen*, und die *Wahrheit* sey für *die erkennende Vernunft unzugänglich*; jene Wahrheit, welche in der Einheit des Objekts und des Begriffs besteht, sey doch nur Erscheinung; und zwar nun wieder aus dem Grunde, weil der Inhalt nur das Mannigfaltige der Anschauung sey. Es ist hierüber schon daran erinnert worden, daß eben im Begriffe vielmehr diese Mannigfaltigkeit, insofern sie der Anschauung im Gegensatze gegen den Begriff angehört, aufgehoben werde, und der Gegenstand durch den Begriff in seine nicht zufällig Wesenheit zurückgeführt sey; diese tritt in die Erscheinung, darum eben ist die Erscheinung nicht bloß ein Wesenloses, sondern Manifestation des Wesens. Die aber ganz frei gewordene Manifestation desselben ist der Begriff. Diese Sätze, an welche hier erinnert wird, sind darum keine dogmatische Assertionen, weil sich aus der ganzen Entwickelung des *Wesens* durch sich selbst hervorgegangene Resultate sind. Der jetzige Standpunkt, auf welchen diese Entwickelung geführt hat, ist, daß die Form des *Absoluten*, welche höher als Seyn und Wesen der *Begriff* ist. Indem er nach dieser Seite, Seyn und Wesen, wozu auch bei anderen Ausgangspunkten Gefühl und Anschauung und Vorstellung gehören, und welche als seine vorangehenden Bedingungen erschienen, *sich unterworfen* und sich *als ihren unbedingten Grund* erwiesen hat, so ist nun noch die *zweite Seite* übrig, deren Abhandlung dieses dritte Buch der Logik gewidmet ist, die Darstellung nämlich, wie er die Realität, welche in ihm verschwunden, in und aus sich bildet. Es ist daher allerdings zugegeben worden, daß die Erkenntniß, welche nur bei dem Begriff rein als solchem steht, noch unvollständig ist und nur erst zur *abstrakten Wahrheit* gekommen ist. Aber ihre Unvollständigkeit liegt nicht darin, daß sie jener vermeintlichen Realität, die im Gefühl und Anschauung gegeben sey, entbehre; sondern daß der Begriff noch nicht seine *eigene* aus ihm selbst erzeugte Realität sich gegeben hat. Darin besteht die gegen und an dem empirischen Stoff und genauer an seinen Kategorien und Reflexions-Bestimmungen erwiesene Absolutheit des Begriffes, daß derselbe nicht, wie er *außer* und *vor* dem Begriffe erscheint, *Wahrheit* habe, sondern allein in seiner Idealität, oder Identität mit dem Begriffe. Die *Herleitung* des Reellen aus ihm, wenn man es Herleitung nennen will, besteht zunächst wesentlich darin, daß der Begriff in seiner formellen Abstraktion sich als unvollendet zeigt, und durch die in ihm selbst gegründete Dialektik zur Realität so übergeht, daß er sie aus sich erzeugt, aber nicht, daß er zu einer fertigen, ihm gegenüber gefundenen Realität wieder zurückfällt, und zu etwas, das sich als das Unwesentliche der Erscheinung kund gethan, seine Zuflucht nimmt, weil er, nachdem er sich um ein Besseres umgesehen, doch dergleichen nicht gefunden habe. Es wird immer als etwas Verwundernswürdiges ausgezeichnet werden, wie die kantische Philosophie dasjenige Verhältniß des Denkens zum sinnlichen Daseyn, bei dem sie stehen blieb, für ein nur relatives Verhältniß der bloßen Erscheinung erkannte, und eine höhere Einheit beider in der *Idee* überhaupt, und z.B. in der Idee eines anschauenden Verstandes sehr wohl anerkannte und aussprach, doch bei jenem relativen Verhältnisse und bei der Behauptung stehen geblieben ist, daß der Begriff schlechthin von der Realität getrennt sey und bleibe, somit als die *Wahrheit* dasjenige behauptete, was sie als endliche Erkenntniß aussprach, und das für überschwenglich, unerlaubt und für Gedankendinge erklärte, was sie als *Wahrheit* erkannte, und wovon sie den bestimmten Begriff aufstellte.

Indem es zunächst hier die *Logik*, die Wissenschaft überhaupt ist, von derem Verhältnisse zur Wahrheit die Rede ist, so muß ferner noch zugegeben werden, daß jene als die *formelle Wissenschaft* nicht auch diejenige Realität enthalten können und solle, welche der Inhalt weiterer Theile der Philosophie, der *Wissenschaften der Natur und des Geistes*, ist. Diese konkreten Wissenschaften treten allerdings zu einer reellern Form der Idee heraus als die Logik, aber zugleich nicht so, daß sie zu jener Realität sich wieder umwendeten, welche das über seine Erscheinung zu Wissenschaft erhobene Bewußtseyn aufgegeben, oder auch zum Gebrauch von Formen, wie die Kategorien und Reflexions-Bestimmungen sind, deren Endlichkeit und Unwahrheit sich in der Logik dargestellt hat, wieder zurückkehrten. Vielmehr zeigt die Logik die Erhebung der *Idee* zu der Stufe, von daraus sie die Schöpferin der Natur wird und zur Form einer *konkreten Unmittelbarkeit* überschreitet, deren Begriff aber auch diese Gestalt wieder zerbricht, um zu sich selbst, als *konkreter Geist*, zu werden. Gegen diese konkreten Wissenschaften, welche aber das Logische oder den Begriff zum innern Bildner haben und behalten, wie sie es zum Vorbildner hatten, ist die Logik selbst allerdings die *formelle* Wissenschaft, aber die Wissenschaft der *absoluten Form*, welche in sich Totalität ist, und die *reine Idee der Wahrheit selbst* enthält. Diese absolute Form hat an ihr selbst ihren Inhalt oder Realität; der Begriff, indem er nicht die triviale, leere Identität ist, hat in dem Momente seiner Negativität oder des absoluten Bestimmens die unterschiedenen Bestimmungen; der Inhalt ist überhaupt nichts Anderes als solche Bestimmungen der absoluten Form; der durch sie selbst gesetzte, und daher auch ihr angemessene Inhalt. Diese Form ist darum auch von ganz anderer Natur, als gewöhnlich die logische Form genommen wird. Sie ist schon *für sich selbst die Wahrheit*, indem dieser Inhalt seiner Form, oder diese Realität ihrem Begriffe angemessen ist, und die *reine Wahrheit*, weil dessen Bestimmungen noch nicht die Form eines absoluten Andersseyns oder der absoluten Unmittelbarkeit haben. Kant, indem er Kr. der r. Vern. S. 83 in Beziehung auf die Logik, auf die alte und berühmte Frage: *Was die Wahrheit sey?* zu reden kommt, *schenkt* vor's Erste als etwas Triviales die Namenerklärung, daß sie die Übereinstimmung der Erkenntniß mit ihrem Gegenstande sey; eine Definition, die von großem, ja von dem höchsten Werthe ist. Wenn man sich derselben bei der Grundbehauptung des transcendentalen Idealismus erinnert, daß die *Vernunfterkenntniß* die *Dinge an sich zu* erfassen nicht vermögend sey, daß die *Realität schlechthin* außer *dem Begriffe* liege, so zeigt sich sogleich, daß eine solche *Vernunft*, die sich mit ihrem Gegenstande, den Dingen an sich, *nicht in Übereinstimmung zu stezen* vermag, und die *Dinge an sich*, die nicht mit dem Vernunftbegriffe, der Begriff, der nicht mit der Realität, eine Realität, die nicht mit dem Begriffe in Übereinstimmung ist, *unwahre Vorstellungen* sind. Wenn Kant die Idee eines *anschauenden Verstandes* an jene Definition der Wahrheit gehalten hätte, so würde er diese Idee, welche die geforderte Übereinstimmung ausdrückt, nicht als ein Gedankending, sondern vielmehr als Wahrheit behandelt haben.

"Das, was man zu wissen verlange, giebt Kant ferner an, sey ein *allgemeines* und *sicheres Kriterium der Wahrheit einer jeden Erkenntniß*; es würde ein solches seyn, welches von allen Erkenntnissen, *ohne Unterschied ihrer Gegenstände*, gültig wäre; da man aber bei demselben *von allem Inhalt* der Erkenntniß (*Beziehung auf ihr Objekt) abstrahiert*, und *Wahrheit gerade diesen Inhalt* angeht, so würde es ganz *unmöglich* und *ungereimt* seyn, nach einem Merkmal der *Wahrheit dieses Inhaltes* der Erkenntnisse zu fragen. " Es ist hier die gewöhnliche Vorstellung von der formellen Funktion der Logik sehr bestimmt ausgedrückt, und das angeführte Raisonnement scheint sehr einleuchtend zu seyn. Vor's

Erste aber ist zu bemerken, daß es solchem formellen Raisonnement gewöhnlich so geht, in seinem Reden die Sache zu vergessen, die es zur Grundlage gemacht und von der es spricht. Es würde ungereimt seyn, heißt es, nach einem Kriterium der *Wahrheit des Inhalts* der Erkenntniß zu fragen; aber nach der Definition macht nicht der *Inhalt* die Wahrheit aus, sondern die *Übereinstimmung* desselben mit dem Begriffe. Ein Inhalt, wie von ihm hier gesprochen wird, *ohne den Begriff*, ist ein Begriffloses, somit Wesenloses; nach dem Kriterium der Wahrheit eines solchen kann freilich nicht gefragt werden, aber aus dem entgegengesetzten Grunde; darum nämlich nicht, weil er um seiner Begrifflosigkeit willen nicht die *geforderte Übereinstimmung* ist, sondern weiter nichts als ein der wahrheitslosen Meinung Angehöriges seyn kann. Lassen wir die Erwähnung des Inhalts bei Seite, der hier die Verwirrung verursacht, in welche aber der Formalismus jedesmal verfällt, und die ihn das Gegentheil dessen sagen läßt, was er vorbringen will, so oft er sich auf Erläuterung einläßt, und bleiben bei der abstrakten Ansicht stehen, daß das Logische nur formell sey, und von allem Inhalt vielmehr abstrahire; so haben wir eine einseitige Erkenntniß, welche keinen Gegenstand enthalten soll, eine leere, bestimmungslose Form, die also ebenso wenig eine *Übereinstimmung*, da zur Übereinstimmung wesentlich *Zwei* gehören, ebenso wenig Wahrheit ist. An der a priorischen *Synthesis* des Begriffs hatte Kant ein höheres Princip, worin die Zweiheit in der Einheit, somit dasjenige erkannt werden konnte, was zur Wahrheit gefordert wird; aber der sinnliche Stoff, das Mannigfaltige der Anschauung war ihm zu mächtig, um davon weg zur Betrachtung des Begriffs und der Kategorien *an und für sich*, und zu einem spekulativen Philosophiren kommen zu können.

Indem die Logik Wissenschaft der absoluten Form ist, so muß dieß Formelle, *damit es ein Wahres seye*, an ihm selbst einen *Inhalt* haben, welcher seiner Form gemäß sey, und um so mehr, da das logische Formelle die reine Form, also das logische Wahre, die *reine Wahrheit* selbst seyn muß. Dieses Formelle muß daher in sich viel reicher an Bestimmungen und Inhalt, so wie auch von unendlich größerer Wirksamkeit auf das Konkrete gedacht werden, als es gewöhnlich genommen wird. Die logischen Gesetze für sich (das ohnehin Heterogene, die angewandte Logik und übrige psychologische und anthropologische Material weggerechnet) werden gewöhnlich außer dem Satze des Widerspruchs auf einige dürftige Sätze, die Umkehrung der Urtheile, und die Formen der Schlüsse betreffend, beschränkt. Die selbst hierbei vorkommenden Formen, so wie weitere Bestimmungen derselben werden nur gleichsam historisch aufgenommen, nicht der Kritik, ob sie an und für sich ein Wahres sehen, unterworfen. So gilt z.B. die Form des positiven Urtheils für etwas an sich völlig Richtiges, wobei es ganz allein auf den Inhalt ankomme, ob ein solches Urtheil wahr sey. Ob diese Form *an und für sich* eine Form der Wahrheit, ob der Satz, den sie ausspricht, *das Einzelne ist ein Allgemeines*, nicht in sich dialektisch sey, an diese Untersuchung wird nicht gedacht. Es wird geradezu dafür gehalten, daß dieß Urtheil für sich fähig, Wahrheit zu enthalten, und jener Satz, den jedes positive Urtheil ausspricht, ein wahrer sey; obschon unmittelbar erhellt, daß ihn dasjenige fehlt, was die Definition der Wahrheit fordert, nämlich die Übereinstimmung des Begriffs und seines Gegenstandes; das Prädikat, welches hier das Allgemeine ist, als den Begriff, das Subjekt, welches das Einzelne ist, als den Gegenstand genommen, so stimmt das eine mit dem andern nicht überein. Wenn aber das *abstrakte Allgemeine*, welches das Prädikat ist, noch nicht einen Begriff ausmacht, als zu welchem allerdings mehr gehört; so wie auch solches Subjekt noch nicht viel weiter als ein grammatisches ist, wie sollte das Urtheil Wahrheit enthalten können, da sein Begriff und Gegenstand nicht übereinstimmen, oder ihm der Begriff, wohl auch der Gegenstand, gar fehlt? Dieß ist daher vielmehr das *Unmögliche* und *Ungereimte*, in dergleichen Formen, wie ein positives Urtheil und wie das Urtheil überhaupt ist, die Wahrheit fassen zu wollen. So wie die kantische Philosophie die Kategorien nicht an und für sich betrachtete, sondern sie nur aus dem schiefen Grunde, weil sie subjektive Formen des Selbstbewußtseyns seyen, für endliche Bestimmungen, die das Wahre zu enthalten unfähig seyen, erklärte, so hat sie noch weniger die Formen des Begriffs, welche der Inhalt der gewöhnlichen Logik sind, der Kritik unterworfen; sie hat vielmehr einen Theil derselben, nämlich die Funktionen der Urtheile für die Bestimmung der Kategorie aufgenommen, und sie als gültige Voraussetzungen gelten lassen. Soll in den logischen Formen auch weiter nichts gesehen werden, als formelle Funktionen des Denkens, so wären sie schon darum der Untersuchung, in wiefern sie für sich der *Wahrheit* entsprechen, würdig. Eine Logik, welche dieß nicht leistet, kann höchstens auf den Werth einer naturhistorischen Beschreibung der Erscheinungen des Denkens, wie sie sich vorfinden, Anspruch machen. Es ist ein unendliches Verdienst des *Aristoteles*, welches uns mit der höchsten Bewunderung für die Stärke dieses Geistes erfüllen muß, diese Beschreibung zuerst unternommen zu haben. Aber es ist nöthig, daß weiter gegangen, und Theils der systematische Zusammenhang, Theils aber der Werth der Formen erkannt werde.

Eintheilung

Der Begriff zeigt sich obenhin betrachtet als die Einheit des *Seyns* und *Wesens*. Das Wesen ist die *erste Negation* des Seyns, das dadurch zum *Schein* geworden ist, der Begriff ist die *zweite*, oder die Negation dieser Negation; also das wiederhergestellte Seyn, aber als die unendliche Vermittlung und Negativität desselben in sich selbst. *Seyn* und *Wesen* haben daher im Begriffe nicht mehr die Bestimmung, in welcher sie als *Seyn* und *Wesen* sind, noch sind sie nur in solcher Einheit, daß jedes in dem andern *scheine*. Der Begriff unterscheidet sich daher nicht in diese Bestimmungen. Er ist die Wahrheit des substantiellen Verhältnisses, in welchem Seyn und Wesen ihre erfüllte Selbstständigkeit und Bestimmung durch einander erreichen. Als die Wahrheit der Substantialität erwies sich die *substantielle Identität*, welche ebenso sehr und nur als das *Gesetztseyn* ist. Das

Gesetztseyn ist das *Daseyn* und *Unterscheiden*; das An- und Fürsichseyn hat daher im Begriffe ein sich gemäßes und wahres Daseyn erreicht, denn jenes Gesetztseyn ist das An- und Fürsichseyn selbst. Dieß Gesetztseyn macht den Unterschied des Begriffes in ihm selbst aus, seine *Unterschiede*, weil sie unmittelbar das An- und Fürsichseyn ist, sind selbst *der ganze Begriff; in ihrer Bestimmtheit allgemeine, und identisch mit ihrer Negation.*

Dieß ist nun der Begriff selbst des Begriffes. Aber es ist *nur erst* sein Begriff; oder er ist selbst auch *nur* der Begriff. Weil er das An- und Fürsichseyn ist, insofern es Gesetztseyn ist, oder die absolute Substanz, insofern sie die *Nothwendigkeit* unterschiedener Substanzen als *Identität* offenbart, so muß diese Identität das, was sie ist, selbstsetzen. Die Momente der Bewegung des Substantialitäts-Verhältnisses, wodurch der Begriff *geworden* ist, und die dadurch dargestellte Realität ist erst im Übergange zum Begriffe; sie ist noch nicht als *seine eigene*, aus ihm hervorgegangene Bestimmung; sie fiel in die Sphäre der Nothwendigkeit, die seinige kann nur seine *freie* Bestimmung, ein Daseyn seyn, in welchem er als identisch mit sich dessen Momente Begriffe und durch ihn selbst *gesetzte* sind.

Zuerst ist also der Begriff nur *an sich* die Wahrheit; weil er *nur* ein *Inneres* ist, so ist er ebenso sehr *nur* ein *Äußeres*. Er ist *zuerst* überhaupt ein *Unmittelbares*, und in dieser Gestalt haben seine Momente die Form von *unmittelbaren, festen Bestimmungen*. Er erscheint als der *bestimmte Begriff*, als die Sphäre des bloßen *Verstandes*. Weil diese Form der Unmittelbarkeit ein seiner Natur noch nicht angemessenes Daseyn ist, da er das sich nur auf sich selbst beziehende *Freie* ist, so ist sie eine *äußerliche* Form, in der der Begriff nicht als An- und Fürsichseyendes, sondern als *nur Gesetztes* oder ein *Subjektives* gelten kann. Die Gestalt des *unmittelbaren* Begriffes macht den Standpunkt aus, nach welchem der Begriff ein subjektives Denken, eine der *Sache* äußerliche Reflexion ist. Diese Stufe macht daher die *Subjektivität* oder den *formellen Begriff* aus.

Die Äußerlichkeit desselben erscheint in dem *festen Seyn* seiner *Bestimmungen*, wodurch jede für sich als ein Isolirtes, Qualitatives auftritt, das nur in äußerer Beziehung auf sein Anderes ist. Die *Identität* des Begriffes aber, die eben das *innere* oder *subjektive* Wesen derselben ist, setzt sie in dialektische Bewegung, durch welche sich ihre Vereinzelung und damit die Trennung des Begriffs von der Sache aufhebt und als ihre Wahrheit die *Totalität* hervorgeht, welche *der objektive Begriff* ist.

Zweitens. Der Begriff in seiner *Objektivität* ist die *an- und fürsichseyende Sache selbst*. Durch seine nothwendige Fortbestimmung macht der *formelle* Begriff sich selbst zur Sache, und verliert dadurch das Verhältniß der Subjektivität der aus seiner *Innerlichkeit hervorgetretene* und in das Daseyn übergangene *reale Begriff*. In dieser Identität mit der Sache hat er somit *eigenes* und *freies* Daseyn. Aber er ist dieß noch eine *unmittelbare*, noch nicht *negative* Freiheit. Eins mit der Sache ist er in sie *versenkt*; seine Unterschiede sind objektive Existenzen, in denen er selbst wieder das *Innere* ist. Als die Seele des objektiven Daseyns muß er *sich* die Form der *Subjektivität geben*, die er als *formeller* Begriff *unmittelbar* hatte; so tritt er *in der Form* des Freien, die er in der Objektivität noch nicht hatte, ihr gegenüber, und macht darin die Identität mit ihr, die er *an und für sich als objektiver* Begriff mit ihr hat, zu einer auch *gesetzten*.

In dieser Vollendung, worin er in seiner Objektivität ebenso die Form der Freiheit hat, ist der *adäquate Begriff* die *Idee*. Die *Vernunft*, welche die Sphäre der Idee ist, ist die sich selbst *enthüllte Wahrheit*, worin der Begriff die schlechthin ihm angemessene Realisation hat, und insofern frei ist, als er diese seine objektive Welt in seiner Subjektivität, und diese in jener erkennt.

Erster Abschnitt. Die Subjektivität

Der Begriff ist zuerst der *formelle*, der Begriff im *Anfang* oder der als *unmittelbarer* ist. In der unmittelbaren Einheit ist sein Unterschied oder Gesetztseyn *zuerst* zunächst selbst einfach und nur *ein Schein*, so daß die Momente des Unterschiedes unmittelbar die Totalität des Begriffes sind, und nur der *Begriff als solcher* sind.

Zweitens aber, weil er die absolute Negativität ist, so dirimirt er sich, und setzt sich als das *Negative* oder als das *Andere* seiner selbst; und zwar, weil er erst der *unmittelbare* ist, hat dieß Setzen oder Unterscheiden die Bestimmung, daß die Momente *gleichgültig gegeneinander* und jedes für sich wird; seine Einheit ist in dieser *Theilung* nur noch äußere *Beziehung*. So als *Beziehung* seiner als *selbstständig* und *gleichgültig* gesetzten Momente ist er das *Urtheil*.

Drittens das Urtheil enthält wohl die Einheit des in seine selbstständigen Momente verlorenen Begriffs, aber sie ist nicht *gesetzt*. Sie wird dieß durch die dialektische Bewegung des Urtheils, das hierdurch der *Schluß* geworden ist, zum vollständig gesetzten Begriff; indem im Schluß ebenso wohl die Momente desselben als *selbstständige* Extreme, wie auch deren *vermittelnde Einheit* gesetzt ist.

Indem aber *unmittelbar* diese *Einheit* selbst als die vereinigende *Mitte*, und die *Momente als selbstständige* Extreme zunächst einander gegenüber stehen, so hebt dieß widersprechende Verhältniß, das im *formalen Schlusse* Statt findet, sich auf, und die *Vollständigkeit* des Begriffs geht in die Einheit der *Totalität* über, die *Subjektivität* des Begriffes in seine *Objektivität*.

Erstes Kapitel. Der Begriff

Durch den *Verstand* pflegt das Vermögen der Begriffe überhaupt ausgedrückt zu werden, er wird insofern von der *Urtheilskraft* und dem Vermögen der Schlüsse, als der formellen *Vernunft*, unterschieden. Vornehmlich aber wird er der *Vernunft* entgegengesetzt; insofern aber bedeutet er nicht das Vermögen des Begriffs überhaupt, sondern der *bestimmten* Begriffe, wobei die Vorstellung herrscht, als ob der Begriff *nur* ein *Bestimmtes* sey. Wenn der Verstand in dieser Bedeutung von der formellen Urtheilskraft und der formellen Vernunft unterschieden wird, so ist er als Vermögen des *einzelnen* bestimmten Begriffs zu nehmen. Denn das Urtheil und der Schluß oder die Vernunft sind selbst, als Formales, nur ein *Verständiges*, indem sie unter der Form der abstrakten Begriffsbestimmtheit stehen. Der Begriff gilt aber hier überhaupt nicht als bloß abstrakt-Bestimmtes; der Verstand ist daher von der Vernunft nur so zu unterscheiden, daß jener nur das Vermögen des Begriffes überhaupt sey.

Dieser allgemeine Begriff, der nun hier zu betrachten ist, enthält die drei Momente: *Allgemeinheit, Besonderheit* und *Einzelheit*. Der Unterschied und die Bestimmungen, die er sich in dem Unterscheiden giebt, machen die Seite aus, welche vorhin *Gesetztseyn* genannt wurde. Da dieses in dem Begriffe identisch mit dem An- und Fürsichseyn ist, so ist jedes jener Momente so sehr *ganzer* Begriff, als *bestimmter Begriff*, und als *eine Bestimmung* des Begriffs. Zuerst ist er *reiner Begriff*, oder die Bestimmung der *Allgemeinheit*. Der reine oder allgemeine Begriff ist aber auch nur ein *bestimmter*, oder *besonderer* Begriff, der sich auf die Seite neben die anderen stellt. Weil der Begriff die Totalität ist, also in seiner Allgemeinheit oder rein identischen Beziehung auf sich selbst, wesentlich das Bestimmen und Unterscheiden ist, so hat er in ihm selbst den Maaßstab, wodurch diese Form seiner Identität mit sich, indem sie alle Momente durchdringt und in sich faßt, ebenso unmittelbar sich bestimmt, *nur* das *Allgemeine* gegen die Unterschiedenheit der Momente zu seyn.

Zweitens ist der Begriff dadurch als dieser *besondere* oder als *bestimmte* Begriff, welcher als gegen andere unterschieden gesetzt ist.

Drittens die *Einzelheit* ist der aus dem Unterschiede in die absolute Negativität sich reflektirende Begriff. Dieß ist zugleich das Moment, worin er aus seiner Identität in sein *Andersseyn* übergetreten ist, und zum *Urtheil* wird.

A. Der allgemeine Begriff

Der reine Begriff ist das absolut Unendliche, Unbedingte und Freie. Es ist hier, wo die Abhandlung, welche den Begriff zu ihrem *Inhalte* hat, beginnt, noch einmal nach seiner Genesis zurückzusehen. Das *Wesen* ist aus dem *Seyn*, und der Begriff aus dem Wesen, somit auch aus dem *Seyn geworden.* Dieß Werden hat aber die Bedeutung des *Gegenstoßes* seiner selbst, so daß das *Gewordene* vielmehr das *Unbedingte* und *Ursprüngliche* ist. Das *Seyn* ist in seinem Übergange zum Wesen zu einem *Schein* oder *Gesetztseyn,* und das *Werden* oder das Übergehen in *Anderes* zu einem *Setzen* geworden, und umgekehrt hat das *Setzen* oder die Reflexion des Wesens sich aufgehoben und sich zu einem Nichtgesetzten, einem *ursprünglichen* Seyn hergestellt. Der Begriff ist die Durchdringung dieser Momente, daß das Qualitative, und ursprünglich-Seyende nur als Setzen und nur als Rückkehr-in-sich ist, und diese reine Reflexion-in-sich schlechthin das *Anderswerden* oder die *Bestimmtheit* ist, welche ebenso daher unendliche, sich auf sich beziehende *Bestimmtheit* ist.

Der Begriff ist daher zuerst so die *absolute Identität mit sich,* daß sie dieß nur ist, als die Negation der Negation, oder als die unendliche Einheit der Negativität mit sich selbst. Diese *reine Beziehung* des Begriffs auf sich, welche dadurch diese Beziehung ist, als durch die Negativität sich setzend, ist die *Allgemeinheit* des Begriffs.

Die Allgemeinheit, das sie die höchst *einfache* Bestimmung ist, scheint keiner Erklärung fähig zu seyn; denn eine Erklärung muß sich auf Bestimmungen und Unterscheidungen einlassen, und von ihrem Gegenstand prädiciren, das Einfache aber wird hierdurch vielmehr verändert, als erklärt. Es ist aber gerade die Natur des Allgemeinen, ein solches Einfaches zu seyn, welches durch die absolute Negativität den höchsten Unterschied und Bestimmtheit *in sich* enthält. Das *Seyn* ist einfaches, als *unmittelbares;* deswegen ist es ein nur *Gemeintes,* und kann man von ihm nicht sagen, was es ist; es ist daher unmittelbar eins mit seinem Andern, dem *Nichtseyn.* Eben dieß ist sein Begriff, ein solches Einfaches zu seyn, das in seinem Gegentheil unmittelbar verschwindet; er ist das *Werden.* Das *Allgemeine* dagegen ist das *Einfache,* welches ebenso sehr das *Reichste in sich selbst* ist; weil es der Begriff ist.

Es ist daher *erstens* die einfach Beziehung auf sich selbst; es ist nur in sich. Aber diese Identität ist *zweitens* in sich absolute *Vermittelung;* nicht aber ein *Vermitteltes.* Vom Allgemeine, welches ein vermitteltes, nämlich das *abstrakte,* dem Besondern und Einzelnen entgegengesetzte Allgemeine ist, ist erst bei dem bestimmten Begriffe zu reden. Aber auch schon das *Abstrakte* enthält dieß, daß, um es zu erhalten, erfordert werde, andere Bestimmungen des Konkreten *wegzulassen.* Diese Bestimmungen sind als Determinationen überhaupt *Negationen;* ebenso ist ferner das *Weglassen* derselben ein *Negiren.* Es kommt also beim Abstrakten gleichfalls die Negation der Negation vor. Diese gedoppelte Negation aber wird vorgestellt, als ob sie demselben *äußerlich* sey, und sowohl die weggelassenen weiteren Eigenschaften des Konkreten von der beibehaltenen, welche der Inhalt des Abstrakten ist, verschieden seyen, als auch diese Operation des Weglassens der übrigen und des Beibehaltens der einen, außer derselben vorgehe. Zu solcher *Äußerlichkeit* hat sich das Allgemeine gegen jene Bewegung noch nicht bestimmt; es ist noch selbst in sich jene absolute Vermittelung, welche eben die Negation der Negation oder absolute Negativität ist.

Nach dieser ursprünglichen Einheit ist vor's Erste das erste Negative oder die *Bestimmung* keine Schranke für das Allgemeine, sondern es *erhält sich darin*, und ist positiv mit sich identisch. Die Kategorien des Seyns waren, als Begriffe, wesentlich diese Identitäten der Bestimmungen mit sich selbst, in ihrer Schranke oder ihrem Andersseyn; diese Identität war aber nur *an sich* der Begriff; sie war noch nicht manifestirt. Daher die qualitative Bestimmung als solche in ihrer andern unterging und eine von ihr *verschiedene* Bestimmung zu ihrer Wahrheit hatte. Das Allgemeine hingegen, wenn es sich auch in eine Bestimmung setzt, *bleibt* es darin, was es ist. Es ist die *Seele* des Konkreten, dem es inwohnt, ungehindert und sich selbst gleich in dessen Mannigfaltigkeit und Verschiedenheit. Es wird nicht mit in das *Werden* gerissen, sonder *kontinuirt sich* ungetrübt durch dasselbe, und hat die Kraft unveränderlicher, unsterblicher Selbsterhaltung.

Ebenso *scheint* es aber nicht nur in sein Anderes, wie die Reflexions-Bestimmung. Diese als ein *Relatives* bezieht sich nicht nur auf sich, sondern ist ein *Verhalten. Sie giebt sich* in ihrem Andern *kund*; aber *scheint* nur erst an ihm, und das Scheinen eines jeden an dem Andern oder ihr gegenseitiges Bestimmen hat bei ihrer Selbstständigkeit die Form eines äußerlichen Thuns. Das *Allgemeine* dagegen ist gesetzt als das *Wesen* seiner Bestimmung, die *eigene positive Natur* derselben. Denn die Bestimmung, die sein Negatives ausmacht, ist im Begriffe schlechthin nur als ein *Gesetztseyn*, oder wesentlich nur zugleich als das Negative des Negativen, und sie ist nur als diese Identität des Negativen mit sich, welche das Allgemeine ist. Dieses ist insofern auch die *Substanz* seiner Bestimmungen; aber so, daß das, was für die Substanz als solche ein *Zufälliges* war, die eigene *Vermittelung* des Begriffes mit sich selbst, seine eigene *immanente Reflexion* ist. Diese Vermittelung, welche das Zufällige zunächst zur *Nothwendigkeit* erhebt, ist aber die *manifestirte* Beziehung; der Begriff ist nicht der Abgrund der formlosen Substanz, oder die Nothwendigkeit, als die *innere* Identität von einander verschiedener und sich beschränkender Dinge oder Zustände, sondern als absolute Negativität das Formirende und Erschaffende, und weil die Bestimmung nicht als Schranke, sondern schlechthin so sehr als aufgehobene, als Gesetztseyn ist, so ist der Schein die Erscheinung als *des Identischen.*

Das Allgemeine ist daher die *freie* Macht; es ist es selbst und greift über sein Anderes über; aber nicht als ein *Gewaltsames*, sondern das vielmehr in demselben ruhig und *bei sich selbst* ist. Wie es die freie Macht genannt worden, so könnte es auch die *freie Liebe* und *schrankenlose Seligkeit* genannt werden, denn es ist ein Verhalten seiner zu dem *Unterschiedenen* nur als *zu sich selbst*, in demselben ist es zu sich selbst zurückgekehrt.

Es ist so eben der *Bestimmtheit* erwähnt worden, obgleich der Begriff nur erst als das Allgemeine und nur mit sich *Identische* noch nicht dazu fortgegangen ist. Es kann aber von dem Allgemeinen nicht ohne die Bestimmtheit, welche näher die Besonderheit und Einzelnheit ist, gesprochen werden; denn es enthält sie in seiner absoluten Negativität an und für sich; die Bestimmtheit wird also nicht von Außen dazu genommen, wenn beim Allgemeinen von ihr gesprochen wird. Als Negativität überhaupt, oder nach der *ersten, unmittelbaren* Negation hat es die Bestimmtheit überhaupt als *Besonderheit* an ihm; als *Zweites*, als Negation der Negation ist es *absolute Bestimmtheit*, oder *Einzelnheit* und *Konkretion*. Das Allgemeine ist somit die Totalität des Begriffes, es ist Konkretes, ist nicht ein Leeres, sondern hat vielmehr durch seinen Begriff *Inhalt*; einen Inhalt, in dem es sich nicht nur erhält, sondern der ihm eigen und immanent ist. Es kann von dem Inhalte wohl abstrahirt werden; so erhält man aber nicht das Allgemeine des Begriffs, sondern das *Abstrakte*, welches ein isolirtes, unvollkommenes Moment des Begriffes ist, und keine Wahrheit hat.

Näher ergiebt sich das Allgemeine so als diese Totalität. Insofern es die Bestimmtheit in sich hat, ist sie nicht nur die *erste* Negation, sondern auch die Reflexion derselben in sich. Mit jener ersten Negation für sich genommen, ist es *Besonders*, wie es sogleich wird betrachtet werden; aber es ist in dieser Bestimmtheit wesentlich noch Allgemeines; diese Seite muß hier noch aufgefaßt werden. Diese Bestimmtheit ist nämlich als im Begriffe die totale Reflexion, der *Doppelschein*, einmal der Schein *nach Außen*, die Reflexion in Anderes; das andere Mal der Schein *nach Innen*, die Reflexion in sich. Jenes äußerliche Scheinen macht einen Unterschied gegen *Anderes*; das Allgemeine hat hiernach eine *Besonderheit*, welche ihre Auflösung in einem höhern Allgemeinen hat. Insofern es nun auch nur ein relativ-Allgemeines ist, verliert es seinen Charakter des Allgemeinen nicht; es erhält sich in seiner Bestimmtheit, nicht nur so, daß es in der Verbindung mit ihr nur gleichgültig gegen sie bliebe, so wäre es nur mit ihr *zusammengesetzt*, sondern daß es das ist, was so eben das *Scheinen nach Innen* genannt wurde. Die Bestimmtheit ist als bestimmter *Begriff* aus der Äußerlichkeit *in sich zurückgebogen*; sie ist der eigene, immanente *Charakter*, der dadurch ein Wesentliches ist, daß er in die Allgemeinheit aufgenommen und von ihr durchdrungen, von gleichem Umfange, identisch mit ihr sie ebenso durchdringt; es ist der Charakter, welcher der *Gattung* angehört, als die von dem Allgemeinen ungetrennte Bestimmtheit. Er ist insofern nicht eine nach Außen gehende *Schranke*, sondern *positiv*, indem er durch die Allgemeinheit in der freien Beziehung auf sich selbst steht. Auch der bestimmte Begriff bleibt so in sich unendlich freier Begriff.

In Ansehung der andern Seite aber, nach welcher die Gattung durch ihren bestimmten Charakter begrenzt ist, ist bemerkt worden, daß sie als niedrigere Gattung in einem höhern Allgemeinen ihre Auflösung habe. Dieses kann auch wieder als Gattung, aber als eine abstraktere aufgefaßt werden, gehört aber immer wieder nur der Seite des bestimmten Begriffes an, die nach Außen geht. Das wahrhaft höhere Allgemeine ist, worin diese nach Außen gehende Seite nach Innen zurückgenommen ist, die zweite Negation, in welcher die Bestimmtheit schlechthin nur *als* Gesetztes, oder *als* Schein ist. Leben, Ich, Geist, absoluter Begriff, sind nicht Allgemeine nur als höhere Gattungen, sondern *Konkrete*, deren Bestimmtheiten auch nicht nur Arten oder niedrige Gattungen sind, sondern die in ihrer Realität schlechthin nur in sich und davon erfüllt sind. Insofern Leben, Ich, endlicher Geist, wohl auch nur bestimmte Begriffe sind, so ist ihre absolute Auflösung in demjenigen Allgemeinen, welches als wahrhaft absoluter Begriff, als Idee des unendlichen Geistes zu fassen ist, dessen *Gesetztseyn* die unendliche, durchsichtige Realität ist, worin er seine *Schöpfung*, und in ihr sich selbst anschaut.

Das wahrhafte, unendliche Allgemeine, welches unmittelbar ebenso sehr Besonderheit als Einzelnheit in sich ist, ist nun zunächst näher als *Besonderheit* zu betrachten. Es *bestimmt* sich frei; seine Verendlichung ist kein Übergehen, das nur in der Sphäre des Seyns Statt hat; *es ist schöpferische Macht*, als die absolute Negativität, die sich auf sich selbst bezieht. Es ist als solche das Unterscheiden in sich, und dieses ist *Bestimmen*, dadurch, daß das Unterscheiden mit der Allgemeinheit eins ist. Somit ist es ein Setzen der Unterschiede selbst als allgemeiner, sich auf sich beziehender. Hierdurch werden sie *fixirte*, isolirte Unterschiede. Das isolirte *Bestehen* des Endlichen, das sich früher als sein Fürsichseyn, auch als Dingheit, als Substanz bestimmte, ist in seiner Wahrheit die Allgemeinheit, mit welcher Form der unendliche Begriff seine Unterschiede bekleidet, eine Form, die eben einer seiner Unterschiede selbst ist. Hierin besteht das *Schaffen* des Begriffs, das nur in diesem Innersten desselben selbst zu begreifen ist.

B. Der besondere Begriff

Die Bestimmtheit als solche gehört dem Seyn und dem Qualitativen an; als Bestimmtheit des Begriffs ist sie *Besonderheit*. Sie ist keine *Grenze*, so daß sie sich zu einem *Andern* als einem *Jenseits* ihrer verhielte, vielmehr, wie sich so eben zeigte, das eigene immanentes Moment des Allgemeinen; dieses ist daher in der Besonderheit nicht bei einem Andern, sondern schlechthin bei sich selbst.

Das Besondere enthält die Allgemeinheit, welche dessen Substanz ausmacht; die Gattung ist *unverändert* in ihren Arten; die Arten sind nicht von dem Allgemeinen, sondern nur *gegen einander* verschieden. Das Besondere hat mit den *anderen* Besonderen, zu denen es sich verhält, eine und dieselbe Allgemeinheit. Zugleich ist die Verschiedenheit derselben, um ihrer Identität mit dem Allgemeinen willen, *als solche* allgemein; sie ist *Totalität.* Das Besondere *enthält* also nicht nur das Allgemeine, sondern stellt dasselbe auch *durch seine Bestimmtheit* dar; dieses macht insofern eine *Sphäre* aus, welche das Besondere erschöpfen muß. Diese Totalität erscheint, insofern die Bestimmtheit des Besondern als bloße *Verschiedenheit* genommen wird, als

Vollständigkeit. Vollständig sind in dieser Rücksicht die Arten, insofern es deren eben nicht mehrere *giebt*. Es ist für sie kein innerer Maaßstab, oder *Princip* vorhanden, weil die *Verschiedenheit* eben der einheitslose Unterschied ist, an welchem die Allgemeinheit, die für sich absolute Einheit ist, bloß äußerlicher Reflex, und eine unbeschränkte, zufällige Vollständigkeit ist. Die Verschiedenheit aber geht in *Entgegensetzung*, in eine *immanente Beziehung* der Verschiedenen über. Die Besonderheit aber ist als Allgemeinheit an und für sich selbst, nicht durch Übergehen solche immanente Beziehung; sie ist Totalität an ihr selbst, und *einfache* Bestimmtheit, wesentlich *Princip*. Sie hat keine *andere* Bestimmtheit, als welche durch das Allgemeine selbst gesetzt ist, und sich aus demselben folgendermaßen ergiebt.

Das Besondere ist das Allgemeine selbst, aber es ist dessen Unterschied oder Beziehung auf ein *Anderes*, sein *Scheinen nach Außen*; es ist aber kein Anderes vorhanden, wovon das Besondere unterschieden wäre, als das Allgemeine selbst. Das Allgemeine bestimmt *sich*, so ist es selbst das Besondere; die Bestimmtheit ist *sein* Unterschied; es ist nur von sich selbst unterschieden. Seine Arten sind daher nur a) das Allgemeine selbst und b) das Besondere. Das Allgemeine als der Begriff ist es selbst und sein Gegentheil, was wieder es selbst als seine gesetzte Bestimmtheit ist; es greift über dasselbe über, und ist in ihm bei sich. So ist es die Totalität und Princip seiner Verschiedenheit, die ganz nur durch es selbst bestimmt ist.

Es giebt daher keine andere wahrhafte Eintheilung, als daß der Begriff sich selbst auf die Seite stellt, als die *unmittelbare*, unbestimmte Allgemeinheit; eben dieß Unbestimmte macht seine Bestimmtheit, oder daß er ein *Besonderes* ist. *Beides* ist das Besondere, und ist daher *koordinirt*. Beides ist auch als Besonderes das *Bestimmte gegen* das Allgemeine; es heißt demselben insofern *subordinirt*. Aber eben dieß Allgemeine, *gegen* welches das Besondere bestimmt ist, ist damit vielmehr selbst auch *nur eines* der Gegenüberstehenden. Wenn wir von *zwei Gegenüberstehenden* sprechen, so müssen wir also auch wieder sagen, daß sie beide das Besondere ausmachen, nicht nur *zusammen*, daß sie nur für die äußere Reflexion darin *gleich* wären, Besondere zu seyn, sondern ihre Bestimmtheit *gegeneinander* ist wesentlich zugleich nur *Eine* Bestimmtheit, die Negativität, welche im Allgemeinen *einfach* ist.

Wie sich der Unterschied hier zeigt, ist er in seinem Begriffe, und damit in seiner Wahrheit. Aller frühere Unterschied hat diese Einheit im Begriffe. Wie er unmittelbarer Unterschied im Seyn ist, ist er als die *Grenze* eines *Andern*; wie er in der Reflexion ist, ist er relativer, gesetzt als sich auf sein Anderes wesentlich beziehend; hier beginnt somit die Einheit des Begriffs *gesetzt* zu werden; aber zunächst ist sie nur der *Schein* an einem Andern. Das Übergehen und die Auflösung dieser Bestimmungen hat nur diesen wahren Sinn, daß sie ihren Begriff, ihre Wahrheit erreichen; Seyn, Daseyn, Etwas oder Ganzes und Theile u. s. f., Substanz und Accidenzen, Ursache und Wirkung sind für sich Gedankenbestimmungen; als bestimmte *Begriffe* werden sie aufgefaßt, insofern jede in der Einheit mit ihrer andern oder entgegengesetzten erkannt wird. Das Ganze und die Theile, Ursache und Wirkung z.B. u. s. f. sind noch nicht verschiedene, die als *Besondere* gegeneinander bestimmt wären, weil sie *an sich* zwar Einen Begriff ausmachen, aber ihre *Einheit* noch nicht die Form der *Allgemeinheit* erreicht hat; so hat auch der *Unterschied*, der in diesen Verhältnissen ist, noch nicht die Form, daß er *Eine* Bestimmtheit ist. Ursache und Wirkung z.B. sind nicht zwei verschiedene Begriffe, sondern nur *Ein bestimmter* Begriff, und die Kausalität ist, wie jeder Begriff, ein *einfacher*.

In Absicht auf Vollständigkeit hat sich ergeben, daß das Bestimmte der Besonderheit *vollständig* in dem Unterschiede des *Allgemeinen* und *Besondern* ist, und daß nur diese beide die besonderen Arten ausmachen. In der *Natur* finden sich freilich in einer Gattung mehr als zwei Arten, so wie diese vielen Arten auch nicht das aufgezeigte Verhältniß zu einander haben können. Es ist dieß die Ohnmacht der Natur, die Strenge des Begriffs nicht festhalten und darstellen zu können, und in diese begrifflose blinde Mannigfaltigkeit sich zu verlaufen. Wir können die Natur in der Mannigfaltigkeit ihrer Gattungen und Arten, und der unendlichen Verschiedenheit ihrer Gestaltungen *bewundern*, denn die Bewunderung ist *ohne Begriff*, und ihr Gegenstand ist das Vernunftlose. Der Natur, weil sie das Außersichseyn des Begriffes ist, ist es freigegeben, in dieser Verschiedenheit sich zu ergehen, wie der Geist, ob er gleich den Begriff in der Gestalt des Begriffes hat, auch auf's Vorstellen sich einläßt, und in einer unendlichen Mannigfaltigkeit desselben sich herumtreibt. Die vielfachen Naturgattungen oder Arten müssen für nichts Höheres geachtet werden, als die willkürlichen Einfälle des Geistes in seinen Vorstellungen. Beide zeigen wohl allenthalben Spuren und Ahnungen des Begriffs, aber stellen ihn nicht in treuem Abbild dar, weil sie die Seite seines freien Außersichseyns sind; er ist die absolute Macht gerade darum, daß er seinen Unterschied frei zur Gestalt selbstständiger Verschiedenheit, äußerlicher Nothwendigkeit, Zufälligkeit, Willkür, Meinung entlassen kann, welche aber für nicht mehr als die abstrakte Seite der *Nichtigkeit* genommen werden muß.

Die *Bestimmtheit* des Besondern ist *einfach* als *Princip*, wie wir gesehen haben, aber sie ist es auch als Moment der Totalität, als Bestimmtheit gegen die *andere* Bestimmtheit. Der Begriff, insofern er sich bestimmt oder unterscheidet, ist er negativ auf seine Einheit gerichtet, und giebt sich die Form eines seiner ideellen Momente *des Seyns*; als bestimmter Begriff hat er ein *Daseyn* überhaupt. Dieß Seyn hat aber nicht mehr den Sinn der bloßen *Unmittelbarkeit*, sondern der Allgemeinheit, der durch die absolute Vermittelung sich selbst gleichen Unmittelbarkeit, die ebenso sehr auch das andere Moment, das Wesen oder die Reflexion in sich enthält. Diese Allgemeinheit, mit welcher das Bestimmte bekleidet ist, ist die *abstrakte*. Das Besondere hat die Allgemeinheit in ihm selbst als sein Wesen; insofern aber die Bestimmtheit des Unterschieds *gesetzt* ist, und dadurch Seyn hat, ist sie *Form* an demselben, und die Bestimmtheit als solche ist der *Inhalt*. Zur Form wird die Allgemeinheit, insofern der Unterschied als das

Wesentliche ist, wie er im Gegentheil im rein Allgemeinen nur als absolute Negativität, *nicht als* Unterschied ist, der als solcher *gesetzt* ist.

Die Bestimmtheit ist nun zwar das *Abstrakte* gegen die *andere* Bestimmtheit; die andere ist aber nur die Allgemeinheit selbst, diese ist insofern auch die *abstrakte*; und die Bestimmtheit des Begriffs, oder die Besonderheit ist wieder weiter nichts als die bestimmte Allgemeinheit. Der Begriff ist in ihr *außer sich*; insofern *er es ist*, der darin außer sich ist, so enthält das abstrakt-Allgemeine alle Momente des Begriffs; es ist [alpha]) Allgemeinheit, [beta]) Bestimmtheit, [gamma]) die *einfache* Einheit von beiden; aber diese Einheit ist *unmittelbare*, und die Besonderheit ist darum nicht *als* die Totalität. *An sich* ist sie auch diese *Totalität* und *Vermittelung*; sie ist wesentlich *ausschließende* Beziehung auf *Anderes*, oder *Aufhebung* der *Negation*, nämlich der *andern* Bestimmtheit, der *andern*, die aber nur als Meinung vorschwebt, denn unmittelbar verschwindet sie, und zeigt sich als dasselbe, was die ihr *andere* seyn sollte. Dieß macht also diese Allgemeinheit zur abstrakten, daß die Vermittelung nur *Bedingung* ist, oder nicht *an ihr* selbst *gesetzt* ist. Weil sie nicht *gesetzt* ist, hat die Einheit des Abstrakten die Form der Unmittelbarkeit, und der Inhalt die Form der Gleichgültigkeit gegen seine Allgemeinheit, weil er nicht als diese Totalität ist, welche die Allgemeinheit der absoluten Negativität ist. Das abstrakt-Allgemeine ist somit zwar der *Begriff*, aber als *Begriffloses*, als Begriff, der nicht als solcher gesetzt ist.

Wenn vom *bestimmten Begriffe* die Rede ist, so ist es gewöhnlich rein nur ein solches *abstrakt-Allgemeines*, was gemeint ist. Auch unter dem *Begriffe* überhaupt wird meist nur dieser *begrifflose* Begriff verstanden, und der *Verstand* bezeichnet das Vermögen solcher Begriffe. Die *Demonstration* gehört diesem Verstande an, insofern sie an *Begriffen fortgehe*, das heißt nur an *Bestimmungen*. Solches Fortgehen an Begriffen kommt daher nicht über die Endlichkeit und Nothwendigkeit hinaus; ihr Höchstes ist das negative Unendliche, die Abstraktion des höchsten Wesens, welches selbst die Bestimmtheit der *Unbestimmtheit* ist. Auch die absolute Substanz ist zwar nicht diese leere Abstraktion, dem Inhalte nach vielmehr die Totalität, aber sie ist darum abstrakt, weil sie ohne die absolute Form ist, ihre innerste Wahrheit macht nicht der Begriff aus; ob sie zwar die Identität der Allgemeinheit und Besonderheit, oder des Denkens und des Außereinander ist, so ist diese Identität nicht die *Bestimmtheit* des Begriffes; *außer* ihr ist vielmehr ein, und zwar eben weil er außer ihr ist, ein zufälliger Verstand, in und für welchen sie in verschiedenen Attributen und Modis ist.

Leer ist übrigens die Abstraktion nicht, wie sie gewöhnlich genannt wird; sie ist der *bestimmte* Begriff; sie hat irgend eine Bestimmtheit zum Inhalt; auch das höchste Wesen, die reine Abstraktion hat, wie erinnert, die Bestimmtheit der Unbestimmtheit; eine Bestimmtheit aber ist die Unbestimmtheit, weil sie dem Bestimmten *gegenüber* stehen soll. Indem man aber ausspricht, was sie ist, hebt sich dieß selbst auf, was sie seyn soll; sie wird als eins mit der Bestimmtheit ausgesprochen, und auf diese Weise aus der

Abstraktion der Begriff und ihre Wahrheit hergestellt. Insofern aber ist jeder bestimmte Begriff allerdings *leer,* als er nicht die Totalität, sondern nur eine einseitige Bestimmtheit enthält. Wenn er auch sonst konkreten Inhalt hat, z.B. Mensch, Staat, Thier u. s. f., so bleibt er ein leerer Begriff, insofern seine Bestimmtheit nicht das *Princip* seiner Unterschiede ist; das Princip enthält den Anfang und das Wesen seiner Entwickelung und Realisation; irgend eine andere Bestimmtheit des Begriffs aber ist unfruchtbar. Wenn der Begriff daher überhaupt als leer gescholten ist, so wird jene absolute Bestimmtheit desselben verkannt, welche der Begriffsunterschied und der einzig wahre Inhalt in seinem Element ist.

Hierher gehört der Umstand, um dessen willen der Verstand in neueren Zeiten gering geachtet und gegen die Vernunft so sehr zurückgesetzt wird; es ist die *Festigkeit,* welche er den Bestimmtheiten und somit den Endlichkeiten ertheilt. Dieß Fixe besteht in der betrachteten Form der abstrakten Allgemeinheit; durch sie werden sie *unveränderlich.* Denn die qualitative Bestimmtheit, so wie die Reflexions-Bestimmung, sind wesentlich als *begrenzte,* und haben durch ihre Schranke eine Beziehung auf ihr *Anderes,* somit die *Nothwendigkeit* des Übergehens und Vergehens. Die Allgemeinheit aber, welche sie im Verstande haben, giebt ihnen die Form der Reflexion in sich, wodurch sie der Beziehung auf Anderes entnommen, und *unvergänglich* geworden sind. Wenn nun am reinen Begriffe diese Ewigkeit zu seiner Natur gehört, so wären seine abstrakten Bestimmungen nur *ihrer Form* nach ewige Wesenheiten; aber ihr Inhalt ist dieser Form nicht angemessen; sie sind daher nicht Wahrheit und Unvergänglichkeit. Ihr Inhalt ist der Form nicht angemessen, weil er nicht die Bestimmtheit selbst als allgemein, d. i. nicht als Totalität des Begriffsunterschieds oder nicht selbst die ganze Form ist; die Form des beschränkten Verstandes ist darum aber selbst die unvollkommene, nämlich *abstrakte* Allgemeinheit. Es ist aber ferner als die unendliche Kraft des Verstandes zu achten, das Konkrete in die abstrakten Bestimmtheiten zu trennen, und die Tiefe des Unterschieds zu fassen, welche allein zugleich die Macht ist, die ihren Übergang bewirkt. Das Konkrete der *Anschauung* ist *Totalität,* aber die *sinnliche,* ein realer Stoff, der in Raum und Zeit gleichgültig *außereinander* besteht; diese Einheitslosigkeit des Mannigfaltigen, in der es der Inhalt der Anschauung ist, sollte ihm doch wohl nicht als Verdienst und Vorzug vor dem Verständigen angerechnet werden. Die Veränderlichkeit, die es in der Anschauung zeigt, deutet schon auf das Allgemeine hin; was davon zur Anschauung kommt, ist nur ein *anderes* ebenso Veränderliches, also nur das Nämliche; es ist nicht das Allgemeine, das an dessen Stelle träte und erschiene. Am wenigsten aber sollte der Wissenschaft, z.B. der Geometrie und Arithmetik, das *Anschauliche,* das ihr Stoff mit sich bringt, zu einem Verdienste angerechnet, und ihre Sätze, als hierdurch begründet, vorgestellt werden. Vielmehr ist der Stoff solcher Wissenschaften darum von niedrigerer Natur; das Anschauen der Figuren oder Zahlen verhilft nicht zur Wissenschaft derselben; nur das *Denken* darüber vermag eine solche hervorzubringen. Insofern aber unter Anschauung nicht bloß das Sinnliche, sondern die *objektive Totalität* verstanden wird, so ist sie eine *intellektuelle*, d. i. sie hat das Daseyn nicht in seiner äußerlichen Existenz zum Gegenstande, sondern das, was in ihm unvergängliche Realität und Wahrheit ist, die Realität, nur insofern sie wesentlich im Begriffe und durch ihn *bestimmt* ist, die *Idee*, deren nähere Natur sich später zu ergeben hat. Was die Anschauung als solche vor dem Begriffe voraushaben soll, ist die äußerliche Realität, das Begrifflose, das erst einen Werth durch ihn erhält.

Indem daher der Verstand die unendliche Kraft darstellt, welche das Allgemeine bestimmt, oder umgekehrt, dem an und für sich Haltungslosen der Bestimmtheit durch die Form der Allgemeinheit das fixe Bestehen ertheilt, so ist es nun nicht Schuld des Verstandes, wenn nicht weiter gegangen wird. Es ist eine subjektive *Ohnmacht der Vernunft*, welche diese Bestimmtheiten so gelten läßt und sie nicht durch die jener abstrakten Allgemeinheit entgegensetzte dialektische Kraft, d. h. durch die eigenthümliche Natur, nämlich durch den Begriff jener Bestimmtheiten, zur Einheit zurückzuführen vermag. Der Verstand giebt ihnen zwar durch die Form der abstrakten Allgemeinheit, so zu sagen, eine solche *Härte* des *Seyns*, als sie in der qualitativen Sphäre und in der *Sphäre* der Reflexion nicht haben; aber durch diese Vereinfachung *begeistet* er sie zugleich, und schärft sie so zu, daß sie eben nur auf dieser Spitze die Fähigkeit erhalten, sich aufzulösen und in ihr Entgegengesetztes überzugehen. Die höchste Reife und Stufe, die irgend Etwas erreichen kann, ist diejenige, in welcher sein Untergang beginnt, Das Feste der Bestimmtheiten, in welche sich der Verstand einzurennen scheint, die Form des Unvergänglichen ist die der sich auf sich beziehenden Allgemeinheit. Aber sie gehört dem Begriffe zu eigen an; und daher liegt in ihr selbst die *Auflösung* des Endlichen ausgedrückt, und in unendlicher Nähe. Diese Allgemeinheit *arguirt* unmittelbar die Bestimmtheit des Endlichen, und *drückt* seine Unangemessenheit zu ihr *aus*. Oder vielmehr ist seine Angemessenheit schon vorhanden; das abstrakte Bestimmte ist als eins mit der Allgemeinheit gesetzt; eben darum als nicht für sich, insofern es nur Bestimmtes wäre, sondern nur als Einheit seiner und des Allgemeinen, d. i. als Begriff. Es ist daher in jeder Rücksicht zu verwerfen, Verstand und die Vernunft so, wie gewöhnlich geschieht, zu trennen. Wenn der Begriff als vernunftlos betrachtet wird, so muß es vielmehr als eine Unfähigkeit der Vernunft betrachtet werden, sich in ihm zu erkennen. Der bestimmte und abstrakte Begriff ist die *Bedingung*, oder vielmehr *wesentliches Moment der Vernunft*; er ist begeistete Form, in welcher das Endliche durch die Allgemeinheit, in der es sich auf sich bezieht, sich in sich entzündet, als dialektisch gesetzt und hiermit der *Anfang* selbst der Erscheinung der Vernunft ist.

Indem der bestimmte Begriff in dem Bisherigen in seiner Wahrheit dargestellt ist, so ist nur noch übrig, anzuzeigen, als was er hiermit schon gesetzt ist. Der Unterschied, welcher wesentliches Moment des Begriffs, aber im rein Allgemeinen noch nicht als solcher gesetzt ist, erhält im bestimmten Begriffe sein Recht. Die Bestimmtheit in der

Form der Allgemeinheit ist zum Einfachen mit derselben verbunden; dieß bestimmte Allgemeine ist die sich auf sich selbst beziehende Bestimmtheit; die bestimmte Bestimmtheit oder absolute Negativität für sich gesetzt. Die sich auf sich selbst beziehende Bestimmtheit aber ist die *Einzelnheit*. So unmittelbar die Allgemeinheit schon an und für sich selbst Besonderheit ist, so unmittelbar an und für sich ist die Besonderheit auch *Einzelnheit*, welche zunächst als drittes Moment des Begriffes, insofern sie *gegen* die beiden desselben in sich, und zugleich als der gesetzte Verlust seiner selbst zu betrachten ist.

Anmerkung. Allgemeinheit, Besonderheit und *Einzelnheit* sind nach dem Bisherigen die *drei* bestimmten Begriffe, wenn man sie nämlich *zählen* will. Es ist schon früher gezeigt worden, daß die Zahl eine unpassende Form ist, um Begriffsbestimmungen darein zu fassen, aber am unpassendsten vollends für Bestimmungen des Begriffs selbst; die Zahl, da sie das Eins zum Princip hat, macht die gezählten zu ganz abgesonderten und einander ganz gleichgültigen. Es hat sich im Bisherigen ergeben, daß die verschiedenen bestimmten Begriffe schlechthin vielmehr nur *Einer* und derselbe Begriff sind, als daß sie in die Zahl aus einander fallen.

In der sonst gewöhnlichen Abhandlung der Logik kommen mancherlei *Eintheilungen* und *Arten* von Begriffen vor. Es fällt sogleich die Inkonsequenz daran in die Augen, daß die Arten so eingeführt werden: *Es giebt* der Quantität, Qualität u. s. f. nach folgende Begriffe. *Es giebt*, drückt keine andere Berechtigung aus, als die, daß man solche Arten *vorfindet* und sie sich nach der *Erfahrung* zeigen. Man erhält auf diese Weise eine *empirische Logik*, eine sonderbare Wissenschaft, eine *irrationelle* Erkenntniß des *Rationellen*. Die Logik giebt hierdurch ein sehr übles Beispiel der Befolgung ihrer eigenen Lehren; sie erlaubt sich für sich selbst das Gegentheil dessen zu thun, was sie als Regel vorschreibt, daß die Begriffe abgeleitet und die wissenschaftlichen Sätze (also auch der Satz: es giebt so und so vielerlei Arten von Begriffen) bewiesen werden sollen. Die kantische Philosophie begeht hierin eine weitere Inkonsequenz, sie *entlehnt* für die *transcendentale Logik* die Kategorien als sogenannte Stammbegriffe aus der subjektiven Logik, in welcher sie empirisch aufgenommen werden. Da sie Letzteres zugiebt, so ist nicht abzusehen, warum die transcendentale Logik sich zum Entlehnen aus solcher Wissenschaft entschließt, und nicht gleich selbst empirisch zugreift.

Um Einiges hiervon anzuführen, so werden die Begriffe vornehmlich nach ihrer *Klarheit* eingetheilt, und zwar in *klare* und *dunkle, deutliche* und *undeutliche*, in *adäquate* und *nicht-adäquate*. Auch können hierher die *vollständigen, überfließenden* und andere dergleichen Überflüssigkeiten genommen werden. Was jene Eintheilung nach der *Klarheit* betrifft, so zeigt sich bald, daß dieser Gesichtspunkt und die sich auf ihn beziehenden Unterschiede aus *psychologischen*, nicht aus *logischen* Bestimmungen genommen sind. Der sogenannte *klare* Begriff soll hinreichen, einen Gegenstand von einem andern zu unterscheiden ein solches ist noch kein Begriff zu nennen, es ist weiter nichts als die *subjektive Vorstellung*. Was ein *dunkler* Begriff sey, muß auf sich beruhen bleiben, denn sonst wäre er kein dunkler, er würde ein deutlicher Begriff. Der *deutliche* Begriff soll ein solcher seyn, von welchem man die *Merkmale* angeben könne. Sonach ist er eigentlich der *bestimmte* Begriff. Das Merkmal, wenn nämlich das, was darin Richtiges liegt, aufgefaßt wird, ist nichts Anderes als die *Bestimmtheit* oder der einfache *Inhalt* des Begriffs, insofern er von der Form der Allgemeinheit unterschieden wird. Aber das *Merkmal* hat zunächst nicht gerade diese genauere Bedeutung, sondern ist überhaupt nur eine Bestimmung, wodurch ein *Dritter* sich einen Gegenstand oder den Begriff merkt; es kann daher ein sehr zufälliger Umstand seyn. Überhaupt drücke es nicht sowohl die Immanenz und Wesentlichkeit der Bestimmung aus, sondern deren Beziehung auf einen *äußern* Verstand. Ist dieser wirklich ein Verstand, so hat er den Begriff vor sich, und merkt sich denselben durch nichts Anderes, als durch das, *was im Begriffe ist*. Soll es aber hiervon unterschieden seyn, so ist es ein Zeichen oder sonst eine Bestimmung, welche zur Vorstellung der Sache, nicht zu ihrem Begriffe gehört. Was der undeutliche Begriff sey, kann als überflüssig übergangen werden.

Der adäquate Begriff aber ist ein Höheres; es schwebt dabei eigentlich die Übereinstimmung des Begriffes mit der Realität vor, was nicht der Begriff als solcher, sondern die Idee ist. Wenn das Merkmal des deutlichen Begriffs wirklich die Begriffsbestimmung selbst seyn sollte, so würde die Logik mit den einfachen Begriffen in Verlegenheit kommen, welche nach einer andern Eintheilung den *zusammengesetzen* gegenübergestellt werden. Denn wenn vom einfachen Begriff ein wahres, d. i. ein immanentes Merkmal angegeben werden sollte, so würde man ihn nicht als einen einfachen ansehen wollen; insofern aber keines von ihm angegeben würde, wäre er kein deutlicher Begriff. Da hilft aber nun der *klare* Begriff aus. Einheit, Realität und dergleichen Bestimmungen sollen *einfach* Begriffe seyn, wohl nur aus dem Grunde, daß die Logiker nicht damit zu Stande kamen, die Bestimmung derselben aufzufinden, sich daher begnügten, einen bloß *klaren* Begriff, d. h. gar keinen davon zu haben. Zur *Definition*, d. i. zur Angabe des Begriffs wird allgemein die Angabe der Gattung und der specifischen Differenz gefordert. Sie giebt also den Begriff nicht als etwas Einfaches, sondern in *zwei* zählbaren *Bestandstücken*. Aber darum wird solcher Begriff doch wohl nicht *ein Zusammengesetztes* seyn sollen. Es scheint beim einfachen Begriffe die *abstrakte Einfachheit* vorzuschweben, eine Einheit, welche den Unterschied und die Bestimmtheit nicht in sich enthält, welche daher auch nicht diejenige ist, die dem Begriffe zukommt. Sofern ein Gegenstand in der Vorstellung, insbesondere im Gedächtnisse ist, oder auch die abstrakte Gedankenbestimmung ist, kann er ganz einfach seyn. Selbst der in sich reichste Gegenstand: z. B. Geist, Natur, Welt, auch Gott ganz begrifflos in die einfache Vorstellung des ebenso einfachen Ausdruckes: Geist, Natur, Welt, Gott, gefaßt, ist wohl etwas Einfaches, bei dem das Bewußtseyn stehen bleiben kann, ohne sich die eigenthümliche Bestimmung oder ein Merkmal weiter herauszuheben; aber die Gegenstände des Bewußtseyns sollen nicht diese einfache, nicht

Vorstellungen oder abstrakte Gedankenbestimmungen bleiben, sondern *begriffen* werden, d. h. ihre Einfachheit soll mit ihrem innern Unterschied bestimmt seyn. Der *zusammengesetzte* Begriff aber ist wohl nicht mehr als ein hölzernes Eisen. Von etwas Zusammengesetztem kann man wohl einen Begriff haben; aber ein zusammengesetzter Begriff wäre etwas schlimmeres als der *Materialismus*, welcher nur die *Substanz der Seele* als ein Zusammengesetztes annimmt, aber das *Denken* doch als *einfach* auffaßt. Die ungebildete Reflexion verfällt zunächst auf die Zusammensetzung als die ganz *äußerliche* Beziehung, die schlechteste Form, in der die Dinge betrachtet werden können; auch die niedrigsten Naturen müssen eine *innere* Einheit seyn. Daß vollends die Form des unwahrsten Daseyns auf Ich, auf den Begriff übergetragen wird, ist mehr, als zu erwarten war, ist als unschicklich und barbarisch zu betrachten.

Die Begriffe werden ferner vornehmlich in *konträre* und *kontradiktorische* eingetheilt. Wenn es bei der Abhandlung des Begriffs darum zu thun wäre, anzugeben, was es für *bestimmte* Begriffe gebe, so wären alle möglichen Bestimmungen anzuführen, denn *alle* Bestimmungen sind Begriffe, somit bestimmte Begriffe, und alle Kategorien des *Seyns*, wie alle Bestimmungen des *Wesens*, wären unter den Arten der Begriffe aufzuführen. Wie denn auch in den Logiken, in der einen nach Belieben *mehr*, in der andern *weniger*, erzählt wird, daß es *bejahende, verneinende, identische, bedingte, nothwendige u. s. f.* Begriffe gebe. Da solche Bestimmungen *der Natur des Begriffes selbst* schon im Rücken liegen, und daher, wenn sie bei demselben aufgeführt werden, nicht in ihrer eigenthümlichen Stelle vorkommen, so lassen sie nur oberflächliche Worterklärungen zu, und erscheinen hier ohne alles Interesse. Den *konträren* und *kontradiktorischen* Begriffen, ein Unterschied, der hier vornehmlich beachtet wird, liegt die Reflexions-Bestimmung der *Verschiedenheit* und *Entgegensetzung* zu Grunde. Sie werden als zwei besondere *Arten* angesehen, d. h. jeder als fest für sich und gleichgültig gegen den andern, ohne allen Gedanken der Dialektik und der innern Nichtigkeit dieser Unterschiede; als ob das, was *konträr* ist, nicht ebenso sehr als *kontradiktorisch* bestimmt werden müßte. Die Natur und der wesentliche Übergang der Reflexions-Formen, die sie ausdrücken, ist an ihrer Stelle betrachtet worden. In dem Begriffe ist die Identität zur Allgemeinheit, der Unterschied zur Besonderheit, die Entgegensetzung, die in den Grund zurückgeht, zur Einzelnheit fortgebildet. In diesen Formen sind jene Reflexions-Bestimmungen, wie sie in ihrem Begriffe sind. Das Allgemeine erwies sich nicht nur als das Identische, sondern zugleich als das Verschiedene oder *Konträre* gegen das Besondere und Einzelne, ferner auch als ihnen entgegengesetzt, oder *kontradiktorisch*; in dieser Entgegensetzung aber ist es identisch mit ihnen, und ihr wahrhafter Grund, in welchem sie aufgehoben sind. Ein Gleiches gilt von der Besonderheit und Einzelnheit, welche ebenso die Totalität der Reflexions-Bestimmungen sind. Weiter werden die Begriffe in *subordinirte* und *koordinirte* eingetheilt; ein Unterschied, der die Begriffsbestimmung näher angeht, nämlich das Verhältniß von Allgemeinheit und Besonderheit, wo diese Ausdrücke auch beiläufig erwähnt worden sind. Nur pflegen sie gewöhnlich gleichfalls als ganz feste Verhältnisse betrachtet, und hiernach mehrfache unfruchtbare Sätze von denselben aufgestellt zu werden. Die weitläufigste Verhandlung darüber betrifft wieder die Beziehung der Kontrarietät und Kontradiktorietät auf die Sub- und Koordination. Indem das *Urtheil die Beziehung der bestimmten Begriffe* ist, so hat sich erst bei demselben das wahre Verhältniß zu ergeben. Jene Manier, diese Bestimmungen *zu vergleichen* ohne Gedanken an ihre Dialektik und um die fortgehende Änderung ihrer Bestimmung, oder vielmehr an die in ihnen vorhandene Verknüpfung entgegengesetzter Bestimmungen, macht die ganze Betrachtung, was in ihnen *einstimmig sey* oder nicht, gleichsam als ob diese Einstimmigkeit oder Nichteinstimmigkeit etwas Gesondertes und Bleibendes sey, zu etwas nur Unfruchtbarem und Gehaltlosem. Der große, in dem Auffassen und Kombiniren der tieferen Verhältnisse der algebraischen Größen unendlich fruchtbare und scharfsinnige *Euler*, besonders der trocken verständige *Lambert* und Andere haben für diese Art von Verhältnissen der Begriffsbestimmungen eine *Bezeichnung* durch Linien, Figuren und dergleichen versucht; man beabsichtigte überhaupt, die logischen Beziehungsweisen zu einem *Calcul* zu *erheben*; oder vielmehr in der That herabzusetzen. Schon der Versuch der Bezeichnung stellt sich sogleich als an und für sich nichtig dar, wenn man die Natur des Zeichens und dessen, was bezeichnet werden soll, mit einander vergleicht. Die Begriffsbestimmungen, Allgemeinheit, Besonderheit und Einzelnheit sind allerdings *verschieden*, wie Linien oder die Buchstaben der Allgebra; sie sind ferner auch *entgegengesetzt*, und ließen insofern auch die Zeichen von plus und minus zu. Aber sie selbst und vollends deren Beziehungen, wenn auch nur bei der *Subsumtion* und *Inhärenz* stehen geblieben wird, sind von ganz anderer wesentlicher Natur, als die Buchstaben und Linien und deren Beziehungen, die Gleichheit oder Verschiedenheit der Größe, das plus und minus, oder eine Stellung der Linien übereinander oder ihre Verbindung zu Winkeln und die Stellungen von Räumen, die sie einschließen. Dergleichen Gegenstände haben gegen sie das Eigenthümliche, daß sie einander *äußerlich* sind, eine *fixe* Bestimmung haben. Wenn Begriffe nun in der Weise genommen worden, daß sie solchen Zeichen entsprechen, so hören sie auf, Begriffe zu seyn. Ihre Bestimmungen sind nicht so ein Todtliegendes, wie Zahlen und Linien, denen ihre Beziehung nicht selbst angehört; sie sind lebendige Bewegungen; die unterschiedene Bestimmtheit der einen Seite ist unmittelbar auch der andern innerlich; was bei Zahlen und Linien ein vollkommener Widerspruch wäre, ist der Natur des Begriffes wesentlich. Die höhere Mathematik, welche auch zum Unendlichen fortgeht, und sich Widersprüche erlaubt, kann für die Darstellung solcher Bestimmungen ihre sonstigen Zeichen nicht mehr gebrauchen für Bezeichnung der noch sehr begrifflosen Vorstellung der *unendlichen Annäherung* zweier Ordinaten, oder wenn sie einen Bogen einer unendlichen Anzahl von unendlich kleinen geraden Linien gleichsetzt, thut sie weiter nichts, als die zwei geraden Linien *außereinander* zu zeichnen, und in einen Bogen gerade Linien, aber als *verschieden* von ihm ziehen; für das Unendliche, worauf es dabei ankommt, verweist sie an das *Vorstellen.*

Was zu jenem Versuche zunächst verleitet hat, ist vornehmlich das *quantitative* Verhältniß, in welchem *Allgemeinheit, Besonderheit* und *Einzelnheit* zu einander stehen sollen; das Allgemeine heißt *weiter* als das Besondere und Einzelne, und das Besondere *weiter* als das Einzelne. Der Begriff ist das *Konkrete* und *Reichste,* weil er der Grund und die *Totalität* der früheren Bestimmungen, der Kategorien des Seyns und der Reflexions-Bestimmungen ist; dieselben kommen daher wohl auch an ihm hervor. Aber seine Natur wird gänzlich verkannt, wenn sie an ihm noch in jener Abstraktion festgehalten werden; wenn der *weitere Umfang* des Allgemeinen so genommen wird, daß es ein *Mehreres* oder ein größeres *Quantum* sey, als das Besondere und Einzelne. Als absoluter Grund ist er die *Möglichkeit* der *Quantität,* aber ebenso sehr der *Qualität,* d. h. seine Bestimmungen sind ebenso wohl qualitativ unterschieden; sie werden daher dann schon gegen ihre Wahrheit betrachtet, wenn sie unter der Form der Quantität allein gesetzt werden. So ist ferner die Reflexions Bestimmungen ein *Relatives,* in der ihr Gegentheil scheint; sie ist nicht im äußerlichen Verhältnisse, wie ein Quantum. Aber der Begriff ist mehr als alles dieses; seine Bestimmungen sind bestimmte *Begriffe,* wesentlich selbst die *Totalität* aller Bestimmungen. Es ist daher völlig unpassend, um solche innige Totalität zu fassen, Zahlen- und Raumverhältnisse anwenden zu wollen, in welchen alle Bestimmungen auseinander fallen; sie sind vielmehr das letzte und schlechteste Medium, welches gebraucht werden könnte. Naturverhältnisse, wie z.B. Magnetismus, Farbenverhältnisse, würden unendlich höhere und wahrere Symbole dafür seyn. Da der Mensch die Sprache hat, als das der Vernunft eigenthümliche Bezeichnungsmittel, so ist es ein müßiger Einfall, sich nach einer unvollkommnern Darstellungsweise umsehen und damit quälen zu wollen. Der Begriff kann als solcher wesentlich nur mit dem Geiste aufgefaßt werden, dessen Eigenthum nicht nur, sondern dessen reines Selbst er ist. Es ist vergeblich, ihn durch Raumfiguren und algebraische Zeichen zum Behufe des *äußerlichen Auges* und eine *begrifflosen, mechanischen Behandlungsweise,* eines *Calculs,* festhalten zu wollen. Auch jedes Andere, was als Symbol dienen sollte, kann höchstens, wie Symbole für die Natur Gottes, Ahnungen und Anklänge des Begriffes erregen; aber wenn es Ernst seyn sollte, den Begriff dadurch auszudrücken und zu erkennen, so ist die *äußerliche Natur* aller Symbole unangemessen dazu und vielmehr ist das Verhältniß umgekehrt, daß, was in den Symbolen Anklang einer höhern Bestimmung ist, erst durch den Begriff erkannt, und allein durch die *Absonderung* jenes sinnlichen Beiwesens, das ihn auszudrücken bestimmt ist, ihm genähert werden sollte.

C. Das Einzelne

Die Einzelnheit ist, wie sich ergeben, schon durch die Besonderheit gesetzt; diese ist die *bestimmte Allgemeinheit*; also die sich auf sich beziehende Bestimmtheit, das *bestimmte Bestimmte.*

1. Zunächst erscheint daher die Einzelnheit als *die Reflexion* des Begriffs aus seiner Bestimmtheit *in sich selbst*. Sie ist die *Vermittelung* desselben durch sich, insofern sein *Andersseyn* sich wieder zu einem *Andern* gemacht, wodurch der Begriff als sich selbst Gleiches hergestellt, aber in der Bestimmung der *absoluten Negativität* ist. Das Negative am Allgemeinen, wodurch dieses ein *Besonderes* ist, wurde vorhin als der Doppelschein bestimmt; insofern es Scheinen *nach Innen* ist, bleibt das Besondere ein Allgemeines; durch das Scheinen nach Außen ist es *Bestimmtes*; die Rückkehr dieser Seite in das Allgemeine ist die gedoppelte, *entweder* durch die *Abstraktion*, welche dasselbe wegläßt, und zur *höhern* und *höchsten Gattung* aufsteigt, *oder* aber durch die *Einzelnheit*, zu welcher das Allgemeine in der Bestimmtheit selbst heruntersteigt. Hier geht der Abweg ab, auf welchem die Abstraktion vom Wege des Begriffs abkommt, und die Wahrheit verläßt. Ihr höheres und höchstes Allgemeine, zu dem sie sich erhebt, ist nur die immer inhaltsloser werdende Oberfläche; die von ihr verschmähte Einzelnheit ist die Tiefe, in der der Begriff sich selbst erfaßt, und als Begriff gesetzt ist. Die *Allgemeinheit* und die *Besonderheit* erschienen einer Seits als die Momente des *Werdens* der Einzelnheit. Aber es ist schon gezeigt worden, daß sie an ihnen selbst der totale Begriff sind, somit in der *Einzelnheit* nicht in ein *Anderes* übergehen, sondern daß darin nur gesetzt ist, was sie an und für sich sind. Das *Allgemeine* ist *für sich*, weil es an ihm selbst die absolute Vermittelung, Beziehung auf sich nur als absolute Negativität ist. Es ist *abstraktes* Allgemeines, insofern dieß Aufheben ein *äußerliches* Thun, und hierdurch ein *Weglassen* der Bestimmtheit ist. Diese Negativität ist daher wohl an dem Abstrakten, aber sie bleibt *außerhalb*, als eine bloße *Bedingung* desselben; sie ist die Abstraktion selbst, welche ihr Allgemeines sich *gegenüber* hält, das daher die Einzelnheit nicht in sich selbst hat, und begrifflos bleibt. Leben, Geist, Gott, so wie den reinen Begriff, vermag die Abstraktion deswegen nicht zu fassen, weil sie von ihren Erzeugnissen, die Einzelnheit, das Princip der Individualität und Persönlichkeit, abhält, und so zu nichts, als leb- und geistlosen, farb- und gehaltlosen Allgemeinheiten kommt.

Aber die Einheit des Begriffs ist so untrennbar, daß auch diese Produkte der Abstraktion, indem sie die Einzelnheit weglassen sollen, selbst vielmehr *einzelne* sind. Indem sie das Konkrete in die Allgemeinheit erhebt, das Allgemeine aber nur als bestimmte Allgemeinheit faßt, so ist eben dieß die Einzelnheit, welche sich als die sich auf sich beziehende Bestimmtheit ergeben hat. Die Abstraktion ist daher eine *Trennung* des Konkreten, und eine *Vereinzelung* seiner Bestimmungen; durch sie werden nur *einzelne* Eigenschaften oder Momente aufgefaßt; denn ihr Produkt muß das enthalten, was sie selbst ist. Der Unterschied aber dieser Einzelnheit ihrer Produkte, und der Einzelnheit des Begriffs, ist, daß in jenen das Einzelne als *Inhalt*, und das Allgemeine als *Form* von einander verschieden sind; weil eben jener nicht als die absolute Form, als der Begriff selbst, oder diese nicht als die Totalität der Form ist. Diese nähere Betrachtung aber zeigt das Abstrakte selbst als Einheit des einzelnen Inhalts und der abstrakten Allgemeinheit, somit als *Konkretes*, als das Gegentheil dessen, was es seyn will.

Das *Besondere* ist aus demselben Grunde, weil es nur das bestimmte Allgemeine ist, auch *Einzelnes*, und umgekehrt, weil das Einzelne das bestimmte Allgemeine ist, ist es ebenso sehr ein Besonderes. Wenn an dieser abstrakten Bestimmtheit fest gehalten wird, so hat der Begriff die drei besonderen Bestimmungen, das Allgemeine, Besondere und Einzelne; nachdem vorhin nur das Allgemeine und Besondere als die Arten des Besondern angegeben wurden. Indem die Einzelnheit als die Rückkehr des Begriffs als des Negativen in sich ist, so kann diese Rückkehr selbst von der Abstraktion, die darin eigentlich aufgehoben ist, als ein gleichgültiges Moment *neben* die andern gestellt und gezählte werden.

Wenn die Einzelnheit als eine der *besonderen* Begriffsbestimmungen aufgeführt wird, so ist die Besonderheit die *Totalität*, welche alle in sich begreift; als diese Totalität eben ist sie das Konkrete derselben, oder die Einzelnheit selbst. Sie ist das Konkrete aber auch nach der vorhin bemerkten Seite als *bestimmte Allgemeinheit*; so ist sie als die *unmittelbare* Einheit, in welcher keines dieser Momente als unterschieden oder als das Bestimmende gesetzt ist, und in dieser Form wird sie die *Mitte des formalen Schlusses* ausmachen.

Es fällt von selbst auf, daß jede Bestimmung, die in der bisherigen Exposition des Begriffs gemacht worden, sich unmittelbar aufgelöst und in ihre andere verloren hat. Jede Unterscheidung konfondirt sich in der Betrachtung, welche sich isoliren und festhalten soll. Nur die bloße *Vorstellung*, für welche sie das Abstrahiren isolirt hat, vermag sich das Allgemeine, Besondere und Einzelne fest auseinander zu halten; so sind sie zählbar, und für einen weiteren Unterschied hält sie sich an den *völlig äußerlichen des Seyns, die Quantität*, die nirgend weniger, als hierher gehört. In der Einzelnheit ist jenes wahre Verhältniß, die *Untrennbarkeit* der Begriffsbestimmungen, *gesetzt*; denn als Negation der Negation enthält sie den Gegensatz derselben und ihn zugleich in seinem Grunde oder Einheit; das Zusammengegangenseyn einer jeden mit ihrer andern Weil in dieser Reflexion an und für sich die Allgemeinheit ist, ist sie wesentlich die Negativität der Begriffsbestimmungen nicht nur so, daß sie nur ein drittes Verschiedenes gegen sie wäre, sondern es ist dieß nunmehr *gesetzt*, daß das *Gesetztseyn* das *An- und Fürsichseyn* ist; d. h. daß die dem Unterschiede angehörigen Bestimmungen selbst jede die *Totalität* ist. Die Rückkehr des bestimmten Begriffes in sich ist, daß er die Bestimmung hat, *in seiner Bestimmtheit* der *ganze* Begriff zu seyn.

2. Die Einzelnheit ist aber nicht nur die Rückkehr des Begriffes in sich selbst, sondern unmittelbar sein Verlust. Durch die Einzelnheit, wie er darin *in sich* ist, wird er *außer sich*, und tritt in Wirklichkeit. Die *Abstraktion*, welche als die *Seele* der Einzelnheit die Beziehung des Negativen auf das Negative ist, ist, wie sich gezeigt, dem Allgemeinen und Besondern nichts Äußerliches, sondern immanent, und sie sind durch sie Konkretes, Inhalt, Einzelnes. Die Einzelnheit aber ist als diese Negativität die bestimmte Bestimmtheit, das *Unterscheiden* als solches; durch diese Reflexion des Unterschiedes in sich wird er ein fester; das Bestimmen des Besondern ist erst durch die Einzelnheit; denn *sie* ist jene Abstraktion, die nunmehr eben als Einzelnheit, *gesetzte Abstraktion* ist.

Das Einzelne also ist als sich auf sich beziehende Negativität unmittelbare Identität des Negativen mit sich; es ist *Fürsich-seyendes*. Oder es ist die Abstraktion, welche den Begriff nach seinem ideellen Momente des *Seyns* als ein *Unmittelbares* bestimmt. So ist das Einzelne ein qualitatives *Eins* oder *Dieses*. Nach dieser Qualität ist es erstlich Repulsion seiner von *sich selbst*, wodurch die vielen *andern* Eins vorausgesetzt werden; *zweitens* ist es nun gegen diese vorausgesetzten *Anderen* negative Beziehung, und das Einzelne insofern *ausschließend*. Die Allgemeinheit auf diese Einzelnen als gleichgültige Eins bezogen, und bezogen muß sie darauf werden, weil sie Moment des Begriffes der Einzelnheit ist, ist sie nur das *Gemeinsame* derselben. Wenn unter dem Allgemeinen das verstanden wird, was mehreren Einzelnen *gemeinschaftlich* ist, so wird von dem *gleichgültigen* Bestehen derselben ausgegangen, und in die Begriffsbestimmung die Unmittelbarkeit des *Seyns* eingemischt. Die niedrigste Vorstellung, welche man vom Allgemeinen haben kann, wie es in der Beziehung auf das Einzelne ist, ist dieß äußerliche Verhältniß desselben, als eines bloß *Gemeinschaftlichen*.

Das Einzelne, welches in der Reflexionssphäre der Existenz als *Dieses* ist, hat nicht die *ausschließende* Beziehung auf anderes Eins, welche dem qualitativen Fürsichseyn zukommt. *Dieses* ist als das *in sich reflektirte* Eins für sich ohne Repulsion; oder die Repulsion ist in dieser Reflexion mit der Abstraktion in eins, und ist die reflektirende *Vermittelung*, welche so an ihm ist, daß dasselbe eine *gesetzte*, von einem Äußerlichen *gezeigte* Unmittelbarkeit ist. *Dieses* ist; es ist unmittelbar; es ist aber nur *Dieses*, insofern es *monstrirt* wird. Das Monstriren ist die reflektirende Bewegung, welche sich in sich zusammennimmt und die Unmittelbarkeit setzt, aber als ein sich Äußerliches. Das Einzelne nun ist wohl auch Dieses, als das aus der Vermittelung hergestellte Unmittelbare; es hat sie aber nicht außer ihm, es ist selbst repellirende Abscheidung, *die gesetzte Abstraktion*, aber in seiner Abscheidung selbst positive Beziehung.

Dieses Abstrahiren des Einzelnen ist als die Reflexion des Unterschiedes in sich erstlich ein Setzen der Unterschiedenen als *selbstständiger*, in sich reflektirter. Sie *sind* unmittelbar; aber ferner ist dieses Trennen Reflexion überhaupt, das *Scheinen des einen im Andern*; so stehen sie in wesentlicher Beziehung. Sie sind ferner nicht bloß *seyende* Einzelne gegen einander; solche Vielheit gehört dem Seyn an; die sich als bestimmt setzende *Einzelnheit* setzt sich nicht in einem äußerlichen, sondern im Begriffsunterschiede; sie schließt also das *Allgemeine* von sich aus, aber da dieses Moment ihrer selbst ist, so bezieht sich ebenso wesentlich auf sie.

Der Begriff als diese Beziehung seiner *selbstständigen* Bestimmungen hat sich verloren; denn so ist er nicht mehr die *gesetzte Einheit* derselben, und sie nicht mehr als *Momente*, als der Schein desselben, sondern als an und für sich bestehende. Als Einzelnheit kehrt er in der Bestimmtheit in sich zurück; damit ist das Bestimmte selbst Totalität geworden. Seine Rückkehr in sich ist daher die absolute, ursprüngliche *Theilung seiner*, oder als Einzelnheit ist er als *Urtheil* gesetzt.

Zweites Kapitel. Das Urtheil

Das Urtheil ist die am *Begriffe* selbst *gesetzte Bestimmtheit* desselben. Die Begriffsbestimmungen, oder was, wie sich gezeigt hat, dasselbe ist, die bestimmten Begriffe sind schon für sich betrachtet worden; aber diese Betrachtung war mehr eine subjektive Reflexion, oder subjektive Abstraktion. Der Begriff ist aber selbst dieses Abstrahiren, das Gegeneinanderstellen seiner Bestimmungen ist sein eigenes Bestimmen. Das *Urtheil* ist dieß Setzen der bestimmten Begriffe durch den Begriff selbst. Das Urtheilen ist insofern *eine andere* Funktion als das Begreifen, oder vielmehr *die andere* Funktion des Begriffes, als es das *Bestimmen* des Begriffes durch sich selbst ist, und der weitere Fortgang des Urtheils die Verschiedenheit der Urtheile ist diese Fortbestimmung des Begriffes. Was es für bestimmte Begriffe *giebt*, und wie sich diese Bestimmungen desselben nothwendig ergeben, dieß hat sich im Urtheil zu zeigen.

Das Urtheil kann daher die nächste *Realisirung* des Begriffs genannt werden, insofern die Realität das Treten ins *Daseyn* als *bestimmtes* Seyn überhaupt bezeichnet. Näher hat sich die Natur dieser Realisirung so ergeben, daß *vor's Erste* die Momente des Begriffs durch seine Reflexion-in-sich oder seine Einzelnheit selbstständige Totalitäten sind; *vor's Andere* aber die Einheit des Begriffes als deren *Beziehung* ist. Die in sich reflektirten Bestimmungen sind *bestimmte Totalitäten*, ebenso wesentlich in gleichgültigem beziehungslosem Bestehen, als durch die gegenseitige Vermittelung mit einander. Das Bestimmen selbst ist nur die Totalität, indem es diese Totalitäten und deren Beziehung enthält. Diese Totalität ist das Urtheil. Es enthält erstlich also die beiden Selbstständigen, welche *Subjekt* und *Prädikat* heißen. Was jedes ist, kann eigentlich noch nicht gesagt werden; sie sind noch unbestimmt, denn erst durch das Urtheil sollen sie bestimmt werden. Indem es der Begriff als bestimmter ist, so ist nur der allgemeine Unterschied gegen einander vorhanden, daß das Urtheil den *bestimmten* Begriff gegen den noch *unbestimmten* enthält. Das Subjekt kann also zunächst gegen das Prädikat als das Einzelne gegen das Allgemeine, oder auch als das Besondere gegen das Allgemeine, oder als das Einzelne gegen das Besondere genommen werden; insofern sie nur überhaupt als das Bestimmtere und das Allgemeinere einander gegenüberstehen.

Es ist daher passend und Bedürfniß, für die Urtheilsbestimmungen diese *Namen, Subjekt* und *Prädikat*, zu haben; als Namen sind sie etwas Unbestimmtes, das erst noch seine Bestimmungen erhalten soll; und mehr als Namen sind sie daher nicht. Begriffsbestimmungen selbst könnten für die zwei Seiten des Urtheils Theils aus diesem Grunde nicht gebraucht werden; Theils aber noch mehr darum nicht, weil die Natur der Begriffsbestimmung sich hervorthut, nicht ein Abstraktes und Festes zu seyn, sondern ihre entgegengesetzte in sich zu haben, und an sich zu setzen; indem die Seiten des Urtheils selbst Begriffe, also die Totalität seiner Bestimmungen sind, so müssen sie dieselben alle durchlaufen und an sich zeigen; es sey in abstrakter oder konkreter Form. Um nun doch bei dieser Veränderung ihrer Bestimmung die Seiten des Urtheils doch auf eine allgemeine Weise festzuhalten, sind Namen am dienlichsten, die sich darin gleich bleiben. Der Name aber steht der Sache oder dem Begriffe gegenüber; diese Unterscheidung kommt an dem Urtheile als solchem selbst vor; indem das Subjekt überhaupt das Bestimmte, und daher mehr das unmittelbar *Seyende*, das Prädikat aber das *Allgemeine*, das Wesen oder den Begriff ausdrückt, so ist das Subjekt als solches zunächst nur eine Art von *Name*; denn *was es ist*, drückt erst das Prädikat aus, welches das *Seyn* im Sinne des Begriffs enthält. Was ist dieß, oder was ist dieß für eine Pflanze u. s. f.? unter dem *Seyn*, nach welchem gefragt wird, wird oft bloß der *Name* verstanden, und wenn man denselben erfahren, ist man befriedigt und weiß nun, was die Sache ist. Dieß ist das *Seyn* im Sinne des Subjekts. Aber der *Begriff*, oder wenigstens das Wesen und das Allgemeine überhaupt giebt erst das Prädikat, und nach diesem wird im Sinne des Urtheils gefragt. *Gott, Geist, Natur* oder was es sey, ist daher als das Subjekt eines Urtheils nur erst der Name; was ein solches Subjekt ist, dem Begriffe nach, ist erst im Prädikate vorhanden. Wenn gesucht wird, was solchem Subjekte für ein Prädikat zukomme, so müßte für die Beurtheilung schon ein *Begriff* zu Grunde liegen; aber diesen spricht erst das Prädikat selbst aus. Es ist deswegen eigentlich die bloße *Vorstellung*, welche die vorausgesetzte Bedeutung des Subjekts ausmacht, und die zu einer Namenerklärung führt, wobei es zufällig und ein historisches Faktum ist, was unter einem Namen verstanden werde oder nicht. So viele Streitigkeiten, ob einem gewissen Subjekte ein Prädikat zukomme oder nicht, sind darum nichts mehr als Wortstreitigkeiten, weil sie von jener Form ausgehen; das zu Grunde Liegende (subjectum,...) ist noch nichts weiter als der Name.

Es ist nun näher zu betrachten, wie *zweitens* die *Beziehung* des Subjekts und Prädikats im Urtheile, und wie sie selbst eben dadurch zunächst bestimmt sind. Das Urtheil hat zu seinen Seiten überhaupt Totalitäten, welche zunächst als wesentlich selbstständig sind. Die Einheit des Begriffes ist daher nur erst eine *Beziehung* von Selbstständigen; noch nicht die *konkrete* aus dieser Realität in sich zurückgekehrte, *erfüllte* Einheit, sondern *außer* der sie, als *nicht in ihr aufgehobene Extreme* bestehen. Es kann nun die Betrachtung des Urtheils von der ursprünglichen Einheit des Begriffes oder von der Selbstständigkeit der Extreme ausgehen. Das Urtheil ist die Diremtion des Begriffs durch sich selbst; *diese Einheit* ist daher der Grund, von welchem aus es nach seiner wahrhaften *Objektivität* betrachtet wird. Es ist insofern die *ursprüngliche Theilung* des ursprünglich Einen; das Wort: *Urtheil* bezieht sich hiermit auf das, was es an und für sich ist. Daß aber der Begriff im Urtheil als *Erscheinung* ist, indem seine Momente darin Selbstständigkeit erlangt haben, an diese Seite der *Äußerlichkeit* hält sich mehr die *Vorstellung*.

Nach dieser *subjektiven* Betrachtung werden daher Subjekt und Prädikat, jedes als außer dem andern für sich fertig, betrachtet; das Subjekt als ein Gegenstand, der auch wäre, wenn er dieses Prädikat nicht hätte; das Prädikat als eine allgemeine Bestimmung, die auch wäre, wenn sie diesem Subjekte nicht zukäme. Mit dem Urtheilen ist hernach die Reflexion verbunden, ob dieses oder jenes Prädikat, das im *Kopfe* ist, dem Gegenstande, der *draußen* für sich ist, *beigelegt* werden könne und solle; das Urtheilen selbst besteht darin, daß erst durch dasselbe ein Prädikat mit dem Subjekte *verbunden* wird, so daß, wenn diese Verbindung nicht Statt fände, Subjekt und Prädikat, jedes für sich doch bliebe, was es ist, jenes ein existirender Gegenstand, dieses eine Vorstellung im Kopfe. Das Prädikat, welches dem Subjekte beigelegt wird, soll ihm aber auch *zukommen*, das heißt, an und für sich identisch mit demselben seyn. Durch diese Bedeutung des *Beilegens* wird der *subjektive* Sinn des Urtheilens und das gleichgültige äußerliche Bestehen des Subjekts und Prädikats wieder aufgehoben: diese Handlung ist gut; die Copula zeigt an, daß das Prädikat zum *Seyn* des Subjekts gehört, und nicht bloß äußerlich damit verbunden wird. Im *grammatischen* Sinne hat jenes subjektive Verhältniß, in welchem von der gleichgültigen Äußerlichkeit des Subjekts und Prädikats ausgegangen wird, sein vollständiges Gelten; denn es sind *Worte*, die hier äußerlich verbunden werden. Bei dieser Gelegenheit kann auch angeführt werden, daß ein *Satz* zwar im grammatischen Sinne ein Subjekt und Prädikat hat, aber darum noch kein *Urtheil* ist. Zu Letzterem gehört, daß das Prädikat sich zum Subjekt nach dem Verhältniß von Begriffsbestimmungen, also als ein Allgemeines zu einem Besondern oder Einzelnen verhalte. Drückt das, was vom einzelnen Subjekte gesagt wird, selbst nur etwas Einzelnes aus, so ist dieß ein bloßer Satz. Z. B. Aristoteles ist im 73. Jahre seines Alters, in dem 4. Jahr der 115. Olympiade gestorben, ist ein bloßer Satz, kein Urtheil. Es wäre von Letzterem nur dann etwas darin, wenn einer der Umstände, die Zeit des Todes oder das Alter jenes Philosophen in Zweifel gestellt gewesen, aus irgend einem Grunde aber die angegebenen Zahlen behauptet würden. Denn in diesem Falle würden dieselben als etwas Allgemeines, auch ohne jenen bestimmtem Inhalt des Todes des Aristoteles bestehende, mit Anderem erfüllte oder auch leere Zeit genommen.

So ist die Nachricht: mein Freund N. ist gestorben, ein Satz; und wäre nur dann ein Urtheil, wenn die Frage wäre, ob er wirklich todt, oder nur scheintodt wäre.

Wenn das Urtheil gewöhnlich so erklärt wird, daß es die *Verbindung zweier Begriffe* sey, so kann man für die äußerliche Copula wohl den unbestimmten Ausdruck: *Verbindung* gelten lassen, ferner daß die Verbundenen wenigstens Begriffe seyn *sollen*. Sonst aber ist diese Erklärung wohl höchst oberflächlich nicht nur daß z.B. im disjunktiven Urtheile mehr als *zwei* sogenannte Begriffe verbunden sind, sondern daß vielmehr die Erklärung viel besser ist, als die Sache; denn es sind überhaupt keine Begriffe, die gemeint sind, kaum Begriffs-, eigentlich nur *Vorstellungsbestimmungen*; beim Begriffe überhaupt, und beim bestimmten Begriff ist bemerkt worden, daß das, was man so zu benennen pflegt, keineswegs den Namen von Begriffen verdient; wo sollten nun beim Urtheile Begriffe herkommen? Vornehmlich ist in jener Erklärung das Wesentliche des Urtheils, nämlich der Unterschied seiner Bestimmungen übergangen; noch weniger das Verhältniß des Urtheils zum Begriff berücksichtigt. Was die weitere Bestimmung des Subjekts und Prädikats betrifft, so ist erinnert worden, daß sie im Urtheil eigentlich erst ihre Bestimmung zu erhalten haben. Insofern dasselbe aber die gesetzte Bestimmtheit des Begriffs ist, so hat sie die angegebenen Unterschiede *unmittelbar* und *abstrakt, als Einzelnheit* und *Allgemeinheit*. Insofern es aber überhaupt das *Daseyn* oder das *Andersseyn* des Begriffs, welcher sich noch nicht zu der Einheit, wodurch er *als Begriff* ist, wieder hergestellt hat, so tritt auch die Bestimmtheit hervor, welche begrifflos ist; der Gegensatz des *Seyns* und der Reflexion oder *des Ansichseyns*. Indem aber der Begriff den wesentlichen *Grund* des Urtheils ausmacht, so sind jene Bestimmungen wenigstens so gleichgültig, daß jede, indem die eine dem Subjekte, die andere dem Prädikate zukommt, dieß Verhältniß umgekehrt ebenso sehr Statt hat. Das *Subjekt* als das *Einzelne* erscheint zunächst als das *Seyenden* oder *Fürsichseyende* nach der bestimmten Bestimmtheit des Einzelnen als ein wirklicher Gegenstand, wenn er auch nur Gegenstand in der Vorstellung ist, wie z.B. die Tapferkeit, das Recht, Übereinstimmung u. s. f. über welchen geurtheilt wird; das *Prädikat* dagegen als das *Allgemeine* erscheint als diese *Reflexion* über ihn, oder auch vielmehr als dessen Reflexion in-sich-selbst, welche über jene Unmittelbarkeit hinausgeht und die Bestimmtheiten als bloß seyende aufhebt, *als sein Ansichseyn*. Insofern wird vom Einzelnen, als dem Ersten, Unmittelbaren ausgegangen, und dasselbe durch das Urtheil in *die Allgemeinheit erhoben*, so wie umgekehrt das nur *an sich* seyende Allgemeine im Einzelnen ins Daseyn heruntersteigt oder ein *Für-sich-seyendes* wird.

Diese Bedeutung des Urtheils ist als der *objektive* Sinn desselben, und zugleich als die *wahre* der früheren Formen des Übergangs zu nehmen. Das Seyende *wird* und *verändert* sich, das Endliche *geht* im Unendlichen *unter*; das Existierende *geht* aus seinem *Grunde hervor* in die Erscheinung, und *geht zu Grunde*; die Accidenz *manifestirt* den *Reichthum* der Substanz, so wie deren *Macht*; im Seyn ist *Übergang* in Anderes, im Wesen Scheinen an einem Andern, wodurch die *nothwendige* Beziehung sich offenbart. Dieß Übergehen und Scheinen ist nun in das *ursprüngliche Theilen* des *Begriffes* übergegangen, welcher, indem er das Einzelne in das *Ansichseyn* seiner Allgemeinheit zurückführt, ebenso sehr das Allgemeine als *Wirkliches* bestimmt. Dieß Beides ist ein und dasselbe, daß die Einzelnheit in ihre Reflexion-in-sich, und das Allgemeine als Bestimmtes gesetzt wird.

Zu dieser objektiven Bedeutung gehört nun aber ebenso wohl, daß die angegebenen Unterschiede, indem sie in der Bestimmtheit des Begriffes wieder hervortreten, zugleich nur als Erscheinende gesetzt seyen, das heißt, daß sie nichts Fixes sind, sondern der einen Begriffsbestimmung ebenso gut zukommen als der andern. Das Subjekt ist daher ebenso wohl als das *Ansichseyn*, das Prädikat dagegen als das *Daseyn* zu nehmen. Das *Subjekt ohne Prädikat* ist, was in der Erscheinung das *Ding ohne Eigenschaften*, das *Ding-an-sich* ist, ein leerer unbestimmter Grund; es ist so der *Begriff in sich selbst*, welcher erst am Prädikate eine Unterscheidung und Bestimmtheit erhält; dieses macht hiermit die Seite des *Daseyns* des Subjekts aus. Durch diese bestimmte Allgemeinheit steht das Subjekt in Beziehung auf Äußerliches, ist für den Einfluß anderer Dinge offen, und tritt dadurch in Thätigkeit gegen sie. *Was da ist*, tritt aus seinem *In-sich-seyn* in das *allgemeine* Element des Zusammenhanges und der Verhältnisse, in die negativen Beziehungen und das Wechselspiel der Wirklichkeit, was eine *Kontinuation* des Einzelnen in andere, und daher Allgemeinheit ist.

Die so eben aufgezeigte Identität, daß die Bestimmung des Subjekts ebenso wohl auch dem Prädikat zukommt und umgekehrt, fällt jedoch nicht nur in unsere Betrachtung; sie ist nicht nur *an sich*, sondern ist auch im Urtheile gesetzt; denn das Urtheil ist die Beziehung beider; die Kopula drückt aus, *daß das Subjekt das Prädikat* ist. Das Subjekt ist die bestimmte Bestimmtheit, und das Prädikat ist diese *gesetzte* Bestimmtheit desselben; das Subjekt ist nur in seinem Prädikat bestimmt, oder nur in demselben ist es Subjekt, es ist im Prädikat in sich zurückgekehrt, und ist darin das Allgemeine. Insofern nun aber das Subjekt das selbstständige ist, so hat jene Identität das Verhältniß, daß das Prädikat nicht ein selbstständiges Bestehen für sich, sondern sein Bestehen nur in dem Subjekte hat; es *inhärirt* diesem. Insofern hiernach das Prädikat vom Subjekte unterschieden wird, so ist es nur eine *vereinzelte* Bestimmtheit desselben, nur *Eine* seiner Eigenschaften; das Subjekt selbst aber ist das *Konkrete*, die Totalität von mannigfaltigen Bestimmtheiten, wie das Prädikat Eine enthält; es ist das Allgemeine. Aber anderer Seits ist auch das Prädikat selbstständige Allgemeinheit, und das Subjekt umgekehrt nur eine Bestimmung desselben. Das Prädikat *subsumirt* insofern das Subjekt; die Einzelnheit und Besonderheit ist nicht für sich, sondern hat ihr Wesen und ihre Substanz im Allgemeinen. Das Prädikat drückt das Subjekt in seinem Begriffe aus; das Einzelne und Besondere sind zufällige Bestimmungen an demselben; es ist deren absolute Möglichkeit. Wenn beim *Subsumiren* an eine äußerliche Beziehung des Subjekts und Prädikats gedacht und das Subjekt als ein Selbstständiges vorgestellt wird, so bezieht sich das Subsumiren auf das oben erwähnte subjektive Urtheilen, worin von der Selbstständigkeit *beider* ausgegangen wird. Die Subsumtion ist hiernach nur die

Anwendung des Allgemeinen auf ein Besonderes oder Einzelnes, das *unter* dasselbe nach einer unbestimmten Vorstellung, als von minderer Quantität gesetzt wird.

Wenn die Identität des Subjekts und Prädikats so betrachtet worden; daß *das eine Mal* jenem die eine Begriffsbestimmung zukommt, und diesem die andere, aber das *andere Mal* ebenso sehr unmgekehrt, so ist die Identität hiermit immer noch erst eine *an sich seyende*; um der selbstständigen Verschiedenheit der beiden Seiten das Urtheils willen hat ihre *gesetzte* Beziehung auch diese Seiten, zunächst als verschiedene. Aber die *unterschiedslose Identität* macht eigentlich die *wahre* Beziehung des Subjekts auf das Prädikat aus. Die Begriffsbestimmung ist wesentlich selbst *Beziehung*, denn sie ist ein *Allgemeines*; dieselben Bestimmungen also, welche das Subjekt und Prädikat hat, hat damit auch ihre Beziehung selbst. Sie ist *allgemein*, denn sie ist die positive Identität beider, des Subjekts und Prädikats; sie ist aber auch *bestimmte*, denn die Bestimmtheit des Prädikats ist die des Subjekts; sie ist ferner auch *einzelne*, denn in ihr sind die selbstständigen Extreme als in ihrer negativen Einheit aufgehoben. Im Urtheile aber ist diese Identität noch nicht gesetzt; die Kopula ist als die noch unbestimmte Beziehung des *Seyns* überhaupt: A ist B; denn die Selbstständigkeit der Bestimmtheiten des Begriffs oder Extreme ist im Urtheile die *Realität*, welche der Begriff in ihm hat. Wäre das *Ist* der Kopula schon *gesetzt* als jene bestimmte und erfüllte *Einheit* des Subjekts und Prädikats, als ihr *Begriff*, so wäre es bereits *der Schluß*.

Diese *Identität* des Begriffs wieder herzustellen oder vielmehr zu *setzen*, ist das Ziel der *Bewegung* des Urtheils. Was im Urtheil schon *vorhanden* ist, ist Theils die Selbstständigkeit, aber auch die Bestimmtheit des Subjekts und Prädikats gegen einander, Theils aber ihre jedoch *abstrakte* Beziehung. *Das Subjekt ist das Prädikat*, ist zunächst das, was das Urtheil aussagt; aber da das Prädikat *nicht* das seyn soll, was das Subjekt ist, so ist ein *Widerspruch* vorhanden, der sich *auflösen*, in ein Resultat *übergehen* muß. Vielmehr aber, da *an und für sich* Subjekt und Prädikat die Totalität des Begriffes sind, und das Urtheil die Realität des Begriffes ist, so ist seine Fortbewegung nur *Entwickelung*; es ist in ihm dasjenige schon vorhanden, was in ihm hervortritt, und die *Demonstration* ist insofern nur eine *Monstration*, eine Reflexion als *Setzen* desjenigen, was in den Extremen des Urtheils schon *vorhanden* ist; aber auch dieß Setzen selbst ist schon vorhanden; es ist die *Beziehung* der Extreme. Das Urtheil, wie es *unmittelbar* ist, ist es *zunächst* das Urtheil des *Daseyns*; unmittelbar ist sein Subjekt ein *abstraktes, seyendes Einzelnes*; das Prädikat eine *unmittelbare Bestimmtheit* oder Eigenschaft desselben, ein abstrakt Allgemeines.

Indem sich dieß Qualitative des Subjekts und Prädikats aufhebt, *scheint* zunächst die Bestimmung des einen an dem andern; das Urtheil ist nun *zweitens* Urtheil der *Reflexion*.

Dieses mehr äußerliche Zusammenfassen aber geht in die *wesentliche Identität* eines substantiellen, *nothwendigen Zusammenhangs* über; so ist es *drittens* das Urtheil der *Nothwendigkeit*.

Viertens, indem in dieser wesentlichen Identität der Unterschied des Subjekts und Prädikats zu einer *Form* geworden, so wird das Urtheil *subjektiv*; es enthält den Gegensatz des *Begriffes* und seiner *Realität*, und die *Vergleichung* beider; es ist das *Urtheil des Begriffs*.

Dieses Hervortreten des Begriffs begründet den *Übergang des Urtheils in den Schluß*.

A. Das Urtheil des Daseyns

Im subjektiven Urtheil will man *einen und denselben* Gegenstand *doppelt* sehen, das eine Mal in seiner einzelnen Wirklichkeit, das andere Mal in seiner wesentlichen Identität oder in seinem Begriffe; das Einzelne in seine Allgemeinheit erhoben, oder, was dasselbe ist, das Allgemeine in seine Wirklichkeit vereinzelt. Das Urtheil ist in dieser Weise *Wahrheit*; denn es ist die Übereinstimmung des Begriffs und der Realität. So aber ist *zuerst* das Urtheil nicht beschaffen; denn *zuerst* ist es *unmittelbar*, indem sich an ihm noch keine Reflexion und Bewegung der Bestimmungen ergeben hat. Diese *Unmittelbarkeit* macht das erste Urtheil zu einem *Urtheile des Daseyns*, das auch das *qualitative* genannt werden kann, jedoch nur insofern, als die *Qualität* nicht nur der Bestimmtheit des *Seyns* zukommt, sondern auch die abstrakte Allgemeinheit darin begriffen ist, die um ihrer Einfachheit willen gleichfalls die Form der *Unmittelbarkeit* hat.

Das Urtheil des Daseyns ist auch das Urtheil der *Inhärenz*; weil die Unmittelbarkeit seine Bestimmung, im Unterschiede des Subjekts und Prädikats aber jenes das Unmittelbare, hierdurch das Erste und Wesentliche in diesem Urtheile ist, so hat das Prädikat die Form eines Unselbstständigen, das am Subjekte seine Grundlage hat.

a. Das positive Urtheil

1. Das Subjekt und Prädikat sind, wie erinnert worden, zunächst Namen, deren wirkliche Bestimmung erst durch den Verlauf des Urtheils erhalten wird. Als Seiten des Urtheil aber, welches der *gesetzte* bestimmte Begriff ist, haben sie die Bestimmung der Momente desselben, aber um der Unmittelbarkeit willen, die noch ganz *einfache*, Theils nicht durch Vermittelung bereicherte, Theils zunächst nach dem abstrakten Gegensatze, als *abstrakte Einzelnheit* und *Allgemeinheit*. Das Prädikat, um von diesem zuerst zu sprechen, ist das *abstrakte* Allgemeine; da das Abstrakte aber durch die Vermittelung

des Aufhebens des Einzelnen oder Besondern bedingt ist, so ist sie insofern nur eine *Voraussetzung*. In der Sphäre des Begriffs kann es keine andere *Unmittelbarkeit* geben, als eine solche, die *an und für sich* die Vermittelung enthält, und nur durch deren Aufheben entstanden ist, d. i. die *allgemeine*. So ist auch das *qualitative Seyn* selbst *in seinem Begriffe* ein Allgemeines; als *Seyn* aber ist die Unmittelbarkeit noch nicht *so gesetzt*; erst als *Allgemeinheit* ist sie die Begriffsbestimmung, an welcher *gesetzt* ist, daß ihr die Negativität wesentlich angehört. Diese Beziehung ist im Urtheil vorhanden, worin sie Prädikat eines Subjekts ist. Ebenso ist das Subjekt ein *abstrakt* Einzelnes; oder das *Unmittelbare*, das *als solches* seyn soll; es soll daher das Einzelne als ein *Etwas* überhaupt seyn. Das Subjekt macht insofern die abstrakte Seite am Urtheil aus, nach welcher in ihm der Begriff in *die Äußerlichkeit* übergegangen ist. Wie die beiden Begriffsbestimmungen bestimmt sind, so ist es auch ihre Beziehung, das: *ist*, Kopula; sie kann ebenso nur die Bedeutung eines unmittelbaren, abstrakten *Seyns* haben. Von der Beziehung, welche noch keine Vermittelung oder Negation enthält, wird dieß Urtheil das *Positive* genannt.

2. Der nächste reine Ausdruck des positiven Urtheils ist daher der Satz

Das Einzelne ist allgemein.

Dieser Ausdruck muß nicht gefaßt werden: A ist B; denn A und B sind gänzlich formlose und daher bedeutungslose Namen; das Urtheil überhaupt aber, und daher selbst schon das Urtheil des Daseyns, hat Begriffsbestimmungen zu seinen Extremen. A ist B, kann ebenso gut jeden bloßen *Satz* vorstellen, als ein *Urtheil*. In jedem auch dem in seiner Form reicher Bestimmten Urtheile aber wird der Satz von diesem bestimmten Inhalt behauptet: *das Einzelne* ist *allgemein*; insofern nämlich jedes Urtheil auch abstraktes Urtheil überhaupt ist. Von dem negativen Urtheil, inwiefern es unter diesen Ausdruck gleichfalls gehöre, wird sogleich die Rede seyn. Wenn sonst eben nicht daran gedacht wird, daß mit jedem zunächst wenigstens positiven Urtheile die Behauptung gemacht werde, daß das Einzelne ein Allgemeines sey, so geschieht dieß, weil Theils die *bestimmte Form*, wodurch sich Subjekt und Prädikat unterscheiden, übersehen wird, indem das Urtheil nichts als die Beziehung *zweier* Begriffe seyn soll, Theils etwa auch, weil der sonstige *Inhalt* des Urtheils: *Cajus ist gelehrt*, oder *die Rose ist roth*, dem Bewußtseyn vorschwebt, das mit der Vorstellung des *Cajus* u. s. f. beschäftigt, auf die Form nicht reflektirt, obgleich wenigstens solcher Inhalt, wie der *logische Cajus*, der gewöhnlich zum Beispiel herhalten muß, ein sehr wenig interessanter Inhalt ist, und vielmehr gerade so uninteressant gewählt wird, um nicht die Aufmerksamkeit von der Form ab, auf sich zu ziehen.

Nach der objektiven Bedeutung bezeichnet der Satz: *daß das Einzelne allgemein* ist, wie vorhin gelegentlich erinnert, Theils die Vergänglichkeit der einzelnen Dinge, Theils ihr positives Bestehen in dem Begriffe überhaupt. Der Begriff selbst ist unsterblich, aber das in seiner Theilung aus ihm Heraustretende ist der Veränderung und dem Rückgange in seine *allgemeine* Natur unterworfen. Aber umgekehrt giebt sich das Allgemeine ein *Daseyn*. Wie das Wesen zum *Schein* in seinen Bestimmungen, der Grund in die *Erscheinung* der Existenz, die Substanz in die Offenbarung, in ihre Accidenzen herausgeht, so *entschließt* sich das Allgemeine zum Einzelnen; das Urtheil ist dieser sein *Aufschluß*, die *Entwickelung* der Negativität, die es an sich schon ist. Das Letzere drückt der umgekehrte Satz aus: *das Allgemeine ist einzeln*, der ebenso wohl im positiven Urtheile ausgesprochen ist. Das Subjekt, zunächst das *unmittelbar Einzelne*, ist im Urtheile selbst auf sein *Anderes*, nämlich das Allgemeine, bezogen; es ist somit als das *Konkrete* gesetzt; nach dem Seyn als ein Etwas *von vielen Qualitäten*; oder als das Konkrete der Reflexion, *ein Ding von mannigfaltigen Eigenschaften*, ein *Wirkliches* von *mannigfaltigen Möglichkeiten*, eine *Substanz* von eben solchen *Accidenzen*. Weil diese Mannigfaltigen hier dem Subjekte des Urtheils angehören, so ist das Etwas oder das Ding u. s. f. in seinen Qualitäten, Eigenschaften oder Accidenzen in sich reflektirt, oder sich durch dieselben hindurch *kontinuirend*; sich in ihnen, und sie ebenso in sich erhaltend. Das Gesetztseyn oder die Bestimmtheit gehört zum An- und Fürsichseyn. Das Subjekt ist daher an ihm selbst das *Allgemeine*. Das Prädikat dagegen, als diese nicht reale oder konkrete, sondern *abstrakte Allgemeinheit*, ist gegen jenes die *Bestimmtheit*, und enthält nur *Ein Moment* der Totalität desselben, mit Ausschluß der andern. Um dieser Negativität willen, welche zugleich als Extrem des Urtheils sich auf sich bezieht, ist das Prädikat ein *abstrakt-Einzelnes*. Es drückt z.B. in dem Satze: *die Rose ist wohlriechend*, nur *Eine* der *vielen* Eigenschaften der Rose aus; es vereinzelt sie, die im Subjekte mit den andern zusammengewachsen ist, wie in der Auflösung des Dings die mannigfaltigen Eigenschaften, die ihm inhäriren, indem sie sich zu *Materien* verselbstständigen, *vereinzelt* werden. Der Satz des Urtheils lautet daher nach dieser Seite so: *das Allgemeine ist einzeln*.

Indem wir diese *Wechselbestimmung* des Subjekts und Prädikats im Urtheile zusammenstellen, so ergiebt sich also das Gedoppelte: 1) daß das Subjekt zwar unmittelbar als das Seyende oder Einzelne, das Prädikat aber das Allgemeine ist. Weil aber das Urtheil die *Beziehung* beider, und das Subjekt durch das Prädikat als Allgemeines bestimmt ist, so ist das Subjekt das Allgemeine; 2) ist das Prädikat im Subjekte bestimmt; denn es ist nicht eine Bestimmung *überhaupt*, sondern *des Subjekts*; die Rose ist wohlriechend; dieser Wohlgeruch ist nicht irgend ein unbestimmter Wohlgeruch, sondern der der Rose; das Prädikat ist also *ein Einzelnes*. Weil nun Subjekt und Prädikat im Verhältnisse des Urtheils stehen, sollen sie nach den Begriffsbestimmungen entgegengesetzt bleiben; wie in der *Wechselwirkung* der Kausalität, ehe sie ihre Wahrheit erreicht, die beiden Seiten gegen die Gleichheit ihrer Bestimmung noch selbstständige und entgegengesetzte bleiben sollen. Wenn daher das Subjekt als Allgemeines bestimmt ist, so ist vom Prädikate nicht auch seine Bestimmung der Allgemeinheit aufzunehmen, sonst wäre kein Urtheil vorhanden; sondern nur seine Bestimmung der Einzelnheit; so wie insofern das Subjekt als Einzelnes bestimmt ist, das Prädikat als Allgemeines zu nehmen ist. Wenn auf jene bloße Identität reflektirt wird, so stellen sich die zwei identischen Sätze dar:

Das Einzelne ist Einzelnes,

Das Allgemeine ist Allgemeines, worin die Urtheilsbestimmungen ganz auseinander gefallen, nur ihre Beziehung auf sich ausgedrückt, die Beziehung derselben auf einander aber aufgelöst, und das Urtheil somit aufgehoben wäre. Von jenen beiden Sätzen drückt der eine: *das Allgemeine ist einzeln*, das Urtheil seinem *Inhalte* nach aus, der im Prädikate eine vereinzelnte Bestimmung, im Subjekte aber die Totalität derselben ist; der andere: *das Einzelne ist allgemein*, die *Form*, die durch ihn selbst unmittelbar angegeben ist. Im unmittelbaren positiven Urtheile sind die Extreme noch einfach: Form und Inhalt sind daher noch vereinigt. Oder es besteht nicht aus zwei Sätzen; die gedoppelte Beziehung, welche sich in ihm ergab, macht unmittelbar das *eine* positive Urtheil aus. Denn seine Extreme sind a) als die selbstständigen, abstrakten Urtheilsbestimmungen, b) ist jede Seite durch die andere bestimmt, vermöge der sie beziehenden Kopula. *An sich* aber ist deswegen der Form- und Inhaltsunterschied in ihm vorhanden, wie sich ergeben hat; und zwar gehört das, was der erste Satz: das Einzelne ist allgemein, enthält, zur Form, weil er die *unmittelbare Bestimmtheit* des Urtheils ausdrückt. Das Verhältniß dagegen, das der andere Satz ausdrückt: *das Allgemeine ist einzeln*, oder daß das Subjekt als Allgemeines, das Prädikat dagegen als Besonderes oder Einzelnes bestimmt, betrifft den *Inhalt*, weil sich seine Bestimmungen erst durch die Reflexion-in-sich erheben, wodurch die unmittelbaren Bestimmtheiten aufgehoben werden, und hiermit die Form sich zu einer in sich gegangen Identität, die gegen den Formunterschied besteht, zum Inhalte macht.

3. Wenn nun die beiden Sätze der Form und des Inhalts:

(Subjekt) (Prädikat)

Das Einzelne ist allgemein

Das Allgemeine ist einzeln

darum, weil sie in dem *einen* positiven Urtheile enthalten sind, vereinigt würden, so daß somit beide, sowohl das Subjekt als Prädikat, als Einheit der Einzelnheit und Allgemeinheit bestimmt wären, so wären beide das *Besondere*; was *an sich* als ihr innere Bestimmung anzuerkennen ist. Allein Theils wäre diese Verbindung nur durch eine äußere Reflexion zu Stande gekommen, Theils wäre der Satz: *das Besondere ist das Besondere*, der daraus resultirte, kein Urtheil mehr, sondern ein leerer identischer Satz, wie die bereits darin gefundenen Sätze: *das Einzelne ist einzeln*, und *das Allgemeine ist allgemein*, waren. Einzelnheit und Allgemeinheit können noch nicht in die Besonderheit vereinigt werden, weil sie im positiven Urtheile noch als *unmittelbare* gesetzt sind. Oder es muß das Urtheil seiner Form und seinem Inhalte nach noch unterschieden werden, weil eben Subjekt und Prädikat noch als Unmittelbarkeit und Vermitteltes unterschieden sind, oder weil das Urtheil nach seiner Beziehung beides ist; Selbstständigkeit der Bezogenen, und ihre Wechselbestimmung, oder Vermittelung.

Das Urtheil also *erstens* noch seiner *Form* betrachtet, heißt es:

Das Einzelne ist allgemein. Vielmehr aber ist ein solches *unmittelbares* Einzelnes *nicht* allgemein; sein Prädikat ist von weitrem Umfang, es entspricht ihm also nicht. Das *Subjekt* ist ein *unmittelbar für sich seyendes*, und daher das *Gegentheil* jener Abstraktion, der durch Vermittelung gesetzten Allgemeinheit, die von ihm ausgesagt werden sollte.

Zweitens das Urtheil nach seinem *Inhalt* betrachtet oder als der Satz: *Das Allgemeine ist einzeln*, so ist das Subjekt ein Allgemeines von Qualitäten, ein Konkretes, das unendlich bestimmt ist, und indem seine Bestimmtheiten nur erst Qualitäten, Eigenschaften oder Accidenzen sind, so ist seine Totalität die *schlecht unendliche Vielheit* derselben. Ein solches Subjekt ist daher vielmehr nicht eine *einzelne* solche Eigenschaft, als sein Prädikat aussagt. Beide Sätze müssen daher *verneint* werden, und das positive Urtheil vielmehr als *negatives* gesetzt werden.

b. Negatives Urtheil

1. Es ist schon oben von der gewöhnlichen Vorstellung die Rede gewesen, daß es nur vom Inhalte des Urtheils abhänge, ob es wahr sey oder nicht, indem die logische Wahrheit nichts als die Form betreffe und nichts fordere, als daß jener Inhalt sich nicht widerspreche. Zur Form des Urtheils selbst wird nichts gerechnet, als daß es die Beziehung *zweier* Begriffe sey. Es hat sich aber ergeben, daß diese beiden Begriffe nicht bloß die verhältnißlose Bestimmung einer *Anzahl* haben, sondern als *Einzelnes* und *Allgemeines* sich verhalten. Diese Bestimmungen machen den wahrhaft logischen *Inhalt*, und zwar in dieser Abstraktion den Inhalt des positiven Urtheils aus; was für *anderer Inhalt* (die *Sonne ist rund, Cicero war ein großer Redner in Rom, jetzt* ist's *Tag u. s.f.*) in einem Urtheil vorkommt, geht das Urtheil als solches nichts an; es spricht nur dieß aus: Das *Subjekt* ist *Prädikat*, oder, da dieß nur Namen sind, bestimmter: *das Einzelne ist allgemein und umgekehrt.* um dieses *rein logischen Inhalts* willen ist das positive Urtheil *nicht wahr*, sondern hat seine Wahrheit im negativen Urtheil. Der Inhalt, fordert man, soll sich im Urtheile nur nicht widersprechen; er widerspricht sich aber in jenem Urtheile, wie sich gezeigt hat. Es ist jedoch völlig gleichgültig, jenen logischen Inhalt auch Form zu nennen, und unter Inhalt nur die sonstige empirische Erfüllung zu verstehen, so enthält die Form nicht bloß die leere Identität, außer welcher die

Inhaltsbestimmung läge. Das positive Urtheil hat alsdann durch seine *Form* als positives Urtheil keine Wahrheit; wer die *Richtigkeit* einer *Anschauung* oder *Wahrnehmung*, die Übereinstimmung der *Vorstellung* mit dem Gegenstand *Wahrheit* nennte, hat wenigstens keinen Ausdruck mehr für für dasjenige, was Gegenstand und Zweck der Philosophie ist. Man müßte den letztern wenigstens Vernunftwahrheit nennen, und man wird wohl zugeben, daß solche Urtheile, daß Cicero ein großer Redner gewesen, daß es jetzt Tag ist u. s. f. keine Vernunftwahrheiten sind. Aber sie sind dieß nicht, nicht weil sie gleichsam zufällig einen empirischen Inhalt haben, sondern weil sie nur positive Urtheile sind, die keinen andern Inhalt als ein unmittelbar Einzelnes und eine abstrakte Bestimmtheit zum Inhalte haben können und sollen.

Das positive Urtheil hat seine Wahrheit zunächst in dem negativen: *Das Einzelne ist nicht* abstrakt *allgemein sondern* das Prädikat des Einzelnen ist darum, weil es solches Prädikat oder für sich ohne die Beziehung auf das Subjekt betrachtet, weil es *abstrakt*-Allgemeines ist, selbst ein Bestimmtes; das *Einzelne* ist daher *zunächst* ein *Besonderes*. Ferner nach dem andern Satze, der im positiven Urtheile enthalten ist, heißt das negative Urtheil, das *Allgemeine* ist nicht abstrakt *einzeln, sondern* dieß Prädikat, schon weil es Prädikat ist, oder weil es in Beziehung auf ein allgemeines Subjekt steht, ist ein Weiteres als bloße Einzelnheit, und das *Allgemeine* ist daher gleichfalls *zunächst ein Besonderes*. Indem dieß Allgemeine, als Subjekt, selbst in der Urtheilsbestimmung der Einzelnheit ist, so reduciren sich beide Sätze auf den einen: *Das Einzelne ist ein Besonderes*.

Es kann bemerkt werden, a) daß sich hier die *Besonderheit* für das Prädikat ergiebt, von der vorhin schon die Rede war; allein hier ist sie nicht durch äußerliche Reflexion gesetzt, sondern vermittelst der am Urtheil aufgezeigten negativen Beziehung entstanden. b) Diese Bestimmung ergiebt sich hier nur für das Prädikat. Im *unmittelbaren* Urtheile, dem Urtheile des Daseyns, ist das Subjekt das zum Grunde Liegende; die *Bestimmung* schient sich daher zunächst am *Prädikate* zu *verlaufen*. In der That aber kann diese erste Negation noch keine Bestimmung, oder eigentlich noch kein *Setzen des Einzelnen* seyn, da es erst das Zweite, das Negative des Negativen ist.

Das Einzelne ist ein Besonderes, ist der *positive* Ausdruck des negativen Urtheils. Dieser Ausdruck ist insofern nicht positives Urtheil selbst, als diese um seiner Unmittelbarkeit willen nur das abstrakte zu seinen Extremen hat, das Besondere aber eben durch das Setzen der Beziehung des Urtheils sich als die erste *vermittelte* Bestimmung ergiebt. Diese Bestimmung ist aber nicht nur als Moment des Extrems zu nehmen, sondern auch, wie sie eigentlich zunächst ist, als *Bestimmung* der *Beziehung*; oder das Urtheil ist auch als *negatives* zu betrachten. Dieser Übergang gründet sich auf das Verhältniß der Extreme und ihrer Beziehung im Urtheile überhaupt. Das positive Urtheil ist die Beziehung des *unmittelbar* Einzelnen und Allgemeinen, also solcher, deren das eine zugleich *nicht* ist, was das andere; die Beziehung ist daher ebenso wesentlich *Trennung* oder *negativ*; daher das positive Urtheil als negatives zu setzen war. Es war daher von

Logikern kein solches Aufheben darüber zu machen, daß das *nicht* des negativen Urtheil zur *Kopula* gezogen worden sey. Was im Urtheile *Bestimmung* des Extrems ist, ist ebenso sehr *bestimmte Beziehung*. Die Urtheilsbestimmung oder das Extrem ist nicht die rein qualitative des *unmittelbaren* Seyns, welche nur einem *Andern außer* ihm entgegenstehen soll. Noch ist sie Bestimmung der Reflexion, die sich nach ihrer allgemeinen Form als positiv und negativ verhält, deren jedes als ausschließend gesetzt, und nur *an sich* identisch mit der andern ist. Die Urtheils- als Begriffsbestimmung ist an ihr selbst ein Allgemeines, gesetzt als sich in ihre andere *Kontinuirendes*. Umgekehrt ist die *Beziehung* des Urtheils dieselbe Bestimmung, als die Extreme haben; denn sie ist eben diese Allgemeinheit und Kontinuation derselben in einander; insofern diese unterschieden sind, hat sie auch die Negativität an ihr.

Der oben angegebene Übergang von der Form der *Beziehung* zur Form der *Bestimmung* macht die *unmittelbare Konsequenz* aus, daß das *nicht* der Kopula ebenso sehr zum Prädikate geschlagen, und dasselbe als das *Nicht-allgemeine* bestimmt werden muß. Das Nichtallgemeine aber ist durch eine ebenso unmittelbare Konsequenz das *Besondere*. Wird das *Negative* nach der ganz abstrakten Bestimmung des unmittelbaren *Nichtseyns* festgehalten, so ist das Prädikat nur das *ganz unbestimmte* Nichtallgemeine. Von dieser Bestimmung wird sonst in der Logik bei den *kontradiktorischen* Begriffen gehandelt, und als etwas Wichtiges eingeschärft, daß beim *Negativen* eines Begriffs nur am Negativen festgehalten, und es als der bloß *unbestimmte* Umfang des *Andern* des positiven Begriffs genommen werden soll. So wäre das bloße *Nicht-weiße* ebenso wohl das Rothe, Gelbe, Blaue u. als das Schwarze. Das *Weiße* aber als solches ist die *begrifflose* Bestimmung der Anschauung; das *Nicht* des Weißen ist dann das ebenso begrifflose *Nichtseyn*, welche Abstraktion ganz zu Anfang der Logik betrachtet, und als deren nächste Wahrheit das *Werden* erkannt worden ist. Wenn bei Betrachtung der Urtheilsbestimmungen solcher begrifflose Inhalt aus der Anschauung und Vorstellung als Beispiel gebraucht, und die Bestimmungen des *Seyns* und die der *Reflexion* für Urtheilsbestimmungen genommen werden, so ist dieß dasselbe *unkritische* Verfahren, als wenn nach Kant die Verstandesbegriffe auf die unendliche Vernunftidee oder das sogenannte *Ding-an-sich* angewendet werden; der *Begriff*, wozu auch das von ihm ausgehende *Urtheil* gehört, ist das wahrhafte *Ding-an-sich* oder das *Vernünftige*, jene Bestimmungen aber gehören dem *Seyn* oder *Wesen* an, und sind noch nicht zu der Art und Weise fortgebildete Formen, wie sie in ihrer Wahrheit, im *Begriffe* sind. Wenn bei dem Weißen, Rothen, als *sinnlichen* Vorstellungen, stehen geblieben wird, so wird, wie gewöhnlich, etwas Begriff genannt, was nur Vorstellungsbestimmung ist, und dann ist freilich das Nicht-weiße, Nicht-rothe kein Positives, so wie vollends das nicht Dreieckigte ein ganz Unbestimmtes ist, denn die auf der Zahl und dem Quantum überhaupt beruhende Bestimmung ist die wesentlich *gleichgültige, begrifflose*. Aber wie das *Nichtseyn* selbst, so soll auch solcher sinnlicher Inhalt *begriffen* werden, und jene Gleichgültigkeit und abstrakte Unmittelbarkeit verlieren, die er in der blinden bewegungslosen Vorstellung hat. Schon im Daseyn wird das gedankenlose *Nichts* zur *Grenze*, wodurch *Etwas* sich doch auf ein *Anderes* außer ihm *bezieht*. In der Reflexion aber ist es das *Negative*, das sich *wesentlich* auf ein *Positives bezieht*, und somit *bestimmt* ist; ein Negatives ist schon nicht mehr jenes *unbestimmte Nichtseyn*, es ist gesetzt, nur zu seyn, indem ihm das Positive entgegen steht, das Dritte ist ihr *Grund*; das Negative ist somit in einer umschlossenen Sphäre gehalten, worin das, was das eine *nicht* ist, etwas *Bestimmtes* ist. Noch mehr aber ist in der absolut flüssigen Kontinuität des Begriffs und seiner Bestimmungen das *Nicht* unmittelbar ein Positives, und die *Negation* nicht nur Bestimmtheit, sondern in die Allgemeinheit aufgenommen und mit ihr identisch gesetzt. Das Nichtallgemeine ist daher sogleich das *Besondere*.

2. Indem die Negation die Beziehung des Urtheils angeht, und das *negative Urtheil* noch als solches betrachtet wird, so ist es *vor's Erste noch ein Urtheil*; es ist somit das Verhältniß von Subjekt und Prädikat, oder von Einzelnheit und Allgemeinheit vorhanden, und die Beziehung derselben; *die Form des Urtheils*. Das Subjekt als das zu Grunde liegende Unmittelbare bleibt unberührt von der Negation, es behält also seine Bestimmung, ein Prädikat zu haben, oder seine Beziehung auf die Allgemeinheit. Was daher negirt wird, ist nicht die Allgemeinheit überhaupt im Prädikate, sondern die Abstraktion oder die Bestimmtheit desselben, welche gegen jene Allgemeinheit als *Inhalt* erschien. Das negative Urtheil ist also nicht die totale Negation; die allgemeine Sphäre, welche das Prädikat enthält, bleibt noch bestehen; die Beziehung des Subjekts auf das Prädikat ist daher wesentlich noch *positiv*; die noch gebliebene *Bestimmung* des Prädikats ist ebenso sehr *Beziehung*. Wenn z.B. gesagt wird, die Rose ist *nicht* roth, so wird damit nur die *Bestimmtheit* des Prädikats negirt, und von der Allgemeinheit, die ihm gleichfalls zukommt, abgetrennt; die allgemeine Sphäre, *die Farbe*, ist erhalten; wenn die *Rose* nicht roth ist, so wird dabei angenommen, daß sie eine Farbe und eine andere Farbe habe; nach dieser allgemeinen Sphäre ist das Urtheil noch positiv.

Das Einzelne ist ein Besonderes, diese positive Form des negativen Urtheils drückt dieß unmittelbar aus; das Besondere enthält die Allgemeinheit. Es drückt überdem auch aus, daß das Prädikat nicht nur ein Allgemeines sey, sondern auch noch ein Bestimmtes. Die negative Form enthält dasselbe; denn indem z.B. die Rose zwar nicht roth ist, so soll sie nicht nur die allgemeine Sphäre der Farbe zum Prädikate behalten, sondern auch *irgend eine andere bestimmte Farbe* haben; die *einzelne* Bestimmtheit des Rothen ist also nur aufgehoben, und es ist nicht nur die allgemeine Sphäre gelassen, sondern auch die Bestimmtheit erhalten, aber zu einer *unbestimmten*, zu einer allgemeinen Bestimmtheit gemacht; somit zur Besonderheit.

3. *Die Besonderheit*, welche sich als die positive Bestimmung des negativen Urtheils ergeben, ist das Vermittelnde zwischen der Einzelnheit und Allgemeinheit; so ist das negative Urtheil nun überhaupt das Vermittelnde, zum dritten Schritte, *der Reflexion des Urtheils des Daseyns in sich selbst*. Es ist nach seiner objektiven Bedeutung nur das Moment der Veränderung der Accidenzen, oder im Daseyn der vereinzelnten

Eigenschaften des Konkreten. Durch diese Veränderung tritt die vollständige Bestimmtheit des Prädikats oder das *Konkrete* als gesetzt hervor.

Das Einzelne ist Besonderes, nach dem positiven Ausdrucke des negativen Urtheils. Aber das Einzelne ist auch *nicht* Besonderes; denn die Besonderheit ist von weiterm Umfange als die Einzelnheit; sie ist also ein Prädikat, das dem Subjekt nicht entspricht, in dem es also seine Wahrheit noch nicht hat. *Das Einzelne ist nur Einzelnes*, die sich nicht auf Anderes, sey es positiv oder negativ, sondern nur sich auf sich selbst beziehende Negativität. Die Rose ist nicht *irgend ein* Farbiges, sondern sie hat nur die bestimmte Farbe, welche Rosenfarbe ist. Das Einzelne ist nicht ein unbestimmt Bestimmtes, sondern das bestimmte Bestimmte.

Von dieser positiven Form des negativen Urtheils ausgegangen, erscheint diese Negation desselben nur wieder als eine *erste* Negation. Aber sie ist dieß nicht. Vielmehr ist schon das negative Urtheil an und für sich die zweite, oder Negation der Negation, und dieß, was es an und für sich ist, ist zu setzen. Nämlich es *negirt die Bestimmtheit* des Prädikats des positiven Urtheils, dessen *abstrakte* Allgemeinheit, oder als Inhalt betrachtet die einzelne Qualität, die es vom Subjekt enthält. Die Negation der Bestimmtheit ist aber schon die zweite, also die unendliche Rückkehr der Einzelnheit in sich selbst. Hiermit ist also die *Herstellung* der konkreten Totalität des Subjekts geschehen, oder vielmehr ist es jetzt erst als Einzelnes *gesetzt*, indem es durch die Negation und das Aufheben derselben mit sich vermittelt worden. Das Prädikat seiner Seits ist damit aus der ersten Allgemeinheit zur absoluten Bestimmtheit übergegangen, und hat sich mit dem Subjekte ansgeglichen. Das Urtheil heißt insofern: *Das Einzelne ist einzeln*. Von der andern Seite, indem das Subjekt ebenso sehr als *allgemeines* anzunehmen war, und insofern im negativen Urtheile sich das Einzelne ist, zur *Besonderheit erweiterte*, und indem nun ferner die Negation dieser *Bestimmtheit* ebenso sehr die *Reinigung* der Allgemeinheit ist, welche es enthält, so lautet dieß Urtheil auch so: *Das Allgemeine ist das Allgemeine*.

In diesen beiden Urtheilen, die sich vorhin durch äußere Reflexion ergeben hatten, ist das Prädikat schon in seiner Positivität ausgedrückt. Zunächst muß aber die Negation des negativen Urtheils selbst in Form eines negativen Urtheils erscheinen. Es hatte sich gezeigt, daß in ihm noch eine *positive Beziehung* des Subjekts auf das Prädikat, und die *allgemeine Sphäre* des letztern geblieben war. Es enthielt somit von dieser Seite eine von der Beschränktheit gereinigtere Allgemeinheit, als das positive Urtheil, und ist daher um so mehr von dem Subjekt als Einzelnem zu negiren. Auf diese Weise ist der *ganze Umfang* des Prädikats negirt, und keine positive Beziehung mehr zwischen ihm und dem Subjekte. Dieß ist das *unendliche Urtheil*.

c. Unendliches Urtheil

Das negative Urtheil ist so wenig ein wahres Urtheil, als das positive. Das unendliche Urtheil aber, das seine Wahrheit seyn soll, ist nach seinem negativen Ausdrucke das *Negativ-Unendliche*; ein Urtheil, worin auch die Form des Urtheils aufgehoben ist. Dieß aber ist ein *widersinniges Urtheil*. Es soll *ein Urtheil* seyn, somit eine Beziehung von Subjekt und Prädikat enthalten; aber eine solche soll *zugleich nicht* darin seyn. Der Name des unendlichen Urtheils pflegt in den gewöhnlichen Logiken zwar aufgeführt zu werden, aber ohne daß es eben deutlich würde, was es mit demselben für eine Bewandtniß habe. Beispiele von negativ-unendlichen Urtheilen sind leicht zu haben, indem Bestimmungen zu Subjekt und Prädikat negativ verbunden werden, deren eine nicht nur die Bestimmtheit der andern nicht, sondern auch ihre allgemeine Sphäre nicht enthält; also z.B. der Geist nicht roth, gelb u. s. f., nicht sauer, nicht kalisch u. s. f., die Rose ist keine Elephant, der Verstand ist kein Tisch und dergleichen. Diese Urtheile sind *richtig* oder *wahr*, wie man es nennt, aber einer solchen Wahrheit ungeachtet widersinnig und abgeschmackt. Oder vielmehr sie sind *keine Urtheile*. Ein reelleres Beispiel des unendlichen Urtheils ist die *böse* Handlung. Im *bürgerlichen Rechtsstreit* wird Etwas nur als das Eigenthum der andern Parthei negirt; so daß aber eingeräumt wird, es sollte das Ihrige seyn, wenn sie das Recht dazu hätte, und es wird nur unter dem Titel des Rechtes in Anspruch genommen; die allgemeine Sphäre, das Recht, wird also in jenem negativen Urtheile anerkannt und erhalten. Das *Verbrechen* aber ist das *unendliche Urtheil*, welches nicht nur das *besondere* Recht sondern die allgemeine Sphäre zugleich negirt, das *Recht als Recht* negirt. Es hat zwar die *Richtigkeit* damit, daß es eine wirkliche Handlung ist, aber weil sie sich auf die Sittlichkeit, welche ihre allgemeine Sphäre ausmacht, durchaus negativ bezieht, ist sie widersinnig.

Das Positive des unendlichen Urtheils, der Negation der Negation, ist die Reflexion der Einzelnheit in sich selbst, wodurch sie erst als die *bestimmte Bestimmtheit* gesetzt ist. *Das Einzelne ist einzeln*, war der Ausdruck desselben nach jener Reflexion. Das Subjekt ist im Urtheile des Daseyns als *unmittelbares* Einzelnes, insofern mehr nur als *Etwas* überhaupt. Durch die Vermittelung des negativen und unendlichen Urtheils ist es erst als Einzelnes *gesetzt*.

Das Einzelne ist hiermit *gesetzt* als sich, *in sein Prädikat*, das mit ihm identisch ist, *kontinuirend*; somit ist auch die Allgemeinheit ebenso sehr nicht mehr als die *unmittelbare*, sondern als ein *Zusammenfassen* von Unterschiedenen. Das positiv-unendliche Urtheil lautet ebenso wohl: *Das Allgemeine* ist *allgemein*, so ist es ebenso wohl als die Rückkehr in sich selbst gesetzt.

Durch diese Reflexion der Urtheilsbestimmungen in sich hat nun sich das Urtheil aufgehoben; im negativ-unendlichen Urtheil ist der Unterschied, so zu sagen, *zu groß* als daß es noch ein Urtheil bliebe; Subjekt und Prädikat haben gar keine positive

Beziehung auf einander; im Gegentheil ist im Positiv-Unendlichen nur die Identität vorhanden, und es ist wegen des ganz ermangelnden Unterschiedes kein Urtheil mehr.

Näher ist es das *Urtheil des Daseyns*; welches sich aufgehoben hat; es ist damit das *gesetzt*, was die *Kopula* des Urtheils enthält, daß die qualitativen Extreme in dieser ihrer Identität aufgehoben sind. Indem aber diese Einheit der Begriff ist, so ist sie unmittelbar ebenso wieder in ihre Extreme dirimirt, und ist als Urtheil, dessen Bestimmungen aber nicht mehr unmittelbare, sondern in sich reflektirte sind. *Das Urtheil des Daseyns* ist in das *Urtheil der Reflexion* übergegangen.

B. Das Urtheil der Reflexion

Das Subjekt ist in dem nunmehr entstandenen Urtheil ein Einzelnes als solches; ingleichen das Allgemeine nicht mehr *abstrakte* Allgemeinheit, oder *einzelne Eigenschaft*, sondern gesetzt als Allgemeines, das sich durch die Beziehung Unterschiedener als in eins zusammengefaßt hat, oder nach dem Inhalt verschiedener Bestimmungen überhaupt betrachtet, das sich das *Zusammennehmen* mannigfaltiger Eigenschaften und Existenzen. Wenn Beispiele von Prädikaten der Reflexions-Urtheile gegeben werden sollen, so müssen sie von anderer Art seyn, als für Urtheile das Daseyns. Im Reflexions-Urtheil ist eigentlich erst ein *bestimmter Inhalt*, d. h. ein Inhalt überhaupt vorhanden; denn er ist die in die Identität reflektirte Formbestimmung, als von der Form, insofern sie unterschiedene Bestimmtheit ist, wie sie es noch als Urtheil ist, unterschieden. Im Urtheil des Daseyns ist der Inhalt nur ein unmittelbarer, oder abstrakter, unbestimmter. Als Beispiele von Reflexions-Urtheilen können daher dienen: Der Mensch ist *sterblich*, die Dinge sind *vergänglich*, dieß Ding ist *nützlich, schädlich; Härte, Elasticität* der Körper, *die Glückseligkeit* u. s. f. sind solche eigenthümliche Prädikate. Sie drücken eine Wesentlichkeit, welche aber eine Bestimmung im *Verhältnisse*, oder eine *zusammenfassende* Allgemeinheit ist. Diese *Allgemeinheit*, die sich in der Bewegung des Reflexions-Urtheils weiter bestimmen wird, ist noch von der *Allgemeinheit des Begriffes* als solcher unterschieden; sie ist zwar nicht mehr die abstrakte des qualitativen Urtheils, aber hat noch die Beziehung auf das Unmittelbare, woraus sie herkommt, und hat dasselbe für ihre Negativität zu Grunde liegen. Der Begriff bestimmt das Daseyn zunächst zu *Verhältnißbestimmungen*, zu Kontinuitäten ihrer selbst in der verschiedenen Mannigfaltigkeit der Existenz, so daß wohl das wahrhaft Allgemeine ihr inneres Wesen aber *in der Erscheinung*, und diese *relative* Natur, oder auch ihr *Merkmal*, noch nicht das An- und Fürsichseyende derselben ist.

Dem Reflexions-Urtheile kann es als nahe liegend erscheinen, als Urtheil der *Quantität* bestimmt zu werden, wie das Urtheil des Daseyns auch als *qualitatives* Urtheil bestimmt wurde. Aber wie die *Unmittelbarkeit* in diesem nicht nur die *seyende*, sondern wesentlich auch die vermittelte und *abstrakte* war, so ist auch hier jene aufgehobene Unmittelbarkeit nicht bloß die aufgehobene Qualität, also nicht bloß *Quantität;* diese ist vielmehr, wie die Qualität die äußerlichste Unmittelbarkeit, auf dieselbe Weise die *äußerlichste* der Vermittelung angehörige *Bestimmung.*

Noch ist über die *Bestimmung,* wie sie im Reflexions-Urtheile in ihrer Bewegung erscheint, die Bemerkung zu machen, daß im Urtheile des Daseyns die *Bewegung* derselben sich am *Prädikate* zeigte, weil dieses Urtheil in der Bestimmung der Unmittelbarkeit war, das Subjekt daher als das zu Grunde Liegende erschien. Aus gleichem Grunde verläuft sich im Reflexions-Urtheile die Fortbewegung des Bestimmens *am Subjekte,* weil dieses Urtheil das *reflektirte Ansichseyn* zu seiner Bestimmung hat. Das Wesentliche ist daher hier das *Allgemeine* oder das Prädikat; es macht daher das zu *Grunde Liegende* aus, an welchem das Subjekt zu messen, und ihm entsprechend zu bestimmen ist. Jedoch erhält auch das Prädikat durch die weitere Fortbildung der Form des Subjekts eine weitere Bestimmung, jedoch *indirekt,* jene dagegen zeigt sich auf dem angegebenen Grunde als *direkte* Fortbestimmung.

Was die objektive Bedeutung des Urtheils betrifft, so tritt das Einzelne durch seine Allgemeinheit in das Daseyn, aber als in einer wesentlichen Verhältnißbestimmung, einer durch die Mannigfaltigkeit der Erscheinung hindurch sich erhaltenden Wesentlichkeit; das Subjekt *soll* das an und für sich Bestimmte seyn; diese Bestimmtheit hat es in seinem Prädikate. Das Einzelne ist anderer Seits in dieß sein Prädikat reflektirt, welches dessen allgemeines Wesen; das Subjekt ist insofern das Existirende und Erscheinende. Das Prädikat *inhärirt* in diesem Urtheile nicht mehr dem Subjekte; es ist vielmehr das *Ansichseyende,* unter welches jenes Einzelne als ein Accidentelles *subsumirt* ist. Wenn die Urtheile des Daseyns auch als *Urtheil* der *Inhärenz* bestimmt werden können, so sind die Urtheile der Reflexion vielmehr *Urtheile der Subsumtion.*

a. Das singulare Urtheil

Das unmittelbare Reflexions-Urtheil ist nun wieder: *Das Einzelne ist allgemein*; aber Subjekt und Prädikat in der angegebenen Bedeutung; es kann daher näher so ausgedrückt werden: *Dieses ist ein wesentlich Allgemeines.* Jenes seiner allgemeinen Form nach *positive* Urtheil überhaupt muß negativ genommen werden. Aber indem das Urtheil der Reflexion nicht bloß ein Positives ist, so geht die Negation nicht direkt das Prädikat an, das nicht inhärirt, sondern das *Ansichseyende* ist. Das Subjekt ist vielmehr das Veränderliche und zu Bestimmende. Das negative Urtheil ist hier daher so zu fassen: *Nicht ein Dieses* ist ein Allgemeines der Reflexion; ein solches *Ansich* hat eine allgemeinere Existenz als nur in einem Diesen. Das singuläre Urtheil hat hiermit seine nächste Wahrheit im *partikularen.*

b. Das partikulare Urtheil

Die Nichteinzelnheit des Subjekts, welche statt seiner Singularität im ersten Reflexions-Urtheile gesetzt werden muß, ist die *Besonderheit*. Aber die Einzelnheit ist im Reflexions-Urtheile als *wesentliche Einzelnheit* bestimmt; die Besonderheit kann daher nicht *einfache, abstrakte* Bestimmung seyn, in welcher das Einzelne aufgehoben, das Existirende zu Grunde gegangen wäre, sondern nur als eine Erweiterung desselben in äußerer Reflexion; das Subjekt ist daher: *Einige Diese*, oder eine *besondere Menge* von *Einzelnen*.

Dieß Urtheil: *Einige Einzelne sind ein Allgemeines der Reflexion*, erscheint zunächst als positives Urtheil, aber ist ebenso wohl auch negativ; denn *Einiges* enthält die Allgemeinheit; nach dieser kann es als *komprehensiv* betrachtet werden; aber insofern es Besonderheit ist, ist es ihr ebenso sehr nicht angemessen. Die *negative* Bestimmung, welche das Subjekt durch den Übergang des singularen Urtheils erhalten hat, ist, wie oben gezeigt, auch Bestimmung der Beziehung, der Kopula. In dem Urtheile, *einige* Menschen sind glückselig, liegt *die unmittelbare Konsequenz: einige* Menschen sind *nicht* glückselig. Wenn *einige* Dinge nützlich sind, so sind eben deswegen *einige* Dinge *nicht* nützlich. Das positive und negative Urtheil fallen nicht mehr außereinander, sondern das partikulare enthält unmittelbar beide zugleich, eben weil es ein Reflexions-Urtheil ist. Aber das partikulare Urtheil ist darum *unbestimmt*.

Betrachten wir weiter in dem Beispiele eines solchen Urtheils das Subjekt, *einige Menschen, Thiere u. s. f*, so enthält es außer der partikularen Formbestimmung. *Einige*, auch noch die Inhaltsbestimmung: *Mensch* u. s. f. Das Subjekt des singularen Urtheils konnte heißen: *Dieser Mensch*, eine Singularität, die eigentlich dem äußerlichen Monstriren angehört; es soll daher vielmehr lauten, etwa *Cajus*. Aber das Subjekt des partikularen Urtheils kann nicht mehr seyn: *Einige Caji*; denn Cajus soll ein Einzelner als solcher seyn. *Dem Einigen* wird daher ein allgemeinerer *Inhalt* beigegeben, etwa *Menschen, Thieren u. s. f.*. Dieß ist nicht bloß ein empirischer, sondern durch die Form des Urtheils bestimmter Inhalt; er ist nämlich ein *Allgemeines*, weil *Einige* die Allgemeinheit enthält, und sie zugleich von den Einzelnen, da die reflektirte Einzelnheit zu Grunde liegt, getrennt seyn muß. Näher ist sie auch die *allgemeine Natur*, oder die *Gattung* Mensch, Thier; diejenige Allgemeinheit, welche das Resultat des Reflexions-Urtheils ist, *anticipirt*; wie auch das positive Urtheil, indem es *das Einzelne* zum Subjekt hat, die Bestimmung anticipirte, welche Resultat des Urtheils des Daseyns ist.

Das Subjekt, das die Einzelnen, deren Beziehung zur Besonderheit, und die allgemeine Natur enthält, ist insofern schon gesetzt als die Totalität der Begriffsbestimmungen. Aber diese Betrachtung ist eigentlich eine äußerliche. Was im Subjekte schon in *Beziehung* auf einander durch seiner Form zunächst gesetzt ist, ist die *Erweiterung* des *Diesen* zur Besonderheit; allein diese Verallgemeinerung ist ihm nicht angemessen;

Dieses ist ein vollkommen Bestimmtes, *einiges Dieses* aber ist unbestimmt. Die Erweiterung soll dem Diesen zukommen, also ihm entsprechend, *vollkommen bestimmt* seyn; eine solche ist die Totalität, oder zunächst *Allgemeinheit* überhaupt. Diese Allgemeinheit hat das *Dieses* zu Grunde liegen, denn das Einzelne ist hier das in sich Reflektirte; seine weiteren Bestimmungen verlaufen sich daher *äußerlich* an ihm, und wie die Besonderheit sich deswegen als *Einige* bestimmte, so ist die Allgemeinheit, die das Subjekt erlangt hat, Allheit, und das partikulare Urtheil ist in das *universelle* übergegangen.

c. Das universelle Urtheil

Die Allgemeinheit, wie sie am Subjekte des universellen Urtheils ist, ist die äußere Reflexions-Allgemeinheit, *Allheit; Alle* sind alle *Einzelne*; das Einzelne ist unverändert darin. Diese Allgemeinheit ist daher nur ein *Zusammenfassen* der für sich bestehenden Einzelnen; sie ist eine *Gemeinschaftlichkeit*, welche ihnen nur in der *Vergleichung* zukommt. Diese Gemeinschaftlichkeit pflegt dem subjektiven *Vorstellen* zunächst einzufallen, wenn von Allgemeinheit die Rede ist. Als der zunächst liegende Grund, warum eine Bestimmung als eine allgemeine angesehen werden soll, wird angegeben, *weil sie Mehreren zukomme*. In der *Analysis* schwebt vornehmlich auch dieser Begriff von Allgemeinheit vor, indem z.B. die Entwickelung einer Funktion an einem *Polynomium* für das *Allgemeinere* gilt, als die Entwickelung derselben an einem *Binomium*; weil das *Polynomium mehrere Einzelnheiten* darstellt, als das *Binomium*. Die Forderung, daß die Funktion in ihrer Allgemeinheit dargestellt würde, verlangt eigentlich ein *Pantonomium*, die erschöpfte Unendlichkeit; aber hier stellt sich von selbst die Schranke jener Forderung ein, und die Darstellung der *unendlichen* Menge muß sich mit dem *Sollen* derselben, und daher auch mit einem *Polynomium* begnügen. In der That aber ist in den Fällen des Binomium schon das Pantonomium, in denen die *Methode* oder *Regel* nur die Abhängigkeit Eines Gliedes von Einem andern betrifft, und die Abhängigkeit Mehrerer Glieder von ihren vorhergehenden sich nicht partikularisirt, sondern eine und dieselbe Funktion zu Grunde liegen bleibt. Die *Methode* oder *Regel* ist als das wahrhaft *Allgemeine* anzusehen; in der Fortsetzung der Entwickelung, oder in der Entwickelung eines Polynomiums wird sie nur *wiederholt*; sie gewinnt somit durch die vergrößerte Mehrheit der Glieder nichts an Allgemeinheit. Es ist von der schlechten Unendlichkeit und deren Täuschung schon früher die Rede gewesen; die Allgemeinheit des Begriffs ist das *erreichte Jenseits*; jene Unendlichkeit aber bleibt mit dem Jenseits als einem Unerreichbaren behaftet, insofern sie der bloße *Progreß* ins Unendliche bleibt. Wenn bei der Allgemeinheit nur die *Allheit* vorschwebt, eine Allgemeinheit, welche in den Einzelnen als Einzelnen erschöpft werden soll, so ist dieß ein Rückfall in jene schlechte Unendlichkeit; oder aber es wird auch nur die *Vielheit* für Allheit genommen. Die Vielheit jedoch, so groß sie auch sey, bleibt schlechthin nur Partikularität, und ist nicht

Allheit. Es schwebt aber dabei die an und für sich seyende Allgemeinheit des *Begriffs* dunkel vor; er ist es, der gewaltsam über die beharrliche Einzelnheit, woran sich die Vorstellung hält, und über das Äußerliche ihrer Reflexion hinaustreibt, und die Allheit *als Totalität*, oder vielmehr das kategorische An- und Fürsichseyn unterscheidet.

Dieß zeigt sich auch sonst an der Allheit, welche überhaupt die *empirische* Allgemeinheit ist. Insofern das Einzelne als ein Unmittelbares vorausgesetzt ist, daher *vorgefunden* und äußerlich *aufgenommen* wird, ist ihm die Reflexion, welche es zur Allheit zusammenfaßt, ebenso äußerlich. Weil aber das einzelne als *Dieses* schlechthin gleichgültig gegen diese Reflexion ist, so können sich die Allgemeinheit und solches Einzelnes nicht zu einer Einheit vereinigen. Die empirische Allheit *bleibt* darum eine *Aufgabe*; ein *Sollen*, welches so nicht als Seyn dargestellt werden kann. Ein empirisch-allgemeiner Satz, denn es werden deren doch aufgestellt, beruht nun auf der stillschweigenden Übereinkunft, daß wenn nur keine *Instanz* des Gegentheils angeführt werden könne, die *Mehrheit* von Fällen für *Allheit* gelten solle; oder daß die *subjektive* Allheit, nämlich die der *zur Kenntniß gekommenen* Fälle, für eine *objektive* Allheit genommen werden dürfe. Näher nun das *universelle Urtheil*, bei dem wir stehen, betrachtet, so hat das Subjekt, das, wie vorhin bemerkt worden, die an- und fürsichseyende Allgemeinheit *als vorausgesetzt* enthält, dieselbe nun auch als *gesetzte* an ihm. *Alle Menschen* drückt *erstlich* die *Gattung* Mensch aus, *zweitens* diese Gattung in ihrer Vereinzelung, aber so, daß die Einzelnen zugleich zur Allgemeinheit der Gattung erweitert sind; umgekehrt ist die Allgemeinheit durch diese Verknüpfung mit der Einzelnheit ebenso vollkommen bestimmt, als die Einzelnheit; hierdurch ist die *gesetzte* Allgemeinheit *der vorausgesetzten gleich* geworden.

Eigentlich aber ist nicht auf das *Vorausgesetzte* zum Voraus Rücksicht zu nehmen, sondern das Resultat an der Formbestimmung für sich zu betrachten. Die Einzelnheit, indem sie sich zur Allheit erweitert hat, ist *gesetzt* als Negativität, welche identische Beziehung auf sich ist. Sie ist damit nicht jene erste Einzelnheit geblieben, wie z.B. die eines Cajus, sondern ist die mit der Allgemeinheit identische Bestimmung, oder das absolute Bestimmtseyn des Allgemeinen. Jene *erste* Einzelnheit des singularen Urtheils war nicht die *unmittelbare* des positiven Urtheils des Daseyns überhaupt entstanden; sie war schon bestimmt, die *negative Identität* der Bestimmungen jenes Urtheils zu seyn. Dieß ist die wahrhafte Voraussetzung im Reflexions-Urtheil; gegen das an diesem sich verlaufende Setzen war jene *erste* Bestimmtheit der Einzelnheit das *Ansich* derselben; was sie somit *ansich* ist, ist nun durch die Bewegung des Reflexions-Urtheils *gesetzt*, nämlich die Einzelnheit als identische Beziehung des Bestimmten auf sich selbst. Dadurch ist jene *Reflexion*, welche die Einzelnheit zur Allheit erweitert, eine ihr nicht äußerliche; sondern es wird dadurch nur *für sich*, was sie schon *an sich* ist. Das Resultat ist somit in Wahrheit die *objektive Allgemeinheit*. Das Subjekt hat insofern die

Formbestimmung des Reflexions-Urtheils, welche vom *Diesen* durch *Einiges* zur *Allheit* hindurchging abgestreift; statt *Alle Menschen* ist nunmehr zu sagen: *der Mensch*.

Die Allgemeinheit, welche hierdurch entstanden ist, ist *die Gattung*; die Allgemeinheit, welche an ihr selbst Konkretes ist. Die Gattung *inhärirt* dem Subjekte nicht, oder ist nicht eine *einzelne* Eigenschaft, überhaupt nicht eine Eigenschaft desselben; sie enthält alle vereinzelnte Bestimmtheit in ihrer substantiellen Gediegenheit aufgelöst. Sie ist darum, weil sie als diese negative Identität mit sich gesetzt ist, wesentlich Subjekt; aber ist ihrem Prädikate nicht mehr *subsumirt*. Hiermit verändert sich nun überhaupt die Natur des Reflexions-Urtheils. Dasselbe war wesentlich Urtheil der *Subsumtion*. Das Prädikat war als das *ansichseyende* Allgemeiner gegen sein Subjekt bestimmt; seinem Inhalte nach konnte es als wesentliche Verhältnißbestimmung oder auch als Merkmal genommen werden; eine Bestimmung, nach welcher das Subjekt nur eine wesentliche *Erscheinung* ist. Aber zur *objektiven Allgemeinheit* bestimmt, hört es auf, unter solche Verhältnißbestimmung, oder zusammenfassende Reflexion subsumirt zu seyn; solches Prädikat ist gegen dies Allgemeinheit vielmehr ein Besonderes. Das Verhältniß von Subjekt und Prädikat hat sich somit umgekehrt, und das Urtheil sich insofern zunächst aufgehoben. Diese Aufhebung des Urtheils fällt mit dem zusammen, was die *Bestimmung der Kopula* wird, die wir noch zu betrachten haben; die Aufhebung der Urtheilsbestimmungen und ihr Übergang in die Kopula ist dasselbe. Insofern nämlich das Subjekt sich in die Allgemeinheit erhoben hat, ist es in dieser Bestimmung dem Prädikate gleich geworden, welches als die reflektirte Allgemeinheit auch die Besonderheit in sich begreift; Subjekt und Prädikat sind daher identisch, d. i. sie sind in die Kopula zusammengegangen. Diese Identität ist die Gattung, oder an und für sich seyende Natur eines Dings. Insofern dieselbe also sich wieder in ein Urtheil dirimirt, ist es die *innere Natur*, wodurch sich Subjekt und Prädikat auf einander beziehen: eine Beziehung der *Nothwendigkeit*, worin jene Urtheilsbestimmungen nur unwesentliche Unterschiede sind. *Was allen Einzelnen einer Gattung zukommt, kommt durch ihre Natur der Gattung zu*, ist eine unmittelbare Konsequenz, und der Ausdruck dessen, was sich vorhin ergab, daß das Subjekt z.B. *alle Menschen*, seine Formbestimmung abstreift, und *der Mensch* dafür zu sagen ist. Dieser an und für sich seyende Zusammenhang macht die Grundlage eines neuen Urtheils aus; *des Urtheils der Nothwendigkeit*.

C. Das Urtheil der Nowthwendigkeit

Die Bestimmung, zu der sich die Allgemeinheit fortgebildet hat, ist, wie sich ergeben, die *an- und fürsichseyende* oder *objektive Allgemeinheit*, der in der Sphäre des Wesens die *Substantialität* entspricht. Sie unterscheidet sich von dieser dadurch, daß sie dem *Begriffe* angehört, und dadurch nicht nur die *innere*, sondern auch die *gesetzte* Nothwendigkeit ihrer Bestimmungen, oder daß *der Unterschied* ihr immanent ist, wogegen die Substanz den ihrigen nur in ihren Accidenzen, nicht aber als Princip in sich selbst hat.

Im Urtheil ist nun diese objektive Allgemeinheit *gesetzt*; somit *erstlich* mit dieser ihrer wesentlichen Bestimmtheit, als ihr immanent, zweitens als von ihr als *Besonderheit* verschieden, von der jene Allgemeinheit die substantielle Grundlage ausmacht. Sie ist auf diese Weise als *Gattung* und *Art* bestimmte.

a. Das kategorische Urtheil

Die *Gattung theilt* sich, oder stößt sich wesentlich in *Arten* ab; sie ist Gattung, nur insofern sie Arten unter sich begreift; die Art ist Art nur, insofern sie einer Seits in Einzelnen existirt, anderer Seits in der Gattung eine höhere Allgemeinheit ist. Das *kategorische Urtheil* hat nun eine solche Allgemeinheit zum Prädikate, an dem das Subjekt seine *immanente* Natur hat. Es ist aber selbst das erste oder *unmittelbare* Urtheil der Nothwendigkeit; daher die Bestimmtheit des Subjekts, wodurch es gegen die Gattung oder Art ein Besonderes oder Einzelnes ist, insofern der Unmittelbarkeit äußerlicher Existenz angehört. Die objektive Allgemeinheit aber hat ebenso hier nur erst ihre *unmittelbare* Partikularisation; einer Seits ist sie darum selbst eine bestimmte, gegen welche es höhere Gattungen giebt; anderer Seits ist sie nicht gerade die *nächste*, d. h. deren Bestimmtheit nicht gerade das Princip der specifischen Besonderheit des Subjekts ist. Was aber daran *nothwendig* ist, ist die *substantielle Identität* des Subjekts und Prädikates, gegen welche das Eigene, wodurch sich jenes von diesem unterscheidet, nur als ein unwesentliches Gesetztseyn, oder auch nur ein Namen ist; das Subjekt ist in seinem Prädikate in sein An- und Fürsichseyn reflektirt. Ein solches Prädikat sollte mit den Prädikaten der bisherigen Urtheile nicht zusammengestellt werden; wenn z.B. die Urtheile:

die Rose ist roth,

die Rose ist eine Pflanze,

oder: dieser Ring ist gelb,

er ist Gold,

in Eine Klasse zusammengeworfen, und eine so äußerliche Eigenschaft, wie die Farbe einer Blume als ein gleiches Prädikat mit ihrer vegetabilischen Natur genommen wird, so wird ein Unterschied übersehen, der dem gemeinsten Auffassen auffallen muß. Das kategorische Urtheil ist daher bestimmt von dem positiven und negativen Urtheile zu unterscheiden; in diesen ist das, was vom Subjekt ausgesagt wird, ein *einzelner zufälliger* Inhalt, in jenem ist er die Totalität der in sich reflektirten Form. Die Kopula hat daher in ihm die Bedeutung der *Nothwendigkeit*, in jenen nur des abstrakten, unmittelbaren *Seyns*.

Die *Bestimmtheit* des Subjekts, wodurch es ein *Besonderes* gegen das Prädikat ist, ist zunächst noch ein *Zufälliges*; Subjekt und Prädikat sind nicht durch die *Form* oder *Bestimmtheit* als nothwendige bezogen; die Nothwendigkeit ist daher noch als *innere*. Das Subjekt aber ist Subjekt nur als *Besonderes*, und insofern es objektive Allgemeinheit hat, soll es sie wesentlich nach jener erst unmittelbaren Bestimmtheit haben. Das Objektiv-Allgemeine, indem es sich *bestimmt*, d. i. sich ins Urtheil setzt, ist wesentlich in identischer Beziehung mit dieser aus ihm abgestoßenen *Bestimmtheit* als solcher, d. i. sie ist wesentlich, nicht als bloß Zufälliges zu setzen. Das kategorische Urtheil entspricht erst durch diese *Nothwendigkeit* seines unmittelbaren Seyns seiner objektiven Allgemeinheit, und ist auf diese Weise in das *hypothetische Urtheil* übergegangen.

b. Das hypothetische Urtheil

Wenn A ist, so ist B; oder *das Seyn des A ist nicht sein eigenes Seyn, sondern das Seyn eines Andern, des B*. Was in diesem Urtheil gesetzt ist, ist der *nothwendige Zusammenhang* von unmittelbaren Bestimmtheiten, welcher im kategorischen Urtheile noch nicht gesetzt ist. Es sind hier *zwei* unmittelbare Existenzen, oder äußerlich zufällige, deren im kategorischen Urtheile zunächst nur eine, das Subjekt, ist; indem aber das eine äußerlich gegen das andere ist, so ist unmittelbar dieß andere auch äußerlich gegen das erste. Nach dieser Unmittelbarkeit ist der *Inhalt* beider Seiten noch ein gleichgültiger gegen einander; dieß Urtheil ist daher zunächst ein Satz der leeren Form. Nun ist die Unmittelbarkeit *erstlich* zwar als solche ein selbstständiges, konkretes *Seyn*; aber *zweitens* ist die Beziehung desselben das wesentliche; jenes Seyn ist daher ebenso sehr als bloße *Möglichkeit*; das hypothetische Urtheil enthält nicht, *daß A ist*, oder daß B *ist*, sondern nur *wenn* eines ist, so ist das andere; nur der Zusammenhang der Extreme ist gesetzt als seyend, nicht sie selbst. Vielmehr ist in dieser Nothwendigkeit jedes gesetzt, als ebenso sehr das *Seyn eines Andern*. Der Satz der Identität sagt aus: A ist nur A, nicht B; und B ist nur B, nicht A; im hypothetischen Urtheil ist dagegen das Seyn der endlichen Dinge nach ihrer formellen Wahrheit durch den Begriff gesetzt, daß nämlich das Endliche sein eigenes Seyn, aber ebenso sehr nicht das *seinige*, sondern das Seyn eines Andern ist. In der Sphäre des Seyns *verändert* sich das Endliche, es wird zu einem Andern; in der Sphäre des Wesens ist es *Erscheinung* und gesetzt, daß sein Seyn darin besteht, daß ein Anderes an ihm *scheint*, und die *Nothwendigkeit* ist die *innere*, noch nicht als solche gesetzte, Beziehung. Der Begriff aber ist dieß, daß diese Identität *gesetzt* ist, und daß das Seyende nicht die abstrakte Identität mit sich, sondern die *konkrete* ist, und unmittelbar an ihm selbst das Seyn eines Andern.

Das hypothetische Urtheil kann durch die Reflexions-Verhältnisse in näherer Bestimmtheit genommen werden, als Verhältniß von *Grund* und *Folge, Bedingung* und *Bedingtem, Kausalität* u. s. f. Wie im kategorischen Urtheile die Substantialität, so ist im hypothetischen der Zusammenhang der Kausalität in seiner Begriffsform. Dieses und die andern Verhältnisse stehen sämmtlich unter ihm, sind aber hier nicht mehr als Verhältnisse von *selbstständigen Seiten*, sondern diese sind wesentlich nur als Momente Einer und derselben Identität. Jedoch sind sie in ihm noch nicht nach den Begriffsbestimmungen als Einzelnes oder Besonderes und Allgemeines entgegengesetzt, sondern nur erst als *Momente überhaupt*. Das hypothetische Urtheil hat insofern mehr die Gestalt eines Satzes; wie das partikulare Urtheil von unbestimmtem Inhalte ist, so ist das hypothetische von unbestimmter Form, indem sein Inhalt sich nicht in der Bestimmung von Subjekt und Prädikat verhält. Doch *an sich* ist das Seyn, da es das Seyn des Andern ist, eben dadurch *Einheit seiner selbst* und *des Andern*, und hiermit *Allgemeinheit*; es ist damit zugleich eigentlich nur ein *Besonderes*, da es Bestimmtes, und in seiner Bestimmtheit sich nicht bloß auf sich Beziehendes ist. Es ist aber nicht die *einfache* abstrakte Besonderheit gesetzt, sondern durch die *Unmittelbarkeit*, welche die *Bestimmtheiten haben*, sind die Momente derselben als unterschiedene; zugleich durch die Einheit derselben, die ihre Beziehung ausmacht, ist die Besonderheit auch als die Totalität derselben. Was in Wahrheit daher in diesem Urtheile gesetzt ist, ist die Allgemeinheit, als die konkrete Identität des Begriffs, dessen Bestimmungen kein Bestehen für sich haben, sondern nur in ihr gesetzte Besonderheiten sind. So ist es das *disjunktive Urtheil*.

c. Das disjunktive Urtheil

Im kategorischen Urtheil ist der Begriff als objektive Allgemeinheit, und eine äußerliche Einzelnheit. Im hypothetischen tritt an dieser Äußerlichkeit der Begriff in seiner negativen Identität hervor; durch diese erhalten sie die nun im disjunktiven Urtheile gesetzte Bestimmtheit, welche sie im ersten unmittelbar haben. Das disjunktive Urtheil ist daher die objektive Allgemeinheit zugleich in der Vereinigung mit der Form gesetzt. Es enthält also *erstens* die konkrete Allgemeinheit oder die Gattung, in *einfacher* Form, als das Subjekt; *zweitens dieselbe* aber als Totalität ihrer unterschiedenen Bestimmungen. A ist entweder B oder C. Dieß ist die *Nothwendigkeit des Begriffs*, worin *erstens* die Dieselbigkeit beider Extreme einerlei Umfang, Inhalt und Allgemeinheit ist; *zweitens* sind sie nach der Form der Begriffsbestimmungen unterschieden, so daß aber um jener Identität willen diese als *bloße Form* ist. Drittens erscheint die identische objektive Allgemeinheit deswegen als das in sich Reflektirte gegen die unwesentliche Form, als *Inhalt*, der aber an ihm selbst die Bestimmtheit der Form hat; das eine Mal als die einfache Bestimmtheit der *Gattung*; das andere Mal eben diese Bestimmtheit als in ihren Unterschied entwickelt, auf welche Weise sie die Besonderheit der *Arten*, und deren *Totalität*, die Allgemeinheit der Gattung, ist. Die Besonderheit in ihrer Entwickelung macht das *Prädikat* aus, weil sie insofern das *Allgemeinere* ist, als sie die ganze allgemeine Sphäre des Subjekts, aber auch dieselbe in der Auseinandersetzung der Besonderung enthält.

Diese Besonderung näher betrachtet, so macht *vor's Erste* die Gattung die substantielle Allgemeinheit der Arten aus; das Subjekt ist daher *sowohl B als C*; dieses *sowohl als* bezeichnet die *positive* Identität des Besondern mit dem Allgemeinen; dieß objektive Allgemeine erhält sich vollkommen in seiner Besonderheit. Die Arten *zweitens schließen sich gegenseitig aus; A ist entweder B oder C*; denn sie sind der *bestimmte Unterschied* der allgemeinen Sphäre. Dieß *Entweder-Oder* ist die *negative* Beziehung derselben. In dieser sind sie aber ebenso identisch als in jener; die Gattung ist ihre *Einheit* als *bestimmter* Besonderen. Wäre die Gattung eine abstrakte Allgemeinheit, wie in den Urtheilen des Daseyns, so wären die Arten auch nur als *verschiedene* und gegen einander gleichgültige zu nehmen; sie ist aber nicht jene äußere, nur durch *Vergleichung* und *Weglassung* entstandene Allgemeinheit, sondern ihre immanente und konkrete. Ein empirisches disjunktives Urtheil ist ohne Nothwendigkeit; A ist entweder B oder C oder D u. s. f., weil die Arten B, C, D u. s. f. sich *vorgefunden* haben; es kann eigentlich kein *Entweder-Oder* dadurch ausgesprochen werden; denn solche Arten machen nur etwa eine subjektive Vollständigkeit aus; die *eine* Art schließt zwar die *andere* aus, aber *Entweder Oder* schließt *jede weitere* aus, und schließt eine totale Sphäre in sich ab. Diese Totalität hat ihre *Nothwendigkeit* in der negativen Einheit des Objektiv-Allgemeinen, welches die Einzelnheit in sich aufgelöst, und als einfaches *Princip* des Unterschieds immanent in sich hat, wodurch die Arten *bestimmt* und *bezogen* sind. Die empirischen Arten dagegen haben ihre Unterschiede an irgend einer Zufälligkeit, die ein äußerliches Princip, oder daher nicht *ihr* Princip, somit auch nicht die immanente Bestimmtheit der Gattung ist; sie sind darum nach ihrer Bestimmtheit auch nicht auf einander bezogen. Durch die *Beziehung* ihrer Bestimmtheit machen die Arten aber die Allgemeinheit des Prädikats aus. Die sogenannten *konträren* und *kontradiktorischen* Begriffe sollten hier eigentlich erst ihre Stelle finden; denn im disjunktiven Urtheile ist der wesentliche Begriffsunterschied gesetzt; aber sie haben darin auch zugleich ihre Wahrheit, daß nämlich das Kontradiktorisch unterschieden ist. Konträr sind die Arten, insofern sie nur *verschieden* sind, nämlich durch die Gattung als ihre objektive Natur haben sie ein an- und fürsichseynendes Bestehen; *kontradiktorisch*, insofern sie sich ausschließen. Jede dieser Bestimmungen für sich ist aber einseitig und ohne Wahrheit; im *Entweder-Oder* des disjunktiven Urtheils ist ihre Einheit als ihre Wahrheit gesetzt, nach welcher jenes selbstständiges Bestehen als *konkrete Allgemeinheit* selbst auch das *Princip* der negativen Einheit ist, wodurch sie sich gegenseitig ausschließen.

Durch die so eben aufgezeigte Identität des Subjekts und Prädikats nach der negativen Einheit ist die Gattung im disjunktiven Urtheile als die *nächste* bestimmt. Dieser

Ausdruck deutet zunächst auf einen bloßen Quantitäts-Unterschied von *Mehr* oder *Weniger* Bestimmungen, die ein Allgemeines gegen eine unter ihm stehende Besonderheit enthalte. Es bleibt hiernach zufällig, was eigentlich die nächste Gattung ist. Insofern aber die Gattung als ein bloß durch Weglassen von Bestimmungen gebildetes Allgemeines genommen wird, kann sie eigentlich kein disjunktives Urtheil bilden; denn es ist zufällig, ob die Bestimmtheit etwa in ihr noch geblieben sey, welche das Princip des *Entweder-Oder* ausmacht; die Gattung wäre überhaupt nicht nach ihrer *Bestimmtheit* in den Arten dargestellt, und diese könnten nur eine zufällige Vollständigkeit haben. In dem kategorischen Urtheile ist die Gattung zunächst nur in dieser abstrakten Form gegen das Subjekt, daher nicht nothwendig die ihm nächste Gattung, und insofern äußerlich. Indem aber die Gattung als konkrete wesentlich *bestimmte* Allgemeinheit ist, so ist sie als die einfache Bestimmtheit die Einheit von den *Begriffs-Momenten*, welche in jener Einfachheit nur aufgehoben sind, aber ihren realen Unterschied in den Arten haben. Die Gattung ist daher insofern die *nächste* einer Art, als diese ihre specifische Unterscheidung an der wesentlichen Bestimmtheit jener, und die Arten überhaupt ihre unterschiedene Bestimmung als Princip in der Natur der Gattung haben.

Die so eben betrachtete Seite macht die Identität des Subjekts und Prädikats nach der Seite des *Bestimmtseyns* überhaupt aus; eine Seite, die durch das hypothetische Urtheil gesetzt worden, dessen Nothwendigkeit eine Identität Unmittelbarer und Verschiedener, daher wesentlich als negative Einheit ist. Diese negative Einheit ist es überhaupt, welche das Subjekt und Prädikat abscheidet, die aber nunmehr selbst als unterschieden gesetzt ist, im Subjekte als *einfache* Bestimmtheit, im Prädikate als *Totalität*. Jenes Abscheiden des Subjekts und Prädikats ist der *Begriffsunterschied*; die *Totalität* der *Arten* im Prädikat kann aber eben *so kein anderer* seyn. Die *Bestimmung* der *disjunktiven* Glieder gegen einander ergiebt sich also hierdurch. Sie reducirt sich auf den Unterschied des Begriffes, denn es ist nur dieser, der sich disjungirt, und in seiner Bestimmung seine negative Einheit offenbart. Übrigens kommt die Art hier nur in Betracht nach ihrer einfachen Begriffsbestimmtheit, nicht nach der *Gestalt*, wie sie aus der Idee in weitere selbstständige *Realität* getreten ist; diese *fällt* allerdings in dem einfachen Princip der Gattung *weg*; aber die *wesentliche* Unterscheidung muß Moment des Begriffs seyn. In dem hier betrachteten Urtheil ist eigentlich durch die *eigene* Fortbestimmung des Begriffs nunmehr selbst seine Disjunktion *gesetzt*, dasjenige, was sich beim Begriff als seine an- und fürsichseyende Begriff, als seine Unterscheidung in bestimmte Begriffe ergeben hat. Weil er nun das Allgemeine, die positive ebenso sehr, wie die negative Totalität der Besondern ist, so ist *er selbst* eben dadurch auch unmittelbar *eines seiner disjunktiven Glieder*; das *andere* aber ist diese Allgemeinheit in *ihre Besonderheit* aufgelöst, oder die Bestimmtheit des Begriffs, *als Bestimmtheit*; in welcher eben die Allgemeinheit sich als die Totalität darstellt. Wenn die Disjunktion einer Gattung in Arten noch nicht diese Form erreicht hat, so ist dieß ein Beweis, daß sie sich nicht zur Bestimmtheit des Begriffes erhoben, und nicht aus ihm hervorgegangen ist. Die *Farbe* ist entweder violet, indigoblau, hellblau, grün, gelb, orange, oder roth; solcher Disjunktion ist ihre auch empirische Vermischung und Unreinheit sogleich anzusehen; sie ist von dieser Seite, für sich betrachtet, schon barbarisch zu nennen. Wenn die Farbe als die *konkrete Einheit* von Hell und Dunkel begriffen worden, so hat diese *Gattung* die *Bestimmtheit* an ihr, welche das *Princip* ihrer Besonderung in Arten ausmacht. Von diesen aber muß die eine die schlechthin einfache Farbe seyn, welche den Gegensatz gleichschwebend und in ihre Intensität eingeschlossen und negirt enthält; ihr gegenüber muß der Gegensatz des Verhältnisses des Hellen und Dunkeln sich darstellen, wozu, da es ein Natur-Phänomen betrifft, noch die gleichgültige Neutralität des Gegensatzes kommen muß. Vermischungen, wie Violet und Orange, und Gradunterschiede, wie Indigoblau und Hellblau, für Arten zu halten, kann nur in einem ganz unüberlegten Verfahren seinen Grund haben, das selbst für den Empirismus zu wenig Reflexion zeigt. Was übrigens die Disjunktion, je nachdem sie im Elemente der Natur oder des Geistes geschieht, für unterschiedene und noch näher bestimmte Formen habe, gehört nicht hierher auszuführen.

Das disjunktive Urtheil hat zunächst in seinem Prädikate die Glieder der Disjunktion; aber ebenso sehr ist es selbst disjungirt; sein Subjekt und Prädikat sind die Glieder der Disjunktion; sie sind die in ihrer Bestimmtheit aber zugleich als identisch gesetzten Begriffs-Momente, als *identisch* à) in der objektiven Allgemeinheit, welche in dem Subjekte als die einfache *Gattung*, und in dem Prädikat als die allgemeine Sphäre und als Totalität der Begriffs-Momente ist, und ß) in der *negativen* Einheit, dem entwickelten Zusammenhange der Nothwendigkeit, nach welchem die *einfache Bestimmtheit* im Subjekte in den *Unterschied der Arten* auseinandergegangen, und eben darin deren wesentliche Beziehung und das mit sich selbst Identische ist.

Diese Einheit, die Kopula dieses Urtheils, worin die Extreme durch ihre Identität zusammen gegangen sind, ist somit der Begriff selbst, und zwar *als gesetzt*; das bloße Urtheil der Nothwendigkeit hat sich damit zum *Urtheil des Begriffs* erhoben.

D. Das Urtheil des Begriffs.

Urtheile des Daseyns fällen zu wissen: *Die Rose* ist *roth*, der Schnee ist weiß u. s. f., wird schwerlich dafür gelten, daß es große Urtheilskraft zeige. Die *Urtheile der Reflexion* sind mehr *Sätze*; in dem Urtheile der Nothwendigkeit ist der Gegenstand zwar in seiner objektiven Allgemeinheit, aber erst im jetzt zu betrachtenden Urtheil ist *seine Beziehung auf den Begriff vorhanden*. Dieser ist darin zu Grund gelegt, und da er in Beziehung auf den Gegenstand ist als *ein Sollen*, dem die Realität angemessen seyn kann oder auch nicht. Solches Urtheil enthält daher erst eine wahrhafte Beurtheilung; die Prädikate *gut, schlecht, wahr schön, richtig u. s. f.* drücken aus, daß die Sache an ihrem allgemeinen *Begriffe*, als dem schlechthin vorausgesetzten *Sollen gemessen*, und in *Übereinstimmung* mit demselben ist, oder nicht.

Man hat das Urtheil des Begriffs Urtheil der *Modalität* genannt, und sieht es dafür an, daß es die Form enthalte, wie die Beziehung des Subjekts und Prädikats sich in einem *äußerlichen Verstande* verhalte, und daß es den Werth der Kopula nur in *Beziehung auf das Denken* angehe. Das *problematische* Urtheil bestehe hiernach darin, wenn man das Bejahen oder Verneinen als *beliebig* oder als *möglich*; das *assertorische*, wenn man es als *wahr, d. h. wirklich*, und das *apodiktische*, wenn man es als *nothwendig* annehme. Man sieht leicht, warum es so nahe liegt, bei diesem Urtheil aus dem Urtheile selbst herauszutreten, und seine Bestimmung als etwas bloß *Subjektives* zu betrachten. Es ist hier nämlich der Begriff, das Subjekte, welches am Urtheil wieder hervortritt, und sich zu einer unmittelbaren Wirklichkeit verhält. Allein dieß Subjektive ist nicht mit der *äußerlichen Reflexion* zu verwechseln, die freilich auch etwas Subjektives ist, aber in anderem Sinne als der Begriff selbst; dieser, der aus dem disjunktiven Urtheil wieder hervortritt, ist vielmehr das Gegentheil einer bloßen *Art* und *Weise*. Die früheren Urtheile sind in diesem Sinne nur ein Subjektes, denn sie beruhen auf einer Abstraktion und Einseitigkeit, in der der Begriff verloren ist. Das Urtheil des Begriffs ist vielmehr das objektive und die Wahrheit gegen sie, eben weil ihm der Begriff, aber nicht in äußerer Reflexion oder in *Beziehung auf* ein subjektives, d. h. zufälliges *Denken*, in seiner Bestimmtheit als Begriff zu Grunde liegt.

In disjunktiven Urtheile war der Begriff als Identität der allgemeinen Natur mit ihrer Besonderung gesetzt; hiermit hatte sich das Verhältniß des Urtheils aufgehoben. Dieses *Konkrete* der Allgemeinheit und der Besonderung ist zunächst einfaches Resultat; es hat sich nun weiter zur Totalität auszubilden, indem die Momente, die es enthält, darin zunächst untergegangen, und noch nicht in bestimmter Selbstständigkeit einander gegenüberstehen. Der Mangel des Resultats kann bestimmter auch so ausgedrückt werden, daß im disjunktiven Urtheile die objektive *Allgemeinheit* zwar in *ihrer Besonderung* vollkommen geworden ist, daß aber die negative Einheit der letztern nur *in jene* zurückgeht, und noch nicht zum Dritten, *zur Einzelnheit*, sich bestimmt hat. Insofern aber das Resultat selbst die *negative Einheit* ist, so ist es zwar schon diese *Einzelnheit*; aber so ist es nur diese *Eine* Bestimmtheit, die nun ihre Negativität *zu setzen*, sich in die *Extreme* zu dirimiren, und auf diese Weise vollends *zum Schlusse* zu entwickeln hat.

Die nächste Diremtion dieser Einheit ist das Urtheil, in welchem sie das eine Mal als Subjekt, als ein *unmittelbar Einzelnes*, und dann als Prädikat, als bestimmte Beziehung ihrer Momente gesetzt ist.

a. Das assertorische Urtheil

Das Urtheil des Begriffs ist zuerst *unmittelbar*; so ist es das *assertorische* Urtheil. Das Subjekt ist ein konkretes Einzelnes überhaupt, das Prädikat drückt dasselbe als die *Beziehung* seiner *Wirklichkeit*, Bestimmtheit oder *Beschaffenheit*, auf seinen *Begriff* aus. (Dieß Haus ist *schlecht*, diese Handlung ist *gut*.) Näher enthält es also, a) daß das Subjekt etwas seyn *soll*; seine *allgemeine Natur* hat sich als der selbstständige Begriff gesetzt; b) die *Besonderheit*, welche nicht nur um ihrer Unmittelbarkeit, sondern um ihrer ausdrücklichen Unterscheidung willen von ihrer selbstständigen allgemeinen Natur, als *Beschaffenheit* und *äußerliche Existenz* ist; diese ist um der Selbstständigkeit des Begriffs willen ihrer Seits auch gleichgültig gegen das Allgemeine, und kann ihm angemessen oder auch nicht seyn. Diese Beschaffenheit ist die *Einzelnheit*, welche über die notwendige *Bestimmung* des Allgemeinen im disjunktiven Urtheil hinausliegt, eine Bestimmung, welche nur als die Besonderung der *Art* und als negatives *Princip* der Gattung ist. Insofern ist die konkrete Allgemeinheit, die aus dem disjunktiven Urtheil hervorgegangen ist, in dem assertorischen Urtheil in die Form von *Extremen* entzweit, denen der Begriff selbst als *gesetzte*, sie beziehende Einheit noch fehlt.

Das Urtheil ist darum nur erst *assertorisch*; seine *Bewährung* ist eine subjektive *Versicherung*. Daß Etwas gut oder schlecht, richtig, passend oder nicht u. s. f. ist, hat seinen Zusammenhang in einem äußern Dritten. Daß er aber *äußerlich gesetzt* ist, ist dasselbe, daß er nur erst *an sich* oder *innerlich* ist. Wenn Etwas gut oder schlecht u. s. f. ist, wird daher wohl Niemand meinen, daß es nur im *subjektiven Bewußtseyn* etwa gut, aber an sich vielleicht schlecht, oder daß gut und schlecht, richtig, passend u. s. f. nicht Prädikate der Gegenstände selbst seyen. Das bloß Subjektive der Assertion dieses Urtheils besteht also darin, daß der *an sich* seyende Zusammenhang des Subjekts und Prädikats noch nicht *gesetzt*, oder was dasselbe ist, daß er nur *äußerlich* ist; die Kopula ist noch ein unmittelbares, *abstraktes Seyn*.

Der Versicherung des assertorischen Urtheils steht daher mit eben dem Rechte die entgegengesetzte gegenüber. Wenn versichert wird: Diese Handlung ist gut; so hat die entgegengesetzte: Diese Handlung ist schlecht, noch gleiche Berechtigung. Oder *an sich* betrachtet, weil das Subjekt des Urtheils *unmittelbares Einzelnes* ist, hat es in dieser Abstraktion noch die *Bestimmtheit* nicht *an ihm* gesetzt, welche seine Beziehung auf den allgemeinen Begriff enthielte; es ist so noch ein Zufälliges, ebenso wohl dem Begriffe zu entsprechen, oder auch nicht. Das Urtheil ist daher wesentlich *problematisch*.

b. Das problematische Urtheil

Das *problematische* Urtheil ist das assertorische, insofern dieses ebenso wohl positiv als negativ genommen werden muß. Nach dieser qualitativen Seite ist das *partikulare* Urtheil gleichfalls ein problematisches; denn es gilt ebenso sehr positiv als negativ; ingleichen ist am *hypothetischen* Urtheil das Seyn des Subjekts und Prädikats problematisch; auch durch sie ist es gesetzt, daß das singulare und das kategorische Urtheil noch etwas bloß Subjektives ist. Im problematischen Urtheile als solchem ist aber dieß Setzen immanenter als in den erwähnten Urtheilen, weil in jenem der *Inhalt des Prädikats die Beziehung des Subjekts auf den Begriff ist*, hier hiermit *die Bestimmung des Unmittelbaren als eines Zufälligen* selbst *vorhanden* ist.

Zunächst erscheint es nur als problematisch, ob das Prädikat mit einem gewissen Subjekte verbunden werden soll oder nicht, und die Unbestimmtheit fällt insofern in die Kopula. Für das *Prädikat* kann daraus keine Bestimmung hervorgehen, denn es ist schon die objektive, konkrete Allgemeinheit. Das Problematische geht also die Unmittelbarkeit des Subjekts an, welche hierdurch als *Zufälligkeit* bestimmt wird. Ferner aber ist darum nicht von der Einzelnheit des Subjekts zu abstrahiren; von dieser überhaupt gereinigt, wäre es nur ein Allgemeines; Das Prädikat enthält eben dieß, daß der Begriff des Subjekts in Beziehung auf seine Einzelnheit gesetzt seyn soll. Es kann nicht gesagt werden: *Das Haus oder ein Haus* ist gut, sondern: *je nachdem es beschaffen ist*. Das Problematische des Subjekts an ihm selbst macht seine *Zufälligkeit* als *Moment* aus; die *Subjektivität* der *Sache*, ihrer objektiven Natur oder ihrem Begriffe gegenüber gestellt, die bloße *Art und Weise*, oder die *Beschaffenheit*. Somit ist das *Subjekt* selbst in seine Allgemeinheit oder objektive Natur, sein *Sollen*, und in die besondere Beschaffenheit des Daseyns unterschieden. Hiermit enthält es den *Grund*, ob es so ist, wie es *seyn soll*. Auf diese Weise ist es mit dem Prädikate ausgeglichen. Die *Negativität* des Problematischen, insofern sie gegen die Unmittelbarkeit des *Subjekts* gerichtet ist, heißt hiernach nur diese ursprüngliche Theilung desselben, welches *an sich* schon als Einheit des Allgemeinen und Besondern ist, *in diese seine Momente*; eine Theilung, welche das Urtheil selbst ist.

Es kann noch die Bemerkung gemacht werden, daß jede der *beiden* Seiten des Subjekts, sein Begriff und seine Beschaffenheit, dessen *Subjektivität* genannt werden könne. Der *Begriff* ist das in sich gegangene allgemeine Wesen einer Sache, ihre negative Einheit mit sich selbst; diese macht ihre Subjektivität aus. Aber eine Sache ist auch wesentlich *zufällig*, und hat eine *äußerliche Beschaffenheit*; diese heißt ebenso sehr deren bloße Subjektivität, jener Objektivität gegenüber. Die Sache selbst ist eben dieß, daß ihr Begriff als die negative Einheit seiner selbst seine Allgemeinheit negirt, und in die Äußerlichkeit der Einzelnheit sich heraussetzt. Als dieses Gedoppelte ist das Subjekt des Urtheils hier gesetzt; jene entgegenstehenden Bedeutungen der Subjektivität sind ihrer Wahrheit nach in einem. Die Bedeutung des Subjektiven ist dadurch selbst problematisch geworden, daß es die unmittelbare *Bestimmtheit*, welche es im unmittelbaren Urtheile hatte, und seinen bestimmten *Gegensatz* gegen das *Prädikat verloren hat*. Jene auch in dem Raisonnement der gewöhnlichen Reflexion vorkommende entgegengesetzte Bedeutung des Subjektiven könnte für sich wenigstens darauf aufmerksam machen, daß es in *einer* derselben keine Wahrheit hat. Die gedoppelte Bedeutung ist die Erscheinung hiervon, daß jede einzeln für sich einseitig ist.

Das Problematische, so als Problematisches der *Sache*, die Sache mit ihrer *Beschaffenheit*, gesetzt, so ist das Urtheil selbst nicht mehr problematisch, sondern *apodiktisch*.

c. Das apodiktische Urtheil

Das Subjekt des apodiktischen Urtheils (das Haus so und so beschaffen ist *gut*, die die Handlung so und so *beschaffen* ist recht) hat an ihm *erstens* das Allgemeine, was es *seyn soll*, *zweitens* seine *Beschaffenheit*; diese enthält den *Grund*, warum dem *ganzen Subjekt* ein Prädikat des Begriffurtheils zukommt oder nicht, d. i. ob das Subjekt seinem Begriffe entspricht oder nicht. Dieses Urtheil ist nun *wahrhaft* objektiv; oder es ist die *Wahrheit* des *Urtheils* überhaupt. Subjekt und Prädikat entsprechen sich, und haben denselben Inhalt, und dieser *Inhalt* ist selbst die gesetzte *konkrete Allgemeinheit*; er enthält nämlich die zwei Momente, das objektive Allgemeine oder die *Gattung*, und das *Vereinzelnte*. Es ist hier also das Allgemeine, welches *es selbst* ist, und durch *sein Gegentheil* sich kontinuirt, und als *Einheit* mit diesem erst Allgemeines ist. Ein solches Allgemeines, wie das Prädikat: gut, passend, richtig u. s. w., hat ein *Sollen* zu Grunde liegen, und enthält das *Entsprechen* des *Daseyns* zugleich; nicht jenes Sollen oder die Gattung für sich, sondern dieß *Entsprechen* ist die *Allgemeinheit*, welche das Prädikat des apodiktischen Urtheils ausmacht.

Das *Subjekt* enthält gleichfalls diese beiden Momente in *unmittelbarer* Einheit als die *Sache*. Es ist aber die Wahrheit derselben, daß sie in sich *gebrochen* ist in ihr *Sollen* und ihr *Seyn*; dieß ist das *absolute Urtheil über alle Wirklichkeit*. Daß diese ursprüngliche Theilung, welche die Allmacht des Begriffes ist, ebenso sehr Rückkehr in seine Einheit und absolute Beziehung des Sollens und Seyns aufeinander ist, macht das Wirkliche zu *einer Sache*; ihre innere Beziehung, diese konkrete Identität, macht die *Seele* der Sache aus. Der Übergang von der unmittelbaren Einfachheit der Sache zu dem *Entsprechen*, welches die *bestimmte* Beziehung ihres Sollens und ihres Seyns ist, oder die *Kopula*, zeigt sich nun näher in der besondern *Bestimmtheit* der Sache zu liegen. Die Gattung ist das *an und für sich seyende* Allgemeine; Das insofern als das unbezogene erscheint; die Bestimmtheit aber dasjenige, was sich in jener Allgemeinheit *in sich*, aber sich zugleich *in ein Anderes* reflektirt. Das Urtheil hat daher an der Beschaffenheit des Subjekts seinen *Grund*, und ist dadurch *apodiktisch*. Es ist damit nunmehr die *bestimmte* und *erfüllte Kopula* vorhanden, die vorher in dem abstrakten *Ist* bestand, jetzt aber zum *Grunde* überhaupt sich weiter gebildet hat. Sie ist zunächst als *unmittelbare* Bestimmtheit an dem Subjekte, aber ist ebenso sehr die *Beziehung* auf das Prädikat, welches keinen andern *Inhalt* hat, als dieß *Entsprechen* selbst, oder die Beziehung des Subjekts auf die Allgemeinheit. So ist die Form des Urtheils untergegangen, erstens, weil Subjekt und Prädikat *an sich* derselbe Inhalt sind; aber zweitens, weil das Subjekt durch seine Bestimmtheit über sich hinausweist, und sich auf das Prädikat bezieht, aber ebenso drittens ist *dieß Beziehen* in das Prädikat übergegangen, macht nur dessen Inhalt aus, und ist so die *gesetzte* Beziehung oder das Urtheil selbst. So ist die konkrete Identität des Begriffs, welche das *Resultat* des disjunktiven Urtheils war, und welche die *innere* Grundlage des Begriffsurtheils ausmacht, *im Ganzen* hergestellt, die zunächst nur im Prädikate gesetzt war.

Das Positive dieses Resultats, das den Übergang des Urtheils in eine andere Form macht, näher betrachtet, so zeigen sich, wie wir gesehen, Subjekt und Prädikat im apodiktischen Urtheile, jedes als der ganze Begriff. Die Begriffs_einheit_ ist als die *Bestimmtheit*, welche die sie beziehende Kopula ausmacht, zugleich von ihnen *unterschieden*. Zunächst steht sie nur auf der andern Seite des Subjekts als dessen *unmittelbare Beschaffenheit*. Aber indem sie wesentlich das *Beziehende* ist, ist sie nicht nur solche unmittelbare Beschaffenheit, sondern das durch Subjekt und Prädikat *Hindurchgehende* und *Allgemeine*. Indem Subjekt und Prädikat denselben *Inhalt* haben, so ist dagegen durch jene Bestimmtheit die *Formbeziehung* gesetzt; *die Bestimmtheit als ein Allgemeines* oder die *Besonderheit*. So enthält sie die beiden Formbestimmungen der Extreme in sich; und ist die *bestimmte* Beziehung des Subjekts und Prädikats; sie ist die *erfüllte oder inhaltsvolle Kopula* des Urtheils, die aus dem *Urtheil*, worin sie in die Extreme verloren war, wieder hervorgetretene Einheit des Begriffs. *Durch diese Erfüllung der Kopula* ist das Urtheil zum *Schlusse* geworden.

Drittes Kapitel. Der Schluß

Der *Schluß* hat sich als die Wiederherstellung des *Begriffes* im *Urtheile*, und somit als die Einheit und Wahrheit beider ergeben. Der Begriff als solcher hält seine Momente in der *Einheit* aufgehoben; im Urtheil ist diese Einheit ein Innerliches, oder was dasselbe ist, ein Äußerliches, und die Momente sind zwar bezogen, aber sie sind als *selbstständige Extreme* gesetzt. Im *Schlusse* sind die Begriffsbestimmungen wie die Extreme des Urtheils, zugleich ist die bestimmte *Einheit* derselben gesetzt.

Der Schluß ist somit der vollständig gesetzte Begriff; er ist daher das *Vernünftige*. Der Verstand wird als das Vermögen des *bestimmten* Begriffes genommen, welcher durch die Abstraktion und Form der Allgemeinheit *für sich* festgehalten wird. In der Vernunft aber sind die *bestimmten* Begriffe in ihrer *Totalität* und *Einheit* gesetzt. Der Schluß ist daher nicht nur vernünftig, sondern *alles Vernünftige ist ein Schluß*. Das Schließen ist von langer Zeit her der Vernunft zugeschrieben worden; auf der andern Seite aber wird von der Vernunft an und für sich, vernünftigen Grundsätzen und Gesetzen so gesprochen, daß nicht erhellt, wie jene Vernunft, welche schließt, und diese Vernunft, welche die Quelle von Gesetzen und sonstigen ewigen Wahrheiten und absoluten Gedanken ist, mit einander zusammenhängen. Wenn jene nur die formale Vernunft seyn, diese aber Inhalt erzeugen soll, so müßte nach diesem Unterschiede an der letztern gerade die *Form* der Vernunft, der Schluß, nicht fehlen können. Dessen ungeachtet pflegen beide so auseinander gehalten und bei keiner der andern erwähnt zu werden, daß die Vernunft absoluter Gedanken gleichsam sich der Vernunft des Schlusses zu schämen, und der Schluß fast nur hergebrachtermaßen auch als ein Thun der Vernunft aufgeführt zu werden scheint. Es muß aber, wie so eben bemerkt worden, offenbar die logische Vernunft, wenn sie als die *formelle* betrachtet wird, wesentlich auch in der Vernunft, die es mit einem Inhalte zu thun hat, zu erkennen seyn; ja vielmehr kann aller Inhalt, nur durch die vernünftige Form, vernünftig seyn. An ein sehr gewöhnliches Gerede von Vernunft kann man sich hierüber nicht wenden, denn dasselbe enthält sich, anzugeben, was denn unter der Vernunft zu verstehen sey; diese vernünftig seyn sollende Erkenntniß ist meist mit ihren Gegenständen so beschäftigt, daß sie vergißt, die Vernunft selbst zu erkennen, und sie nur durch die Gegenstände, die sie habe, unterscheidet und bezeichnet. Wenn die Vernunft das Erkennen seyn soll, welches von Gott, der Freiheit, dem Recht und der Pflicht, dem Unendlichen, Unbedingten, Übersinnlichen wisse, oder auch nur Vorstellungen und Gefühle davon gebe, so sind Theils diese letzteren nur negative Gegenstände, Theils bleibt überhaupt die erste Frage übrig, was es in allen jenen Gegenständen ist, um dessen willen sie vernünftig sind? Es ist dieß, daß das Unendliche derselben nicht die leere Abstraktion vom Endlichen und die inhalts- und bestimmungslose Allgemeinheit ist, sondern die erfüllte Allgemeinheit, der Begriff, der *bestimmt* ist, und seine Bestimmtheit auf diese wahrhafte Weise an ihm hat, daß er sich in sich unterscheidet, und als die Einheit von diesen seinen verständigen und bestimmten Unterschieden ist. Nur so *erhebt* sich die Vernunft über das Endliche, Bedingte, Sinnliche, oder wie es sonst bestimmt werden mag, und ist in dieser Negativität wesentlich *Inhaltsvoll*, denn sie ist die Einheit als von bestimmten Extremen; so aber ist *das Vernünftige* nur *der Schluß*.

Zunächst ist nun der Schluß wie das Urtheil *unmittelbar*; so sind die Bestimmungen (termini) desselben *einfache, abstrakte* Bestimmtheiten; es ist so *Verstandesschluß*. Wenn bei dieser Gestalt desselben festgeblieben wird, so ist freilich die Vernünftigkeit in ihm, ob zwar vorhanden und gesetzt, unscheinbar. Das Wesentliche desselben ist die

Einheit der Extreme, die sie vereinigende *Mitte* und haltende *Grund*. Die Abstraktion, indem sie die *Selbstständigkeit* der Extreme festhält, setzt ihnen diese *Einheit* als eine ebenso feste *für sich seyende* Bestimmtheit entgegen, und faßt dieselbe auf diese Art vielmehr als *Nichteinheit*, denn als Einheit. Der Ausdruck: *Mitte* (medius terminus) ist von räumlicher Vorstellung hergenommen, und trägt das seinige dazu bei, daß beim *Außereineinander* der Bestimmungen stehen geblieben wird. Wenn nun der Schluß darin besteht, daß die *Einheit der Extreme* in ihm *gesetzt* ist, wenn diese Einheit aber schlechthin einer Seits als ein Besonderes für sich, anderer Seits als nur äußerliche Beziehung genommen, und zum wesentlichen Verhältnisse des Schlusses die *Nichteinheit* gemacht wird, so hilft die Vernunft, die er ist, nicht zur Vernünftigkeit.

Der *Schluß des Daseyns erstens*, in welchem die Bestimmungen so unmittelbar und abstrakt bestimmt sind, zeigt an ihm selbst, weil er, wie das Urtheil, die *Beziehung* derselben ist, dieß auf, daß sie nicht solche abstrakte Bestimmungen, sondern jede die *Beziehung auf die andere*, und die Mitte nicht nur die Besonderheit gegen die Bestimmungen der Extreme, sondern diese an ihr *gesetzt* enthält.

Durch diese seine Dialektik macht er sich zum *Schlusse der Reflexion*, dem *zweiten* Schlusse, mit Bestimmung, als solchen, in welchen wesentlich *die andere scheint*, oder die als *vermittelte* gesetzt sind, was sie nach dem Schlusse überhaupt seyn sollen.

Drittens indem dieß *Scheinen* oder Vermitteltseyn sich in sich selbst reflektirt, so ist der Schluß als *Schluß der Nothwendigkeit* bestimmt, worin das Vermittlende die objektive Natur der Sache ist. Indem dieser Schluß die Extreme des Begriffs ebenso sehr als Totalitäten bestimmt, so ist der *Schluß* zum Entsprechen seines Begriffs oder der Mitte, und seines Daseyns oder der extremen Unterschiede, zu seiner Wahrheit gelangt, und ist damit aus der Subjektivität in die *Objektivität* übergetreten.

A. Der Schluß des Daseyns

1. Der Schluß, wie er *unmittelbar* ist, hat zu seinen Momenten die Begriffsbestimmungen als *unmittelbare*. Sie sind somit die abstrakten Bestimmtheiten der Form, welche noch nicht durch Vermittelung zur *Konkretion* gebildet, sondern nur die *einzelnen* Bestimmtheiten sind. Der *erste* Schluß ist daher der eigentlich *formelle*. Der *Formalismus* des Schließens besteht darin, bei der Bestimmung dieses ersten Schlusses stehen zu bleiben. Der Begriff, in seine *abstrakten* Momente dirimirt, hat die *Einzelnheit* und *Allgemeinheit* zu seinen Extremen, und er selbst erscheint als die zwischen ihnen stehende *Besonderheit*. Sie sind um ihrer Unmittelbarkeit willen als sich nur auf sich beziehende Bestimmtheiten, insgesammt ein *einzelner Inhalt*. Die Besonderheit macht zunächst insofern die Mitte aus, als sie die beiden Momente der Einzelnheit und Allgemeinheit *unmittelbar* in sich vereinigt. Um ihrer Bestimmtheit willen ist sie einer

Seits unter das Allgemeine subsumirt, anderer Seits ist das Einzelne, gegen welches sie Allgemeinheit hat, unter sie subsumirt. Diese *Konkretion* ist aber zunächst nur *eine Zweiseitigkeit*; um der Unmittelbarkeit willen, in der der Medius Terminus in dem unmittelbaren Schlusse ist, ist er als *einfache* Bestimmtheit, und die *Vermittelung*, die er ausmacht, *noch nicht gesetzt*. Die dialektische Bewegung des Schlusses des Daseyns besteht nun darin, daß die Vermittelung, die den Schluß allein ausmacht, an seinen Momenten gesetzt werde.

a. Erste Figur des Schlusses

E-B-A ist das allgemeine Schema des bestimmten Schlusses. Die Einzelnheit schließt sich durch die Besonderheit mit der Allgemeinheit zusammen; das Einzelne ist nicht unmittelbar allgemein, sondern durch die Besonderheit; und umgekehrt ist ebenso das Allgemeine nicht unmittelbar einzeln, sondern es läßt sich durch die Besonderheit dazu herab. Diese Bestimmungen stehen als *Extreme* einander gegenüber, und sind in einem *verschiedenen* Dritten eins. Sie sind beide Bestimmtheit; darin sind sie *identisch*; diese ihre allgemeine Bestimmtheit ist die *Besonderheit*. Sie sind aber ebenso *Extreme* gegen diese, als gegen einander, weil jedes in seiner *unmittelbaren* Bestimmtheit ist.

Die allgemeine Bedeutung dieses Schlusses ist, daß das Einzelne, das als solches unendliche Beziehung auf sich ist, und somit nur ein *inneres* wäre, durch die Besonderheit in das *Daseyn*, als in die Allgemeinheit, heraustritt, worin es nicht mehr nur sich selbst angehört, sondern *in äußerem Zusammenhange* steht; umgekehrt indem das Einzelne sich in seine Bestimmtheit als Besonderheit abscheidet, so ist es in dieser Trennung ein konkretes, und als Beziehung der Bestimmtheit auf sich selbst ein *allgemeines*, sich auf sich beziehendes, und somit auch ein wahrhaft einzelnes; es ist in dem Extreme der Allgemeinheit aus der Äußerlichkeit *in sich* gegangen. Die objektive Bedeutung des Schlusses ist in dem ersten Schlusse nur erst *oberflächlich* vorhanden, indem darin die Bestimmungen noch nicht als die Einheit, welche das Wesen des Schlusses ausmacht, gesetzt sind. Insofern ist er noch ein Subjektives, als die abstrakte Bedeutung, welche seine Termini haben, nicht an und für sich, sondern nur im subjektiven Bewußtseyn, so isolirt ist. Übrigens ist das Verhältniß von Einzelnheit, Besonderheit und Allgemeinheit, wie sich ergeben, das *nothwendige und wesentliche Formverhältniß* der Bestimmungen des Schlusses; der Mangel besteht nicht in dieser Bestimmtheit der Form, sondern daß nicht *unter dieser Form* jede einzelne Bestimmung zugleich *reicher* ist. *Aristoteles* hat sich mehr an das bloße Verhältniß der *Inhärenz* gehalten, indem er die Natur des Schlusses so angiebt: *Wenn drei Bestimmungen sich so zu einander verhalten, daß das eine Extrem in der ganzen mittleren Bestimmung ist, und diese mittlere Bestimmung in dem ganzen andern Extreme, so sind diese beiden Extreme nothwendig zusammengeschlossen*. Es ist hier mehr nur die Wiederholung des *gleichen*

Verhältnisses der Inhärenz des einen Extrems zur Mitte, und dieser wieder zum andern Extrem ausgedrückt, als die Bestimmtheit der drei Terminorum zu einander. Indem nun auf der angegebenen Bestimmtheit derselben gegen einander der Schluß beruht, so zeigt sich sogleich, daß andere Verhältnisse der Terminorum, welche die anderen Figuren geben, nur insofern eine Gültigkeit als Verstandesschlüsse haben können, als sie sich auf jenes ursprüngliche Verhältniß *zurückführen* lassen; es sind nicht *verschiedene Arten* von Figuren, die *neben der ersten* stehen, sondern einer Seits, insofern sie richtige Schlüsse seyn sollen, beruhen sie nur auf der wesentlichen Form des Schlusses überhaupt, welches die erste Figur ist; anderer Seits aber, insofern sie davon abweichen, sind sie Umformungen, in welche jene erste abstrakte Form nothwendig übergeht, und sich dadurch weiter und zur Totalität bestimmt. Es wird sich sogleich näher ergeben, welche Bewandtniß es damit hat.

E-B-A ist also das allgemeine Schema des Schlusses in seiner Bestimmtheit. Das Einzelne ist unter das Besondere subsumirt, dieses aber unter das Allgemeine; daher ist auch das Einzelne unter das Allgemeine subsumirt. Oder dem Einzelnen inhärirt das Besondere, dem Besondern aber das Allgemeine; *daher* inhärirt dieses auch dem Einzelnen. Das Besondere ist nach der einen Seite, nämlich gegen das Allgemeine, Subjekt; gegen das Einzelne ist es Prädikat; oder gegen jenes ist es Einzelnes, gegen dieses ist es Allgemeines. Weil in ihm die beiden Bestimmtheiten vereinigt sind, sind die Extreme durch diese ihre Einheit zusammengeschlossen. Das: *Daher*, erscheint als die im Subjekte vorgegangene Folgerung, welche aus der *subjektiven* Einsicht in das Verhältniß der beiden *unmittelbaren* Prämissen abgeleitet werde. Indem die subjektive Reflexion die beiden Beziehungen der Mitte auf die Extreme, als besondere und zwar unmittelbare *Urtheile* oder *Sätze* ausspricht, so ist der Schlußsatz, als die *vermittelte* Beziehung, allerdings auch ein besonderer Satz, und das: *Daher* oder *Also* ist der Ausdruck, daß er der vermittelte ist. Dieß *Daher* ist aber nicht als eine an diesem Satze äußerliche Bestimmung, welche nur ihren Grund und Sitz in der subjektiven Reflexion hätte, zu betrachten, sondern vielmehr als in der Natur der Extreme selbst gegründet, deren *Beziehung* nur zum Behuf und durch die abstrahirende Reflexion wieder als *bloßes Urtheil* oder *Satz* ausgesprochen wird, deren *wahrhafte Beziehung* aber als der Terminus Medius gesetzt ist. *Also E ist A*, daß dieß ein *Urtheil* ist, ist ein bloß subjektiver Umstand; der Schluß ist eben dieses, daß dieß nicht bloß ein *Urtheil* sey, d. h. nicht eine durch die *bloße Kopula* oder das leere: *ist*, gemachte Beziehung, sondern durch die bestimmte, inhaltsvolle Mitte. Wenn deswegen der Schluß bloß angesehen wird, als *aus drei Urtheilen* bestehend, so ist dieß eine formelle Ansicht, welche das Verhältniß der Bestimmungen, worauf es im Schluß einzig ankommt, nicht erwähnt. Es ist überhaupt eine bloß subjektive Reflexion, welche die Beziehung der Terminorum in abgesonderte Prämissen und einen davon verschiedenen Schlußsatz trennt:

Alle Menschen sind sterblich,

Cajus ist ein Mensch,

Also ist er sterblich.

Man wird sogleich von Langeweile befallen, wenn man einen solchen Schluß heranziehen hört; dieß rührt von jener unnützen Form her, die einen Schein von Verschiedenheit durch die abgesonderten Sätze giebt, der sich in der Sache selbst sogleich auflöst. Das Schließen erscheint vornehmlich durch diese subjektive Gestaltung als ein subjektiver *Nothbehelf*, zu dem die Vernunft oder der Verstand da ihre Zuflucht nehme, wo sie nicht *unmittelbar* erkennen könne. Die Natur der Dinge, das Vernünftige, geht allerdings nicht so zu Werke, daß sich zuerst ein Obersatz aufstellte, die Beziehung einer Besonderheit auf ein bestehendes Allgemeines, und dann sich zweitens eine abgesonderte Beziehung einer Einzelnheit auf die Besonderheit vorfände, woraus endlich drittens ein neuer Satz zu Tage käme. Dieß durch abgesonderte Sätze fortschreitende Schließen ist nichts als eine subjektive Form; die Natur der Sache ist, daß die unterschiedenen Begriffsbestimmungen der Sache in der wesentlichen Einheit vereinigt sind. Diese Vernünftigkeit ist nicht ein Nothbehelf, vielmehr ist sie gegen die *Unmittelbarkeit* der Beziehung, die im *Urtheil* noch Statt findet, das *Objektive*, und jene Unmittelbarkeit des Erkennens ist vielmehr das bloß Subjektive, der Schluß dagegen ist die Wahrheit des Urtheils. Alle Dinge sind der *Schluß*, ein Allgemeines, das durch die Besonderheit mit der Einzelnheit zusammengeschlossen ist; aber freilich sind sie nicht aus *drei Sätzen* bestehende Ganzes.

2. In dem *unmittelbaren* Verstandesschluß haben die Termini die Form von *unmittelbaren Bestimmung*; von dieser Seite, nach der sie *Inhalt* sind, ist er nun zu betrachten. Er kann insofern als der *qualitative* Schluß angesehen, wie das Urtheil des Daseyns dieselbe Seite von qualitativer Bestimmung hat. Die Termini dieses Schlusses sind, wie die Termini jenes Urtheils, hierdurch *einzelne* Bestimmtheiten; indem die Bestimmtheit durch ihre Beziehung auf sich, als gleichgültig gegen die *Form*, somit als Inhalt gesetzt ist. Das *Einzelne* ist irgend ein unmittelbarer konkreter Gegenstand, die *Besonderheit* eine einzelne von dessen Bestimmtheiten, Eigenschaften, oder Verhältnissen, die *Allgemeinheit* wieder eine noch abstrakter, einzelnere Bestimmtheit an dem Besondern. Da das Subjekt als ein *unmittelbar* bestimmtes noch nicht in seinem Begriffe gesetzt ist, so ist seine Konkretion nicht auf die wesentlichen Begriffsbestimmungen zurückgeführt; seine sich auf sich beziehende Bestimmtheit ist daher unbestimmte, unendliche *Mannigfaltigkeit*. Das Einzelne hat in dieser Unmittelbarkeit eine unendliche Menge von Bestimmtheiten, welche zu seiner Besonderheit gehören, deren jede daher einen Medius Terminus für dasselbe in einem Schlusse ausmachen kann. Durch *jeden andern* Medius Terminus aber schließt es sich *mit einem andern Allgemeinen* zusammen; durch jede seiner Eigenschaften ist es in einer andern Berührung und Zusammenhange des Daseyns. Ferner ist auch der Medius Terminus ein Konkretes in Vergleichung gegen das Allgemeine; er enthält selbst mehrere

Prädikate, und das Einzelne kann durch denselben Medius Terminus wieder mit mehreren Allgemeinen zusammengeschlossen werden. Es ist daher überhaupt *völlig zufällig* und *willkürlich*, welche der vielen Eigenschaften eines Dinges aufgefaßt, und von der aus es mit einem Prädikate verbunden werde; andere Medii Termini sind die Übergänge zu anderen Prädikaten, und selbst derselbe Medius Terminus mag für sich ein Übergang zu verschiedenen Prädikaten seyn, da er als Besonderes gegen das Allgemeine mehrere Bestimmungen enthält.

Nicht nur aber ist für ein Subjekt eine unbestimmte Menge von Schlüssen gleich möglich, und ein einzelner Schluß seinem Inhalte nach zufällig, sondern diese Schlüsse, die dasselbe Subjekt betreffen, müssen auch in den Widerspruch übergehen. Denn der Unterschied überhaupt, der zunächst gleichgültige Verschiedenheit ist, ist ebenso wesentlich *Entgegensetzung*. Das Konkrete ist nicht mehr ein bloß Erscheinendes, sondern es ist konkret durch die Einheit der Entgegengesetzten, welche sich zu Begriffs-Momenten bestimmt haben, im Begriffe. Indem nun nach der qualitativen Natur der Terminorum, im formellen Schlusse, das Konkrete nach einer einzelnen der Bestimmungen aufgefaßt wird, die ihm zukommt, so theilt ihm der Schluß das diesem Medius Terminus korrespondirende Prädikat zu; aber indem von einer andern Seite auf die entgegengesetzte Bestimmtheit geschossen wird, so zeigt sich jener Schlußsatz dadurch als falsch, obgleich für sich dessen Prämissen und ebenso dessen Konsequenz ganz richtig sind. Wenn aus dem Medius Terminus, daß eine Wand blau angestrichen worden, geschlossen wird, daß sie hiermit blau ist, so ist dieß richtig geschlossen; aber die Wand kann dieses Schlusses unerachtet grün seyn, wenn sie auch mit gelber Farbe überzogen worden, aus welchem letztern Umstande für sich folgen würde, daß sie gelb sey. Wenn aus dem Medius Terminus der Sinnlichkeit geschlossen wird, daß der Mensch weder gut noch böse sey, weil vom Sinnlichen weder das eine noch das andere prädicirt werden kann, so ist der Schluß richtig, der Schlußsatz aber falsch; weil vom Menschen, als dem Konkreten, ebenso sehr auch der Medius Terminus der Geistigkeit gilt. aus dem Medius Terminus der Schwere der Planeten, Trabanten und Kometen gegen die Sonne folgt richtig, daß diese Körper in die Sonne fallen; aber sie fallen nicht in sie, da sie ebenso sehr für sich ein eigenes Centrum der Schwere sind, oder, wie man es nennt, von der Centrifugalkraft getrieben werden. So wie aus dem Medius Terminus der Socialität die Gütergemeinschaft der Bürger gefolgert werden kann; aus dem Medius Terminus der Individualität aber, wenn er ebenso abstrakt verfolgt wird, die Auflösung des Staates folgt, wie sie z. B. im deutschen Reich erfolgt ist, indem sich an letztern Medius Terminus gehalten worden. Es wird billig nichts für so unzureichend gehalten, als ein solcher formeller Schluß, weil er auf dem Zufall oder der Willkür beruht, welcher Medius Terminus gebraucht wird. Wenn eine solche Deduktion noch so schöne durch Schlüsse sich verlaufen hat, und ihre Richtigkeit völlig zugegeben ist, so führt dieß noch im geringsten zu nichts, indem es immer übrig bleibt, daß noch andere Medii Termini sich finden, aus denen das gerade Gegentheil ebenso richtig abgeleitet werden kann. Die kantischen Antinomien der Vernunft sind nichts Anderes, als daß aus einem Begriffe einmal die eine Bestimmung desselben zu Grunde gelegt wird, das andere Mal aber ebenso nothwendig die andere.

Diese Unzureichenheit und Zufälligkeit eines Schlusses muß dabei nicht insofern bloß auf den Inhalt geschoben werden, als ob sie von der Form unabhängig sey, und diese allein die Logik angehe. Es liegt vielmehr in der Form des formalen Schlusses, daß der Inhalt eine so einseitige Qualität ist; er ist zu dieser Einseitigkeit durch jene *abstrakte* Form bestimmt. Er ist nämlich eine einzelne Qualität von den vielen Qualitäten oder Bestimmungen eines konkreten Gegenstandes, oder Begriffs, weil er *nach der Form* nichts weiter als eine so unmittelbare, einzelne Bestimmtheit seyn soll. Das Extrem der Einzelnheit ist als die *abstrakte Einzelnheit* das *unmittelbare* Konkrete, daher das unendlich oder unbestimmbar Mannigfaltige; die Mitte ist die ebenso *abstrakte Besonderheit*, daher eine *einzelne* dieser mannigfaltigen Qualitäten, und ebenso das andere Extrem ist das *abstrakte Allgemeine*. Der formale Schluß ist daher wesentlich um seiner Form willen ein seinem Inhalte nach ganz Zufälliges und zwar nicht insofern, daß es für den Schluß zufällig sey, ob ihm *dieser* oder ein *anderer* Gegenstand unterworfen werde; von diesem Inhalte abstrahirt die Logik; sondern insofern ein Subjekt zu Grunde liegt, ist es zufällig, was der Schluß von ihm für Inhaltsbestimmungen folgere.

3. Die Bestimmungen des Schlusses sind nach der Seite Inhaltsbestimmungen, insofern die unmittelbare, abstrakte in sich reflektirte Bestimmungen sind. Das Wesentliche derselben aber ist vielmehr, daß sie nicht solche in sich reflektirte, gegen einander gleichgültige, sondern daß sie *Formbestimmungen* sind; insofern sind sie *Beziehungen*. Diese Beziehungen sind *erstens* die der Extreme auf die Mitte, Beziehungen, welche *unmittelbar* sind; die propositiones praemissae, und zwar Theils die des Besondern auf das Allgemeine, propositio major; Theils die des Einzelnen auf das Besondere, propositio minor. *Zweitens* ist die Beziehung der Extreme auf einander vorhanden, welches die *vermittelte* ist, conclusio. Jene *unmittelbaren* Beziehungen, die Prämissen, sind Sätze oder Urtheile überhaupt, und *widersprechen der Natur des Schlusses*, nach welcher die unterschiedenen Begriffsbestimmungen nicht unmittelbar bezogen, sondern ebenso deren Einheit gesetzt seyn soll; die Wahrheit des Urtheils ist der Schluß. Unmittelbare Beziehungen können die Prämissen um so weniger bleiben, als ihr Inhalt unmittelbar *unterschiedene* Bestimmungen, sie also nicht unmittelbar an und für sich identisch sind; außer sie seyen reine identische Sätze, d. i. leere zu nichts führende Tautologien.

Die Forderung an die Prämissen lautet daher gewöhnlich, sie sollen *bewiesen, d. h. sie sollen gleichfalls als Schlußsätze dargestellt* werden. Die zwei Prämissen geben somit zwei weiter Schlüsse. Aber diese *zwei* neuen Schlüsse geben wieder zusammen *vier* Prämissen, welche *vier* neue Schlüsse erfordern; diese haben *acht* Prämissen, deren *acht* Schlüsse wieder für ihre *sechzehn* Prämissen *sechzehn* Schlüsse geben, und *so fort* in einer geometrischen Progression *ins Unendliche*.

Es thut sich hier also *der Progreß ins Unendliche* wieder hervor, der in der niedrigern *Sphäre des Seyns* früher vorkam, und der im Felde des Begriffes, der absoluten Reflexion aus dem Endlichen in sich, im Gebiete der freien Unendlichkeit und Wahrheit, nicht mehr zu erwarten war. Es ist in der Sphäre des Seyns gezeigt worden, daß, wo die schlechte Unendlichkeit, die in den Progreß hinausläuft, sich hervorthut, der Widerspruch eines *qualitativen Seyns*, und eines darüber hinausgehenden, *unmächtigen Sollens* vorhanden ist; der Progreß selbst ist die Wiederholung der gegen das Qualitative eingetretenen Forderung der Einheit, und des beständigen Rückfalls in die der Forderung nicht gemäße Schranke. Im formalen Schlusse nun ist die *unmittelbare* Beziehung oder das qualitative Urtheil die Grundlage, und die *Vermittelung* des Schlusses, das als die höhere Wahrheit dagegen Gesetzte. Das ins Unendliche fortgehende Beweisen der Prämissen löst jenen Widerspruch nicht, sondern erneuert ihn nur immer, und ist die Wiederholung eines und desselben ursprünglichen Mangels. Die Wahrheit des unendlichen Progresses ist vielmehr, daß er selbst und die durch ihn schon als mangelhaft bestimmte Form aufgehoben werde. Diese Form ist die der Vermittelung als E-B-A. Die beiden Beziehungen E-B und B-A sollen vermittelt seyn; geschieht dieß auf dieselbe Weise, so wird nur die mangelhafte Form E-B-A verzweifacht, und so ins Unendliche fort. B hat zu E auch die Formbestimmung eines *Allgemeinen*, und zu A die Formbestimmung eines *Einzelnen*, weil diese Beziehungen überhaupt Urtheile sind. Sie bedürfen daher der Vermittelung, durch jene Gestalt derselben tritt aber nur das Verhältniß wieder ein, das aufgehoben werden soll. Die Vermittelung muß daher auf eine andere Weise geschehen. Für die Vermittelung von B-A ist E vorhanden;

es muß daher die Vermittelung die Gestalt

B-E-A

erhalten. E-B zu vermitteln, ist A vorhanden; diese Vermittelung wird daher zum Schlusse:

E-A-B.

Diese Übergang näher seinem Begriffe nach betrachtet, so ist *erstlich* die Vermittelung des formalen Schlusses nach seinem *Inhalte*, wie vorhin gezeigt worden, *zufällig*. Das unmittelbare *Einzelne* hat an seinen Bestimmtheiten eine unbestimmbare Menge von Mediis Terminis, und diese haben wieder ebenso viele Bestimmtheiten überhaupt; so daß es ganz in einer äußerlichen *Willkür*, oder überhaupt in einem *äußerlichen Umstande* und zufälligen Bestimmung liegt, mit was für einem Allgemeinen das Subjekt des Schlusses zusammengeschlossen werden soll. Die Vermittelung ist daher dem Inhalte nach nichts Nothwendiges, noch Allgemeines, sie ist nicht im *Begriffe der Sache* gegründet; der *Grund* des Schlusses ist vielmehr das an ihr Äußerliche, d. i. das *Unmittelbare*; das Unmittelbare aber ist unter den Begriffsbestimmungen das *Einzelne*.

In Ansehung der *Form* hat ebenso die *Vermittelung* zu ihrer *Voraussetzung* die *Unmittelbarkeit der Beziehung*; jene ist daher selbst vermittelt, und zwar durch das *Unmittelbare*, d. i. das *Einzelne*. Näher ist durch den *Schlußsatz* das ersten Schlusses das Einzelne zum Vermittelnden geworden. Der Schlußsatz ist E-A; das *Einzelne* ist hierdurch als *Allgemeines* gesetzt. In der einen Prämisse, dem Untersatze E-B ist es schon als *Besonderes*; es ist somit als das, in welchem diese beiden Bestimmungen vereinigt sind. Oder der Schlußsatz an und für sich drückt das Einzelne als Allgemeines aus; und zwar nicht auf eine unmittelbare Weise, sondern durch die Vermittelung; also als eine nothwendige Beziehung. Die *einfache* Besonderheit war Medius Terminus; im Schlußsatze ist diese Besonderheit *entwickelt* als die *Beziehung des Einzelnen und Allgemeinheit gesetzt*. Aber noch ist das Allgemeine eine qualitative Bestimmtheit, Prädikat des *Einzelnen*; indem das Einzelne als Allgemeines bestimmt ist, ist es *gesetzt* als die Allgemeinheit der Extreme oder als Mitte; es ist für sich Extrem der Einzelnheit, aber weil es nunmehr als Allgemeines bestimmt ist, ist es zugleich die Einheit beider Extreme.

b. Die zweite Figur: B-E-A

1. Die Wahrheit des ersten qualitativen Schlusses ist, daß Etwas mit einer qualitativen Bestimmtheit als einer allgemeinen nicht an und für sich zusammengeschlossen ist, sondern durch eine Zufälligkeit, oder in einer Einzelnheit. *Das Subjekt* des Schlusses ist in solcher Qualität nicht in seinen Begriff zurückgekehrt, sondern nur in seiner *Äußerlichkeit* begriffen; die Unmittelbarkeit macht den Grund der Beziehung, somit die Vermittelung aus; insofern ist das Einzelne in Wahrheit die Mitte.

Ferner aber ist die Schlußbeziehung die *Aufhebung* der Unmittelbarkeit; der Schlußsatz ist nicht eine unmittelbare Beziehung, sondern als durch ein Drittes; er enthält daher eine *negative* Einheit; die Vermittelung ist daher nunmehr bestimmt, ein *negatives* Moment in sich zu enthalten.

In diesem zweiten Schlusse sind die Prämissen: B-E, und E-A; nur die erstere dieser Prämissen ist noch eine unmittelbare; die zweite E-A ist schon eine vermittelte, nämlich durch den ersten Schluß; der zweite Schluß setzt daher den ersten voraus; so wie umgekehrt der erste den zweiten voraussetzt. Die beiden Extreme sind hierin als Besonderes und Allgemeines gegeneinander bestimmt; das letztere hat insofern noch seine *Stelle*; es ist Prädikat; aber das Besondere hat die seinige vertauscht, es ist Subjekt, oder unter der *Bestimmung des Extrems der Einzelnheit gesetzt*, so wie das *Einzelne mit der Bestimmung der Mitte* oder der Besonderheit gesetzt ist. Beide sind daher nicht mehr die abstrakten Unmittelbarkeiten, welche sie im ersten Schlusse waren. Sie sind jedoch noch nicht als Konkrete gesetzt; daß jedes an der *Stelle* des andern steht, dadurch ist es in seiner eigenen und zugleich, jedoch nur *äußerlich*, in der *andern* Bestimmung gesetzt.

Der *bestimmte* und *objektive Sinn* dieses Schlusses ist, daß das Allgemeine nicht *an und für sich* ein bestimmtes Besonderes ist; Denn es ist vielmehr die Totalität seiner Besondern; sondern so *eine* seiner Arten ist *durch die Einzelnheit*; die andern seiner Arten sind durch die unmittelbare Äußerlichkeit von ihm ausgeschlossen. Anderer Seits ist das Besondere ebenso nicht unmittelbar und an und für sich das Allgemeine, sondern die negative Einheit streift ihm die Bestimmtheit ab, und erhebt es dadurch in die Allgemeinheit. Die Einzelnheit verhält sich insofern zum Besondern *negativ*, als sie dessen Prädikat seyn soll; es ist *nicht* Prädikat des Besondern.

2. Zunächst aber sind die Termini noch unmittelbare Bestimmtheiten; sie haben sich durch sich selbst zu keiner objektiven Bedeutung fortgebildet; die veränderte *Stellung*, welche zwei derselben erhalten, ist die Form, die nur erst äußerlich an ihnen ist; sie sind daher noch wie im ersten Schlusse überhaupt ein gegeneinander gleichgültiger Inhalt; zwei Qualitäten, die nicht an und für sich selbst, sondern durch eine zufällige Einzelnheit verknüpft sind.

Der Schluß der ersten Figur war der *unmittelbare*, oder ebenso sehr der Schluß, insofern er in seinem Begriffe als *abstrakte Form* ist, die sich an ihren Bestimmungen noch nicht realisirt hat. Indem diese reine Form in eine andere Figur übergegangen, ist dieß einer Seits die begonnene Realisation des Begriffs, indem das *negative* Moment der Vermittelung und dadurch eine weitere Formbestimmtheit an der zunächst unmittelbaren, qualitativen Bestimmtheit der Terminorum gesetzt wird. Zugleich ist dieß aber ein *Anderswerden* der reinen Form des Schlusses; er entspricht ihr nicht mehr vollständig, und die an seinen Terminis gesetzte Bestimmtheit ist verschieden von jener ursprünglichen Formbestimmung. Insofern er nur als ein subjektiver Schluß betrachtet wird, der in einer äußern Reflexion vor sich geht, so gilt er als eine *Art* des Schlusses, welche der Gattung, nämlich dem allgemeinen Schema E-B-A entsprechen sollte. Diesem entspricht er aber zunächst nicht; die zwei Prämissen desselben sind B-E, oder E-B und E-A; der Medius Terminus ist daher beide Mal subsumirt, oder beide Mal Subjekt, dem also die beiden andern Termini inhäriren; also nicht eine Mitte, die das eine Mal subsumirend oder Prädikat, und das andere Mal subsumirt oder Subjekt seyn, oder der der eine Terminus inhäriren, die aber selbst dem andern inhäriren soll. Daß dieser Schluß nicht der allgemeinen Form des Schlusses entspricht, hat den wahrhaften Sinn, daß diese in ihn übergegangen ist, indem ihre Wahrheit darin besteht, ein subjektives zufälliges Zusammenschließen zu seyn. Wenn der Schlußsatz in der zweiten Figur (nämlich ohne die gleich zu erwähnende Beschränkung, die ihn zu etwas Unbestimmtem macht, zu Hülfe zu nehmen) richtig ist, so ist er es, weil er es für sich ist, nicht weil er Schlußsatz dieses Schlusses ist. Aber dasselbe ist der Fall bei dem

Schlußsatze der ersten Figur; diese seine Wahrheit ist es, die durch die zweite Figur gesetzt ist. In der Ansicht, daß die zweite Figur nur *eine Art* seyn soll, wird der nothwendige Übergang der ersten in diese zweite Form übersehen, und bei jener als wahrhafter Form stehen geblieben. Insofern daher in der zweiten Figur (welche aus alter Gewohnheit, ohne weitern Grund, als *die dritte* aufgeführt wird) gleichfalls ein in diesem subjektiven Sinne *richtiger* Schluß Statt finden soll, so müßte er dem ersten angemessen seyn, somit da die eine Prämisse E-A das Verhältniß der Subsumtion des Medius Terminus unter das eine Extrem hat, so müßte die andere Prämisse B-E das entgegengesetzte Verhältniß, das sie hat, erhalten, und B unter E subsumirt werden können. Ein solches Verhältniß aber wäre die Aufhebung des bestimmten Urtheils: E ist B, und könnte nur in einem unbestimmten Urtheile Statt finden, in einem partikularen; daher der Schlußsatz in dieser Figur nur partikular seyn kann. Das partikulare Urtheil ist aber, wie oben bemerkt, sowohl positiv als negativ; ein Schlußsatz, dem daher eben kein großer Werth zugeschrieben werden kann. Insofern auch das Besondere und Allgemeine die Extreme, und unmittelbare, gleichgültige Bestimmtheiten gegen einander sind, so ist ihr Verhältniß selbst gleichgültig; es kann beliebig die eine oder die andere als Terminus Major oder Minor, daher auch die eine oder die andere Prämisse als Ober oder als Untersatz genommen werden.

3. Der Schlußsatz, indem er ebenso sehr positiv als negativ ist, ist somit eine gegen diese Bestimmtheiten gleichgültige, somit *allgemeine* Beziehung. Näher betrachtet, so war die Vermittelung des ersten Schlusses *an sich* eine zufällige; in dem zweiten ist diese Zufälligkeit *gesetzt*. Sie ist somit sich selbst aufhebende Vermittelung; die Vermittelung hat die Bestimmung der Einzelnheit und Unmittelbarkeit; was durch diesen Schluß zusammengeschlossen ist, muß vielmehr *an sich* und *unmittelbar* identisch seyn; denn jene Mitte, *die unmittelbar Einzelnheit*, ist das unendlich mannigfaltige und *äußerliche* Bestimmtseyn. Es ist in ihr also vielmehr die sich *äußerliche* Vermittelung gesetzt. Die Äußerlichkeit der Einzelnheit aber ist die Allgemeinheit; jene Vermittelung durch das unmittelbare Einzelne weist über sich selbst hinaus auf die *ihr andere*, welche somit durch das *Allgemeine* geschieht. Oder was durch den zweiten Schluß vereinigt seyn soll, muß *unmittelbar* zusammengeschlossen seyn; durch die *Unmittelbarkeit*, die ihm zu Grunde liegt, kommt ein bestimmtes Zusammenschließen nicht zu Stande. Die Unmittelbarkeit, auf welche er fortweist, ist die andere gegen die seinige, die aufgehobene erste Unmittelbarkeit des Seyns, also die in sich reflektirte, oder *an sich seyende*, das *abstrakte Allgemeine*.

Der Übergang dieses Schlusses war nach der betrachteten Seite ein *Anderswerden*, wie das Übergehen des Seyns, weil ihm das Qualitative, und zwar die unmittelbare Einzelnheit zu Grunde liegt. Dem Begriffe nach aber schließt die Einzelnheit das Besondere und Allgemeine insofern zusammen, als sie die *Bestimmtheit* des Besondern *aufhebt*; was sich als die Zufälligkeit dieses Schlusses darstellt; die Extreme werden nicht durch ihre bestimmte Beziehung, welche sie zum Medius Terminus haben, zusammengeschlossen; er ist daher *nicht* ihre *bestimmte Einheit*, und die positive Einheit, die ihm noch zukommt, ist nur *die abstrakte Allgemeinheit*. Indem die Mitte in dieser Bestimmung, welche ihre Wahrheit ist, gesetzt wird, ist dieß aber eine andere Form des Schlusses.

c. Die dritte Figur: E-A-B

1. Dieser dritte Schluß hat keine einzige unmittelbare Prämisse mehr; die Beziehung E-A ist durch den ersten, die Beziehung B-A durch den zweiten Schluß vermittelt worden. Er setzt daher die beiden ersten Schlüsse voraus; aber umgekehrt setzen beide ihn voraus, so wie überhaupt jeder die beiden übrigen voraussetzt. In ihm ist somit überhaupt die Bestimmung des Schlusse vollendet. Diese gegenseitige Vermittelung enthält eben dieß, daß jeder Schluß, ob zwar für sich die Vermittelung, zugleich nicht an ihm selbst die Totalität derselben ist, sondern eine Unmittelbarkeit an ihm hat, deren Vermittelung sich außer ihm befindet.

Der Schluß E-A-B an ihm selbst betrachtet, ist die Wahrheit des formalen Schlusses, er drückt dieß aus, daß dessen Vermittelung die abstrakt allgemeine ist, und die Extreme nach ihrer wesentlichen Bestimmtheit, nicht in der Mitte, sondern nur nach ihrer Allgemeinheit enthalten, vielmehr also das gerade nicht darin zusammengeschlossen ist, was vermittelt seyn sollte. Es ist also hier das gesetzt, worin der Formalismus des Schlusses besteht, dessen Termini einen umittelbaren gegen die Form gleichgültigen Inhalt haben, oder was dasselbe ist, solche Formbestimmungen sind, die sich noch nicht zu Inhaltsbestimmungen reflektirt haben.

2. Die Mitte dieses Schlusses ist zwar die Einheit der Extreme, aber worin von ihrer Bestimmtheit abstrahirt ist, das *unbestimmte* Allgemeine. Insofern aber dieß Allgemein zugleich als das Abstrakte von den Extremen als den *Bestimmten* unterschieden ist, ist es auch selbst noch ein *Bestimmtes* gegen sie, und das Ganze ein Schluß, dessen Verhältniß zu seinem Begriffe zu betrachten ist. Die Mitte ist als das Allgemeine gegen ihre *beiden* Extreme subsumirend oder Prädikat, nicht auch das eine Mal subsumirt oder Subjekt. Insofern er daher als *eine Art* des Schlusses diesem entsprechen soll, so kann dieß nur geschehen, daß, indem die eine Beziehung E-A schon das gehörige Verhältniß hat, auch die andere A-B dasselbe erhalte. Dieß geschieht in einem Urtheil, worin das Verhältniß von Subjekt und Prädikat gleichgültig ist, in einem *negativen* Urtheil. So wird der Schluß legitim; aber die Konklusion notwendig negativ.

Damit ist es nun auch gleichgültig, welche von den beiden Bestimmungen dieses Satzes als Prädikat oder als Subjekt, und im Schlusse ob als Extrem der Einzelnheit oder als das der Besonderheit, hiermit ob als Terminus Minor oder als Terminus Major genommen werde. Indem es hiervon nach dem gewöhnlichen Annahme abhängt, welche von den Prämissen die Major oder Minor seyn soll, so ist dieß hier gleichgültig geworden. Dieß ist der Grund der gewöhnlichen *vierten Figur* des Schlusses, die Aristoteles nicht gekannt, und die vollends einen ganz leere, interesselosen Unterschied betrifft. Die unmittelbare Stellung der Terminorum ist darin die *umgekehrte* der Stellung der ersten Figur; das Subjekt und Prädikat des negativen Schlußsatzes nach der formalen Betrachtung des Urtheils das bestimmte Verhältniß von Subjekt und Prädikat nicht haben, sondern eines die Stelle des andern einnehmen kann, so ist es gleichgültig, welcher Terminus als Subjekt, und welcher als Prädikat genommen werden; daher ebenso gleichgültig, welche Prämisse als Major oder Minor genommen wird. Diese Gleichgültigkeit, zu der auch die Bestimmung der Partikularität (insbesondere insofern bemerkt wird, daß sie im komprehensiven Sinne genommen werden kann) verhilft, macht jene vierte Figur zu etwas ganz Müßigem.

3. Die objektive Bedeutung des Schlusses, worin das Allgemeine die Mitte ist, ist, daß das Vermittelnde als Einheit der Extreme *wesentlich Allgemeines* ist. Indem die Allgemeinheit aber zunächst nur die qualitative oder abstrakte Allgemeinheit ist, so ist die Bestimmtheit der Extreme darin nicht enthalten; ihr Zusammenschließen, wenn es Statt finden soll, muß ebenso in einer außer diesem Schlusse liegenden Vermittelung ihren Grund haben, und ist in Rücksicht auf diesen ganz so zufällig, als bei den vorhergehenden Formen der Schlüsse. Indem nun aber das Allgemeine als die Mitte bestimmt, und darin die Bestimmtheit der Extreme nicht enthalten ist, so ist diese als eine völlig gleichgültige und äußerliche gesetzt. Es ist hiermit zunächst nach dieser bloßen Abstraktion allerdings eine *vierte Figur* des Schlusses entstanden, nämlich die des *verhältnißlosen* Schlusses: A-A-A, welcher von dem Qualitativen Unterschiede der Terminourm abstrahirt, und somit die bloß äußerliche Einheit derselben, nämlich die *Gleichheit* derselben zur Bestimmung hat.

d. Die vierte Figur: A-A-A, oder der mathematische Schluß

1. Der mathematische Schluß heißt: Wenn *zwei Dinge oder Bestimmungen einem Dritten gleich sind, so sind sie unter sich gleich*. Das Verhältniß von Inhärenz oder Subsumtion der Terminorum ist darin ausgelöscht.

Ein *Drittes* überhaupt ist das Vermittelnde; aber es hat ganz und gar keine Bestimmung gegen seine Extreme. Jedes der dreien kann daher gleich gut das dritte Vermittelnde seyn. Welches dazu gebraucht, welche der drei Beziehungen daher als die unmittelbaren, und welche als die vermittelte genommen werden soll, hängt von äußern Umständen und sonstigen Bedingungen ab; nämlich davon, welche zwei derselben die unmittelbar *gegebenen* sind. Aber diese Bestimmung geht den Schluß selbst nichts an, und ist völlig äußerlich.

2. Der mathematische Schluß gilt als ein *Axiom* in der Mathematik; *als ein an und für sich einleuchtender, erster* Satz, der keines Beweises, d. h. keiner Vermittelung fähig sey, noch bedürfe, nichts Anderes voraussetze, noch daraus hergeleitet werden könne. Wenn der Vorzug desselben, unmittelbar *einleuchtend* zu seyn, näher betrachtet wird, so zeigt es sich, daß er in dem Formalismus dieses Schlusses liegt, der von aller qualitativen Verschiedenheit der Bestimmungen abstrahirt, und nur ihre quantitative Gleichheit oder Ungleichheit aufnimmt. Aus eben diesem Grunde ist er aber nicht ohne Voraussetzung oder unvermittelt; die quantitative Bestimmung, die in ihm allein in Rücksicht kommt, ist nur *durch die Abstraktion* von dem qualitativen Unterschiede und den Begriffsbestimmungen. Linien, Figuren, die einander gleich gesetzt werden, werden nur nach ihrer Größe verstanden; ein Dreieck wird einem Quadrate gleich gesetzt, aber nicht als Dreieck dem Quadrat, sondern allein der Größe nach u. s. f. Ebenso tritt der Begriff und seine Bestimmungen nicht in dieses Schließen ein; es wird damit überhaupt nicht *begriffen*; auch hat der Verstand nicht einmal die formalen, abstrakten Begriffsbestimmungen vor sich; das Einleuchtende dieses Schlusses beruht daher nur darauf, daß er an Gedankenbestimmung so dürftig und abstrakt ist.

3. Aber das *Resultat des Schlusses des Daseyns* ist nicht bloß diese Abstraktion von aller Begriffsbestimmtheit; die *Negativität* der unmittelbaren, abstrakten Bestimmungen, welche daraus hervorging, hat noch eine andere *positive* Seite, daß nämlich in die abstrakte Bestimmtheit *ihre andere gesetzt*, und sie dadurch *konkret* geworden ist.

Vor's Erste haben die sämmtlichen Schlüsse des Daseyns sich gegenseitig zur *Voraussetzung*, und die im Schlußsatze zusammengeschlossenen Extreme sind nur insofern wahrhaft und an und für sich zusammengeschlossen, als sie *sonst* durch eine anderswo gegründete Identität vereinigt sind; der Medius Terminus, wie er in den betrachteten Schlüssen beschaffen ist, *soll* ihre Begriffseinheit seyn, aber ist nur eine formale Bestimmtheit, die nicht als ihre konkrete Einheit gesetzt ist. Aber dieß *Vorausgesetzte* einer jeden jener Vermittelungen ist nicht bloß eine *gegebene Unmittelbarkeit* überhaupt, wie im mathematischen Schlusse, sondern es ist selbst eine Vermittelung, nämlich für jeden die beiden andern Schlüsse. Was also wahrhaft vorhanden ist, ist nicht die auf eine gegebene Unmittelbarkeit, sondern die auf Vermittelung sich gründende Vermittelung. Dieß ist somit nicht die quantitative, von der Form der Vermittelung abstrahirende, sondern vielmehr die sich *auf Vermittelung beziehende Vermittelung*, oder die *Vermittelung der Reflexion*. Der Kreis des gegenseitigen Voraussetzens, den diese Schlüsse mit einander schließen, ist die Rückkehr dieses Voraussetzens in sich selbst, welches darin eine Totalität bildet, und das *Andere*, worauf jeder einzelne Schluß hinweist, nicht vermöge der Abstraktion *außerhalb* hat, sondern *innerhalb* des Kreises befaßt.

Ferner von Seiten der *einzelnen Formbestimmungen* hat sich gezeigt, daß in diesem ganzen der formalen Schlüsse jede einzelne zur *Stelle* der *Mitte* gekommen ist. Unmittelbar war diese als die *Besonderheit* bestimmt; hierauf bestimmte sie sich durch die dialektische Bewegung als *Einzelnheit* und *Allgemeinheit*. Ebenso ging jede dieser Bestimmungen *die Stellen der beiden Extreme* hindurch. *Das bloß negative Resultat* ist das Auslöschen der qualitativen Formbestimmungen im bloß quantitativen, mathematischen Schlusse. Aber was wahrhaft vorhanden ist, ist das *positive Resultat*, daß die Vermittelung nicht durch eine *einzelne*, qualitative Formbestimmtheit geschieht, sondern durch die *konkrete Identität* derselben. Der Mangel und Formalismus der drei betrachteten Figuren der Schlüsse besteht eben darin, daß eine solche einzelne Bestimmtheit die Mitte in ihnen ausmachen sollte. Die Vermittelung hat sich also als die Gleichgültigkeit der unmittelbaren oder abstrakten Formbestimmungen und als positive *Reflexion* der einen in die andere bestimmt. Der unmittelbare Schluß des Daseyns ist hiermit in den *Schluß der Reflexion* übergegangen.

Anmerkung.

In der hier gegebenen Darstellung der Natur des Schlusses und seiner verschiedenen Formen ist auch beiläufig auf dasjenige Rücksicht genommen worden, was in der gewöhnlichen Betrachtung und Behandlung der Schlüsse das Haupt-Interesse ausmacht, nämlich wie in jeder Figur ein richtiger Schluß gemacht werden könne; doch ist dabei nur das Haupt-Moment angegeben und die Fälle und Verwickelungen übergangen worden, welche entstehen, wenn der Unterschied von positiven und negativen Urtheilen nebst der quantitativen Bestimmung, besonders der Partikualrität, mit dazu gezogen wird. Einige Bemerkungen über die gewöhnliche Ansicht und Behandlungsweise des Schlusses in der Logik werden hier noch an ihrem Orte stehen. Bekanntlich wurde diese Lehre so ins Genaue ausgebildet, bis ihre sogenannten Spitzfindigkeiten zum allgemeinen Verdrusse und Ekel geworden sind. Indem der *natürliche Verstand* sich gegen die substanzlosen Reflexions-Formen nach allen Seiten der Geistesbildung geltend machte, kehrte er sich auch gegen jene künstliche Kenntniß der Vernunftformen, und meinte solche Wissenschaft aus dem Grunde entbehren zu können, weil er die darin verzeichneten einzelnen Denk-Operationen von Natur ohne besonderes Erlernen schon von selbst verrichte. Der Mensch wäre in der That in Ansehung des vernünftigen Denkens ebenso übel daran, wenn die Bedingung desselben das mühselige Studium der Schlußformeln wäre, als er (wie in der Vorrede schon bemerkt worden) übel daran seyn würde, wenn er nicht gehen und verdauen könnte, ohne Anatomie und Physiologie studirt zu haben. Wie auch das Studium dieser Wissenschaften für das diätetische Verhalten nicht ohne Nutzen seyn mag, so wird auch dem Studium der Vernunftformen ohne Zweifel ein noch wichtigerer Einfluß auf die Richtigkeit des Denkens zuzuschreiben seyn; aber ohne in diese Seite, welche die Bildung des subjektiven

Denkens, daher eigentlich die Pädagogik angeht, hier einzugehen, so wird zugegeben werden müssen, daß das Studium, welches die Operations-Weisen und Gesetze der Vernunft zum Gegenstand habe, an und für sich vom größten Interesse seyn müsse, von einem wenigstens nicht geringerem, als die Kenntniß der Gesetze der Natur und der besonderen Gestaltungen derselben. Wenn es nicht gering geachtet wird, etliche und sechzig Arten von Papageyen, hundert und sieben und dreißig Arten der Veronica u. s. f. aufgefunden zu haben, so wird es noch viel weniger für gering geachtet werden dürfen, die Vernunftformen auszufinden; ist nicht eine Figur des Schlusses ein unendlich Höheres, als eine Papageyoder eine Veronica-Art?

So sehr es daher für nichts mehr als Rohheit anzusehen ist, die Kenntnisse der Vernunftformen überhaupt zu verachten, so sehr ist zuzugeben, daß die gewöhnliche Darstellung des Schlusses und seiner besonderen Gestaltungen nicht eine *vernünftige* Erkenntniß, nicht eine Darstellung derselben als *Vernunftformen* ist, und die syllogistische Weisheit sich durch ihren Unwerth die Geringschätzung zugezogen hat, die sie erfuhr. Ihr Mangel besteht darin, daß sie schlechterdings bei der *Verstandesform* des Schlusses stehen bleibt, nach welcher die Begriffsbestimmungen als *abstrakte* formelle Bestimmungen genommen werden. Es ist um so inkonsequenter, sie als abstrakte Qualitäten fest zu halten, da im Schlusse die *Beziehungen* derselben das Wesentliche ausmachen, und die Inhärenz und Subsumtion es schon enthält, daß das Einzelne, weil ihm das Allgemeine inhärirt, selbst Allgemeines, und das Allgemeine, weil es das Einzelne subsumirt, selbst Einzelnes ist, und näher der Schluß eben diese *Einheit* als *Mitte* ausdrücklich setzt, und seine Bestimmung gerade die *Vermittelung* ist, d. i. daß die Begriffsbestimmungen nicht mehr wie im Urtheile ihre Äußerlichkeit gegen einander, sondern vielmehr ihre Einheit zur Grundlage haben. Es ist somit durch den Begriff des Schlusses die Unvollkommenheit des formalen Schlusses ausgesprochen, in welchem die Mitte, nicht als Einheit der Extreme, sondern als eine formale, von ihnen qualitativ verschiedene, abstrakte Bestimmung festgehalten werden soll. Die Betrachtung wird noch dadurch gehaltleerer, daß auch solche Beziehungen oder Urtheile, worin selbst die formellen Bestimmungen gleichgültig werden, wie im negativen und partikularen Urtheile, und die sich daher den Sätzen nähern, noch als vollkommene Verhältnisse angenommen werden. Indem nun überhaupt die qualitative Form E-B-A als das Letzte und Absolute gilt, so fällt die dialektische Betrachtung des Schlusses ganz hinweg, die übrigen Schlüsse werden somit nicht als *nothwendige Veränderungen* jener Form, sondern als *Arten* betrachtet. Es ist hierbei gleichgültig, ob der erste formale Schluß selbst nur als eine Art *neben* den übrigen, oder aber als *Gattung* und Art zugleich betrachtet wird; letzteres geschieht, indem die übrigen Schlüsse auf den ersten zurückgebracht werden. Geschieht diese Reduktion nicht ausdrücklich, so liegt immer dasselbe formelle Verhältniß der äußerlichen Subsumtion zu Grunde, welche die erste Figur ausdrückt.

Dieser formelle Schluß ist der Widerspruch, daß die Mitte die bestimmte Einheit der Extreme seyn soll, aber nicht als diese Einheit, sondern als eine von denen, deren Einheit sie seyn soll, qualitativ verschiedene Bestimmung ist. Weil der Schluß dieser Widerspruch ist, ist er an ihm selbst dialektisch. Seine dialektische Bewegung stellt ihn in den vollständigen Begriffs-Momenten dar, daß nicht nur jenes Verhältniß der Subsumtion, oder die Besonderheit, sondern *ebenso wesentlich* die negative Einheit und die Allgemeinheit Momente des Zusammenschließens sind. Insofern jedes derselben für sich ebenso nur ein einseitiges Moment der Besonderheit ist, sind sie gleichfalls unvollkommene Mitten, aber zugleich machen sie die entwickelten Bestimmungen derselben aus; der ganze Verlauf durch die drei Figuren stellt die Mitte in jeder dieser Bestimmungen nach einander dar, und das wahre Resultat, das daraus hervorgeht, ist, daß die Mitte nicht eine einzelne, sondern die Totalität derselben ist.

Der Mangel des formalen Schlusses liegt daher nicht in der *Form des Schlusses*, sie ist vielmehr die Form der Vernünftigkeit, sondern daß sie nur als *abstrakte*, daher begrifflose Form ist. Es ist gezeigt worden, daß die abstrakte Bestimmung um ihrer abstrakten Beziehung auf sich willen ebenso sehr als Inhalt betrachtet werden kann; insofern leistet der formale Schluß weiter nichts, als daß eine Beziehung eines Subjekts auf ein Prädikat _nur aus diesem Medius Terminus _folge oder nicht folge. Es hilft nichts, einen Satz durch einen solchen Schluß erwiesen zu haben; um der abstrakten Bestimmtheit des Medius Terminus willen, der eine begrifflose Qualität ist, kann es ebenso gut andere Medius Terminos geben, aus denen das Gegentheil folgt, ja aus demselben Medius Terminus können auch wieder entgegengesetzte Prädikate durch weitere Schlüsse abgeleitet werden. Außerdem, daß der formale Schluß nicht viel leistet, ist er auch etwas sehr Einfaches; die vielen Regeln, welche erfunden worden, sind schon darum lästig, weil sie mit der einfachen Natur der Sache so sehr kontrastiren, dann aber auch, weil sie sich auf die Fälle beziehen, wo der formale Gehalt des Schlusses durch die äußerliche Formbestimmung, besonders der Partikularität, vornehmlich insofern sie zu diesem Behuf in komprehensivem Sinne genommen werden muß, vollends vermindert, und auch der Form nach nur ganz gehaltlose Resultate herausgebracht werden. Die gerechteste und wichtigste Seite der Ungunst, in welche die Syllogistik verfallen, ist aber, daß sie eine so weitläufige *begrifflose* Beschäftigung mit einem Gegenstande sind, dessen einziger Inhalt der *Begriff* selbst ist. Die vielen syllogistischen Regeln erinnern an das Verfahren der Rechnmeister, welche gleichfalls eine Menge Regeln über die arithmetischen Operationen geben, welche alle voraus setzen, daß man den *Begriff* der Operation nicht habe. Aber die Zahlen sind ein begriffloser Stoff, die Rechen-Operation ist ein äußerliches Zusammenfassen oder Trennen, ein mechanisches Verfahren, wie denn Rechenmaschinen erfunden worden sind, welche diese Operationen vollbringen; das Härteste und Grellste dagegen ist, wenn die Formbestimmungen des Schlusses, welche Begriffe sind, als ein begriffloser Stoff behandelt werden.

Das Äußerste von diesem begrifflosen Nehmen der Begriffsbestimmungen des Schlusses ist wohl, daß Leibnitz (Opp. Tom. II. P. I.) den Schluß dem kombinatorischen Calcul unterworfen, und durch denselben berechnet hat, wie viele Stellungen des Schlusses möglich sind; mit Rücksicht nämlich auf die Unterschiede von positiven und negativen, dann von allgemeinen, partikularen, unbestimmten und singularen Urtheilen; es finden sich solcher Verbindungen 2048 möglich, wovon nach Ausschließung der unbrauchbaren 24 brauchbare Figuren übrig bleiben. Leibnitz macht sehr viel von der Nützlichkeit der kombinatorischen Analysis, um nicht nur die Formen des Schlusses, sondern auch die Verbindungen von anderen Begriffen zu finden. Die Operation, wodurch dieß gefunden wird, ist dieselbe, wodurch berechnet wird, wie viele Verbindungen von Buchstaben ein Alphabet zuläßt, wie vielerlei Würfe in einem Würfelspiel, Spiele mit einer L'hombre-Charte möglich sind u. s. f. Man findet hier also die Bestimmungen des Schlusses in Eine Klasse mit den Punkten des Würfels und der L'hombre-Charte gesetzt, das Vernünftige als ein todtes und begriffloses genommen, und das Eigenthümliche des Begriffs und seiner Bestimmungen, als geistige Wesen *sich zu beziehen*, und durch dieß Beziehen ihre *unmittelbare* Bestimmung *aufzuheben*, auf der Seite gelassen. Diese leibnitzische Anwendung des kombinatorischen Calculs auf den Schluß und auch die Verbindung anderer Begriffe unterschied sich von der verrufenen *lullianischen Kunst* durch nichts, als daß sie von Seiten der *Anzahl* methodischer war, übrigens an Sinnlosigkeit ihr gleich kam. Es hing hiermit ein Lieblingsgedanke Leibnitzens zusammen, den er in der Jugend gefaßt, und der Unreifheit und Seichtigkeit desselben unerachtet auch späterhin nicht aufgab, von einer *allgemeinen Charakterisitk* der Begriffe, einer Schriftsprache, worin jeder Begriff dargestellt werde, wie er eine Beziehung aus andern ist, oder sich auf andere beziehe als ob in der vernünftigen Verbindung, welche wesentlich dialektisch ist, ein Inhalt noch dieselben Bestimmungen behielte, die er hat, wenn er für sich fixirt ist.

Der *ploucquetsche Calcul* hat ohne Zweifel die konsequenteste Verfahrungsweise ergriffen, wodurch das Verhältniß des Schlusses fähig wird, dem Calcul unterworfen zu werden. Er beruht darauf, daß von dem Verhälntißunterschiede, dem Unterschiede der Einzelnheit, Besonderheit und Allgemeinheit im Urtheile abstrahirt, und die *abstrakte Identität* des Subjekts und Prädikats festgehalten wird, wodurch sie in *mathematischer Gleichheit* sind; einer Beziehung, welche das Schließen zu einer völlig gehaltleeren und tautologischen Formirung von Sätzen macht. Im Satze: *Die Rose ist roth*, soll das Prädikat nicht das allgemeine Roth, sondern nur das bestimmte *Roth der Rose* bedeuten; im Satze Alle Christen sind Menschen, soll das Prädikat nur diejenigen Menschen bedeuten, welche Christen sind; aus diesem und dem Satze: die Juden sind keine Christen, folgt dann der Schlußsatz, der diesen syllogistischen Calcul bei *Mendelssohn* nicht gut empfohlen hat: *Also sind die Juden keine Menschen* (nämliche diejenigen Menschen nicht, welche die Christen sind). *Ploucquet* giebt als eine Folge seiner Erfindung an, *posse etiam urdes mechanice totam logicam doceri*, uti pueri arithmeticam docentur, ita quidem, ut nulla formidine in rationciniis suis errandi torqueri, vel fallaciis circumveniri possint, si in calculo non errant. Diese Empfehlung, daß Ungebildeten durch den Calcul *mechanisch* die ganze Logik beigebracht werden könne, ist wohl das Schlimmste, was von einer Erfindung über die Darstellung der logischen Wissenschaft gesagt werden kann.

B. Der Schluß der Reflexion

Der Verlauf des qualitativen Schlusses hat das *Abstrakte* der Bestimmungen desselben aufgehoben; der Terminus hat sich dadurch als eine solche Bestimmtheit gesetzt, in welcher auch die andere *scheint*. Außer den abstrakten Terminis ist im Schlusse auch die *Beziehung* derselben vorhanden, und im Schlußsatz ist sie als eine vermittelte und nothwendige gesetzt; daher ist jede Bestimmtheit in Wahrheit nicht als eine einzelne für sich, sondern als Beziehung der andern, als *konkrete* Bestimmtheit, gesetzt. Die *Mitte* war die abstrakte Besonderheit, für sich eine einfache Bestimmtheit, und Mitte nur äußerlich und relativ gegen die selbstständigen Extreme. Nunmehr ist sie gesetzt als die *Totalität* der Bestimmungen; so ist sie die *gesetzte* Einheit der Extreme; zunächst aber die Einheit der Reflexion, welche sie in sich befaßt; ein Befassen, welches als *erstes* Aufheben der Unmittelbarkeit und erstes Beziehen der Bestimmungen noch nicht die absolute Identität des Begriffes ist.

Die Extreme sind die Bestimmungen des Urtheils der Reflexion; eigentliche *Einzelnheit* und *Allgemeinheit* als Verhältnißbestimmung, oder eine Mannigfaltiges in sich zusammenfassende Reflexion. Aber das einzelne Subjekt enthält auch, wie beim Urtheile der Reflexion gezeigt worden, außer der bloßen Einzelnheit, die der Form angehört, die Bestimmtheit, als schlechthin in sich reflektirte Allgemeinheit, als vorausgesetze, d. h. hier noch unmittelbar angenommene, *Gattung*.

Aus dieser Bestimmtheit der Extreme, welche dem Verlauf der Urtheilsbestimmung angehört, ergiebt sich der nähere Inhalt der *Mitte*, auf die es wesentlich beim Schlusse ankommt, da sie ihn vom Urtheile unterscheidet. Sie enthält 1) die *Einzelnheit*, 2) aber zur Allgemeinheit erweitert, als *Alle*, 3) die zum Grunde liegende, Einzelnheit und abstrakte Allgemeinheit schlechthin in sich vereinigende Allgemeinheit, *die Gattung*. Der Schluß der Reflexion hat auf diese Weise erst die *eigentliche Bestimmtheit* der Form, indem die Mitte als die Totalität der Bestimmungen *gesetzt* ist; der unmittelbare Schluß ist gegen ihn deswegen der *unbestimmte*, als die Mitte erst noch die abstrakte Besonderheit ist, in welcher die Momente ihres Begriffs noch nicht gesetzt sind. Dieser erste Schluß der Reflexion kann der *Schluß der Allheit* genannt werden.

a. Schluß der Allheit

1. Der Schluß der Allheit ist der Verstandesschluß in seiner Vollkommenheit, mehr aber noch nicht. Daß die Mitte in ihm nicht *abstrakte* Besonderheit, sondern in ihre Momente entwickelt und daher als konkrete ist, ist zwar ein wesentliches Erforderniß für den Begriff, allein die Form der *Allheit* faßt das Einzelne zunächst nur äußerlich in die Allgemeinheit zusammen, und umgekehrt erhält sie das Einzelne noch als ein unmittelbar für sich bestehendes in der Allgemeinheit. Die Negation der Unmittelbarkeit der Bestimmungen, die das Resultat des Schlusses des Daseyns war, ist nur die *erste* Negation, noch nicht die Negation der Negation, oder absolute Reflexion in sich. Jener die einzelnen Bestimmungen in sich befassenden Allgemeinheit der Reflexion liegen sie daher noch zu Grunde, oder die Allheit ist noch nicht die Allgemeinheit des Begriffs, sondern die äußere der Reflexion.

Der Schluß des Daseyns war darum zufällig, weil der Medius Terminus desselben als eine einzelne Bestimmtheit des konkreten Subjekts eine unbestimmbare Menge anderer solcher Mediorum Terminorum zuläßt, und damit das Subjekt mit unbestimmbar anderen, und mit entgegengesetzten Prädikaten zusammen geschlossen seyn konnte. Indem die Mitte aber nunmehr *die Einzelnheit* enthält, und hierdurch selbst konkret ist, so kann durch sie mit dem Subjekt nur ein Prädikat verbunden werden, das ihm als konkreten zukommt. Wenn z.B. aus dem Medius Terminus : *Grün*, geschlossen werden sollte, daß ein Gemälde angenehm sey, weil das Grün dem Auge angenehm ist, oder ein Gedicht, ein Gebäude u. s. f. schön sey, weil er *Regelmäßigkeit* besitze, so könnte das Gemälde u. s. f. dessen ungeachtet häßlich seyn, um anderer Bestimmungen willen, aus denen auf dieß letztere Prädikat geschlossen werden könnte. Indem hingegen der Medius Terminus die Bestimmung der *Allheit* hat, so enthält er das Grüne, die Regelmäßigkeit als *ein Konkretes*, das eben darum nicht die Abstraktion eines bloß Grünen, Regelmäßigen u. s. f. ist; mit diesem *Konkreten* können nun nur Prädikate verbunden seyn, die der *Totalität des Konkreten* gemäß sind. In dem Urtheil: *Das Grüne* oder *Regelmäßige ist angenehm*, ist das Subjekt nur die Abstraktion von Grün, Regelmäßigkeit; in dem Satze: *Alles Grüne oder Regelmäßige ist angenehm*, ist das Subjekt dagegen: alle wirklichen konkreten Gegenstände, die grün oder regelmäßig sind, die also *als konkrete* mit *allen ihren Eigenschaften*, die sie außer dem Grünen oder der Regelmäßigkeit noch haben, genommen werden.

2. Diese Reflexions-Vollkommenheit des Schlusses macht ihn aber eben hiermit zu einem bloßen Blendwerk. Der Medius Terminus hat die Bestimmtheit: *Alle*; diesen kommt im Obersatze das Prädikat *unmittelbar* zu, das mit dem Subjekte zusammen geschlossen wird. Aber *Alle* sind *alle Einzelne*; darin hat also das einzelne Subjekt jenes Prädikat schon unmittelbar, und *erhält es nicht erst durch den Schluß*. Oder das Subjekt erhält durch den Schlußsatz ein Prädikat als eine Folge; der Obersatz aber enthält in sich schon diesen Schlußsatz; *der Obersatz ist also nicht für sich richtig*, oder ist nicht ein

unmittelbares, vorausgesetztes Urtheil, sondern *setzt selbst schon den Schlußsatz voraus*, dessen Grund er seyn sollte. In dem beliebten vollkommenen Schlusse:

Alle Menschen sind sterblich,

Nun ist Cajus ein Mensch,

Ergo ist Cajus sterblich,

ist der Obersatz nur darum und insofern richtig, als der *Schlußsatz richtig* ist; wäre Cajus zufälligerweise nicht sterblich, so wäre der Obersatz nicht richtig. Der Satz, welcher Schlußsatz seyn sollte, muß schon unmittelbar für sich richtig seyn, weil der Obersatz sonst nicht Alle Einzelne befassen könnte; ehe der Obersatz als richtig gelten kann, ist *vorher* die Frage, ob nicht jener Schlußsatz selbst eine *Instanz* gegen ihn sey.

3. Beim Schlusse des Daseyns ergab sich aus dem Begriffe des Schlusses, daß die Prämissen als *unmittelbare* dem Schlußsatze, nämlich der durch den Begriff des Schlusses geforderten *Vermittelung*, widersprachen, daß der erste Schluß daher andere, und umgekehrt diese anderen ihn voraussetzen.

Im Schlusse der Reflexion ist dieß an ihm selbst gesetzt, daß der Obersatz seinen Schlußsatz voraussetzt, indem jener die Verbindung des Einzelnen mit einem Prädikate enthält, welche eben erst Schlußsatz seyn soll.

Was also in der That vorhanden ist, kann zunächst so ausgedrückt werden: daß der Reflexions-Schluß nur ein äußerlicher leerer *Schein des Schließens* ist, daß somit das Wesen hiermit die Mitte ausmacht, und als solche zu setzen ist; die Einzelnheit, welche als solche ist, und nur äußerlich die Allgemeinheit an ihr hat. Oder nach dem nähern Inhalt des Reflxions-Schlusses zeigte sich, daß das Einzelne in *unmittelbarer*, nicht einer erschlossenen Beziehung auf sein Prädikat steht, und daß der Obersatz, die Verbindung eines Besondern mit einem Allgemeinen, oder näher eines formell Allgemeinen mit einem an sich Allgemeinen, durch die Beziehung der Einzelnheit, die in jenem vorhanden ist, der Einzelnheit als Allheit, vermittelt ist. Dieß aber ist *der Schluß der Induktion*.

b. Schluß der Induktion

1. Der Schluß der Allheit steht unter dem Schema der ersten Figur: E-B-A; der Schluß der Induktion unter dem der zweiten A-E-B, da er wieder die Einzelnheit zur Mitte hat, nicht die *abstrakte* Einzelnheit, sondern als *vollständig*, nämlich gesetzt mit der ihr entgegengesetzten Bestimmung, der Allgemeinheit. Das *eine Extrem* ist irgend ein Prädikat, das allen diesen Einzelnen gemeinschaftlich ist; die Beziehung desselben auf sie macht die unmittelbaren Prämissen aus, dergleichen eine im vorhergehenden

Schlusse Schlußsatz seyn sollte. Das *andere Extrem* kann die unmittelbare *Gattung* seyn, wie sie in der Mitte des vorigen Schlusses, oder im Subjekte des universellen Urtheils vorhanden ist, und welche in den sämmtlichen Einzelnen oder auch Arten der Mitte erschöpft ist. Der Schluß hat hiernach die Gestalt:

e

e
A B.

e

e

ins

Unendliche

2. Die zweite Figur des formalen Schlusses A-E-B entsprach dem Schema darum nicht, weil in der einen Prämisse E, das die Mitte ausmacht, nicht subsumirend oder Prädikat war. In der Induktion ist dieser Mangel gehoben; die Mitte ist hier: *Alle Einzelne*; der Satz: A-E, welcher das objektive Allgemeine oder Gattung als zum Extrem ausgeschieden, als Subjekt enthält, hat ein Prädikat, das mit ihm wenigstens von gleichem Umfange, hiermit für die äußere Reflexion identisch ist. Der Löwe, Elephant u. s. f. machen die *Gattung* des vierfüßigen Thiers aus; der Unterschied, daß *derselbe* Inhalt das eine Mal in der Einzelnheit, das andere Mal in der Allgemeinheit gesetzt ist, ist hiermit bloße *gleichgültige Formbestimmung*, eine Gleichgültigkeit, welche das im Reflexions-Schlusse gesetzte Resultat des formalen Schlusses, und hierdurch die Gleichheit des Umfangs gesetzt ist.

Die Induktion ist daher nicht der Schluß der bloßen *Wahrnehmung* oder des zufälligen Daseyns, wie die ihm entsprechende zweite Figur, sondern Schluß der *Erfahrung*; des subjektiven Zusammenfassens der Einzelnen in die Gattung, und des Zusammenschließens der Gattung mit einer allgemeinen Bestimmtheit, weil sie in allen Einzelnen angetroffen wird. Er hat auch die objektive Bedeutung, daß die unmittelbare Gattung sich durch die Totalität der Einzelnheit zu einer allgemeinen Eigenschaft bestimmt, in einem allgemeinen Verhältnisse oder Merkmal ihr Daseyn hat. Allein die objektive Bedeutung dieses, wie der anderen Schlüsse ist nur erst ihr innerer Begriff, und hier noch nicht gesetzt.

3. Die Induktion ist vielmehr noch wesentlich ein subjektiver Schluß. Die Mitte sind die Einzelnen in ihrer Unmittelbarkeit, das Zusammenfassen derselben in die Gattung durch die Allheit ist eine *äußerliche* Reflexion. Um der bestehenden *Unmittelbarkeit* der Einzelnen, und um der daraus fließenden *Äußerlichkeit* willen ist die Allgemeinheit nur

Vollständigkeit, oder bleibt vielmehr *eine Aufgabe*. Es kommt an ihr daher wieder der *Progreß* in die schlechte Unendlichkeit zum Vorschein; die *Einzelnheit* soll als *identisch* mit der *Allgemeinheit* gesetzt werden, aber indem die *Einzelnen* ebenso sehr als *unmittelbare* gesetzt sind, so bleibt jene Einheit nur ein perennirendes *Sollen*; sie ist eine Einheit der *Gleichheit*; die identisch seyn sollen, sollen es zugleich *nicht* seyn. Die a, b, c, d, e, nur ins *Unendliche* fort machen die Gattung aus, und geben die vollendete Erfahrung. Der *Schlußsatz* der Induktion bleibt insofern *problematisch*.

Indem sie aber dieß ausdrückt, daß die Wahrnehmung, um zur Erfahrung zu werden, *ins Unendliche* fortgesetzt werden *soll*, setzt sie voraus, daß die Gattung mit ihrer Bestimmtheit *an und für sich* zusammengeschlossen sey. Sie setzt damit eigentlich ihren Schlußsatz vielmehr als ein Unmittelbares voraus, wie der Schluß der Allheit für eine seiner Prämissen den Schlußsatz voraussetzt. Eine Erfahrung, die auf Induktion beruht, wird als gültig angenommen, *obgleich* die Wahrnehmung zugestandenermaßen *nicht vollendet* ist; es kann aber nur angenommen werden, daß sich keine *Instanz gegen* jene Erfahrung ergeben könne, insofern diese *an und für sich* wahr sey. Der Schluß durch Induktion gründet sich daher wohl auf eine Unmittelbarkeit, aber nicht auf die, auf die er sich gründen sollte, auf die *seyende* Unmittelbarkeit der *Einzelnheit*, sondern *auf die an und für sich seyende*, auf die *allgemeine*.-Die Grundbestimmung der Induktion ist, ein Schluß zu seyn; wenn die Einzelnheit als wesentliche, die Allgemeinheit aber nur als äußerliche Bestimmung der Mitte genommen wird, so fiele die Mitte in zwei unverbundene Theile aus einander, und es wäre kein Schluß vorhanden; diese Äußerlichkeit gehört vielmehr den Extremen an. *Die Einzelnheit* kann nur Mitte seyn, *als unmittelbar identisch* mit der Allgemeinheit; eine solche Allgemeinheit ist eigentlich die *objektive, die Gattung*. Dieß kann auch so betrachtet werden: die Allgemeinheit ist an der Bestimmung der Einzelnheit, welche der Mitte der Induktion zu Grunde liegt, *äußerlich, aber wesentlich*; ein solches *Äußerliche* ist so sehr unmittelbar sein Gegentheil, das *Innerliche*. Die Wahrheit des Schlusses der Induktion ist daher ein solcher Schluß, der eine Einzelnheit zur Mitte hat, die unmittelbar *an sich selbst* Allgemeinheit ist; *der Schluß der Analogie*.

c. Der Schluß der Analogie

1. Dieser Schluß hat die dritte Figur des unmittelbaren Schlusses: E-A-B zu seinem abstrakten Schema. Aber seine Mitte ist nicht mehr irgend eine einzelne Qualität, sondern eine Allgemeinheit, welche *die Reflexion-in-sich eines Konkreten*, somit die *Natur* desselben ist; und umgekehrt, weil sie so die Allgemeinheit als eines Konkreten ist, ist sie zugleich an sich selbst dieß *Konkrete*. Es ist hier also ein Einzelnes die Mitte, aber nach seiner allgemeinen Natur; ferner ist ein anderes Einzelnes Extrem, welches mit jenem dieselbe allgemeine Natur hat. Z. B.:

Die Erde hat Bewohner,

Der Mond ist *eine Erde,*

Also hat der Mond Bewohner.

2. Die Analogie ist um so oberflächlicher, je mehr das Allgemeine, in welchem die beiden Einzelnen eins sind, und nach welchem das eine, Prädikat des andern wird, eine bloße *Qualität,* oder wie die Qualität subjektiv genommen wird, ein oder anderes *Merkmal* ist, wenn die Identität beider hierin als eine bloße *Ähnlichkeit* genommen wird. Dergleichen Oberflächlichkeit aber, zu der eine Verstandes- oder Vernunftform dadurch gebracht wird, daß man sie in die Sphäre der bloßen *Vorstellung* herabsetzt, sollte in der Logik gar nicht angeführt werden. Auch ist es unpassend, den Obersatz dieses Schlusses so darzustellen, daß er lauten solle: *Was einem Objekte in einigen Merkmalen ähnlich ist, das ist ihm auch in andern ähnlich.* Auf solche Weise wird *die Form des Schlusses* in Gestalt eines Inhalts ausgedrückt, und der empirische, eigentlich so zu nennende, Inhalt zusammen in den Untersatz verlegt. So könnte auch die ganze Form z.B. des ersten Schlusses als sein Obersatz ausgedrückt werden: *Was unter ein Anderes subsumirt ist, welchem ein Drittes inhärirt, dem inhärirt auch dieß Dritte; Nun aber* und so fort. Aber beim Schlusse selbst kommt es nicht auf den empirischen Inhalt an, und seine eigene Form zum Inhalt eines Obersatzes zu machen, ist so gleichgültig, als ob jeder andere empirische Inhalt dafür genommen würde. Insofern es aber beim Schluß der Analogie auf jenen Inhalt, der nichts als die eigenthümliche Form des Schlusses enthält, nicht ankommen sollte, so käme es auch bei dem ersten Schluß ebenso sehr nicht darauf an, d. h. nicht auf das, was den Schluß zum Schlusse macht. Worauf es ankommt, ist immer die Form des Schlusses, er mag nun diese selbst, oder etwas Anderes zu seinem empirischen Inhalte haben. So ist der Schluß der Analogie eine eigenthümliche Form, und es ist ein ganz leerer Grund, ihn nicht für eine solche ansehen zu wollen, weil seine Form zum Inhalt oder Materie eines Obersatzes gemacht werden könne, die Materie aber das Logische nicht angehe. Was beim Schlusse der Analogie, etwa auch beim Schlusse der Induktion zu diesem Gedanken verleiten kann, ist daß in ihnen die Mitte und auch die Extreme weiter bestimmt sind, als in dem bloß formalen Schlusse, und daher die Formbestimmung, weil sie nicht mehr einfach und abstrakt ist, auch als *Inhaltsbestimmung* erscheinen muß. Aber dieß, daß die Form sich so zum Inhalte bestimmt, ist erstlich ein nothwendiges Fortgehen des Formalen, und betrifft daher die Natur des Schlusses wesentlich; daher kann aber *zweitens* eine solche Inhaltsbestimmung nicht als eine solche wie ein anderer empirischer Inhalt angesehen und davon abstrahirt werden.

Wenn die Form des Schlusses der Analogie in jenem Ausdruck seines Obersatzes betrachtet wird, daß *wenn zwei Gegenstände in einer oder auch einigen Eigenschaften übereinkommen, so kommt dem einen auch eine weitere Eigenschaft zu, die der andere hat,* so kann es scheinen, daß dieser Schluß *vier Bestimmungen*, die quaternionem terminorum enthalte; ein Umstand, der die Schwierigkeit mit sich führte, die Analogie in die Form eines formalen Schlusses zu bringen. Es sind *zwei* Einzelne, *drittens* eine unmittelbar als gemeinschaftlich angenommene Eigenschaft, und *viertens* die andere Eigenschaft, die das eine Einzelne unmittelbar hat, die das andere aber erst durch den Schluß erhält. Dieß rührt daher, daß, wie sich ergeben hat, in dem analogischen Schlusse *die Mitte* als Einzelnheit, aber unmittelbar *auch* als deren wahre Allgemeinheit gesetzt ist. *In der Induktion* ist außer den beiden Extremen die Mitte eine unbestimmbare Menge von Einzelnen; in diesem Schlusse sollte daher eine unendliche Menge von Terminis gezählt werden. Im Schlusse der Allheit ist die Allgemeinheit an der Mitte nur erst als die äußerliche Formbestimmung der Allheit; im Schlusse der Analogie dagegen als wesentliche Allgemeinheit. Im obigen Beispiel ist der Medius Terminus : *die Erde*, als ein Konkretes genommen, das nach seiner Wahrheit ebenso sehr eine allgemeine Natur oder Gattung, als ein Einzelnes ist.

Nach dieser Seite machte die Quaternio terminorum die Analogie nicht zu einem unvollkommenen Schluß. Aber er wird es durch sie nach einer andern Seite; denn wenn zwar das eine Subjekt dieselbe allgemeine Natur hat, als das andere, so ist es unbestimmt, ob dem einen Subjekt die Bestimmtheit, die auch für das andere erschlossen wird, vermöge seiner *Natur*, oder vermöge seiner *Besonderheit* zukommt, ob z.B. die Erde als Weltkörper *überhaupt*, oder nur als dieser *besondere* Weltkörper Bewohner hat. Die Analogie ist insofern noch ein Schluß der Reflexion, als Einzelnheit und Allgemeinheit in dessen Mitte *unmittelbar* vereinigt sind. Um dieser Unmittelbarkeit willen ist noch die *Äußerlichkeit* der Reflexions-Einheit vorhanden; das Einzelne ist nur *an sich* die Gattung, es ist nicht in dieser Negativität gesetzt, wodurch seine Bestimmtheit als die eigene Bestimmtheit der Gattung wäre. Darum ist das Prädikat, das dem Einzelnen der Mitte zukommt, nicht auch schon Prädikat des andern Einzelnen, obgleich diese beide einerlei Gattung angehören.

3. E-B (der Mond hat Bewohner) ist der Schlußsatz; aber die eine Prämisse (die Erde hat Bewohner) ist ein eben solches E-B; insofern E-B ein Schlußsatz seyn soll, so liegt darin die Forderung, daß auch jene Prämisse ein solcher sey. Dieser Schluß ist somit in sich selbst die Forderung seiner gegen die Unmittelbarkeit, die er enthält; oder er setzt seinen Schlußsatz voraus. Ein Schluß des Daseyns hat seine Voraussetzung an den *andern* Schlüssen des Daseyns; bei den so eben betrachteten ist sie in sie hinein gerückt, weil sie Schlüsse der Reflexion sind. Indem also der Schluß der Analogie die Forderung seiner Vermittelung gegen die Unmittelbarkeit ist, mit welcher seine Vermittelung behaftet ist, so ist es das Moment der *Einzelnheit*, dessen Aufhebung er fordert. So bleibt für die Mitte das objektive Allgemeine, die *Gattung* gereinigt von der Unmittelbarkeit. Die Gattung war im Schlusse der Analogie Moment der Mitte nur als *unmittelbare Voraussetzung*; indem der Schluß selbst die Aufhebung der vorausgesetzten Unmittelbarkeit fordert, so

ist die Negation der Einzelnheit, und hiermit das Allgemeine nicht mehr unmittelbar sondern *gesetzt*. Der Schluß der Reflexion enthielt erst die *erste* Negation der Unmittelbarkeit; es ist nunmehr die zweite eingetreten, und damit die äußerliche Reflexions-Allgemeinheit zur an und für sich seyenden bestimmt. Von der positiven Seite betrachtet, so zeigt sich der Schlußsatz identisch mit der Prämisse, die Vermittelung mit ihrer Voraussetzung zusammengegangen, hiermit eine Identität der Reflexions-Allgemeinheit, wodurch sie höhere Allgemeinheit geworden.

Übersehen wir den Gang der Schlüsse der Reflexion, so ist die Vermittelung überhaupt die *gesetzte*, oder *konkrete* Einheit der Formbestimmungen der Extreme; die Reflexion besteht in diesem Setzen der einen Bestimmung in der andern; das Vermittelnde ist so die *Allheit*. Als der wesentliche Grund derselben aber zeigt sich die *Einzelnheit*, und die Allgemeinheit nur als äußerliche Bestimmung an ihr, als *Vollständigkeit*. Die Allgemeinheit ist aber dem Einzelnen *wesentlich*, daß es zusammenschließende Mitte sey; es ist daher als *an sich* seyendes Allgemeines zu nehmen. Es ist aber mit ihr nicht auf diese bloß positive Weise vereinigt, sondern in ihr aufgehoben, und negative Moment; so ist das Allgemeine, das an und für sich Seyende, gesetzte Gattung, und das einzelne als Unmittelbares ist vielmehr die Äußerlichkeit derselben, oder es ist *Extrem*. Der Schluß der Reflexion steht überhaupt genommen unter den Schema B-E-A, das Einzelne ist darin noch als solches wesentliche Bestimmung der Mitte; indem sich seine Unmittelbarkeit aber aufgehoben hat, und die Mitte als an und für sich seyende Allgemeinheit bestimmt hat, so ist der Schluß unter das formelle Schema: E-A-B getreten, und der Schluß der Reflexion in den *Schluß der Nothwendigkeit* übergegangen.

C. Der Schluß der Nothwendigkeit

Das Vermittelnde hat sich nunmehr bestimmt 1) als *einfache* bestimmte Allgemeinheit, wie die Besonderheit in dem Schlusse des Daseyns ist; aber 2) als *objektive* Allgemeinheit, das heißt, welche die ganze Bestimmtheit der unterschiedenen Extreme enthält, wie die Allheit des Schlusses der Reflexion; eine *erfüllte*, aber *einfache* Allgemeinheit; die *allgemeine Natur* der Sache, die *Gattung*.

Dieser Schluß ist *inhaltsvoll*, weil die *abstrakte* Mitte des Schlusses des Daseyns sich zum *bestimmten Unterschiede* gesetzt, wie sie als Mitte des Reflexions-Schlusses ist, aber dieser Unterschied wieder in die einfache Identität sich reflektirt hat. Dieser Schluß ist daher Schluß der *Nothwendigkeit*, da seine Mitte kein sonstiger unmittelbarer Inhalt, sondern die Reflexion der Bestimmtheit der Extreme in sich ist. Diese haben an der Mitte ihre innere Identität, deren Inhaltsbestimmungen die Formbestimmungen der Extreme sind. Damit ist das, wodurch sich die Termini unterscheiden, als *äußerliche* und *unwesentliche* Form, und sie sind als Momente *eines nothwendigen* Daseyns.

Zunächst ist dieser Schluß der unmittelbare, und insofern so formale, daß der *Zusammenhang* der Terminorum die *wesentliche Natur* ist als *Inhalt*, und dieser an den unterschiedenen Terminis nur in *verschiedener Form*, und die Extreme für sich nur als ein *unwesentliches* Bestehen sind. Die Realisirung dieses Schlusses hat ihn so zu bestimmen, daß die *Extreme* gleichfalls als diese *Totalität*, welche zunächst die Mitte ist, *gesetzt* werden, und die *Nothwendigkeit* der Beziehung, welche zunächst nur der substantielle *Inhalt* ist, eine Beziehung der *gesetzten Form* sey.

a. Der kategorische Schluß

1. Der kategorische Schluß hat das kategorische Urtheil zu einer oder zu seinen beiden Prämissen. Es wird hier mit diesem Schlusse, wie mit dem Urtheil, die bestimmtere Bedeutung verbunden, daß die Mitte desselben die *objektive Allgemeinheit* ist. Oberflächlicher Weise wird auch der kategorische Schluß für nicht mehr genommen, als für einen bloßen Schluß der Inhärenz.

Der kategorische Schluß ist nach seiner gehaltvollen Bedeutung der *erste Schluß der Nothwendigkeit*, worin ein Subjekt mit einem Prädikat durch *seine Substanz* zusammen geschlossen ist. Die Substanz aber in die Sphäre des Begriffs erhoben, ist das Allgemeine, gesetzt so an und für sich zu seyn, daß sie nicht, wie in ihrem eigenthümlichen Verhältnisse, die Accidentalität, sondern die Begriffsbestimmung zur Form, zur Weise ihres Seyns hat. Ihre Unterschiede sind daher die Extreme des Schlusses, und bestimmt die Allgemeinheit und Einzelnheit. Jene ist gegen die *Gattung*, wie die *Mitte* näher bestimmt ist, abstrakte Allgemeinheit oder allgemeine Bestimmtheit; die Accidentalität der Substanz in die einfache Bestimmtheit, die aber ihr wesentlicher Unterschied, die *specifische Differenz* ist, zusammengefaßt. Die Einzelnheit aber ist das Wirkliche, an sich die konkrete Einheit der Gattung und der Bestimmtheit, hier aber als im unmittelbaren Schlusse zunächst unmittelbare Einzelnheit, die in die Form *für sich seyenden* Bestehens zusammengefaßte Accidentalität. Die Beziehung dieses Extrems auf die Mitte macht ein kategorisches Urtheil aus; insofern aber auch das andere Extrem nach der angegebenen Bestimmung die specifische Differenz der Gattung, oder ihr bestimmtes Princip ausdrückt, so ist auch diese andere Prämisse kategorisch.

2. Dieser Schluß steht zunächst als erster, somit unmittelbarer Schluß der Nothwendigkeit unter dem Schema des ersten formalen Schlusses E-B-A. Da aber die Mitte die wesentliche *Natur* des Einzelnen, nicht *irgend eine* der Bestimmtheiten oder Eigenschaften desselben ist, und ebenso das Extrem der Allgemeinheit nicht irgend ein abstraktes Allgemeines, auch wieder nur eine einzelne Qualität, sondern die allgemeine Bestimmtheit, das *Specifische des Unterschiedes* der Gattung ist, so fällt die Zufälligkeit weg, daß das Subjekt nur durch *irgend einen* Medius Terminus mit *irgend einer Qualität*

zusammen geschlossen wäre. Indem somit auch die *Beziehungen* der Extreme auf die Mitte nicht diejenige äußerliche Unmittelbarkeit haben, wie im Schlusse des Daseyns; so tritt die Forderung des Beweises nicht in dem Sinne ein, der dort Statt fand und zum unendlichen Progresse führte.

Dieser Schluß setzt ferner nicht, wie ein Schluß der Reflexion, für seine Prämissen seinen Schlußsatz voraus. Die Termini stehen nach dem substantiellen Inhalt in identischer, als *an und für sich* seyender Beziehung auf einander; es ist *ein* die drei Terminos durchlaufendes Wesen vorhanden, an welchem die Bestimmungen der Einzelnheit, Besonderheit und Allgemeinheit nur *formelle* Momente sind.

Der kategorische Schluß ist daher insofern nicht mehr subjektiv; in jener Identität fängt die Objektivität an; die Mitte ist die inhaltsvolle Identität ihrer Extreme, welche in derselben nach ihrer Selbstständigkeit enthalten sind, denn ihre Selbstständigkeit ist jene substantielle Allgemeinheit, die Gattung. Das Subjektive des Schlusses besteht in dem gleichgültigen Bestehen der Extreme gegen den Begriffe, oder die Mitte.

3. Es ist aber noch an diesem Schlusse dieß subjektiv, daß jene Identität noch als die substantielle oder als *Inhalt*, noch nicht zugleich als *Identität der Form* ist. Daher ist die Identität des Begriffes noch *inneres* Band, somit als Beziehung noch *Nothwendigkeit*; die Allgemeinheit der Mitte ist gediegene, *positive* Identität, nicht ebenso sehr als *Negativität ihrer Extreme.*

Näher ist die Unmittelbarkeit dieses Schlusses, welche noch nicht als das, was sie *an sich ist, gesetzt ist,* so vorhanden. Das eigentlich Unmittelbare des Schlusses ist das *Einzelne.* Dieß ist unter seine Gattung als Mitte subsumirt; aber unter derselben stehen noch andere, *unbestimmt viele* Einzelne; es ist daher *zufällig,* daß nur *dieses* Einzelne darunter als subsumirt gesetzt ist. Diese Zufälligkeit gehört aber ferner nicht bloß der *äußeren Reflexion* an, die das im Schlusse gesetzte Einzelne, durch die *Vergleichung* mit andern, zufällig findet; vielmehr darin, daß es selbst auf die Mitte als seine objektive Allgemeinheit bezogen ist, ist es als *zufällig,* als eine subjektive Wirklichkeit gesetzt. Auf der andern Seite, indem das Subjekt ein *unmittelbares* Einzelnes ist, enthält es Bestimmungen, welche nicht in der Mitte, als der allgemeinen Natur enthalten sind; es hat somit auch eine dagegen gleichgültige, für sich bestimmte Existenz, die von eigenthümlichen Inhalt ist. Damit hat auch umgekehrt dieser andere Terminus eine gleichgültige Unmittelbarkeit und verschiedenen Existenz von jenem. Dasselbe Verhältniß findet auch zwischen der Mitte und dem andern Extreme Statt; denn dieß hat gleichfalls die Bestimmung der Unmittelbarkeit, somit eines zufälligen Seyn gegen seine Mitte.

Was hiermit im kategorischen Schlusse gesetzt ist, sind *einer Seits* Extreme in solchem Verhältniß zur Mitte, daß sie *an sich* objektive Allgemeinheit oder selbstständige Natur haben und zugleich als Unmittelbare sind, also gegen einander *gleichgültige Wirklichkeiten. Anderer Seits* aber sind sie ebenso sehr als *zufällige*, oder ihre Unmittelbarkeit als *aufgehoben* in ihrer Identität bestimmt. Diese aber ist um jener Selbstständigkeit und Totalität der Wirklichkeit willen nur die formelle, innere; hierdurch hat der Schluß der Nothwendigkeit sich zum *hypothetischen* bestimmt.

b. Der hypothetische Schluß

1. Das hypothetische Urtheil enthält nur die nothwendige *Beziehung* ohne die Unmittelbarkeit der Bezogenen. *Wenn A ist, so ist B*, oder das Seyn des A ist auch ebenso sehr das Seyn *eines Andern*, des B; damit ist noch nicht gesagt, weder daß A ist, noch daß B ist. Der hypothetische Schluß fügt diese *Unmittelbarkeit* des Seyns hinzu:

Wenn A ist, so ist B,

Nun ist A,

Also ist B.

Der Untersatz für sich spricht das unmittelbare Seyn des A aus. Aber es ist nicht bloß dieß zum Urtheil hinzugekommen. Der Schluß enthält die Beziehung des Subjekts und Prädikats nicht als die abstrakte Kopula, sondern als die erfüllte *vermittelnde* Einheit. Das *Seyn* des A ist daher *nicht als bloße Unmittelbarkeit*, sondern wesentlich als *Mitte des Schlusses* zu nehmen. Dieß ist näher zu betrachten.

2. Zunächst ist die Beziehung des hypothetischen Urtheils die *Nothwendigkeit*, oder innere *substantielle Identität* bei äußerlicher Verschiedenheit der Existenz, oder der Gleichgültigkeit des erscheinenden Seyns gegeneinander; ein identischer *Inhalt*, der innerlich zu Grunde liegt. Die beiden Seiten des Urtheils sind daher nicht als ein unmittelbares, sondern in der Nothwendigkeit gehaltenes Seyn, also zugleich *aufgehobenes*, oder nur erscheinendes Seyn. Sie verhalten sich ferner als Seiten des Urtheils, als *Allgemeinheit* und *Einzelnheit*; das eine ist daher jener Inhalt als *Totalität der Bedingungen*, das andere als *Wirklichkeit*. Es ist jedoch gleichgültig, welche Seite als Allgemeinheit, welche als Einzelnheit genommen werde. Insofern nämlich die Bedingungen noch das *Innere, Abstrakte* einer Wirklichkeit sind, sind sie das *Allgemeine*, und es ist das *Zusammengefaßtseyn* derselben in eine *Einzelnheit*, wodurch sie in *Wirklichkeit* getreten sind. Umgekehrt sind die Bedingungen eine *vereinzelnte zerstreute* Erscheinung, welche erst in der *Wirklichkeit Einheit* und Bedeutung, und ein *allgemeingültiges Daseyn* gewinnt.

Das nähere Verhältniß, das hier zwischen den beiden Seiten als Verhältniß von Bedingung zum Bedingten angenommen worden, kann jedoch auch als Ursache und Wirkung, Grund und Folge genommen werden; dieß ist hier gleichgültig; aber das Verhältniß der Bedingung entspricht insofern der in dem hypothetischen Urtheile und Schlusse vorhandenen Beziehung näher, als die Bedingung wesentlich als eine gleichgültige Existenz, Grund und Ursache dagegen durch sich selbst übergehend ist; auch ist die Bedingung eine allgemeinere Bestimmung, indem sie beide Seiten jener Verhältnisse begreift, da die Wirkung, Folge u. s. f. ebenso sehr Bedingung der Ursache, des Grundes ist, als diese von jenen.-A ist nun das *vermittelnde* Seyn, insofern es *erstens* ein unmittelbares Seyn, eine gleichgültige Wirklichkeit, aber zweitens insofern es ebenso sehr als ein *an sich selbst zufälliges*, sich aufhebendes Seyn ist. Was die Bedingungen in die Wirklichkeit der neuen Gestalt, deren Bedingungen sie sind, übersetzt, ist, daß sie nicht das Seyn als das abstrakte Unmittelbare sind, sondern das *Seyn in seinem Begriffe, zunächst das Werden*; aber, da der Begriff nicht mehr das Übergehen ist, bestimmter die *Einzelnheit*, als sich auf sich beziehende *negative* Einheit. Die Bedingungen sind ein zerstreutes, seine Verwendung erwartendes und forderndes Material; diese *Negativität* ist das Vermittelnde, die freie Einheit des Begriffes. Sie bestimmt sich als *Thätigkeit*, da diese Mitte der Widerspruch der *objektiven Allgemeinheit*, oder der Totalität des identischen Inhalts, und der *gleichgültigen Unmittelbarkeit* ist. Diese Mitte ist daher nicht mehr bloß innere, sondern *seyende Nothwendigkeit*; die objektive Allgemeinheit enthält die Beziehung auf sich selbst als *einfache Unmittelbarkeit*, als Seyn; im kategorischen Schlusse ist dieß Moment zunächst Bestimmung der Extreme; aber gegen die objektive Allgemeinheit der Mitte bestimmt es sich als *Zufälligkeit*, damit als ein nur *gesetztes*, auch aufgehobenes, das ist, in den Begriff oder in die Mitte als Einheit zurückgegangenes, welche selbst nun in ihrer Objektivität auch Seyn ist.

Der Schlußsatz: *Also ist B*, drückt denselben Widerspruch aus, daß B ein *unmittelbar* Seyendes, aber ebenso durch ein Anderes oder *vermittelt* ist. Seiner Form nach ist er daher derselbe Begriff, welcher die Mitte ist; nur als das *Nothwendige* unterschieden von der *Nothwendigkeit*, in der ganz oberflächlichen Form der Einzelnheit gegen die Allgemeinheit. Der absolute *Inhalt* von A und B ist derselbe; es sind nur zwei verschiedene Namen derselben Grundlage für die *Vorstellung*, insofern sie die Erscheinung der verschiedenen Gestalt des Daseyns festhält, und vom Nothwendigen seiner Nothwendigkeit unterscheidet; insofern diese aber von B getrennt seyn sollte, so wäre es nicht das Nothwendige. Es ist somit die Identität des *Vermittelnden* und des *Vermittelten* darin vorhanden.

3. Der hypothetische Schluß stellt zunächst *die nothwendige Beziehung* als Zusammenhang durch *die Form* oder *negative Einheit* dar, wie der kategorische durch die positive Einheit den gediegenen *Inhalt*, die objektive Allgemeinheit. Aber die *Nothwendigkeit* geht in *das Nothwendige* zusammen; *die Formthätigkeit* des Übersetzens

der bedingenden Wirklichkeit in die bedingte ist *an sich* die Einheit, in welcher die vorher zum gleichgültigen Daseyn befreiten Bestimmtheiten des Gegensatzes *aufgehoben* sind, und der Unterschied des A und B ein leerer Name ist. Sie ist daher in sich reflektirte Einheit, somit ein *identischer* Inhalte; und ist dieß nicht nur *an sich*, sondern es ist durch diesen Schluß auch *gesetzt*, indem das Seyn des A auch nicht sein eigenes, sondern des B, und umgekehrt überhaupt das Seyn des Einen das Seyn des Andern ist, und im Schlußsatze bestimmt das unmittelbare Seyn oder gleichgültige Bestimmtheit als eine vermittelte ist, also die Äußerlichkeit sich aufgehoben, und deren *in sich gegangene Einheit gesetzt* ist.

Die Vermittelung des Schlusses hat sich hierdurch bestimmt als *Einzelnheit, Unmittelbarkeit* und als *sich auf sich beziehende Negativität*, oder unterscheidende und aus diesem Unterschiede sich in sich zusammennehmende Identität, als absolute Form, und eben dadurch als objektive *Allgemeinheit*, mit sich identisch seyender *Inhalt*. Der Schluß ist in dieser Bestimmung der *disjunktive Schluß*.

c. Der disjunktive Schluß

Wie der hypothetische Schluß im Allgemeinen unter dem Schema der zweiten Figur A-E-B steht, so steht der disjunktive unter dem Schema der dritten Figur des formalen Schlusses: E-A-B. Die Mitte ist aber die *mit der Form erfüllte Allgemeinheit*; sie hat sich als die *Totalität*, als *entwickelte* objektive Allgemeinheit bestimmt. Der Medius Terminus ist daher sowohl Allgemeinheit, als Besonderheit und Einzelnheit. Als jene ist er erstlich die substantielle Identität der Gattung, aber zweitens als eine solche, in welche die *Besonderheit*, aber *als ihr gleich, aufgenommen* ist, also als allgemeine Sphäre, die ihre totale Besonderung enthält, die in ihre Arten zerlegte Gattung; A, welches *sowohl B als C als D* ist. Die Besonderung ist aber als Unterscheidung ebenso sehr das *Entweder Oder* des B, C und D, *negative* Einheit, *das gegenseitige* Ausschließen der Bestimmung. Dieß Ausschließen ist nun ferner nicht nur ein gegenseitiges und die Bestimmung bloß eine relative, sondern ebenso sehr wesentlich sich *auf sich beziehende* Bestimmung; das Besondere als *Einzelnheit* mit Ausschließung der *anderen*.

A ist entweder B oder C oder D,

A ist aber B;

also ist A nicht C noch D.

Oder auch:

A ist entweder B oder C oder D,

A ist aber nicht C noch D;

also ist es B.

A ist nicht nur in den beiden Prämissen Subjekt, sondern auch im Schlußsatz. In der ersten ist es allgemeines und in seinem Prädikate die in die Totalität ihrer Arten besonderte *allgemeine* Sphäre; in der zweiten ist es als *Bestimmtes*, oder als eine Art; im Schlußsatz ist es als die ausschließende, *einzelne* Bestimmtheit gesetzt. Oder auch ist es schon im Untersatze als ausschließende Einzelnheit, und im Schlußsatze als das Bestimmte, was es ist, positiv gesetzt.

Was hiermit überhaupt als das *Vermittelte* erscheint, ist die *Allgemeinheit* des A mit der *Einzelnheit*. Das *Vermittelnde* aber ist dieses A, welches die *allgemeine* Sphäre seiner Besonderungen und ein als *Einzelnes* Bestimmtes ist. Was sie Wahrheit des hypothetischen Schlusses ist, die Einheit des Vermittelnden und Vermittelten, ist somit im disjunktiven Schlusse *gesetzt*, der aus diesem Grunde ebenso sehr *kein Schluß* mehr ist. Die Mitte, welche in ihm als die Totalität des Begriffes gesetzt ist, enthält nämlich selbst die beiden Extreme in ihrer vollständigen Bestimmtheit. Die Extreme, im Unterschiede von dieser Mitte, sind nur als ein Gesetztseyn, dem keine eigenthümliche Bestimmtheit gegen die Mitte mehr zukommt. Dieß noch in bestimmterer Rücksicht auf den hypothetischen Schluß betrachtet, so war in ihm eine *substantielle Identität*, als das *innere* Band der Nothwendigkeit, und eine davon unterschiedene *negative Einheit* nämlich die Thätigkeit oder die Form, welche ein Daseyn in ein anderes übersetzte, vorhanden. Der disjunktive Schluß ist überhaupt in der Bestimmung der *Allgemeinheit*, seine Mitte ist das A als *Gattung* und als vollkommen *Bestimmtes*; durch diese Einheit ist jener vorher innere Inhalt auch *gesetzt*, und umgekehrt das Gesetztseyn oder die Form ist nicht die äußerliche negative Einheit dagegen ein gleichgültiges Daseyn, sondern identisch mit jenem gediegenen Inhalte. Die ganze Formbestimmung des Begriffs ist in ihrem bestimmten Unterschied und zugleich in der einfachen Identität des Begriffes gesetzt.

Dadurch hat sich nun der *Formalismus des Schließens*, hiermit die Subjektivität des Schlusses und des Begriffes überhaupt aufgehoben. Dieß Formelle oder Subjektive bestand darin daß das Vermittelnde der Extreme, der Begriff als *abstrakte* Bestimmung, und dadurch von ihnen, deren Einheit sie ist, *verschieden* ist. In der Vollendung des Schlusses dagegen, worin die objektive Allgemeinheit ebenso sehr als Totalität der Formbestimmungen gesetzt ist, ist der Unterschied des Vermittelnden und Vermittelten weggefallen. Das, was vermittelt ist, ist selbst wesentliches Moment seines Vermittelnden, und jedes Moment ist als die Totalität der Vermittelten. Die Figuren des Schlusses stellen jede Bestimmtheit des Begriffs *einzeln* als die Mitte dar, welche zugleich der Begriff als *Sollen* ist, als Forderung, daß das Vermittelnde seine Totalität sey. Die verschiedenen Gattungen der Schlüsse aber stellen die Stufen der *Erfüllung* oder Konkretion der Mitte dar. In dem formalen Schlusse wird die Mitte nur dadurch als Totalität gesetzt, daß alle Bestimmtheiten, aber jede *einzeln*, die Funktion der

Vermittelung durchlaufen. In den Schlüssen der Reflexion ist die Mitte als die, die Bestimmungen der Extreme *äußerlich* zusammenfassende Einheit. Im Schlusse der Nothwendigkeit hat sie sich zur ebenso entwickelten und totalen, als einfachen Einheit bestimmt, und die Form des Schlusses, der in dem Unterschiede der Mitte gegen seine Extreme bestand hat sich dadurch aufgehoben. Damit ist der Begriff überhaupt realisirt worden; bestimmter hat er eine solche Realität gewonnen, welche *Objektivität* ist. Die *nächste Realität* war, daß der *Begriff* als die in sich negative Einheit sich dirimirt, und als *Urtheil* seine Bestimmungen in bestimmtem und gleichgültigem Unterschiede setzt, und im Schlusse sich selbst ihnen entgegenstellt. Indem er so noch das Innerliche dieser seiner Äußerlichkeit ist, so wird durch den Verlauf der Schlüssse diese Aueßerlichkeit mit der innerlichen Einheit ausgeglichen; die verschiedenen Bestimmungen kehren durch die Vermittelung, in welcher sie zunächst nur in einem Dritten eins sind, in diese Einheit zurück, und die Äußerlichkeit stellt dadurch den Begriff an ihr selbst dar, der hiermit ebenso sehr nicht mehr als innerliche Einheit von ihr unterschieden ist.

Jene Bestimmung des Begriffs aber, welche als *Realität* betrachtet worden, ist umgekehrt ebenso sehr ein *Gesetztseyn*. Denn nicht nur in diesem Resultate hat sich als die Wahrheit des Begriffs die Identität seiner Innerlichkeit und Äußerlichkeit dargestellt, sondern schon die Momente des Begriffs im Urtheile bleiben auch in ihrer Gleichgültigkeit gegen einander, Bestimmungen, die ihre Bedeutung nur in ihrer Beziehung haben. Der Schluß ist *Vermittelung*, der vollständige Begriff in seinem *Gesetztseyn*. Seine Bewegung ist das Aufheben dieser Vermittelung, in welcher nichts an und für sich, sondern jedes nur vermittelst eines Andern ist. Das Resultat ist daher eine *Unmittelbarkeit*, die durch *Aufheben der Vermittelung* hervorgegangen, ein *Seyn*, das ebenso sehr identisch mit der Vermittelung und der Begriff ist, der aus und in seinem Andersseyn sich selbst hergestellt hat. Dieß *Seyn* ist daher eine *Sache*, die *an und für sich* ist, die *Objektivität*.

Zweiter Abschnitt. Die Objektivität

Im ersten Buche der objektiven Logik wurde das abstrakte *Seyn* dargestellt als übergehend in das *Daseyn*, aber ebenso zurückgehend in das *Wesen*. Im zweiten zeigt sich das Wesen, daß es sich zum *Grunde* bestimmt, dadurch in die *Existenz* tritt und sich zur *Substanz* realisirt, aber wieder in den *Begriff* zurückgeht. Vom Begriffe ist nun zunächst gezeigt worden, daß er sich zur *Objektivität* bestimmt. Es erhellt von selbst, daß dieser letztere Übergang seiner Bestimmung nach dasselbe ist, was sonst in der *Metaphysik* als der *Schluß* vom *Begriffe*, nämlich vom *Begriffe Gottes* auf *sein Daseyn*, oder als der sogenannte *ontologische Beweis* vom *Daseyn Gottes* vorkam. Es ist ebenso bekannt, daß der erhabenste Gedanke Deskartes, daß der Gott das ist, *dessen Begriff sein Seyn in sich schließt*, nachdem er in die schlechte Form des formalen Schlusses, nämlich in die Form jenes Beweises herabgesunken, endlich der Kritik der Vernunft, und dem Gedanken, daß sich *das Daseyn nicht aus dem Begriffe herausklauben* lasse, unterlegen ist. Einiges diesen Beweis Betreffende ist schon früher beleuchtet worden; im ersten Theile S. 83 ff., indem das *Seyn* in seinem nächsten Gegensatze dem *Nichtseyn* verschwunden und als die Wahrheit beider sich das *Werden* gezeigt hat, ist die Verwechslung bemerklich gemacht worden, wenn bei einem bestimmten Daseyn nicht das *Seyn* desselben, sondern sein *bestimmter Inhalt* festgehalten und daher gemeint wird, wenn *dieser bestimmte Inhalt*, z.B. hundert Thaler, mit einem andern *bestimmten Inhalte*, z.B. dem Kontexte meiner Wahrnehmung, meinem Vermögenszustand verglichen und dabei ein Unterschied gefunden wird, ob jener Inhalt zu diesem hinzukomme oder nicht, als ob dann vom Unterschiede des Seyns und Nichtseyns, oder gar vom Unterschiede des Seyns und des Begriffes gesprochen werde. Ferner ist daselbst S. 116 und II. Th. S. 71 die in dem ontologischen Beweise vorkommende Bestimmung *eines Inbegriffs aller Realitäten* beleuchtet worden. Den wesentlichen Gegenstand jenes Beweises, *den Zusammenhang des Begriffes und des Daseyns*, betrifft aber die eben geschlossene Betrachtung des *Begriffs* und des ganzen Verlaufs, durch den er sich zu *Objektivität* bestimmt. Der Begriff ist als absolut mit sich identische Negativität das sich selbst Bestimmende; es ist bemerkt worden, daß er schon, indem er sich in der Einzelnheit zum *Urtheil* entschließt, sich als *Reales, Seyendes* setzt; diese noch abstrakte Realität vollendet sich in der *Objektivität*.

Wenn es nun scheinen möchte, als ob der Übergang des Begriffs in die Objektivität etwas Anderes sey, als der Übergang vom Begriff Gottes zu dessen Daseyn, so wäre einer Seits zu betrachten, daß der bestimmte *Inhalt*, Gott, im logischen Gange keinen Unterschied machte, und der ontologische Beweis nur eine Anwendung dieses logischen Ganges auf jenen besondern Inhalt wäre. Auf der andern Seite aber ist sich wesentlich an die oben gemachte Bemerkung zu erinnern, daß das Subjekt erst in seinem Prädikate Bestimmtheit und Inhalt erhält, vor demselben aber, er mag für das Gefühl, Anschauung und Vorstellung so der Bestimmtheit aber zugleich die *Realisation* überhaupt. Die Prädikate müssen aber gefaßt werden, als selbst noch in den Begriff eingeschlossen, somit als etwas Subjektives, mit dem noch nicht zum Daseyn herausgekommen ist; insofern ist einer Seits allerdings die *Realisation* des Begriffs im Urtheil noch nicht vollendet. Anderer Seits bleibt aber auch die bloße Bestimmung eines Gegenstandes durch Prädikate, ohne daß sie zugleich die Realisation und Objektivierung des Begriffes ist, etwas so Subjektives, daß sie auch nicht einmal die wahrhafte Erkenntniß und *Bestimmung des Begriffs* des Gegenstandes ist; ein Subjektives in dem Sinne von abstrakter Reflexion und unbegriffenen Vorstellungen. Gott als lebendiger Gott, und noch mehr als absoluter Geist wird nur in seinem *Thun* erkannt. Früh ist der Mensch angewiesen worden, ihn in seinen *Werken* zu erkennen; aus diesen können erst die

Bestimmungen hervorgehen, welche seine *Eigenschaften* genannt werden; so wie darin auch sein *Seyn* enthalten ist. So faßt das begreifende Erkennen seines *Wirkens*, d. i. seiner selbst, den *Begriff* Gottes in seinem *Seyn*, und sein Seyn in seinem Begriffe. Das *Seyn* für sich oder gar das *Daseyn* ist eine so arme und beschränkte Bestimmung, daß die Schwierigkeit, sie im Begriffe zu finden, wohl nur daher hat kommen können, daß nicht betrachtet worden ist, was denn das *Seyn* oder *Daseyn* selbst ist. Das *Seyn*, als die ganz *abstrakte, unmittelbare Beziehung auf sich selbst*, ist nichts Anderes als das abstrakte Moment des Begriffs, welches abstrakte Allgemeinheit ist, die auch das, was man an das Seyn verlangt, leistet, *außer* dem Begriff zu seyn; denn so sehr sie Moment des Begriffs ist, ebenso sehr ist sie der Unterschied, oder das abstrakte Urtheil desselben, indem er sich selbst sich gegenüberstellt. Der Begriff, auch als formaler, enthält schon unmittelbar das *Seyn* in einer *wahrern* und *reichern* Form, indem er als sich auf sich beziehende Negativität, *Einzelnheit* ist.

Unüberwindlich aber wird allerdings die Schwierigkeit, im Begriffe überhaupt, und ebenso im Begriffe Gottes das *Seyn* zu finden, wenn es ein solches seyn soll, das im *Kontexte der äußern Erfahrung* oder *in der Form der sinnlichen Wahrnehmung*, wie *die hundert Thaler in meinem Vermögenszustande*, nur als ein mit der Hand, nicht mit dem Geiste Begriffenes, wesentlich dem äußern, nicht dem innern Auge Sichtbares vorkommen soll wenn dasjenige Seyn, Realität, Wahrheit genannt wird, was die Dinge als sinnliche, zeitliche und vergängliche haben. Wenn ein Philosophiren sich beim Seyn nicht über die Sinne erhebt, so gesellt sich dazu, daß es auch beim Begriffe nicht den bloß abstrakten Gedanken verläßt; dieser steht dem Seyn gegenüber.

Die Gewöhnung, den Begriff nur als etwas so Einseitiges, wie der abstrakte Gedanke ist, zu nehmen, wird schon Anstand finden, das, was vorhin vorgeschlagen wurde, anzuerkennen, nämlich den Übergang vom *Begriffe Gottes* zu seinem *Seyn*, als eine *Anwendung* von dem dargestellten logischen Verlauf der Objektivirung des Begriffs, anzusehen. Wenn jedoch wie gewöhnlich geschieht, zugegeben wird, daß das Logische als das Formale die Form für das Erkennen jedes bestimmten Inhalts ausmache, so müßte wenigstens jenes Verhältniß zugestanden werden, wenn nicht überhaupt eben bei dem Gegensatze des Begriffes gegen die Objektivität, bei dem unwahren Begriffe und einer ebenso unwahren Realität, als einem Letzten stehen geblieben wird. Allein bei der Exposition *des reinen Begriffes* ist noch weiter angedeutet worden, daß derselbe der absolute, göttliche Begriff selbst ist, so daß in Wahrheit nicht das Verhältniß einer *Anwendung* Statt finden würde, sondern jener logische Verlauf die unmittelbare Darstellung der Selbstbestimmung Gottes zum Seyn wäre. Es ist aber hierüber zu bemerken, daß, indem der Begriff als der Begriff Gottes dargestellt werden soll, er aufzufassen ist, wie er schon in die *Idee* aufgenommen ist. Jener reine Begriff durchläuft die endlichen Formen des Urtheils und des Schlusses darum, weil er noch nicht als an und für sich eins mit der Objektivität gesetzt, sondern erst im Werden zu ihr begriffen ist. So ist auch diese Objektivität noch nicht die göttliche Existenz, noch nicht die in der Idee scheinende Realität. Doch ist die Objektivität gerade um so viel reicher und höher als das *Seyn oder Daseyn* des ontologischen Beweises, als der reine Begriff reicher und höher ist, als jene metaphysische Leere des *Inbegriffs* aller *Realität*. Ich erspare es jedoch auf eine andere Gelegenheit, den vielfachen Mißverstand, der durch den logischen Fomalismus in den ontologischen, so wie in die übrigen sogenannten Beweise vom Daseyn Gottes gebracht worden ist, wie auch die kantische Kritik derselben näher zu beleuchten, und durch Herstellen ihrer wahren Bedeutung die dabei zu Grunde liegenden Gedanken in ihren Werth und Würde zurückzuführen.

Es sind, wie bereits erinnert worden, schon mehrere Formen der Unmittelbarkeit vorgekommen; aber in verschiedenen Bestimmungen. In der Sphäre des Seyns ist sie das Seyn selbst und das Daseyn; in der Sphäre des Wesens die Existenz und dann die Wirklichkeit und Substantialität, in der Sphäre des Begriffs außer der Unmittelbarkeit, als abstrakter Allgemeinheit, nunmehr die Objektivität. Diese Ausdrücke mögen, wenn es nicht um die Genauigkeit philosophischer Begriffsunterschiede zu thun ist, als synonym gebraucht werden; jene Bestimmungen sind aus der Nothwendigkeit des Begriffs hervorgegangen; *Seyn* ist überhaupt die *erste* Unmittelbarkeit, und *Daseyn* dieselbe mit der ersten Bestimmtheit. Die *Existenz* mit dem Dinge ist die Unmittelbarkeit, welche aus dem *Grunde* hervorgeht, aus der sich aufhebenden Vermittelung der einfachen Reflexion des Wesens. Die *Wirklichkeit* aber und die *Substantialität* ist die aus dem aufgehobenen Unterschiede der noch unwesentlichen Existenz als Erscheinung und ihrer Wesentlichkeit hervorgegangene Unmittelbarkeit. Die *Objektivität* endlich ist die Unmittelbarkeit, zu der sich der Begriff durch Aufhebung seiner Abstraktion und Vermittelung bestimmt. Die Philosophie hat das Recht aus der Sprache des gemeinen Lebens, welche für die Welt der Vorstellungen gemacht ist, solche Ausdrücke zu wählen, welche den Bestimmungen des Begriffs *nahe zu kommen scheinen*. Es kann nicht darum zu thun seyn, für ein aus der Sprache des gemeinen Lebens gewähltes Wort zu *erweisen*, daß man auch im gemeinen Leben denselben Begriff damit verbinde, für welchen es die Philosophie gebraucht, denn das gemeine Leben hat keine Begriffe, sondern Vorstellungen, und es ist die Philosophie selbst, den Begriff dessen zu erkennen, was sonst bloße Vorstellung ist. Es muß daher genügen, wenn der Vorstellung bei ihren Ausdrücken, die für philosophische Begriffen gebraucht werden, so etwas Ungefähres von ihrem Unterschiede vorschwebt; wie es bei jenen Ausdrücken der Fall seyn mag, daß man in ihnen Schattirungen der Vorstellung erkennt, welche sich näher auf die entsprechenden Begriffe beziehen. Man wird vielleicht schwerer zugeben, daß Etwas *seyn* könne, ohne zu *existiren*: aber wenigstens wird man z.B. das *Seyn* als Kopula des Urtheils nicht wohl mit dem Ausdruck *existiren* vertauschen, und nicht sagen: diese Waare *existirt* theuer, passend u. s. f., das Geld *existirt* Metall, oder metallisch, statt: diese Waare *ist* theuer, passend u. s. f., das Geld *ist* Metall; In einem französischen Berichte, worin der Befehlshaber angiebt, daß er den sich bei der Insel gewöhnlich gegen

Morgen erhebenden Wind erwartete, um ans Land zu steuern, kommt der Ausdruck vor: le vent *ayant été* longtems sans *exister*; hier ist der Unterschied bloß aus der sonstigen Redensart, z.B. il a été longtems sans m'écrire, entstanden. *Seyn* aber und *Erscheinen, Erscheinung* und *Wirklichkeit*, wie auch bloßes *Seyn* gegen *Wirklichkeit*, werden auch wohl sonst unterschieden, so wie alle diese Ausdrücke noch mehr von der *Objektivität*. Sollten sie aber auch synonym gebraucht werden, so wird die Philosophie ohnehin die Freiheit haben, solchen leeren Überfluß der Sprache für ihre Unterschiede zu benutzen.

Es ist beim apodiktischen Urtheil, wo, als in der Vollendung des Urtheils, das Subjekt seine Bestimmtheit gegen das Prädikat verliert, an die daher stammende gedoppelte Bedeutung der *Subjektivität* erinnert worden, nämlich des Begriffs und ebenso der ihm sonst gegenüberstehenden Äußerlichkeit und Zufälligkeit. So erscheint auch für die Objektivität die gedoppelte Bedeutung, dem selbstständigen *Begriffe gegenüber* zu stehen, aber auch *das An- und Fürsichseyende* zu seyn. Indem das Objekt in jenem Sinne dem im subjektiven Idealismus als das absolute Wahre ausgesprochenen Ich = Ich gegenübersteht, ist es die mannigfaltige Welt in ihrem unmittelbaren Daseyn, mit welcher Ich oder der Begriff sich nur in den unendlichen Kampf setzt, um durch die Negation dieses *an sich nichtigen* Andern der ersten Gewißheit seiner selbst die *wirkliche Wahrheit* seiner Gleichheit mit sich zu geben. In unbestimmterem Sinne bedeutet es so einen Gegenstand überhaupt für irgend ein Interesse und Thätigkeit des Subjekts.

In dem entgegengesetzten Sinne aber bedeutet das Objektive das *An- und Fürsichseyende*, das ohne Beschränkung und Gegensatz ist. Vernünftige Grundsätze, vollkommene Kunstwerke u. s. f. heißen insofern *objektive*, als sie frei und über aller Zufälligkeit sind. Obschon vernünftige, theoretische oder sittliche Grundsätze nur dem Subjektiven, dem Bewußtseyn angehören, so wird das An- und Fürsichseyende desselben doch objektiv genannt; die Erkenntniß der Wahrheit wird darein gesetzt, das Objekt, wie es als Objekt frei von Zuthat subjektiver Reflexion, zu erkennen, und das Rechtthun in Befolgung von objektiven Gesetzen, die ohne subjektiven Ursprung und keiner Willkür und ihre Nothwendigkeit verkehrenden Behandlung fähig sind.

Auf dem gegenwärtigen Standpunkte unserer Abhandlung hat zunächst die Objektivität die Bedeutung des *an- und fürsichseyenden Seyns des Begriffes*, des Begriffes, der die in seiner Selbstbestimmung gesetzte *Vermittelung*, zur *unmittelbaren* Beziehung auf sich selbst, aufgehoben hat. Diese Unmittelbarkeit ist dadurch selbst unmittelbar und ganz vom Begriffe durchdrungen, so wie seine Totalität unmittelbar mit seinem Seyn identisch ist. Aber indem ferner der Begriff ebenso sehr das freie Fürsichseyn seiner Subjektivität herzustellen hat, so tritt ein Verhältniß desselben als *Zwecks* zur Objektivität ein, worin deren Unmittelbarkeit das gegen ihn Negative, und durch seine Thätigkeit zu Bestimmende wird, hiermit die andere Bedeutung, das an und für sich Nichtige, insofern es dem Begriff gegenübersteht, zu seyn, erhält.

Vor's Erste nun ist die Objektivität in ihrer Unmittelbarkeit, deren Momente, um der Totalität aller Momente willen, in selbstständiger Gleichgültigkeit als *Objekte außereinander* bestehen, und in ihrem Verhältnisse die *subjektive Einheit* des Begriffs nur als *innere* oder als *äußere* haben; *der Mechanismus*. Indem in ihm aber

Zweitens jene Einheit sich als *immanentes* Gesetz der Objekte selbst zeigt, so wird ihr Verhältniß ihre *eigenthümliche* durch ihr Gesetz begründete Differenz, und eine Beziehung, in welcher ihre bestimmte Selbstständigkeit sich aufhebt; der *Chemismus*.

Drittens diese wesentliche Einheit der Objekte ist eben damit als unterschieden von ihrer Selbstständigkeit gesetzt, sie ist der subjektive Begriff aber gesetzt als an und für sich selbst bezogen auf die Objektivität, als *Zweck*; die *Teleologie*.

Indem der Zweck der Begriff ist, der gesetzt ist, als an ihm selbst sich auf die Objektivität zu beziehen, und seinen Mangel, subjektiv zu seyn, durch sich aufzuheben, so wird die zunächst *äußere* Zweckmäßigkeit durch die Realisirung des Zwecks zur *innern* und zur *Idee*.

Erstes Kapitel. Der Mechanismus

Da die Objektivität die in ihre Einheit zurückgegangene Totalität des Begriffes ist, so ist damit ein Unmittelbares gesetzt, das an und für sich jene Totalität und auch als solche *gesetzt* ist, in der aber die negative Einheit des Begriffs sich noch nicht von der Unmittelbarkeit dieser Totalität abgeschieden hat; oder die Objektivität ist noch nicht als *Urtheil* gesetzt. Insofern sie den Begriff immanent in sich hat, so ist der Unterschied desselben an ihr vorhanden; aber um der objektiven Totalität willen sind die Unterschiedenen *vollständige* und *selbstständige Objekte*, die sich daher auch in ihrer Beziehung nur als *selbstständige* zu einander verhalten, und sich in jeder Verbindung *äußerlich* bleiben. Dieß macht den Charakter des *Mechanismus* aus, daß, welche Beziehung zwischen den Verbunden Statt findet, diese Beziehung ihnen eine *fremde* ist, welche ihre Natur nichts angeht, und wenn sie auch mit dem Schein eines Eins verknüpft ist, nichts weiter als *Zusammensetzung, Vermischung, Haufen u. s. f.* bleibt. Wie der *materielle* Mechanismus, so besteht auch der *geistige* darin, daß die im Geiste bezogenen sich einander und ihm selbst äußerlich bleiben. Eine *mechanisch Vorstellungsweise*, ein *mechanisches Gedächtniß*, die *Gewohnheit, eine mechanische Handlungsweise* bedeuten, daß die eigenthümliche Durchdringung und Gegenwart des Geistes bei demjenigen fehlt, was er auffaßt oder thut. Ob zwar sein theoretischer oder praktischer Mechanismus nicht ohne seine Selbsthätigkeit, einen Trieb und Bewußtseyn Statt finden kann, so fehlt darin doch die Freiheit der Individualität, und weil sie nicht darin erscheint, erscheint solches Thun als ein bloß äußerliches.

A. Das mechanische Objekt

1. Das Objekt ist, wie sich ergeben hat, der *Schluß*, dessen Vermittelung ausgeglichen und daher unmittelbare Identität geworden ist. Es ist daher an und für sich Allgemeines; die Allgemeinheit nicht im Sinne einer Gemeinschaftlichkeit von Eigenschaften, sondern welche die Besonderheit durchdringt, und in ihr unmittelbare Einzelnheit ist.

1. Vor's Erste unterscheidet sich daher das Objekt nicht in *Materie* und *Form*, deren jene selbstständige Allgemeine des Objekts, diese aber das Besondere und Einzelne seyn würde; ein solcher abstrakter Unterschied von Einzelnheit und Allgemeinheit ist nach seinem Begriffe an ihm nicht vorhanden; wenn es als Materie betrachtet wird, so muß es als an sich selbst geformte Materie genommen werden. Ebenso kann es als Ding mit Eigenschaften, als Ganzes aus Theilen bestehend, als Substanz mit Accidenzen und nach den anderen Verhältnissen der Reflexion bestimmt werden; aber diese Verhältnisse sind überhaupt schon im Begriffe untergegangen; das Objekt hat daher nicht Eigenschaften noch Accidenzen, denn solche sind vom Dinge oder der Substanz trennbar; im Objekt ist aber die Besonderheit schlechthin in die Totalität reflektirt. In den Theilen eines Ganzen ist zwar diejenige Selbstständigkeit vorhanden, welche den Unterschieden des Objekts zukommt, aber diese Unterschiede sind sogleich wesentlich selbst Objekte, Totalitäten, welche nicht, wie die Theile, diese Bestimmtheit gegen das Ganze haben.

Das Objekt ist daher zunächst insofern *unbestimmt*, als es keinen bestimmten Gegensatz an ihm hat; denn es ist die zur unmittelbaren Identität zusammengegangene Vermittelung. Insofern der *Begriff wesentlich bestimmt* ist, hat es die Bestimmtheit als eine zwar vollständige, übrigens aber *unbestimmte, d. i. verhältnißlose Mannigfaltigkeit* an ihm, welche eine ebenso zunächst nicht weiter bestimmte Totalität ausmacht; *Seiten, Theile*, die an ihm unterschieden werden können, gehören einer äußern Reflexion an. Jener ganz unbestimmte Unterschied ist daher nur, daß es *mehrere* Objekte giebt, deren jedes seine Bestimmtheit nur in seine Allgemeinheit reflektirt enthält, und nicht *nach Außen* scheint. Weil ihm diese unbestimmte Bestimmtheit wesentlich ist, ist es in sich selbst eine solche *Mehrheit*, und muß daher als *Zusammengesetztes* als *Aggregat* betrachtet werden. Es besteht jedoch nicht aus *Atomen*, denn diese sind keine Objekte, weil sie keine Totalitäten sind. Die *leibnitzische Monade* würde mehr ein Objekt seyn, weil sie eine Totalität der Weltvorstellung ist, aber in ihre *intensive Subjektivität* eingeschlossen, soll sie wenigstens wesentlich *Eins* in sich seyn. Jedoch ist die Monade, als *ausschließendes Eins* bestimmt, nur ein von der *Reflexion angenommenes* Princip. Sie ist aber Theils insofern Objekt, als der Grund ihrer mannigfaltigen Vorstellungen, der entwickelten, d. h. der *gesetzten* Bestimmungen ihrer bloß *an sich* seyenden Totalität, *außer ihr* liegt, Theils insofern es der Monade ebenso gleichgültig ist, *mit anderen zusammen* ein ausschließendes, für sich selbst bestimmtes.

2. Indem das Objekt nun Totalität des *Bestimmtseyns* ist, aber um seiner Unbestimmtheit und Unmittelbarkeit willen nicht die *negative Einheit* desselben, so ist es gegen die *Bestimmungen* als *einzelne*, an und für sich bestimmte, so wie diese selbst gegeneinander *gleichgültig*. Diese sind daher nicht aus ihm, noch auseinander begreiflich; seine Totalität ist die Form des allgemeinen Reflektirtseyns seiner Mannigfaltigkeit in die an sich selbst nicht bestimmte Einzelnheit überhaupt. Die Bestimmtheiten, die es an ihm hat, kommen ihm also zwar zu; aber die *Form*, welche ihren Unterschied ausmacht, und sie zu einer Einheit verbindet, ist eine äußerliche gleichgültige; sie sey eine *Vermischung*, oder weiter eine *Ordnung*, ein gewisses *Arrangement* von Theilen und Seiten, so sind dieß Verbindungen, die denen so bezogenen gleichgültig sind.

Das Objekt hat hiermit, wie ein Daseyn überhaupt, die Bestimmtheit seiner Totalität *außer ihm*, in *anderen* Objekten, diese ebenso wieder *außer ihnen*, und sofort ins Unendliche. Die Rückkehr dieses Hinausgehens ins Unendliche in sich muß zwar gleichfalls angenommen und als eine *Totalität* vorgestellt werden, als eine *Welt*, die aber nichts als die durch die unbestimmte Einzelnheit in sich abgeschlossene Allgemeinheit, ein *Universum* ist.

Indem also das Objekt in seiner Bestimmtheit ebenso gleichgültig gegen sie ist, weist es durch sich selbst für sein Bestimmtseyn *außer sich hinaus*, wieder zu Objekten, denen es aber auf gleiche Weise *gleichgültig* ist, *bestimmend zu seyn*. Es ist daher nirgend ein Princip der Selbstbestimmung vorhanden; *der Determinismus*, der Standpunkt, auf dem das Erkennen steht, insofern ihm das Objekt, wie es sich hier zunächst ergeben hat, das Wahre ist, giebt für jede Bestimmung desselben die eines andern Objekts an, aber dieses Andere ist gleichfalls indifferent, sowohl gegen sein Bestimmtseyn, als gegen sein aktives Verhalten. Der Determinismus ist darum selbst auch so unbestimmt, ins Unendliche fortzugehen; er kann beliebig allenthalben stehen bleiben, und befriedigt seyn, weil das Objekt, zu welchem er übergegangen, als eine formale Totalität in sich beschlossen und gleichgültig gegen das Bestimmtseyn durch ein anderes ist. Darum ist das *Erklären* der Bestimmung eines Objekts, und das zu diesem Behufe gemachte Fortgehen dieser Vorstellung nur ein *leeres Wort*, weil in dem andern Objekt, zu dem sie fortgeht, keine Selbstbestimmung liegt.

3. Indem nun die *Bestimmtheit* eines Objekts *in einem andern liegt*, so ist keine bestimmte Verschiedenheit zwischen ihnen vorhanden; die Bestimmtheit ist nur *doppelt*, einmal an dem einen, dann an dem andern Objekt, ein schlechthin nur *Identisches*, und die Erklärung oder das Begreifen insofern *tautologisch*. Diese Tautologie ist das äußerliche, leere Hinund Hergehen; da die Bestimmtheit von den dagegen

gleichgültigen Objekten keine eigenthümliche Unterschiedenheit erhält, und deswegen nur identisch ist, ist nur *Eine* Bestimmtheit vorhanden; und daß sie doppelt sey, drückt eben diese Äußerlichkeit und Nichtigkeit eines Unterschiedes aus. Aber zugleich sind die Objekte *selbstständig* gegeneinander; sie bleiben sich darum in jener Identität schlechthin *äußerlich*. Es ist hiermit der *Widerspruch* vorhanden zwischen der vollkommenen *Gleichgültigkeit* der Objekte gegen einander, und zwischen der *Identität der Bestimmtheit* derselben, oder ihrer vollkommenen *Äußerlichkeit* in der *Identität* ihrer Bestimmtheit. Dieser Widerspruch ist somit die *negative Einheit* mehrerer sich in ihr schlechthin abstoßender Objekte, der *mechanische Proceß*.

B. Der mechanische Proceß

Wenn die Objekte nur als in sich abgeschlossene Totalitäten betrachtet werden, so können sie nicht auf einander wirken. Sie sind in dieser Bestimmung dasselbe, was die *Monaden*, die eben deswegen ohne alle Einwirkung auf einander gedacht worden. Aber der Begriff einer Monade ist eben darum eine mangelhafte Reflexion. Denn erstlich ist sie eine *bestimmte* Vorstellung ihrer nur *an sich* seyenden Totalität; als ein *gewisser Grad* der Entwickelung und des *Gesetztseyns* ihrer Weltvorstellung ist sie ein *Bestimmtes*; indem sie nun die in sich geschlossene Totalität ist, so ist sie gegen diese Bestimmtheit auch gleichgültig; es ist daher nicht ihre eigene, sondern eine durch ein *anders* Objekt *gesetzte* Bestimmtheit. *Zweitens* ist sie ein *Unmittelbares* überhaupt, insofern sie ein nur *Vorstellendes* seyn soll; ihre Beziehung auf sich ist daher die *abstrakte Allgemeinheit*; dadurch ist sie ein *für Andere offenes Daseyn*. Es ist nicht hinreichend, um die Freiheit der Substanz zu gewinnen, sie als eine Totalität vorzustellen, die *in sich vollständig*, nichts *von Außen her* zu erhalten habe. Vielmehr ist gerade die begrifflose, bloß vorstellende Beziehung auf sich selbst eine *Passivität* gegen Anderes. Ebenso ist die *Bestimmtheit*, sie mag nun als die Bestimmtheit eines *Seyenden*, oder eines *Vorstellenden*, als ein *Grad* eigener aus dem Innern kommenden Entwickelung gefaßt werden, ein *Äußerliches*; der *Grad*, welchen die Entwickelung erreicht, hat seine *Grenze* in einem *Andern*. Die Wechselwirkung der Substanzen in eine *vorherbestimmte Harmonie* hinauszuschieben, heißt weiter nichts, als sie zu einer *Voraussetzung* machen, d. i. zu Etwas, das dem Begriffe entzogen wird. Das Bedürfniß, der *Einwirkung* der Substanzen zu entgehen, gründete sich auf das Moment der absoluten *Selbstständigkeit* und *Ursprünglichkeit*, welches zu Grunde gelegt wurde. Aber da diesem *Ansichseyn* des *Gesetztseyn*, der Grad der Entwickelung, nicht entspricht, so hat es eben darum seinen Grund in einem *Andern*.

Vom Substantialitäts-Verhältnisse ist seiner Zeit gezeigt worden, daß es in das Kausalitäts-Verhältniß übergeht. Aber das Seyende hat hier nicht mehr die Bestimmung einer *Substanz*, sondern eines *Objekts*; das Kausalitäts-Verhältniß ist im Begriffe untergegangen; die Ursprünglichkeit einer Substanz gegen die andere hat sich als ein Schein, ihr Wirken als ein Übergehen in das Entgegengesetzte gezeigt. Dieß Verhältniß hat daher keine Objektivität. Insofern daher das eine Objekt in der Form der subjektiven Einheit als wirkende Ursache gesetzt ist, so gilt dieß nicht mehr für eine *ursprüngliche* Bestimmung, sondern als etwas *Vermitteltes*; das wirkende Objekt hat diese seine Bestimmung nur vermittelst eines andern Objekts. Der *Mechanismus*, da er der Sphäre des Begriffs angehört, hat an ihm dasjenige gesetzt, was sich als die Wahrheit des Kausalitäts-Verhältnisses erwies; daß die Ursache, die das An- und Fürsichseyende seyn soll, wesentlich ebenso wohl Wirkung, Gesetztseyn ist. Im Mechanismus ist daher unmittelbar die Ursachlichkeit des Objekts eine Nichtursprünglichkeit; es ist gleichgültig gegen diese seine Bestimmung; daß es Ursache ist, ist ihm daher etwas Zufälliges. Insofern könnte man wohl sagen, daß die Kausalität der Substanzen *nur ein Vorgestelltes* ist. Aber eben diese vorgestellte Kausalität ist der *Mechanismus*, indem er dieß ist, daß die Kausalität, als *identische* Bestimmtheit verschiedener Substanzen, somit als das Untergehen ihrer Selbstständigkeit in dieser Identität, ein *bloßes Gesetztseyn* ist; die Objekte sind gleichgültig gegen diese Einheit, und erhalten sich gegen sie. Aber ebenso sehr ist auch diese ihre gleichgültige *Selbstständigkeit* ein bloßes *Gesetztseyn*; sie sind darum fähig, sich zu *vermischen* und zu *aggregiren*, und als *Aggregat* zu *Einem Objekte* zu werden. durch diese Gleichgültigkeit, ebenso wohl gegen ihren Übergang, als gegen ihre Selbstständigkeit, sind die Substanzen *Objekte*.

a. Der formale mechanische Proceß

Der mechanische Proceß ist das Setzen dessen, was im Begriffe der Mechanismus enthalten ist, zunächst also eines *Widerspruchs*.

1. Das Einwirken der Objekte ergiebt sich aus dem aufgezeigten Begriffe so, daß es das *Setzen der identischen* Beziehung der Objekte ist. Dieß besteht nur darin, daß der Bestimmtheit, welche bewirkt wird, die Form der *Allgemeinheit* gegeben wird; was die *Mittheilung* ist, welche ohne Übergehen ins Entgegengesetzte ist. Die *geistige Mittheilung*, die ohnehin in dem Elemente vorgeht, welches das Allgemeine in der Form der Allgemeinheit ist, ist für sich selbst eine *ideelle* Beziehung, worin sich ungetrübt *eine Bestimmtheit* von einer Person in die andere *kontinuirt*, und ohne alle Veränderung sich verallgemeinert, wie ein Duft in der widerstandslosen Atmosphäre sich frei verbreitet. Aber auch in der Mittheilung zwischen materiellen Objekten macht sich ihre Bestimmtheit auf eine ebenso ideelle Weise, so zu sagen, *breit*; die Persönlichkeit ist eine unendlich intensivere *Härte*, als die Objekte haben. Die formelle Totalität des Objekts überhaupt, welche gegen die Bestimmtheit gleichgültig, somit keine Selbstbestimmung ist, macht es zum Ununterschiedenen vom andern, und die Einwirkung daher zunächst zu einer ungehinderten Kontinuirung der Bestimmtheit des einen in dem andern.

Im Geistigen ist es nun ein unendlich mannigfaltiger Inhalt, der mittheilungsfähig ist, indem er in die Intelligenz aufgenommen, diese *Form* der Allgemeinheit erhält, in der er ein Mittheilbares wird. Aber das nicht nur durch die Form, sondern an und für sich Allgemeine ist das *Objektive* als solches, sowohl im Geistigen als im Körperlichen, wogegen die Einzelnheit der äußeren Objekte, wie auch der Personen, ein Unwesentliches ist, das ihm keinen Widerstand leisten kann. Die Gesetze, Sitten, vernünftige Vorstellungen überhaupt, sind im Geistigen solche Mittheilbare, welche die Individuen auf eine bewußtlose Weise durchdringen, und sich in ihnen geltend machen. Im Körperlichen sind es Bewegung, Wärme, Magnetismus, Elektricität und dergleichen die, wenn man sie auch als Stoffe oder Materien sich vorstellen will, als *imponderable* Agentien bestimmt werden müssen, Agentien, die dasjenige der Materialität nicht haben, was *ihre Vereinzelung* begründet.

2. Wenn nun im Einwirken der Objekte auf einander zuerst ihre *identische* Allgemeinheit gesetzt wird, so ist ebenso nothwendig das andere Begriffs-Moment, die *Besonderheit* zu setzen; die Objekte beweisen daher auch ihre *Selbstständigkeit*, erhalten sich als einander äußerlich, und stellen die *Einzelnheit* in jener Allgemeinheit her. Diese Herstellung ist die *Reaktion* überhaupt. Zunächst ist sie nicht zu fassen, als ein *bloßes Aufheben* der Aktion und der mitgetheilten Bestimmtheit; das Mitgetheilte ist als Allgemeines positiv in den besondern Objekten und *besondert* sich nur an ihrer Verschiedenheit. Insofern bleibt also das Mitgetheilte, was es ist; nur *vertheilt* es sich an die Objekte, oder wird durch deren Partikularität bestimmt. Die Ursache geht in ihrem Andern, der Wirkung, die Aktivität der ursachlichen Substanz in ihrem Wirken verloren; das *einwirkende Objekt* aber wird nur ein *Allgemeines*; sein Wirken ist zunächst nicht ein Verlust seiner Bestimmtheit, sondern eine *Partikularisation*, wodurch es, welches zuerst jene ganze, an ihm *einzelne* Bestimmtheit war, nun eine *Art* derselben, und die *Bestimmtheit* erst dadurch als ein Allgemeines gesetzt wird. Beides, die Erhebung der einzelnen Bestimmtheit zur Allgemeinheit, in der Mittheilung, und die Partikularisation derselben oder die Herabsetzung derselben, die nur Eine war, zu einer Art, in der Vertheilung, ist ein und dasselbe.

Die *Reaktion* ist nun der *Aktion* gleich. Dieß erscheint *zunächst* so, daß das andere Objekt das ganze Allgemeine in *sich aufgenommen*, und nun so Aktives gegen das Erste ist. So ist seine Reaktion dieselbe als die Aktion, ein *gegenseitiges Abstoßen* des *Stoßes*. *Zweitens* ist das Mitgetheilte das Objektive; es *bleibt* also substantielle Bestimmung der Objekte bei der Voraussetzung ihrer Verschiedenheit; das Allgemeine specificirt sich somit zugleich in ihnen, und jedes Objekt giebt daher nicht die ganze Aktion nur zurück, sondern hat seinen specifischen Antheil. Aber *drittens* ist die Reaktion insofern *ganz negative Aktion*, als jedes durch die *Elasticität seiner Selbstständigkeit* das Gesetztseyn eines Andern in ihm ausstößt, und seine Beziehung auf sich erhält. Die specifische *Besonderheit* der mitgetheilten Bestimmtheit in den Objekten, was vorhin Art genannt wurde, geht zur *Einzelnheit* zurück, und das Objekt behauptet seine Äußerlichkeit gegen die *mitgetheilte Allgemeinheit*. Die Aktion geht dadurch in *Ruhe* über. Sie erweist sich als eine an der in sich geschlossenen gleichgültigen Totalität des Objekts nur *oberflächliche*, transiente Veränderung.

3. Dieses Rückgehen macht das *Produkt* des mechanischen Processes aus. *Unmittelbar* ist das Objekt *vorausgesetzt* als Einzelnes, ferner als Besonderes gegen andere, drittens aber als Gleichgültiges gegen seine Besonderheit, als Allgemeines. Das *Produkt* ist jene *vorausgesetzte* Totalität des Begriffes nun als eine *gesetzte*. Er ist der Schlußsatz, worin das mitgetheilte Allgemeine durch die Besonderheit des Objekts mit der Einzelnheit zusammengeschlossen ist; aber zugleich ist in der Ruhe die *Vermittelung* als eine solche gesetzt, die sich *aufgehoben* hat, oder daß das Produkt gegen dieß sein Bestimmtwerden gleichgültig und die erhaltene Bestimmtheit eine äußerliche an ihm ist.

Sonach ist das Produkt dasselbe, was das in den Proceß erst eingehende Objekt. Aber zugleich ist es erst durch diese Bewegung *bestimmt*; das mechanische Objekt ist *überhaupt nur Objekt als Produkt*, weil das, was es ist erst *durch Vermittelung eines Andern* an ihm ist. So als Produkt ist es, was es an und für sich seyn sollte, ein *zusammengesetztes vermischtes*, eine gewisse *Ordnung* und *Arrangement* der Theile, überhaupt ein solches, dessen Bestimmtheit nicht Selbstbestimmung, sondern ein *gesetztes* ist.

Auf der andern Seite ist ebenso sehr das *Resultat* des mechanischen Processes *nicht schon vor ihm selbst vorhanden*; sein *Ende ist nicht* in seinem *Anfang*, wie beim Zwecke. Das Produkt ist eine Bestimmtheit am Objekt als *äußerlich* gesetzte. Dem *Begriffe* nach ist daher dieß Produkt wohl dasselbe, was das Objekt schon von Anfang ist. Aber im Anfange ist die äußerliche Bestimmtheit noch nicht als *gesetzte*. Das Resultat ist insofern ein *ganz anderes*, als das erste Daseyn des Objekts, und ist als etwas schlechthin für dasselbe zufälliges.

b. Der reale mechanische Proceß

Der mechanische Proceß geht in *Ruhe* über. Die Bestimmtheit nämlich, welche das Objekt durch ihn erhält, ist nur eine *äußerliche*. Ein ebenso Äußerliches ist ihm diese Ruhe selbst, indem dieß die dem *Wirken* des Objekts entgegengesetzte Bestimmtheit, aber jede dem Objekte gleichgültig ist; die Ruhe kann daher auch angesehen werden, als durch eine *äußerliche* Ursache hervorgebracht, so sehr es dem Objekte gleichgültig war, wirkendes zu seyn.

Indem nun ferner die Bestimmtheit eine *gesetzte*, und der Begriff des Objekts durch *die Vermittelung hindurch zu sich selbst zurückgegangen* ist, so hat das Objekt die

Bestimmtheit als eine in sich reflektirte an ihm. Die Objekte haben daher nunmehr im mechanischen Processe und dieser selbst ein näher bestimmtes Verhältniß. Sie sind nicht bloß verschiedene, sondern *bestimmt unterschiedene* gegen einander. Das Resultat des formalen Processes, welches einer Seits die bestimmungslose Ruhe ist, ist somit anderer Seits durch die in sich reflektirte Bestimmtheit die *Vertheilung des Gegensatzes*, den das Objekt überhaupt an ihm hat, unter mehrere sich mechanisch zu einander verhaltende Objekte. Das Objekt, einer Seits das Bestimmungslose, das sich *unelastisch* und *unselbstständig* verhält, hat anderer Seits eine für andere *undurchbrechbare Selbstständigkeit*. Die Objekte haben nun auch *gegen einander* diesen bestimmteren Gegensatz der *selbstständigen Einzelnheit* und *unselbstständigen Allgemeinheit*. Der nähere Unterschied kann als ein bloß *quantitativer* der verschiedenen Größe der *Masse* im körperlichen, oder der *Intensität*, oder auf vielfache andere Weise gefaßt werden. Überhaupt aber ist er nicht bloß in jener Abstraktion festzuhalten; beide sind auch als Objekte *positive* Selbstständige. Das erste Moment dieses realen *Processes* ist nun wie vorhin die *Mittheilung*. Das *Schwächere* kann vom *Stärkeren* nur insofern gefaßt und durchdrungen werden, als es dasselbe aufnimmt und Eine *Sphäre* mit ihm ausmacht. Wie im Materiellen das Schwache gegen das unverhältnißmäßig Starke gesichert ist (wie ein in der Luft freihängendes Leintuch von einer Flintenkugel nicht durchschossen; eine schwache organische Receptivität nicht sowohl von den starken als von den schwachen Reizmitteln angegriffen wird), so ist der ganz schwache Geist sicherer gegen den starken als ein solcher, der diesem näher steht; wenn man sich ein ganz Dummes, Unedles vorstellen will, so kann auf dasselbe hoher Verstand, kann das Edle keinen Eindruck machen; das einzig konsequente Mittel *gegen* die Vernunft ist, sich mit ihr gar nicht einzulassen. Insofern das Unselbstständige mit dem Selbstständigen nicht zusammengehen und keine Mittheilung zwischen ihnen Statt finden kann, kann das Letztere auch keinen *Widerstand* leisten, d. h. das mitgetheilte Allgemeine nicht für sich specificiren. Wenn sie sich nicht in Einer Sphäre befänden, so wäre ihre Beziehung auf einander ein unendliches Urtheil, und kein Proceß zwischen ihnen möglich.

Der *Widerstand* ist das nähere Moment der Überwältigung des einen Objekts durch das andere, indem er das beginnende Moment der Vertheilung des mitgetheilten Allgemeinen, und des Setzens der sich auf sich beziehenden Negativität, der herzustellenden Einzelnheit, ist. Der Widerstand wird *überwältigt*, insofern seine Bestimmtheit dem mitgetheilten Allgemeinen, welches vom Objekte aufgenommen worden, und sich in ihm singularisiren soll, nicht *angemessen* ist. Seine relative Unselbstständigkeit manifestirt sich darin, daß seine *Einzelnheit* nicht die *Kapacität für das Mitgetheilte* hat, daher von demselben zersprengt wird, weil es sich an diesem Allgemeinen nicht als *Subjekt* konstituiren, dasselbe nicht zu seinem *Prädikate* machen kann. Die *Gewalt* gegen ein Objekt ist nur nach dieser zweiten Seite *Fremdes* für dasselbe. Die *Macht* wird dadurch zur *Gewalt*, daß sie, eine objektive Allgemeinheit, mit der *Natur* des Objekts *identisch* ist, aber ihre Bestimmtheit oder Negativität nicht dessen eigene *negative Reflexion* in sich ist, nach welcher es ein Einzelnes ist. Insofern die Negativität des Objekts nicht an der Macht sich in sich reflektirt, die Macht nicht dessen eigene Beziehung auf sich ist, ist sie gegen dieselbe nur *abstrakte* Negativität, deren Manifestation der Untergang ist. Die Macht, als die *objektive Allgemeinheit* und als Gewalt *gegen* das Objekt, ist, was *Schicksal* genannt wird; ein Begriff, der innerhalb des Mechanismus fällt, insofern es *blind* genannt, d. h. dessen *objektive Allgemeinheit* vom Subjekte in seiner specifischen Eigenheit nicht erkannt wird. Um einiges Weniges hierüber zu bemerken, so ist das Schicksal des Lebendigen überhaupt die *Gattung*, welche sich durch die Vergänglichkeit der lebendigen Individuen, die sie in ihrer *wirklichen Einzelnheit* nicht als Gattung haben, manifestirt.

Als bloße Objekte haben die nur lebendigen Naturen wie die übrigen Dinge von niedrigerer Stufe kein Schicksal; was ihnen widerfährt, ist eine Zufälligkeit; aber sie sind in *ihrem Begriffe als Objekte sich äußerliche*; die fremde Macht des Schicksals ist daher ganz nur ihre *eigene unmittelbare Natur*, die Äußerlichkeit und Zufälligkeit selbst. Ein eigentliches Schicksal hat nur das Selbstbewußtseyn; weil es *frei*, in der *Einzelnheit* seines Ich daher schlechthin *an und für sich* ist, und seiner objektiven Allgemeinheit sich gegenüberstellen, und sich gegen sie *entfremden* kann. Aber durch diese Trennung selbst erregt es gegen sich das mechanische Verhältniß eines Schicksals. Damit also ein solches Gewalt über dasselbe haben könne, muß es irgend eine Bestimmtheit gegen die wesentliche Allgemeinheit sich gegeben, eine *That* begangen haben. Hierdurch hat es sich zu einem *Besondern* gemacht, und dieß Daseyn ist als die abstrakte Allgemeinheit zugleich die für die Mittheilung seines ihm entfremdeten Wesens offene Seite; an dieser wird es in den Proceß gerissen. Das thatlose Volk ist tadellos; es ist in die objektive, sittliche Allgemeinheit eingehüllt und darin aufgelöst, ohne die Individualität, welche das Unbewegte bewegt, sich ein Bestimmtheit nach Außen, und eine von der objektiven abgetrennte abstrakte Allgemeinheit giebt, womit aber auch das Subjekt zu einem seines Wesens Entäußerten, einem *Objekte* wird, und in das Verhältniß der *Äußerlichkeit* gegen seine Natur und des Mechanismus getreten ist.

c. Das Produkt des mechanischen Processes

Das Produkt des *formalen* Mechanismus ist das Objekt überhaupt, eine gleichgültige Totalität, an welcher die *Bestimmtheit* als *gesetzte* ist. Indem hierdurch das Objekt als *Bestimmtes* in den Proceß eingetreten ist, so ist einer Seits in dem Untergange desselben die *Ruhe* als der ursprüngliche Formalismus des Objekts, die Negativität seines Für-sich-bestimmtseyns, das Resultat. Anderer Seits aber ist es das Aufheben des Bestimmtseyns, als *positive Reflexion desselben* in sich, die in sich gegangene Bestimmtheit oder die *gesetzte Totalität des Begriffs*; die *wahrhafte Einzelnheit* des Objekts. Das Objekt, zuerst in seiner unbestimmten Allgemeinheit, dann als *Besonderes*, ist nun als *objektiv*

Einzelnes bestimmt; so daß darin jener *Schein von Einzelnheit,* welche nur eine sich der substantiellen Allgemeinheit *gegenüberstellende* Selbstständigkeit ist, aufgehoben worden.

Diese Reflexion in sich ist nun, wie sie sich ergeben hat, das objektive Einsseyn der Objekte, welches individuelle Selbstständigkeit, das *Centrum* ist. *Zweitens* ist die Reflexion der Negativität die Allgemeinheit, die nicht ein der Bestimmtheit gegenüberstehendes, sondern in sich bestimmtes, vernünftiges Schicksal ist, eine Allgemeinheit, die sich *an ihr selbst besondert,* der ruhige, in der unselbstständigen Besonderheit der Objekte und ihrem Processe feste Unterschied, das *Gesetz.* Dieß Resultat ist die Wahrheit, somit auch die Grundlage des mechanischen Processes.

C. Der absolute Mechanismus

a. Das Centrum

Die leere Mannigfaltigkeit des Objekts ist nun erstens in die objektive Einzelnheit, in den einfachen selbst bestimmenden *Mittelpunkt* gesammelt. Insofern zweitens das Objekt als unmittelbare Totalität seine Gleichgültigkeit gegen die Bestimmtheit behält, so ist diese an ihm auch als unwesentliche oder als ein *Außereinander* von vielen Objekten vorhanden. Die erstere, die wesentliche Bestimmtheit macht dagegen die *reelle Mitte* zwischen den vielen mechanisch auf einander wirkenden Objekten aus, durch welche sie *an und für sich* zusammen geschlossen sind, und ist deren objektive Allgemeinheit. Die Allgemeinheit zeigte sich zuerst im Verhältnisse der *Mittheilung* als eine nur durchs *Setzen* vorhandene; als *objektive* aber ist sie das durchdringende, immanente Wesen der Objekte.

In der materiellen Welt ist es der *Central-Körper,* der die *Gattung,* aber *individuelle* Allgemeinheit der einzelnen Objekte und ihres mechanischen Processes ist. Die unwesentlichen einzelnen Körper verhalten sich *stoßend* und *drückend* zu einander; solches Verhältniß findet nicht zwischen dem Central-Körper und den Objekten Statt, deren Wesen er ist; denn ihre Äußerlichkeit macht nicht mehr ihre Grundbestimmung aus. Ihre Identität mit ihm ist also vielmehr die Ruhe, nämlich das *Seyn in ihrem Centrum*; diese Einheit ist ihr an und für sich seyender Begriff. Sie bleibt jedoch nur ein *Sollen,* da die zugleich noch gesetzte Äußerlichkeit der Objekte jener Einheit nicht entspricht. Das *Streben,* das sie daher nach dem Centrum haben, ist ihre absolute, nicht durch *Mittheilung* gesetzte Allgemeinheit; sie macht die wahre, selbst *konkrete,* nicht *von Außen gesetzte Ruhe* aus, in welche der Proceß der Unselbstständigkeit zurückgehen muß. Es ist deswegen eine leere Abstraktion, wenn in der Mechanik angenommen wird, daß ein in Bewegung gesetzter Körper überhaupt sich in gerader Linie ins Unendliche fortbewegen würde, wenn er nicht durch äußerlichen Widerstand seine Bewegung verlöre. Die *Reibung*, oder welche Form der Widerstand sonst hat, ist nur die Erscheinung der *Centralität*; diese ist es welche ihn absolut zu sich zurückbringt; denn das, woran sich der bewegte Körper reibt, hat allein die Kraft eines Widerstands durch sein Einsseyn mit dem Centrum. Im *Geistigen* nimmt das Centrum und das Einsseyn mit demselben höhere Formen an; aber die Einheit des Begriffs und deren Realität, welche hier zunächst mechanische Centralität ist, muß auch dort die Grundbestimmung ausmachen.

Der Central-Körper hat insofern aufgehört, ein bloßes *Objekt* zu seyn, da an diesem die Bestimmtheit ein Unwesentliches ist; denn er hat nicht nicht mehr nur das *An-sich-*, sondern auch das *Für-sichseyn* der objektiven Totalität. Er kann deswegen als ein *Individuum* angesehen werden. Seine Bestimmtheit ist wesentlich von einer bloßen *Ordnung* oder *Arrangement* und *äußerlichen Zusammenhang* von Theilen verschieden; sie ist als an und für sich seyende Bestimmtheit eine *immanente* Form, selbst bestimmendes Princip, welchem die Objekte inhäriren, und wodurch sie zu einem wahrhaften Eins verbunden sind.

Dieses Central-Individuum ist aber so nur erst *Mitte*, welche noch keine wahrhaften Extreme hat; als negative Einheit des totalen Begriffs dirimirt es sich aber in solche. Oder: die vorhin unselbstständigen sich äußerlichen Objekte werden durch den Rückgang des Begriffs gleichfalls zu Individuen bestimmt; die Identität des Central-Körpers mit sich, die noch ein *Streben* ist, ist mit *Äußerlichkeit* behaftet, welcher, da sie in seine *objektive Einzelnheit* aufgenommen ist, diese mitgetheilt ist. Durch diese eigene Centralität sind sie, außer jenem ersten Centrum gestellt, selbst Centra für die unselbstständigen Objekte. Diese zweiten Centra und die unselbstständigen Objekte sind durch jene absolute Mitte zusammengeschlossen.

Die relativen Central-Individuen machen aber auch selbst die Mitte *eines zweiten Schlusses* aus, welche einer Seits unter ein höheres Extrem, die objektive *Allgemeinheit* und *Macht* des absoluten Centrums, subsumirt ist, auf der andern Seite die unselbstständigen Objekte unter sich subsumirt, deren oberflächliche oder formale Vereinzelung von ihr getragen werden. Auch diese Unselbstständigen sind die Mitte eines *dritten*, des *formalen Schlusses*; indem sie das Band zwischen der absoluten und der relativen Centralindividualität insofern sind, als die letztere in ihnen ihre Äußerlichkeit hat, durch welche die *Beziehung auf sich* zugleich ein *Streben* nach einem absoluten Mittelpunkt ist. Die formalen Objekte haben zu ihrem Wesen die identische *Schwere* ihres unmittelbaren Central-Körpers, dem sie als ihrem Subjekte und Extreme der Einzelnheit inhäriren; durch die Äußerlichkeit, welche sie ausmachen, ist er unter den absoluten Central-Körper subsumirt; sie sind also die formale Mitte der *Besonderheit*. Das absolute Individuum aber ist die objektiv-allgemeine Mitte, welche das Insichseyn des relativen Individuums und seine Äußerlichkeit zusammenschließt und festhält. So sind auch die *Regierung*, die *Bürger-Individuen* und die *Bedürfnisse* oder *das äußerliche Leben* der Einzelnen drei Termini, deren jeder die Mitte der zwei andern ist. Die *Regierung*, die *Bürger-Individuen* und die *Bedürfnisse* oder *das äußerliche Leben* der Einzelnen drei Termini, deren jeder die Mitte der zwei andern ist. Die *Regierung* ist das absolute Centrum, worin das Extrem der Einzelnen mit ihrem äußerlichen Bestehen zusammengeschlossen wird; ebenso sind die *Einzelnen* Mitte, welche jenes allgemeine Individuum zur äußerlichen Existenz bethätigen, und ihr sittliches Wesen in das Extrem der Wirklichkeit übersetzen. Der dritte Schluß ist der formale, der Schluß des Scheins, daß die einzelnen durch ihre *Bedürfnisse* und des äußerlichen Daseyn an diese allgemeine absolute Individualität geknüpft sind; ein Schluß, der als der bloß subjektive in die anderen übergeht, und in ihnen seine Wahrheit hat.

Diese Totalität, deren Momente selbst die vollständigen Verhältnisse des Begriffes, die *Schlüsse*, sind, worin jedes der drei unterschiedenen Objekte die Bestimmung der Mitte und der Extreme durchläuft, macht den *freien Mechanismus* aus. In ihm haben die unterschiedenen Objekte die objektive Allgemeinheit, die *durchdringende* in der *Besonderung* sich *identisch* erhaltende Schwere, zu ihrer Grundbestimmung. Die Beziehung von *Druck, Stoß, Anziehen* und dergleichen, so wie *Aggregirungen* oder *Vermischungen*, gehören dem Verhältnisse der Äußerlichkeit an, die den dritten der zusammengestellten Schlüsse begründet. Die *Ordnung*, welches die bloß äußerliche Bestimmtheit der Objekt ist, ist in die immanente und objektive Bestimmung übergegangen; diese ist das *Gesetz*.

b. Das Gesetz

In dem Gesetze thut sich der bestimmtere Unterschied von *ideeller Realität* der Objektivität gegen die *äußerliche* hervor. Das Objekt hat als *unmittelbare* Totalität des Begriffs die Äußerlichkeit noch nicht als von dem Begriffe unterschieden, der nicht für sich gesetzt ist. Indem es durch den Proceß in sich gegangen, ist der Gegensatz der *einfachen Centralität* gegen eine *Äußerlichkeit* eingetreten, welche nun *als* Äußerlichkeit bestimmt, d. i. als nicht An- und Für-sich- seyendes *gesetzt* ist. Jenes Identische oder Ideelle der Individualität ist um der Beziehung auf die Äußerlichkeit willen ein *Sollen*; es ist die an- und für-sich bestimmte und selbstbestimmende Einheit des Begriffs, welcher jene äußerliche Realität nicht entspricht, und daher nur bis zum *Streben* kommt. Aber die Individualität ist *an und für sich das konkrete Princip der negativen Einheit, als solches* selbst *Totalität*; eine Einheit, die sich in die *Bestimmten Begriffsunterschiede* dirimirt, und in ihrer sich selbst gleichen Allgemeinheit bleibt; somit der innerhalb seiner reinen Idealität *durch den Unterschied erweiterte* Mittelpunkt. Diese Realität, die dem Begriffe entspricht, ist die *ideelle*, von jener nur strebenden unterschieden; der Unterschied, der zunächst eine Vielheit von Objekten ist, in seiner Wesentlichkeit und in die reine

Allgemeinheit aufgenommen. Diese reelle Idealität ist die *Seele* der vorhin entwickelten, objektiven Totalität, *die an und für sich bestimmte Identität* des Systems.

Das objektive *An- und Für-sichseyn* ergiebt sich daher in seiner Totalität bestimmter als die negative Einheit des Centrums, welche sich in die *subjektive Individualität* und die *äußerliche Objektivität* theilt, in dieser jene erhält und in ideellem Unterschiede bestimmt. Diese selbstbestimmende, die äußerliche Objektivität in die Idealität absolut zurückführende Einheit ist Princip von *Selbstbewegung*; die *Bestimmtheit* dieses Beseelenden, welche der Unterschied des Begriffes selbst ist, ist das *Gesetz*. Der todte Mechanismus war der betrachtete mechanische Proceß von Objekten, die unmittelbar als selbstständig erschienen, aber eben deswegen in Wahrheit unselbstständig sind, und ihr Centrum außer ihnen haben; dieser Proceß, der in *Ruhe* übergeht, zeigt entweder *Zufälligkeit* und unbestimmte Ungleichheit, oder *formale Gleichförmigkeit*. Diese Gleichförmigkeit ist wohl eine *Regel*, aber nicht *Gesetz*. Nur der freie Mechanismus hat ein *Gesetz*, die eigene Bestimmung der reinen Individualität oder *des für sich seyenden Begriffes*; es ist als Unterschied an sich selbst unvergängliche Quelle sich selbst entzündender Bewegung; indem es in der Idealität seines Unterschiedes sich nur auf sich bezieht, *freie Nothwendigkeit*.

c. Übergang des Mechanismus

Diese Seele ist jedoch in ihren Körper noch versenkt; der *nunmehr bestimmte*, aber *innere* Begriff der objektiven Totalität ist so; so freie Nothwendigkeit, daß das Gesetz seinem Objekte noch nicht gegenüber getreten ist; es ist die *konkrete* Centralität als in ihre Objektivität *unmittelbar* verbreitete Allgemeinheit. Jene Idealität hat daher nicht die *Objekte selbst* zu ihrem bestimmten Unterschied; diese sind *selbstständige Individuen* der Totalität, oder auch, wenn wir auf die formale Stufe zurücksehen, nicht individuelle, äußerliche *Objekte*. Das Gesetz ist ihnen wohl immanent und macht ihre Natur und Macht aus; aber sein Unterschied ist in seine Idealität eingeschlossen, und die Objekte sind nicht selbst in die ideelle Differenz des Gesetzes unterschieden. Aber das Objekt hat an der ideellen Centralität und deren Gesetze allein seine wesentliche Selbstständigkeit; es hat daher keine Kraft, dem Urtheile des Begriffs Widerstand zu thun, und sich in abstrakter, unbestimmter Selbstständigkeit und Verschlossenheit zu erhalten. Durch den ideellen, ihm immanenten Unterschied ist sein Daseyn eine *durch den Begriff gesetzte Bestimmtheit*. Seine Unselbstständigkeit ist auf diese Weise nicht mehr nur ein *Streben* nach dem *Mittelpunkte*, gegen den es eben, weil seine Beziehung nur ein Streben ist, noch die Erscheinung eines selbstständigen äußerlichen Objektes hat; sondern es ist ein Streben nach dem *bestimmt ihm entgegengesetzten Objekt*; so wie das Centrum dadurch selbst auseinander, und seine negative Einheit in den *objektivirten Gegensatz* übergegangen ist. Die Centralität ist daher jetzt *Beziehung* dieser gegen einander negativen und gespannten Objektivitäten. So bestimmt sich der freie Mechanismus zum *Chemismus.*

Zweites Kapitel. Der Chemismus

Der Chemismus macht im Ganzen der Objektivität das Moment des Urtheils, der objektiv gewordenen Differenz und des Processes aus. Da er mit der Bestimmtheit und dem Gesetztseyn schon beginnt, und das chemische Objekt zugleich objektive Totalität ist, ist sein nächster Verlauf einfach, und durch seine Voraussetzung vollkommen bestimmt.

A. Das chemische Objekt

Das chemische Objekt unterscheidet sich von dem mechanischen dadurch, daß das letztere eine Totalität ist, welche gegen die Bestimmtheit gleichgültig ist; bei dem chemischen dagegen gehört die *Bestimmtheit,* somit die *Beziehung auf Anderes,* und die Art und Weise dieser Beziehung, seiner Natur an. Diese Bestimmtheit ist wesentlich zugleich *Besonderung,* d. h. in die Allgemeinheit aufgenommen; sie ist so *Princip* die *allgemeine Bestimmtheit,* nicht nur die des *eines einzelnen Objekts,* sondern auch die des *andern.* Es unterscheidet sich daher nun an demselben sein Begriff, als die innere Totalität beider Bestimmtheiten, und die Bestimmtheit, welche die Natur des einzelnen Objekts in seiner *Äußerlichkeit* und *Existenz* ausmacht. Indem es auf diese Weise *an sich* der ganze Begriff ist, so hat es an ihm selbst die *Nothwendigkeit* und den *Trieb,* sein entgegengesetztes, *einseitiges Bestehen* aufzuheben, und sich zu dem *realen Ganzen* im Daseyn zu machen, welches es seinem Begriffe nach ist.

Über den Ausdruck: *Chemismus,* für das Verhältniß der Differenz der Objektivität, wie es sich ergeben hat, kann übrigens bemerkt werden, daß er hier nicht so verstanden werden muß, als ob sich dieß Verhältniß nur in derjenigen Form der elementarischen Natur darstellte, welche der eigentliche sogenannte Chemismus heißt. Schon das meteorologische Verhältniß muß als ein Proceß angesehen werden, dessen Parthien mehr die Natur von physikalischen als chemischen Elementen haben. Im Lebendigen steht das Geschlechtsverhältniß unter diesem Schema; so wie es auch für die geistigen Verhältnisse der Liebe, Freundschaft u. s. f. die *formale* Grundlage ausmacht.

Näher betrachtet ist das chemische Objekt zunächst, als eine *selbstständige* Totalität überhaupt, ein in sich reflektirtes, das insofern von seinem Reflektirt-Seyn nach Außen unterschieden ist, eine gleichgültige *Basis,* das noch nicht als different bestimmte Individuum; auch die Person ist eine solche sich erst nur auf sich beziehende Basis. Die immanente Bestimmtheit aber, welche seine *Differenz* ausmacht, ist *erstlich* so in sich reflektirt, daß diese Zurücknahme der Beziehung nach Außen nur formale abstrakte Allgemeinheit ist; so ist die Beziehung nach Außen Bestimmung seiner Unmittelbarkeit und Existenz. Nach dieser Seite geht es nicht *an ihm selbst* in die individuelle Totalität zurück; und die negative Einheit hat die beiden Momente ihres Gegensatzes an zwei *besonderen Objekten*. Sonach ist ein chemisches Objekt nicht aus ihm selbst begreiflich, und das Seyn des Einen ist das Seyn des Andern. *Zweitens* aber ist die Bestimmtheit absolut in sich reflektirt, und das konkrete Moment des individuellen Begriffs des Ganzen, der das allgemeine Wesen, die *reale Gattung* des besondern Objekts ist. Das chemische Objekt, hiermit der Widerspruch seines unmittelbaren Gesetztseyns und seines immanenten individuellen Begriffs, ist ein *Streben*, die Bestimmtheit seines Daseyns aufzuheben, und der objektiven Totalität des Begriffes die Existenz zu geben. Es ist daher zwar gleichfalls ein unselbstständiges, aber so, daß es hiergegen durch seine Natur selbst gespannt ist, und den *Proceß* selbstbestimmend anfängt.

B. Der Proceß

1. Er beginnt mit der Voraussetzung, daß die gespannten Objekte, so sehr sie es gegen sich selbst, es zunächst eben damit gegen einander sind; ein Verhältniß, welches ihre *Verwandtschaft* heißt. Indem jedes durch seinen Begriff im Widerspruch gegen die eigene Einseitigkeit seiner Existenz steht, somit diese aufzuheben strebt, ist darin unmittelbar das Streben gesetzt, die Einseitigkeit des andern aufzuheben, und durch diese gegenseitige Ausgleichung und Verbindung die Realität dem Begriffe, der beide Momente enthält, gemäß zu setzen. Insofern jedes gesetzt ist, als an ihm selbst sich widersprechend und aufhebend, so sind sie nur durch *äußere Gewalt* in der Absonderung von einander und von ihrer gegenseitigen Ergänzung gehalten. Die Mitte, wodurch nun diese Extreme zusammengeschlossen werden, ist *erstlich* die *ansichseyende* Natur beider, der ganze beide in sich haltende Begriff. Aber *zweitens*, da sie in der Existenz gegeneinander stehen, so ist ihre absolute Einheit auch ein *unterschieden* von ihnen *existirendes*, noch formales Element; das Element der *Mittheilung*, worin sie in äußerliche *Gemeinschaft* miteinander treten. Da der reale Unterschied den Extremen angehört, so ist diese Mitte nur die abstrakte Neutralität, die reale Möglichkeit derselben; gleichsam das *theoretische Element* der Existenz von den chemischen Objekten, ihres Processes und seines Resultats; im Körperlichen hat das *Wasser* die Funktion dieses Mediums; im Geistigen, insofern in ihm das Analogon eines solchen Verhältnisses Statt findet, ist das *Zeichen* überhaupt, und näher die *Sprache* dafür anzusehen.

Das Verhältniß der Objekte ist als bloße Mittheilung in diesem Elemente einer Seits ein ruhiges Zusammengehen, aber anderer Seits ebenso sehr ein *negatives Verhalten*, indem der konkrete Begriff, welcher ihre Natur ist, in der Mittheilung in Realität gesetzt, hiermit die *realen Unterschiede* der Objekte zu seiner Einheit reducirt werden. Ihre vorherige selbstständige *Bestimmtheit* wird damit in der dem Begriffe, der in beiden ein und derselbe ist, gemäßen Vereinigung aufgehoben, ihr Gegensatz und Spannung hierdurch abgestumpft; womit das Streben in dieser gegenseitigen Ergänzung seine ruhige *Neutralität* erlangt.

Der Proceß ist auf diese Weise *erloschen*; indem der Widerspruch des Begriffes und der Realität ausgeglichen, haben die Extreme des Schlusses ihren Gegensatz verloren, hiermit aufgehört, Extreme gegeneinander und gegen die Mitte zu seyn. Das *Produkt* ist ein *neutrales*, d. h. ein solches, in welchem die Ingredienzien, die nicht mehr Objekte genannt werden können, ihre Spannung und damit die Eigenschaften nicht mehr haben, die ihnen als gespannten zukamen, worin sich aber die *Fähigkeit* ihrer vorigen Selbstständigkeit und Spannung erhalten hat. Die negative Einheit des Neutralen geht nämlich von einer *vorausgesetzten* Differenz aus; die *Bestimmtheit* des chemischen Objekts ist identisch mit seiner Objektivität, sie ist ursprünglich. Durch den betrachteten Proceß ist diese Differenz nur erst *unmittelbar* aufgehoben, die Bestimmtheit ist daher noch nicht als absolut in sich reflektirte, somit das Produkt des Processes nur eine formale Einheit.

2. In diesem Produkte ist nun zwar die Spannung des Gegensatzes und die negative Einheit als Thätigkeit des Processes erloschen. Da diese Einheit aber dem Begriffe wesentlich, und zugleich selbst zur Existenz gekommen ist, so ist sie noch vorhanden, aber *außer* dem neutralen Objekte getreten. Der Proceß facht sich nicht von selbst wieder an, insofern er die Differenz nur zu seiner *Voraussetzung* hatte, nicht sie selbst *setzte*. Diese außer dem Objekte selbstständige Negativität, die Existenz der *abstrakten* Einzelnheit, deren Fürsichseyn seine Realität an dem *indifferenten Objekte* hat, ist nun in sich selbst gegen ihre Abstraktion gespannt, eine in sich unruhige Thätigkeit, die sich verzehrend nach Außen kehrt. Sie bezieht sich *unmittelbar* auf das Objekt, dessen ruhige Neutralität die reale Möglichkeit ihres Gegensatzes ist; dasselbe ist nunmehr die *Mitte* der vorhin bloß formalen Neutralität, nun in sich selbst konkret, und bestimmt.

Die nähere unmittelbare Beziehung des *Extrems* der *negativen Einheit* auf das Objekt ist, daß dieses durch sie bestimmt und hierdurch dirimirt wird. Diese Diremtion kann zunächst für die Herstellung des Gegensatzes der gespannten Objekte angesehen werden, mit welchem der Chemismus begonnen. Aber diese Bestimmung macht nicht das andere Extrem des Schlusses aus, sondern gehört zur unmittelbaren Beziehung des differentiirenden Princips auf die Mitte, an der sich dieses seine unmittelbare Realität giebt; es ist die Bestimmtheit, welche im disjunktiven Schlusse die Mitte, außer dem, daß sie allgemeine Natur des Gegenstandes ist, zugleich hat, wodurch dieser ebenso wohl objektive Allgemeinheit als bestimmte Besonderheit ist. Das *andere Extrem* des Schlusses steht dem äußern *selbstständigen Extrem* der Einzelnheit gegenüber; es ist daher das ebenso selbstständige Extrem der *Allgemeinheit* die Diremtion, welche die reale

Neutralität der Mitte daher in ihm erfährt, ist, daß sie nicht in gegeneinander differente, sondern *indifferente* Momente zerlegt wird. Diese Momente sind hiermit die abstrakte, gleichgültige *Basis* einer Seits, und das *begeistende* Princip derselben anderer Seits, welches durch seine Trennung von der Basis ebenfalls die Form gleichgültiger Objektivität erlangt.

Dieser disjunktive Schluß ist die Totalität des Chemismus, in welcher dasselbe objektive Ganze sowohl, als die selbsständige *negative* Einheit, dann in der Mitte als *reale* Einheit, endlich aber die chemische Realität in ihre *abstrakten* Momente aufgelöst, dargestellt ist. In diesen letzteren ist die Bestimmtheit, nicht wie im Neutralen, an *einem Andern* zu ihrer *Reflexion-in-sich* gekommen, sondern ist an sich in ihre Abstraktion zurückgegangen, ein *ursprünglich bestimmtes Element*.

3. Diese elementarischen Objekte sind hiermit von der chemischen Spannung befreit; es ist ihn ihnen die ursprüngliche Grundlage derjenigen *Voraussetzung*, mit welcher der Chemismus begann, durch den realen Proceß *gesetzt* worden. Insofern nun weiter einer Seits ihre innerliche *Bestimmtheit* als solche, wesentlich der Widerspruch ihres *einfachen gleichgültigen Bestehens*, und ihrer als *Bestimmtheit*, und der Trieb nach Außen ist, der sich dirimirt, und an ihrem Objekte und an einem *Andern* die Spannung setzt, *um ein solches zu haben*, wogegen es sich als differentes verhalten, an dem es sich neutralisiren und seiner einfachen Bestimmtheit die daseyende Realität geben könne, so ist damit der Chemismus in seinen Anfang zurückgegangen, in welchem gegeneinander gespannte Objekte einander suchen, und dann durch eine formale, äußerliche Mitte zu einem Neutralen sich vereinigen. Auf der andern Seite hebt der Chemismus durch diesen Rückgang in seinen *Begriff* sich auf, und ist in eine höhere Sphäre übergegangen.

C. Übergang des Chemismus

Die gewöhnliche Chemie schon zeigt Beispiele von chemischen Veränderungen, worin ein Körper z.B. einem Theil seiner Masse eine höhere Oxydation zutheilt, und dadurch einen andern Theil in einen geringern Grad derselben herabsetzt, in welchem er erst mit einem an ihn gebrachten andern differenten Körper eine neutrale Verbindung eingehen kann, für die er in jenem ersten unmittelbaren Grade nicht empfänglich gewesen wäre. Was hier geschieht, ist, daß sich das Objekt nicht nach einer unmittelbaren, einseitigen Bestimmtheit auf ein Anderes bezieht, sondern nach der innern Totalität eines ursprünglichen *Verhältnisses* die *Voraussetzung*, deren es zu einer realen Beziehung bedarf, *setzt*, und dadurch sich eine Mitte giebt, durch welche es seinen Begriff mit seiner Realität zusammenschließt; es ist die an und für sich bestimmte Einzelnheit, der konkrete Begriff als Princip der *Disjunktion* in Extreme, deren *Wiedervereinigung* die Thätigkeit *desselben* negativen Princips ist, das dadurch zu seiner ersten Bestimmung, aber *objektivirt* zurückkehrt. Der Chemismus selbst ist *die erste Negation* der *gleichgültigen* Objektivität, und der *Äußerlichkeit* der Bestimmtheit; er ist also noch mit der unmittelbaren Selbstständigkeit des Objekts und mit der Äußerlichkeit behaftet. Er ist daher für sich noch nicht jene Totalität der Selbstbestimmung, welche aus ihm hervorgeht, und in welcher er sich vielmehr aufhebt. Die drei Schlüsse, welche sich ergeben haben, machen seine Totalität aus; der erste hat zur Mitte die formale Neutralität und zu den Extremen die gespannten Objekte, der zweite hat das Produkt des ersten, die reelle Neutralität zur Mitte und die dirimirende Thätigkeit, und ihr Produkt, das gleichgültige Element, zu den Extremen; der dritte aber ist der sich realisirende Begriff, der sich die Voraussetzung setzt, durch welche der Proceß seiner Realisirung bedingt ist, ein Schluß, der das Allgemeine zu seinem Wesen hat. Um der Unmittelbarkeit und Äußerlichkeit willen jedoch, in deren Bestimmung die chemische Objektivität steht, *fallen diese Schlüsse noch auseinander*. Der erste Proceß, dessen Produkt die Neutralität der gespannten Objekte ist, erlischt in seinem Produkte, und es ist eine äußerlich hinzukommende Differentiirung, welche ihn wieder anfacht; bedingt durch eine unmittelbare Voraussetzung, erschöpft er sich in ihr. Ebenso muß die Ausscheidung der differenten Extreme aus dem Neutralen, ingleichen ihre Zerlegung in ihre abstrakten Elemente, von *äußerlich hinzukommenden Bedingungen* und Erregungen der Thätigkeit ausgehen. Insofern aber auch die beiden wesentlichen Momente des Processes, einer Seits die Neutralisirung, anderer Seits die Scheidung und Reduktion, in einem und demselben Processe verbunden sind, und *Vereinigung* und Abstumpfung der gespannten Extreme auch eine *Trennung* in solche ist, so machen sie um der noch zu Grunde liegenden Äußerlichkeit willen *zwei verschiedene* Seiten aus; die Extreme, welche in demselben Processe ausgeschieden werden, sind andere Objekte oder Materien, als diejenigen, welche sich in ihm einigen; insofern jene daraus wieder different hervorgehen, müssen sie sich nach Außen wenden; ihre neue Neutralisirung ist ein anderer Proceß, als die, welche in dem ersten Statt hatte.

Aber diese verschiedenen Processe, welche sich als nothwendig ergeben haben, sind ebenso viele *Stufen*, wodurch die *Äußerlichkeit* und das *Bedingtseyn* aufgehoben wird, woraus der Begriff als an und für sich bestimmte, und von der Äußerlichkeit nicht bedingte Totalität hervorgeht. Im ersten hebt sich die Äußerlichkeit der die ganze Realität ausmachenden, differenten Extreme gegeneinander, oder die Unterschiedenheit des *ansich* seyenden bestimmten Begriffes von seiner *daseyenden* Bestimmtheit auf; im zweiten wird die Äußerlichkeit der realen Einheit, die Vereinigung als bloß *neutrale* aufgehoben; näher hebt sich die formale Thätigkeit zunächst in ebenso formalen Basen, oder indifferenten Bestimmtheiten auf, deren *innerer Begriff* nun die in sich gegangene, absolute Thätigkeit, als an ihr selbst sich realisirend ist, d. i. die in sich die bestimmten Unterschiede *setzt*, und durch diese *Vermittelung* sich als reale Einheit konstituirt, eine Vermittelung, welche somit die *eigene* Vermittelung des Begriffs, seine Selbstbestimmung, und in Rücksicht auf seine Reflexion daraus in sich, immanentes

Voraussetzen ist. Der dritte Schluß, der einer Seits die Wiederherstellung der vorhergehenden Processe ist, hebt anderer Seits noch das letzte Moment *gleichgültiger* Basen auf, die ganz abstrakte äußerliche *Unmittelbarkeit*, welche auf diese Weise *eigenes* Moment der Vermittelung des Begriffes durch sich selbst wird. Der Begriff, welcher hiermit alle Momente seines objektiven Daseyns als äußerliche aufgehoben und in seine einfache Einheit gesetzt hat, ist dadurch von der objektiven Äußerlichkeit vollständig befreit, auf welche er sich nur als eine unwesentliche Realität bezieht; dieser objektive freie Begriff ist der *Zweck*.

Drittes Kapitel. Teleologie

Wo *Zweckmäßigkeit* wahrgenommen wird, wird ein *Verstand* als Urheber derselben angenommen, für den Zweck also die eigene, freie Existenz des Begriffes gefordert. Die *Teleologie* wird vornehmlich dem *Mechanismus* entgegengestellt, in welchem die an dem Objekt gesetzte Bestimmtheit wesentlich als äußerliche eine solche ist, an der sich keine *Selbstbestimmung* manifestirt. Der Gegensatz von Causis efficientibus und Causis finalibus, bloß *wirkenden* und *Endursachen*, bezieht sich auf jenen Unterschied, auf den, in konkreter Form genommen, auch die Untersuchung zurückgeht, ob das absolute Wesen der Welt als blinder Natur-Mechanismus, oder als ein nach Zwecken sich bestimmender Verstand zu fassen sey. Die Antinomie des *Fatalismus* mit dem *Determinismus* und der *Freiheit* betrifft ebenfalls den Gegensatz des Mechanismus und der Teleologie; denn das Freie ist der Begriff in seiner Existenz.

Die vormalige Metaphysik ist mit diesen Begriffen, wie mit ihren anderen verfahren; sie hat Theils eine Weltvorstellung vorausgesetzt, und sich bemüht, zu zeigen, daß der eine oder der andere Begriff auf sie passe, und der entgegengesetzte mangelhaft sey, weil sich nicht aus ihm *erklären* lasse; Theils hat sie dabei den Begriff der mechanischen Ursache und des Zwecks nicht untersucht, welcher *an und für sich* Wahrheit habe. Wenn dieß für sich festgestellt ist, so mag die objektive Welt mechanische und Endursachen darbieten; ihre Existenz ist nicht der Maaßstab des *Wahren*, sondern das Wahre vielmehr das Kriterium, welche von diesen Existenzen ihre wahrhafte sey. Wie der subjektive Verstand auch Irrthümer an ihm zeigt, so zeigt die objektive Welt auch diejenigen Seiten und Stufen der Wahrheit, welche für sich erst einseitig, unvollständig, und nur Erscheinungsverhältnisse sind. Wenn Mechanismus und Zweckmäßigkeit sich gegenüber stehen, so können sie eben deswegen nicht als *gleich-gültige* genommen, deren jedes für sich ein richtiger Begriff sey und so viele Gültigkeit habe als der andere, wobei es nur darauf ankomme, wo der eine oder der andere angewendet werden könne. Diese gleiche Gültigkeit beider beruht nur darauf, weil sie *sind*, nämlich weil wir beide *haben*. Aber die nothwendige erste Frage ist, weil sie entgegengesetzt sind, welcher von beiden der wahre sey; und die höhere eigentliche Frage ist, *ob nicht ein Drittes ihre*

Wahrheit, oder ob einer die Wahrheit des andern ist. Die *Zweckbeziehung* hat sich aber als die Wahrheit des *Mechanismus* erwiesen. Das, was sich als *Chemismus* darstellte, wird mit dem *Mechanismus* insofern zusammengenommen, als der Zweck der Begriff in freier Existenz ist, und ihm überhaupt die Unfreiheit desselben, sein Versenktseyn in die Äußerlichkeit gegenübersteht; beides, Mechanismus so wie Chemismus, wird also unter der Naturnothwendigkeit zusammengefaßt, indem im ersten der Begriff nicht am Objekte existirt, weil es als mechanisches die Selbstbestimmung nicht enthält, im andern aber der Begriff entweder eine gespannte, einseitige Existenz hat, oder, insofern er als die Einheit hervortritt, welche das neutrale Objekt in die Extreme spannt, sich selbst, insofern er diese Trennung aufhebt, äußerlich ist.

Je mehr das teleologische Princip mit dem Begriffe eines *außerweltlichen* Verstandes zusammengehängt und insofern von der Frömmigkeit begünstigt wurde, desto mehr schien es sich von der wahren Naturforschung zu entfernen, welche die Eigenschaften der Natur nicht als fremdartige, sondern als *immanente Bestimmtheiten* erkennen will, und nur solches Erkennen als ein *Begreifen* gelten läßt. Da der Zweck der Begriff selbst in seiner Existenz ist, so kann es sonderbar scheinen, daß das Erkennen der Objekte aus ihrem Begriffe vielmehr als ein unberechtigter Überschritt in ein *heterogenes* Element erscheint, der Mechanismus dagegen, welchem die Bestimmtheit eines Objekts als ein äußerlich an ihm und durch ein Anderes gesetzte Bestimmtheit ist, für eine *immanentere* Ansicht gilt, als die Teleologie. Der Mechanismus, wenigstens der gemeine unfreie, so wie der Chemismus, muß allerdings insofern als ein immanentes Princip angesehen werden, als das bestimmende *Äußerliche*, selbst *wieder nur ein solches Objekt*, ein äußerlich bestimmtes und gegen solche Bestimmtwerden gleichgültiges, oder im Chemismus das andere Objekt ein gleichfalls chemisch bestimmtes ist, überhaupt ein wesentliches Moment der Totalität immer in einem Äußern liegt. Diese Principien bleiben daher innerhalb derselben Naturform der Endlichkeit stehen; ob sie aber gleich das Endliche nicht überschreiten wollen, und für die Erscheinungen nur zu endlichen Ursachen, die selbst das Weitergehen verlangen, führen, so erweitern sie sich doch zugleich Theils zu einer formellen Totalität in dem Begriffe von Kraft, Ursache und dergleichen Reflexions-Bestimmungen, die eine *Ursprünglichkeit* bezeichnen sollen, Theils aber durch die abstrakte *Allgemeinheit* von einem *All der Kräfte*, einem *Ganzen* von gegenseitigen Ursachen. Der Mechanismus zeigt sich selbst dadurch als ein Streben der Totalität, daß er die Natur *für sich* als ein *Ganzes* zu fassen sucht, das zu *seinem* Begriffe keines Andern bedarf, eine Totalität, die sich in dem Zwecke und dem damit zusammenhängenden außerweltlichen Verstand nicht findet.

Die Zweckmäßigkeit nun zeigt sich zunächst als ein *Höheres* überhaupt; als ein *Verstand* der *äußerlich* die Mannigfaltigkeit der Objekte *durch eine an und für sich seyende Einheit* bestimmt, so daß die gleichgültigen Bestimmtheiten der Objekte *durch diese Beziehung wesentlich* werden. Im Mechanismus werden sie es durch die *bloße Form der*

Nothwendigkeit, wobei ihr *Inhalt* gleichgültig ist, denn sie sollen äußerliche bleiben, und nur der Verstand als solcher sich befriedigen, indem er seinen Zusammenhang, die abstrakte Identität, erkennt. In der Teleologie dagegen wird der Inhalt wichtig, weil sie einen Begriff, ein *an und für sich Bestimmtes* und damit Selbstbestimmendes voraussetzt, also von der *Beziehung* der Unterschiede und ihres Bestimmtseyns durcheinander, von der *Form*, die *in sich reflektirte Einheit, ein an und für sich Bestimmtes*, somit *einen Inhalt* unterschieden hat. Wenn dieser aber sonst ein *endlicher* und unbedeutender ist, so widerspricht er dem, was er seyn soll, denn der Zweck ist seiner Form eine *in sich unendliche Totalität*; besonders wenn das nach Zwecken wirkende Handeln als *absoluter* Willen und Verstand angenommen ist. Die Teleologie hat sich den Vorwurf des Läppischen deswegen so sehr zugezogen, weil die Zwecke, die sie aufzeigte, wie es sich trifft, bedeutender oder auch geringfügiger sind, und die Zweckbeziehung der Objekte mußte so häufig als eine Spielerei erscheinen, weil diese Beziehung so äußerlich und daher zufällig erscheint. Der Mechanismus dagegen läßt den Bestimmtheiten der Objekte dem Gehalte nach ihren Werth von Zufälligen, gegen welche das Objekt gleichgültig ist, und die weder für sie, noch für den subjektiven Verstand ein höheres Gelten haben sollen. Dieß Princip giebt daher in seinem Zusammenhange von äußerer Nothwendigkeit das Bewußtseyn unendlicher Freiheit gegen die Teleologie, welche die Geringfügigkeiten, und selbst Verächtlichkeiten ihres Inhalts als etwas Absolutes aufstellt, in dem sich der allgemeinere Gedanke nur unendlich beengt, und selbst ekelhaft afficirt finden kann.

Der formelle Nachtheil, in welchem diese Teleologie zunächst steht, ist, daß sie nur bis zur *äußern Zweckmäßigkeit* kommt. Indem der Begriff hierdurch als ein Formelles gesetzt ist, so ist ihr der Inhalt auch ein ihm äußerlich in der Mannigfaltigkeit der objektiven Welt Gegebenes, in eben jenen Bestimmtheiten, welche auch Inhalt des Mechanismus, aber als ein Äußerliches, Zufälliges sind. Um dieser Gemeinschaftlichkeit willen macht die *Form der Zweckmäßigkeit* für sich allein das Wesentliche des Teleologischen aus. In dieser Rücksicht, ohne noch auf den Unterschied von äußerer und innerer Zweckmäßigkeit zu sehen, hat sich die Zweckbeziehung überhaupt an und für sich als die *Wahrheit des Mechanismus* erwiesen. Die Teleologie hat im Allgemeinen das höhere Princip, den Begriff in seiner Existenz, der an und für sich das Unendliche und Absolute ist; ein Princip der Freiheit, das seiner Selbstbestimmung schlechthin gewiß, dem *äußerlichen Bestimmtwerden* des Mechanismus absolut entrissen ist.

Eines der großen Verdienste *Kant's* um die Philosophie besteht in der Unterscheidung, die er zwischen relativer oder *äußerer* und zwischen *innerer* Zweckmäßigkeit aufgestellt hat; in letzterer hat er den Begriff des *Lebens*, die *Idee*, aufgeschlossen und damit die Philosophie, was die Kritik der Vernunft nur unvollkommen, in einer sehr schiefen Wendung und nur *negativ* thut, *positiv* über die Reflexions-Bestimmungen und die relative Welt der Metaphysik erhoben. Es ist erinnert worden, daß der Gegensatz der

Teleologie und des Mechanismus zunächst der allgemeinere Gegensatz von *Freiheit* und *Nothwendigkeit* ist. Kant hat den Gegensatz in dieser Form unter den *Antinomien* der Vernunft, und zwar als den *dritten Widerstreit der transcendentalen Ideen* aufgeführt. Ich führe seine Darstellung, auf welche früher verwiesen worden, ganz kurz an, indem das Wesentliche derselben so einfach ist, daß es keiner weitläufigen Auseinandersetzung bedarf, und die Art und Weise der kantischen Antinomien anderwärts ausführlicher beleuchtet worden ist.

Die *Thesis* der hier zu betrachtenden lautet: die Kausalität nach Gesetzen der Natur ist nicht die einzige, aus welcher die Erscheinungen der Welt insgesammt abgeleitet werden können. Es ist noch eine Kausalität durch Freiheit zu Erklärung derselben anzunehmen nothwendig.

Die *Antithesis*: Es ist keine Freiheit, sondern Alles in der Welt geschieht lediglich nach Gesetzen der Natur.

Der Beweis geht wie bei den übrigen Antinomien erstens apagogisch zu Werke, es wird das Gegentheil jeder Thesis angenommen; zweitens, um das Widersprechende dieser Annahme zu zeigen, wird umgekehrt das Gegentheil derselben, das ist somit der zu beweisende Satz, angenommen und als geltend vorausgesetzt; der ganze Umweg des Beweisens konnte daher erspart werden; es besteht in nichts als der assertorischen Behauptung der beiden gegenüberstehenden Sätze.

Zum Beweise der *Thesis* soll nämlich zuerst angenommen werden: es gebe *keine andere Kausalität*, als nach *Gesetzen der Natur*, d. i. nach der Nothwendigkeit des Mechanismus überhaupt, den Chemismus mit eingeschlossen. Dieser Satz widerspreche sich aber darum, weil das Gesetz der Natur gerade darin bestehe, daß *ohne hinreichend a priori bestimmte Ursache*, welche somit eine absolute Spontaneität in sich enthalte, nichts geschehe; d. h. die der Thesis entgegengesetzte Annahme ist darum widersprechend, weil sie der Thesis widerspricht.

Zum Behufe des Beweises *der Antithesis solle* man setzen: es gebe eine *Freiheit* als eine besondere Art von Kausalität, einen Zustand, mithin auch eine Reihe von Folgen desselben schlechthin anzufangen. Da nun aber ein solches Anfangen einen Zustand *voraussetzt*, der mit dem vorhergehenden derselben gar *keinen Zusammenhang der Kausalität* hat, so widerspricht es *dem Gesetze der Kausalität*, nach welchem allein Einheit der Erfahrung und Erfahrung überhaupt möglich ist; d. h. die Annahme der Freiheit, die der Antithesis entgegen ist, kann darum nicht gemacht werden, weil sie der Antithesis widerspricht.

Dem Wesen nach kehrt dieselbe Antinomie in der *Kritik* der *teleologischen Urtheilskraft* als der Gegensatz wieder, daß *Alle Erzeugung materieller Dinge nach bloß mechanischen Gesetzen* geschieht und daß *einige Erzeugung derselben nach solchen Gesetzen nicht möglich ist*. Die kantische Auflösung dieser Antinomie ist dieselbige, wie die allgemeine Auflösung der übrigen; daß nämlich die Vernunft weder den einen noch den andern Satz beweisen könne, weil wir von Möglichkeit der Dinge nach bloß empirischen Gesetzen der Natur *kein bestimmendes Princip a priori haben können*; daß daher ferner beide nicht *als objektive Sätze*, sondern *als subjektive Maximen* angesehen werden müssen; daß *ich einer Seits* jederzeit über alle Naturereignisse nach dem Princip des bloßen Natur-Mechanismus *reflektiren* solle, daß aber dieß nicht hindere, bei *gelegentlicher Veranlassung* einigen Naturformen nach einer *andern Maxime*, nämlich nach dem Princip der Endursachen, *nachzuspüren*; als ob nun diese *zwei Maximen*, die übrigens bloß für die *menschliche Vernunft* nöthig seyn sollen, nicht in demselben Gegensatze wären, in dem sich jene *Sätze* befinden. Es ist, wie vorhin bemerkt, auf diesem ganzen Standpunkte dasjenige nicht untersucht, was allein das philosophische Interesse fordert, nämlich welches von beiden Principien an und für sich Wahrheit habe; für diesen Gesichtspunkt aber macht es keinen Unterschied, ob die Principien als *objektive*, das heißt hier äußerlich existirende Bestimmungen der Natur, oder als bloße *Maximen* eines *subjektiven* Erkennens betrachtet werden sollen; es ist vielmehr dieß ein subjektives, d. h. zufälliges Erkennen, welches auf *gelegentliche Veranlassung* die eine oder andere Maxime anwendet, je nachdem es sie für gegebene Objekte für passend hält, übrigens nach der *Wahrheit* dieser Bestimmungen selbst, sie seyen beide Bestimmungen der Objekte oder des Erkennens, nicht fragt. So ungenügend daher die kantische Erörterung des teleologischen Princips in Ansehung des wesentlichen Gesichtspunkts ist, so ist immer die Stellung bemerkenswerth, welche Kant demselben giebt. Indem er es einer *reflektirenden Urtheilskraft* zuschreibt, macht er es zu einem verbindenden *Mittelgliede* zwischen *dem Allgemeinen der Vernunft* und *dem Einzelnen der Anschauung*; er unterscheidet ferner jene *reflektirende* Urtheilskraft von der *bestimmenden*, welche letztere das Besondere bloß unter das Allgemeine *subsumire*. Solches Allgemeine, welches nur *subsumirend* ist, ist ein *Abstraktes*, welches erst an einem *Andern*, am Besondern, *konkret* wird. Der Zweck dagegen ist das *konkrete Allgemeine*, das in ihm selbst das Moment der Besonderheit und Äußerlichkeit hat, daher thätig und der Trieb ist, sich von sich selbst abzustoßen. Der Begriff ist als Zweck allerdings ein *objektives Urtheil*, worin die eine Bestimmung das Subjekt, nämlich der konkrete Begriff als durch sich selbst bestimmt, die andere aber nicht nur ein Prädikat, sondern die äußerliche Objektivität ist. Aber die Zweckbeziehung ist darum nicht ein *reflektirendes* Urtheilen, das die äußerlichen Objekte nur nach einer Einheit betrachtet, *als ob* ein Verstand sie *zum Behuf unsers Erkenntnißvermögens* gegeben hätte, sondern sie ist das an und für sich seyende Wahre, das *objektiv* urtheilt, und die äußerliche Objektivität absolut bestimmt. Die Zweckbeziehung ist dadurch mehr als *Urtheil*, sie ist der *Schluß* des selbstständigen freien Begriffs, der sich durch die Objektivität mit sich selbst zusammenschließt.

Der Zweck hat sich als das *Dritte* zum Mechanismus und Chemismus ergeben; er ist ihre Wahrheit. Indem er selbst noch innerhalb der Sphäre der Objektivität, oder der Unmittelbarkeit des totalen Begriffs steht, ist er von der Äußerlichkeit als solcher noch afficirt, und hat eine objektive Welt sich gegenüber, auf die er sich bezieht. Nach dieser Seite erscheint die mechanische Kausalität, wozu im Allgemeinen auch der Chemismus zu nehmen ist, noch bei dieser *Zweckbeziehung*, welche die *äußerliche* ist, aber als *ihr untergeordnet*, als an und für sich aufgehoben. Was das nähere Verhältniß betrifft, so ist das mechanische Objekt als unmittelbare Totalität gegen sein Bestimmtseyn, und damit dagegen, ein Bestimmendes zu seyn, gleichgültig. Dieß äußerliche Bestimmtseyn ist nun zur Selbstbestimmung fortgebildet, und damit der im Objekte nur *innere*, oder was dasselbe ist, nur *äußere Begriff* nunmehr *gesetzt*; der Zweck ist zunächst eben dieser dem mechanischen äußerliche Begriff selbst. So ist der Zweck auch für den Chemismus das Selbstbestimmende, welches das äußerliche Bestimmtwerden, durch welches er bedingt ist, zur Einheit des Begriffes zurückbringt. Die Natur der Unterordnung der beiden vorherigen Formen des objektiven Processes ergiebt sich hieraus; das Andere, das an ihnen in dem unendlichen Progreß liegt, ist der ihnen zunächst als äußerlich gesetzte Begriff, welcher Zweck ist; der Begriff ist nicht nur ihre Substanz, sondern auch die Äußerlichkeit ist das ihnen wesentliche, ihre Bestimmtheit ausmachende Moment. Die mechanische oder chemische Technik bietet sich also durch ihren Charakter, äußerlich bestimmt zu seyn, von selbst der Zweckbeziehung dar, die nun näher zu betrachten ist.

A. Der subjektive Zweck

Der subjektive Begriff hat in der *Centralität* der objektiven Sphäre, die eine Gleichgültigkeit gegen die Bestimmtheit ist, zunächst den *negativen Einheitspunkt* wieder gefunden und gesetzt; in dem Chemismus aber die Objektivität der *Begriffsbestimmungen*, wodurch er erst als *konkreter objektiver Begriff* gesetzt ist. Seine Bestimmtheit oder sein einfacher Unterschied hat nunmehr an ihm selbst die *Bestimmtheit der Äußerlichkeit*, und seine einfache Einheit ist dadurch die sich von sich selbst abstoßende und darin sich erhaltende Einheit. Der Zweck ist daher der subjektive Begriff, als wesentliches Streben und Trieb sich äußerlich zu setzen. Er ist dabei dem Übergehen entnommen. Er ist weder eine Kraft, die sich äußert, noch eine Substanz und Ursache, die in Accidenzen und Wirkungen sich manifestirt. Die Kraft ist nur ein abstrakt Inneres, indem sie sich nicht geäußert hat; oder sie hat erst in der Äußerung, zu der sie sollicitirt werden muß, Daseyn; ebenso die Ursache und die Substanz; weil sie nur in den Accidenzen und in der Wirkung Wirklichkeit haben, ist ihre Thätigkeit der Übergang, gegen den sie sich nicht in Freiheit erhalten. Der Zweck kann wohl auch als Kraft und Ursache bestimmt werden, aber diese Ausdrücke erfüllen nur eine unvollkommene Seite seiner Bedeutung; wenn sie von ihm nach seiner Wahrheit ausgesprochen werden sollen, so können sie es nur auf eine Weise, welche ihren Begriff aufhebt; als eine Kraft, welche sich selbst zur Äußerung sollicitirt, als eine Ursache, welche Ursache ihrer selbst, oder deren Wirkung unmittelbar die Ursache ist.

Wenn das Zweckmäßige einem *Verstande* zugeschrieben wird, wie vorhin angeführt wurde, so ist dabei auf *das Bestimmte des Inhaltes* Rücksicht genommen. Er ist aber überhaupt als das *Vernünftige in seiner Existenz* zu nehmen. Er manifestirt darum *Vernünftigkeit,* weil er der konkrete Begriff ist, der den *objektiven Unterschied in seiner absoluten Einheit* hält. Er ist daher wesentlich der *Schluß* an ihm selbst. Er ist das sich gleiche *Allgemeine,* und zwar als die sich von sich abstoßende Negativität enthaltend; zunächst die allgemeine, insofern noch *unbestimmte Thätigkeit*; aber weil diese die negative Beziehung auf sich selbst ist, *bestimmt* sie sich unmittelbar, und giebt sich das Moment der *Besonderheit,* welche als die gleichfalls *in sich reflektirte Totalität* der *Form Inhalt gegen* die *gesetzten* Unterschiede der Form ist. Eben unmittelbar ist diese Negativität durch ihre Beziehung auf sich selbst absolute Reflexion der Form in sich und *Einzelnheit.* Einer Seits ist diese Reflexion die *innere Allgemeinheit* des *Subjekts,* anderer Seits aber *Reflexion nach Außen*; und insofern ist der Zweck noch ein Subjektives und seine Thätigkeit gegen äußerliche Objektivität gerichtet.

Der Zweck ist nämlich der an der Objektivität zu sich selbst gekommene Begriff; die Bestimmtheit, die er sich an ihr gegeben, ist die der *objektiven Gleichgültigkeit* und *Äußerlichkeit* des Bestimmtseyns; seine sich von sich abstoßende Negativität ist daher eine solche, deren Momente, indem sie nur die Bestimmungen des Begriffs selbst sind, auch die Form von objektiver Gleichgültigkeit gegen einander haben. Im formellen *Urtheile* sind *Subjekt* und *Prädikat* schon als selbstständige gegen einander bestimmt; aber ihre Selbstständigkeit ist nur erst abstrakte Allgemeinheit; sie hat nunmehr die Bestimmung von *Objektivität* erlangt; aber als Moment des Begriffs ist diese vollkommene Verschiedenheit in die einfache Einheit des Begriffs eingeschlossen. Insofern nun der Zweck diese totale *Reflexion* der Objektivität *in sich* und zwar *unmittelbar* ist, so ist *erstlich* die Selbstbestimmung oder die Besonderheit als *einfache* Reflexion in sich von der *konkreten* Form unterschieden, und ist ein *bestimmter Inhalt.* Der Zweck ist hiernach *endlich,* ob er gleich seiner Form nach unendliche Subjektivität ist. Zweitens, weil seine Bestimmtheit die Form objektiver Gleichgültigkeit hat, hat sie die Gestalt einer *Voraussetzung*, und seine Endlichkeit besteht nach dieser Seite darin, daß er eine *objektive,* mechanische und chemische *Welt* vor sich hat, auf welche sich seine Thätigkeit, als auf ein *Vorhandenes* bezieht, seine selbstbestimmende Thätigkeit ist so in ihrer Identität unmittelbar *sich selbst äußerlich* und so sehr als Reflexion in sich, so sehr Reflexion nach Außen. Insofern hat er noch eine wahrhaft *außerweltliche* Existenz, insofern ihm nämlich jene Objektivität gegenübersteht, so wie diese dagegen als ein mechanisches und chemisches, noch nicht vom Zweck bestimmtes und durchdrungenes Ganzes ihm gegenübersteht.

Die Bewegung des Zwecks kann daher nun so ausgedrückt werden, daß sie darauf gehe, seine *Voraussetzung* aufzuheben, das ist die Unmittelbarkeit des Objekts, und es zu *setzen* als durch den Begriff bestimmt. Dieses negative Verhalten gegen das Objekt ist ebenso sehr ein negatives gegen sich selbst, ein Aufheben der Subjektivität des Zwecks. Positiv ist es die Realisation des Zwecks, nämlich die Vereinigung des objektiven Seyns mit demselben, so daß dasselbe, welches als Moment des Zwecks unmittelbar die mit ihm identische Bestimmtheit ist, *als äußerliche* sey, und umgekehrt das Objektive als *Voraussetzung* vielmehr als durch Begriff bestimmt, *gesetzt* werde. Der Zweck ist in ihm selbst der Trieb seiner Realisirung; die Bestimmtheit der Begriffs-Momente ist die Äußerlichkeit, die *Einfachheit* derselben in der Einheit des Begriffes ist aber dem, was sie ist, unangemessen und der Begriff stößt sich daher von sich selbst ab. Dieß Abstoßen ist der *Entschluß* überhaupt, der Beziehung der negativen Einheit auf sich, wodurch sie *ausschließende* Einzelnheit ist; aber durch dieß *Ausschließen entschließt* sie sich, oder schließt sich *auf*, weil es *Selbstbestimmen*, Setzen *seiner selbst* ist. Einer Seits, indem die Subjektivität sich bestimmt, macht sie sich zur Besonderheit, giebt sich einen Inhalt, der in die Einheit des Begriffs eingeschlossen noch ein innerlicher ist; dieß *Setzen*, die einfache Reflexion in sich, ist aber, wie sich ergeben, unmittelbar zugleich ein *Voraussetzen*; und in demselben Momente, in welchem das Subjekt des Zwecks *sich* bestimmt, ist es auf eine gleichgültige, äußerliche Objektivität bezogen, die von ihm jener innern Bestimmtheit gleich gemacht, d. h. als ein durch den *Begriff Bestimmtes* gesetzt werden soll, zunächst als *Mittel*.

B. Das Mittel

Das erste unmittelbare Setzen im Zwecke ist zugleich das Setzen eines *Innerlichen*, d. h. als *gesetzt* Bestimmten, und zugleich das Voraussetzen einer objektiven Welt, welche gleichgültig gegen die Zweckbestimmung ist. Die Subjektivität des Zwecks ist aber die *absolute negative Einheit*; ihr *zweites* Bestimmen ist daher das Aufheben dieser Voraussetzung überhaupt; dieß Aufheben ist insofern *die Rückkehr in sich*, als dadurch jenes Moment der *ersten Negation*, das Setzen des Negativen gegen das Subjekt, das äußerliche Objekt, aufgehoben wird. Aber gegen die Voraussetzung oder gegen die Unmittelbarkeit des Bestimmens, gegen die objektive Welt ist es nur erst die *erste*, selbst unmittelbare und daher äußerliche Negation. Dieß Setzen ist daher noch nicht der ausgeführte Zweck selbst, sondern erst der *Anfang* dazu. Das so bestimmte Objekt ist erst das *Mittel*.

Der Zweck schließt sich durch ein Mittel mit der Objektivität und in dieser mit sich selbst zusammen. Das Mittel ist die Mitte des Schlusses. Der Zweck bedarf eines Mittels zu seiner Ausführung, weil er endlich ist; eines Mittels, das heißt einer Mitte, welche zugleich die Gestalt eines *Äußerlichen* gegen den Zweck selbst und dessen Ausführung gleichgültigen Daseyns hat. Der absolute Begriff hat in sich selbst so die Vermittelung, daß das erste Setzen desselben nicht ein Voraussetzen ist, in dessen Objekt die gleichgültige Äußerlichkeit die Grundbestimmung wäre; sondern die Welt als Geschöpf hat nur die Form solcher Äußerlichkeit, aber ihre Negativität und das Gesetztseyn macht vielmehr deren Grundbestimmung aus. Die Endlichkeit des Zweckes besteht sonach darin, daß sein Bestimmen überhaupt sich selbst äußerlich ist, somit sein erstes, wie wir gesehen, in ein Setzen und in ein Voraussetzen zerfällt; die *Negation* dieses Bestimmens ist daher auch nur nach einer Seite schon Reflexion in sich, nach der andern ist sie vielmehr nur *erste* Negation; oder: die Reflexion-in-sich ist selbst auch sich äußerlich und Reflexion nach Außen.

Das Mittel ist daher die *formale* Mitte eines *formalen* Schlusses; es ist ein *Äußerliches* gegen das *Extrem* des subjektiven Zwecks, so wie daher auch gegen das Extrem des objektiven Zwecks; wie die Besonderheit im formalen Schlusse ein gleichgültiger medius terminus ist, an dessen Stelle auch andere treten können. Wie dieselbe ferner Mitte nur dadurch ist, daß sie in Beziehung auf das eine Extrem Bestimmtheit, in Beziehung aber auf das andere Extrem Allgemeines ist, ihre vermittelnde Bestimmung also relativ durch Andere hat, so ist auch das Mittel die vermittelnde Mitte nur erstlich, daß es ein unmittelbares Objekt ist, zweitens daß es Mittel durch die ihm *äußerliche* Beziehung auf das Extrem des Zweckes; welche Beziehung für dasselbe eine Form ist, wogegen es gleichgültig ist.

Begriff und Objektivität sind daher im Mittel nur äußerlich verbunden; es ist insofern ein bloß *mechanisches Objekt*. Die Beziehung des Objekts auf den Zweck ist eine Prämisse, oder die unmittelbare Beziehung, welche in Ansehung des Zwecks, wie gezeigt, *Reflexion in sich selbst* ist, das Mittel ist inhärirendes Prädikat; seine Objektivität ist unter die Zweckbestimmung, welche ihrer Konkretion willen Allgemeinheit ist, subsumirt. Durch diese Zweckbestimmung, welche an ihm ist, ist es nun auch gegen das andere Extrem, der vorerst noch unbestimmten Objektivität, subsumirend. Umgekehrt hat das Mittel gegen den subjektiven Zweck, als *unmittelbare Objektivität, Allgemeinheit* des *Daseyns*, welches die subjektive Einzelnheit des Zweckes noch entbehrt. Indem so zunächst der Zweck nur als äußerliche Bestimmtheit am Mittel ist, ist er selbst als die negative Einheit außer demselben, so wie das Mittel mechanisches Objekt, das ihn nur als eine Bestimmtheit, nicht als einfache Konkretion der Totalität an ihm hat. Als das Zusammenschließende aber muß die Mitte selbst die Totalität des Zwecks seyn. Es hat sich gezeigt, daß die Zweckbestimmung am Mittel zugleich Reflexion in sich selbst ist; insofern ist sie *formelle* Beziehung auf sich, da die *Bestimmtheit, als reale Gleichgültigkeit*, als die *Objektivität* des Mittels gesetzt ist. Aber eben deswegen ist diese einer Seits reine Subjektivität zugleich auch *Thätigkeit*. Im subjektiven Zweck ist die negative Beziehung auf sich selbst noch identisch mit der Bestimmtheit als solcher, dem Inhalt und der Äußerlichkeit. In der beginnenden Objektivirung des Zweckes aber, einem Anderswerden des einfachen Begriffes treten jene Momente auseinander, oder umgekehrt besteht hierin dieß Anderswerden, oder die Äußerlichkeit selbst.

Diese ganze Mitte ist somit selbst die Totalität des Schlusses, worin die abstrakte Thätigkeit und das äußere Mittel die Extreme ausmachen, deren Mitte die Bestimmtheit des Objekts durch den Zweck, durch welche es Mittel ist, ausmacht. Ferner aber ist die *Allgemeinheit* die *Beziehung* der Zweckthätigkeit und des Mittels. Das Mittel ist Objekt, *an sich* die Totalität des Begriffs; es hat keine Kraft des Widerstands gegen den Zweck, wie es zunächst gegen ein anderes unmittelbares Objekt hat. Dem Zweck, welcher der gesetzte Begriff ist, ist es daher schlechthin durchdringlich, und dieser Mittheilung empfänglich, weil es *an sich* identisch mit ihm ist. Es ist aber nunmehr auch *gesetzt* als das dem Begriffe Durchdringliche, denn in der Centralität ist es ein Strebendes nach der negativen Einheit; ebenso im Chemismus ist es als Neutrales so wie als Differentes ein Unselbstständiges geworden. Seine Unselbstständigkeit besteht eben darin, daß es nur *an sich* die Totalität des Begriffs ist; dieser aber ist das Fürsichseyn. Das Objekt hat daher gegen den Zweck den Charakter, machtlos zu seyn, und ihm zu dienen; er ist dessen Subjektivität oder Seele, die an ihm ihre äußerliche Seite hat.

Das Objekt, auf diese Weise dem Zwecke *unmittelbar* unterworfen, ist nicht ein Extrem des Schlusses; sondern diese Beziehung macht eine Prämisse desselben aus. Aber das Mittel hat auch eine Seite, nach welcher es noch Selbstständigkeit gegen den Zweck hat. Die im Mittel mit ihm verbundene Objektivität ist, weil sie es nur unmittelbar ist, ihm noch äußerlich; und die *Voraussetzung* besteht daher noch. Die Thätigkeit des Zwecks durch das Mittel ist deswegen noch gegen diese gerichtet, und der Zweck ist eben insofern Thätigkeit, nicht mehr bloß Trieb und Streben, als im Mittel das Moment der Objektivität in seiner Bestimmtheit als Äußerliches gesetzt ist, und die einfache Einheit des Begriffs sie *als solche* nun an sich hat.

C. Der ausgeführte Zweck

1. Der Zweck ist in seiner Beziehung auf das Mittel schon in sich reflektirt; aber es ist seine *objektive* Rückkehr in sich noch nicht gesetzt. Die Thätigkeit des Zwecks durch sein Mittel ist noch gegen die Objektivität als ursprüngliche Voraussetzung gerichtet; *sie* ist eben dieß, gleichgültig gegen die Bestimmtheit zu seyn. Insofern die Thätigkeit wieder bloß darin bestünde, die unmittelbare Objektivität zu bestimmen, so würde das Produkt wieder nur ein Mittel seyn und so fort ins Unendliche; es käme nur ein zweckmäßiges Mittel heraus, aber nicht die Objektivität des Zweckes selbst. Der in seinem Mittel thätige Zweck muß daher nicht *als ein Äußerliches* das unmittelbare Objekt bestimmen, somit dieses durch sich selbst zur Einheit des Begriffes

zusammengehen; oder jene äußerliche Thätigkeit des Zwecks durch sein Mittel muß sich *als Vermittelung* bestimmen und selbst aufheben.

Die Beziehung der Thätigkeit des Zwecks durch das Mittel auf das äußerliche Objekt ist zunächst die *zweite Prämisse* des Schlusses, eine *unmittelbare* Beziehung der Mitte auf das andere Extrem. *Unmittelbar* ist sie, weil die Mitte ein äußerliches Objekt an ihr hat, und das andere Extrem ein eben solches ist. Das Mittel ist wirksam und mächtig gegen letzteres, weil sein Objekt mit der selbstbestimmenden Thätigkeit verbunden, diesem aber die unmittelbare Bestimmtheit, welche es hat, eine gleichgültige ist. Ihr Proceß in dieser Beziehung ist kein anderer als der mechanische oder chemische; es treten in dieser objektiven Äußerlichkeit die vorigen Verhältnisse, aber unter der Herrschaft des Zweckes hervor. Diese Processe aber gehen durch sich selbst, wie sich an ihnen gezeigt, in den Zweck zurück. Wenn also zunächst die Beziehung des Mittels auf das zu bearbeitende äußere Objekt eine unmittelbare ist, so hat sie sich schon früher als ein Schluß dargestellt, indem sich der Zweck als ihre wahrhafte Mitte und Einheit erwiesen hat. Indem das Mittel also das Objekt ist, welches auf der Seite des Zwecks steht und dessen Thätigkeit in sich hat, so ist der Mechanismus, der hier Statt findet, zugleich die Rückkehr der Objektivität in sich selbst, in den Begriff, der aber schon als der Zweck vorausgesetzt ist; das negative Verhalten der zweckmäßigen Thätigkeit gegen das Objekt ist insofern nicht ein *äußerliches*, sondern die Veränderung und der Übergang der Objektivität an ihr selbst in ihn.

Daß der Zweck sich unmittelbar auf ein Objekt bezieht, und dasselbe zum Mittel macht, wie auch daß er durch dieses ein anderes bestimmt, kann als *Gewalt* betrachtet werden, insofern der Zweck als von ganz anderer Natur erscheint, als das Objekt, und die beiden Objekte ebenso gegen einander selbstständige Totalitäten sind. Daß der Zweck sich aber in die *mittelbare* Beziehung mit dem Objekt setzt, und *zwischen* sich und dasselbe ein anderes Objekt *einschiebt*, kann als die *List* der Vernunft angesehen werden. Die Endlichkeit die Vernünftigkeit hat, wie bemerkt, diese Seite, daß der Zweck sich zu der Voraussetzung, d. h. zur Äußerlichkeit des Objekts verhält. In der *unmittelbaren Beziehung* auf dasselbe träte er selbst in den Mechanismus oder Chemismus und wäre damit der Zufälligkeit und dem Untergange seiner Bestimmung, an und für sich seyender Begriff zu seyn, unterworfen. So aber stellt er ein Objekt als Mittel hinaus, läßt dasselbe statt seiner sich äußerlich abarbeiten, giebt es der Aufreibung Preis, und erhält sich hinter ihm gegen die mechanische Gewalt.

Indem der Zweck endlich ist, hat er ferner einen endlichen Inhalt; hiernach ist er nicht ein Absolutes, oder schlechthin an und für sich ein *Vernünftiges*. Das *Mittel* aber ist die äußerliche Mitte des Schlusses, welcher die Ausführung des Zweckes ist; an demselben giebt sich daher die Vernünftigkeit in ihm als solche kund, in *diesem äußerlichen Andern* und gerade *durch* diese Äußerlichkeit sich zu erhalten. Insofern ist das *Mittel* ein *Höheres* als die *endlichen* Zwecke der *äußern* Zweckmäßigkeit; der *Pflug* ist ehrenvoller, als unmittelbar die Genüsse sind, welche durch ihn bereitet werden und die Zwecke sind. Das *Werkzeug* erhält sich, während die unmittelbaren Genüsse vergehen und vergessen werden. An seinen Werkzeugen besitzt der Mensch die Macht über die äußerliche Natur, wenn er auch nach seinen Zwecken ihr vielmehr unterworfen ist.

Der Zweck hält sich aber nicht nur außerhalb des mechanischen Processes, sondern erhält sich in demselben und ist dessen Bestimmung. Der Zweck als der Begriff, der frei gegen das Objekt und dessen Proceß existirt, und sich selbst bestimmende Thätigkeit ist, geht, da er ebenso sehr die an und für sich seyende Wahrheit des Mechanismus ist, in demselben nur mit sich selbst zusammen. Die Macht des Zwecks über das Objekt ist diese für sich seyende Identität; und seine Thätigkeit ist die Manifestation derselben. Der Zweck als *Inhalt* ist die an und für sich seyende *Bestimmtheit,* welche am Objekt als gleichgültige und äußerliche ist, die Thätigkeit desselben aber ist einer Seits die *Wahrheit* des Processes und als negative Einheit das *Aufheben des Scheins* der *Äußerlichkeit.* Nach der *Abstraktion* ist es die gleichgültige Bestimmtheit des Objekts, welche ebenso äußerlich durch eine andere ersetzt wird; aber die einfach *Abstraktion* der Bestimmtheit ist in ihrer *Wahrheit* die Totalität des Negativen, der konkrete und in sich die Äußerlichkeit setzende Begriff.

Der *Inhalt* des Zwecks ist seine Negativität als *einfache in sich reflektirte Besonderheit,* von seiner Totalität als *Form* unterschieden. Um dieser *Einfachheit* willen, deren Bestimmtheit an und für sich die Totalität des Begriffes ist, erscheint der Inhalt als das *identisch Bleibende* in der Realisirung des Zweckes. Der teleologische Proceß ist *Übersetzung* des distinkt als Begriffs existirenden Begriffs in die Objektivität; es zeigt sich, daß dieses Übersetzen in ein vorausgesetztes Anderes das Zusammengehen des Begriffes *durch sich selbst, mit sich selbst* ist. Der Inhalt des Zwecks ist nun diese in der Form des Identischen existirende Identität. In allem Übergehen erhält sich der Begriff, z.B. indem die Ursache zur Wirkung wird, ist es die Ursache, die in der Wirkung nur mit sich selbst zusammengeht; im teleologischen Übergehen ist es aber der Begriff, der als solcher schon *als Ursache* existirt, als die absolute gegen die Objektivität und ihre äußerliche Bestimmbarkeit *freie* konkrete Einheit. Die Äußerlichkeit, in welche sich der Zweck übersetzt, ist, wie wir gesehen, schon selbst als Moment des Begriffs, als Form seiner Unterscheidung in sich, gesetzt. Der Zweck hat daher an der Äußerlichkeit *sein eigenes Moment*; und der Inhalt, als Inhalt der konkreten Einheit, ist seine *einfache Form,* welche sich in den unterschiedenen Momenten des Zwecks, als subjektiver Zweck, als Mittel und vermittelte Thätigkeit, und als objektiver, sich nicht nur *an sich* gleich bleibt, sondern auch als das sich Gleichbleibende existirt.

Man kann daher von der teleologischen Thätigkeit sagen, daß in ihr das Ende der Anfang, die Folge der Grund, die Wirkung die Ursache sey, daß sie ein Werden des Gewordenen sey, daß in ihr nur das schon Existirende in die Existenz komme u. s. f., das heißt, daß überhaupt alle Verhältnißbestimmungen, die der Sphäre der Reflexion oder des unmittelbaren Seyns angehören, ihre Unterschiede verloren haben, und was als ein *Anderes* wie Ende, Folge, Wirkung u. s. f. ausgesprochen wird, in der Zweckbeziehung nicht mehr die Bestimmung eines *Andern* habe, sondern vielmehr als identisch mit dem einfachen Begriffe gesetzt ist.

2. Das Produkt der teleologischen Thätigkeit nun näher betrachtet, so hat es den Zweck nur äußerlich an ihm, insofern es absolute Voraussetzung gegen den subjektiven Zweck ist, insofern nämlich dabei stehen geblieben wird, daß die zweckmäßige Thätigkeit durch ihr Mittel sich nur mechanisch gegen das Objekt verhält, und statt einer gleichgültigen Bestimmtheit desselben eine *andere*, ihm ebenso äußerliche setzt. Eine solche Bestimmtheit, welche ein Objekt durch den Zweck hat, unterscheidet sich im Allgemeinen von einer andern bloß mechanischen, daß jenes Moment eine *Einheit*, somit ob sie wohl dem Objekte äußerlich, doch in sich selbst nicht ein bloß äußerliches ist. Das Objekt, das eine solche Einheit zeigt, ist ein Ganzes, wogegen seine Theile, seine eigene Äußerlichkeit, gleichgültig ist; eine bestimmte, *konkrete* Einheit, welche unterschiedenen Beziehungen und Bestimmtheiten in sich vereinigt. Diese Einheit, welche aus der specifischen Natur des Objekts nicht begriffen werden kann, und dem bestimmten Inhalte nach ein anderer ist, als der eigenthümliche Inhalt des Objekts, ist *für sich* selbst nicht eine mechanische Bestimmtheit, aber sie ist am Objekte noch mechanisch. Wie an diesem Produkte der zweckmäßigen Thätigkeit der Inhalt des Zwecks und der Inhalt des Objekts sich äußerlich sind, so verhalten sich auch in den anderen Momenten des Schlusses die Bestimmungen derselben gegeneinander, in *der* zusammenschließenden Mitte die zweckmäßige Thätigkeit und das Objekt, welches Mittel ist, und im subjektiven Zweck, dem andern Extreme, die unendliche Form als Totalität des Begriffes, und sein Inhalt. Nach der *Beziehung*, durch welche der subjektive Zweck mit der Objektivität zusammengeschlossen wird, ist sowohl die eine Prämisse, nämlich die Beziehung des als Mittel bestimmten Objekts auf das noch äußerliche Objekt, als die andere, nämlich des subjektiven Zwecks auf das Objekt, welches zum Mittel gemacht wird, eine unmittelbare Beziehung. Der Schluß hat daher den Mangel des formalen Schlusses überhaupt, daß die Beziehungen, aus welchen er besteht, nicht selbst Schlußsätze oder Vermittelungen sind, daß sie vielmehr den Schlußsatz, zu dessen Hervorbringung sie als Mittel dienen sollen, schon voraussetzen.

Wenn wir die eine *Prämisse*, die unmittelbare Beziehung des subjektiven Zwecks auf das Objekt, welches dadurch zum Mittel wird, betrachten, so kann jener sich nicht unmittelbar auf dieses beziehen; denn dieses ist ein ebenso Unmittelbares, als das des andern Extrems, in welchem der Zweck *durch Vermittelung* ausgeführt werden soll. Insofern sie so als *Verschiedene* gesetzt sind, muß zwischen diese Objektivität und den subjektiven Zweck ein Mittel ihrer Beziehung eingeschoben werden; aber dieses Mittel ist ebenso ein schon durch den Zweck bestimmtes Objekt, zwischen dessen Objektivität und teleologische Bestimmung ist ein neues Mittel und so fort ins Unendliche einzuschieben. Damit ist der *unendliche Progreß der Vermittelung* gesetzt. Dasselbe findet statt in Ansehung der andern Prämisse, der Beziehung des Mittels auf das noch unbestimmte Objekt. Da sie schlechthin Selbstständige sind, so können sie nur in einem Dritten, und so fort ins Unendliche, vereinigt seyn. Oder umgekehrt, da die Prämissen den *Schlußsatz* schon voraussetzen, so kann dieser, wie er durch jene nur unmittelbare Prämissen ist, nur unvollkommen seyn. Der Schlußsatz oder das *Produkt* des zweckmäßigen Thuns ist nichts als ein durch einen ihm äußerlichen Zweck bestimmtes Objekt; *es ist somit dasselbe, was das Mittel.* Es ist daher in solchem Produkt selbst *nur ein Mittel,* nicht *ein ausgeführter Zweck* herausgekommen; oder: der Zweck hat in ihm keine Objektivität wahrhaft erreicht. Es ist daher ganz gleichgültig, ein durch den äußern Zweck bestimmtes Objekt als ausgeführten Zweck, oder nur als Mittel zu betrachten; es ist dieß eine relative, dem Objekte selbst äußerliche, nicht objektive Bestimmung. Alle Objekte also, an welchen ein äußerer Zweck ausgeführt ist, sind ebenso wohl nur Mittel des Zwecks. Was zur Ausführung eines Zwecks gebraucht und wesentlich als Mittel genommen werden soll, ist Mittel, nach seiner Bestimmung aufgerieben zu werden. Aber auch das Objekt, das den ausgeführten Zweck enthalten, und sich als dessen Objektivität darstellen soll, ist vergänglich; es erfüllt seinen Zweck ebenfalls nicht durch ein ruhiges, sich selbst erhaltendes Daseyn, sondern nur, insofern es aufgerieben wird, denn nur insofern entspricht es der Einheit des Begriffs, indem sich seine Äußerlichkeit, d. i. seine Objektivität in derselben aufhebt. Ein Haus, eine Uhr können als die Zwecke erscheinen gegen die zu ihrer Hervorbringung gebrauchten Werkzeuge; aber die Steine, Balken, oder Räder, Axen u. s. f., welche die Wirklichkeit des Zweckes ausmachen, erfüllen ihn nur durch den Druck, den sie erleiden, durch die chemischen Processe, denen sie mit Luft, Licht, Wasser preis gegeben sind, und die sie dem Menschen abnehmen durch ihre Reibung u. s. f. Sie erfüllen also ihre Bestimmung nur durch ihren Gebrauch und Abnutzung, und entsprechen nur durch ihre Negation dem, was sie seyn sollen. Sie sind nicht positiv mit dem Zwecke vereinigt, weil sie die Selbstbestimmung nur äußerlich an ihnen haben, und sind nur relative Zwecke, oder wesentlich auch nur Mittel. Diese Zwecke haben überhaupt, wie gezeigt, einen beschränkten Inhalt; ihre Form ist die unendliche Selbstbestimmung des Begriffs, der sich durch ihn zur äußerlichen Einzelnheit beschränkt hat. Der beschränkte Inhalt macht diese Zwecke der Unendlichkeit des Begriffes unangemessen und zur Unwahrheit; solche Bestimmtheit ist schon durch die Sphäre der Nothwendigkeit, durch das Seyn, dem Werden und der Veränderung preis gegeben und ein Vergängliches.

3. Als Resultat ergiebt sich hiermit, daß die äußere Zweckmäßigkeit, welche nur erst die Form der Teleologie hat, eigentlich nur zu Mitteln, nicht zu einem objektiven Zwecke kommt, weil der subjektive Zweck als eine äußerliche, subjektive Bestimmung bleibt, oder insofern er thätig ist und sich, ob zwar nur in einem Mittel, vollführt, ist er noch *unmittelbar* mit der Objektivität verbunden, in sie versenkt; er ist selbst ein Objekt, und

der Zweck, kann man sagen, kommt insofern nicht zum Mittel, weil es die Ausführung des Zwecks schon vorher bedarf, ehe sie durch ein Mittel zu Stande kommen könnte.

In der That aber ist das Resultat nicht nur eine äußere Zweckbeziehung, sondern die Wahrheit derselben, innere Zweckbeziehung und ein objektiver Zweck. Die gegen den Begriff selbstständige Äußerlichkeit des Objekts, welche der Zweck sich voraussetzt, ist in dieser Voraussetzung als ein unwesentlicher Schein *gesetzt*, und auch an und für sich schon aufgehoben; die Thätigkeit des Zwecks ist daher eigentlich nur Darstellung dieses Scheins und Aufheben desselben. Wie sich durch den Begriff gezeigt hat, wird das erste Objekt durch die Mittheilung Mittel, weil es an sich Totalität des Begriffes ist, und seine Bestimmtheit, welche keine andere als die Äußerlichkeit selbst ist, nur *als* Äußerliches, Unwesentliches gesetzt, daher im Zwecke selbst als dessen eigenes Moment, nicht als ein gegen ihn selbstständiges ist. Dadurch ist Bestimmung des Objekts zum Mittel schlechthin eine unmittelbare. Es bedarf für den subjektiven Zweck daher keiner Gewalt, oder sonstigen Bekräftigung gegen dasselbe, als der Bekräftigung seiner selbst, um es zum Mittel zu machen; der *Entschluß*, Aufschluß, diese Bestimmung seiner selbst ist die *nur gesetzte* Äußerlichkeit des Objekts, welches darin unmittelbar als dem Zwecke unterworfen ist, und keine andere Bestimmung gegen ihn hat, als die der Nichtigkeit des An- und Fürsichseyns.

Das zweite Aufheben der Objektivität durch die Objektivität ist hiervon so verschieden, daß jenes als das erste, der Zweck in objektiver *Unmittelbarkeit* ist, dieses daher nicht nur das Aufheben von einer ersten Unmittelbarkeit, sondern von beiden, dem Objektiven als einem nur Gesetzten, und dem Unmittelbaren. Die Negativität kehrt auf diese Weise so in sich selbst zurück, daß sie ebenso Wiederherstellen der Objektivität, aber als einer mit ihr identischen, und darin zugleich auch Setzen der Objektivität als einer, vom Zwecke nur bestimmten äußerlichen ist. Durch Letzteres bleibt dieß Produkt, wie vorhin, auch Mittel; durch Ersteres ist es die mit dem Begriffe identische Objektivität, der realisirte Zweck, in dem die Seite, Mittel zu seyn, die Realität des Zwecks selbst ist. Im ausgeführten Zwecke verschwindet das Mittel darum, weil es die nur erst unmittelbar unter den Zweck subsumirte Objektivität wäre, die im realisirten Zwecke als Rückkehr des Zwecks in sich selbst ist; es verschwindet ferner damit auch die Vermittelung selbst, als welche ein Verhalten von Äußerlichen ist, Theils in die konkrete Identität des objektiven Zwecks, Theils in dieselbe als abstrakte Identität und Unmittelbarkeit des Daseyns.

Hierin ist auch die Vermittelung enthalten, welche für die erste Prämisse, die unmittelbare Beziehung des Zwecks auf das Objekt, gefordert wurde. Der ausgeführte Zweck ist auch Mittel, und umgekehrt ist die Wahrheit des Mittels ebenso dieß, realer Zweck selbst zu seyn, und das erste Aufheben der Objektivität ist schon auch das zweite; wie sich das zweite zeigte, auch das erste zu enthalten. Der Begriff *bestimmt sich* nämlich, seine Bestimmtheit ist die äußerliche Gleichgültigkeit, die unmittelbar in dem

Entschlusse als *aufgehobene*, nämlich als *innerliche, subjektive*, und zugleich als *vorausgesetztes Objekt* bestimmt ist. Sein weiteres Hinausgehen aus sich, welches nämlich als *unmittelbare* Mittheilung und Subsumtion des vorausgesetzten Objekts unter ihn erschien, ist zugleich Aufheben jener innerlichen, *in den Begriff eingeschlossenen*, d. i. als aufgehoben gesetzten Bestimmtheit der Äußerlichkeit, und zugleich der Voraussetzung eines Objekts; somit ist dieses anscheinend erste Aufheben der gleichgültigen Objektivität auch schon das zweite, eine durch die Vermittelung hindurch gegangene Reflexion-in-sich und der ausgeführte Zweck.

Indem hier der Begriff in der Sphäre der Objektivität, wo seine Bestimmtheit die Form *gleichgültiger Äußerlichkeit* hat, in Wechselwirkung mit sich selbst ist, so wird die Darstellung seiner Bewegung hier doppelt schwierig und verwickelt, weil sie unmittelbar selbst das Gedoppelte, und immer ein Erstes auch ein Zweites ist. Im Begriff für sich, d. h. in seiner Subjektivität, ist der Unterschied seiner von sich als *unmittelbare* identische Totalität für sich; da hier aber seine Bestimmtheit gleichgültige Äußerlichkeit ist, so ist die Identität darin mit sich selbst auch unmittelbar wieder das Abstoßen von sich, daß das als ihr Äußerliches und Gleichgültiges Bestimmte, vielmehr sie selbst, und sie als sie selbst, als in sich reflektirt, vielmehr ihr Anderes ist. Nur indem dieß festgehalten wird, wird die objektive Rückkehr des Begriffs in sich, d. i. die wahrhafte Objektivirung desselben aufgefaßt; aufgefaßt, daß jedes der einzelnen Momente, durch welche sie sich diese Vermittelung verläuft, selbst der ganze Schluß derselben ist. So ist die ursprüngliche *innere* Äußerlichkeit des Begriffs, durch welche er die sich von sich abstoßende Einheit, Zweck und dessen Hinausstreben zur Objektivirung ist, das unmittelbare Setzen, oder die Voraussetzung eines äußerlichen Objekts; die *Selbstbestimmung* ist auch Bestimmung eines als nicht durch den Begriff bestimmten *äußerlichen* Objekts; und umgekehrt ist sie Selbstbestimmung, d. i. die aufgehobene, als *innere gesetzte* Äußerlichkeit; oder die *Gewißheit* der *Unwesentlichkeit* des äußern Objekts. Von der zweiten Beziehung, der Bestimmung des Objekts als Mittel, ist so eben gezeigt worden, wie sie an ihr selbst die Vermittelung des Zwecks in dem Objekte mit sich ist. Ebenso ist das Dritte, der Mechanismus, welcher unter der Herrschaft des Zwecks vor sich geht, und das Objekt durch das Objekt aufhebt, einer Seits Aufheben des Mittels, des schon als aufgehoben gesetzten Objekts, somit zweites Aufheben und Reflexion-in-sich, anderer Seits erstes Bestimmen des äußerlichen Objekts. Letzteres ist, wie bemerkt worden, wieder im ausgeführten Zwecke die Hervorbringung nur eines Mittels; indem die Subjektivität des endlichen Begriffs das Mittel verächtlich wegwirft, hat sie in ihrem Ziel nichts besseres erreicht. Diese Reflexion aber, daß der Zweck in dem Mittel erreicht, und im erfüllten Zwecke das Mittel und die Vermittelung erhalten ist, ist das *letzte Resultat der äußerlichen Zweckbeziehung*, worin sie selbst sich aufgehoben und das sie als ihre Wahrheit dargestellt hat. Der zuletzt betrachtete dritte Schluß ist dadurch unterschieden, daß er erstens die subjektive Zweckthätigkeit der vorhergehenden Schlüsse, aber auch die Aufhebung der äußerlichen Objektivität, und damit der Äußerlichkeit überhaupt, *durch sich selbst*, hiermit *die Totalität in ihrem Gesetztseyn* ist.

Nachdem wir nun die *Subjektivität*, das *Fürsichseyn* des Begriffes, in das *Ansichseyn* desselben, die *Objektivität* übergehen gesehen, so hat sich ferner in der letztern die Negativität seines Fürsichseyns wieder hervorgethan; der Begriff hat sich in ihr so bestimmt, daß seine *Besonderheit äußerliche Objektivität* ist, oder als die einfache konkrete Einheit, deren Äußerlichkeit ihre Selbstbestimmung ist. Die Bewegung des Zweckes hat nun dieß erreicht, daß das Moment der Äußerlichkeit nicht nur im Begriff gesetzt, er nicht nur ein *Sollen* und *Streben*, sondern als konkrete Totalität identisch mit der unmittelbaren Objektivität ist. Diese Identität ist einer Seits der einfache Begriff, und ebenso *unmittelbare* Objektivität, aber anderer Seits gleich wesentlich *Vermittelung*, und nur durch sie, als sich selbst aufhebende Vermittelung, jene einfache Unmittelbarkeit; so ist er wesentlich dieß, als fürsichseyende Identität von seiner *ansichseyenden* Objektivität unterschieden zu seyn, und dadurch Äußerlichkeit zu haben, aber in dieser äußerlichen Totalität die selbstbestimmende Identität derselben zu seyn. So ist der Begriff nun *die Idee*.

Dritter Abschnitt. Die Idee

Die Idee ist der *adäquate Begriff*, das objektive *Wahre*, oder das *Wahre als solches*. Wenn irgend Etwas Wahrheit hat, hat es sie durch seine Idee, oder *Etwas hat nur Wahrheit, insofern es Idee ist*. Der Ausdruck *Idee* ist sonst oft in der Philosophie, wie im gemeinen Leben, auch für *Begriff*, ja gar für eine bloße *Vorstellung* gebraucht worden; ich habe noch keine *Idee* von diesem Rechtshandel, Gebäude, Gegend, will weiter nichts ausdrücken, als die *Vorstellung*. Kant hat den Ausdruck: *Idee* wieder dem *Vernunftbegriff* vindicirt. Der Vernunftbegriff soll nun nach Kant der Begriff vom *Unbedingten*, in Ansehung der Erscheinungen aber *transcendent* seyn, d. h. von ihm *kein ihm adäquater empirischer Gebrauch* gemacht werden können. Die Vernunftbegriffe sollen zum *Begreifen*, die Verstandesbegriffe zum *Verstehen* der Wahrnehmungen dienen. In der That aber, wenn die letzteren wirklich *Begriffe* sind, *so sind sie Begriffe*, es wird durch sie begriffen, und ein *Verstehen* der Wahrnehmungen durch Verstandesbegriffe wird ein *Begreifen* seyn. Ist aber das Verstehen nur ein Bestimmen der Wahrnehmungen durch solche Bestimmungen, z.B. Ganzes und Theile, Kraft, Ursache und dergleichen, so bedeutet es nur ein Bestimmen durch die Reflexion, so wie auch mit dem *Verstehen* nur das bestimme *Vorstellen* von ganz bestimmten sinnlichem Inhalte gemeint seyn kann; wie wenn einer, dem man den Weg bezeichnet, daß er am Ende des Waldes links gehen müsse, etwa erwiedert: ich *verstehe*, so will das *Verstehen* weiter nichts sagen, als das

Fassen in die Vorstellung und ins Gedächtniß. Auch *Vernunftbegriff* ist ein etwas Vernünftiges; und insofern die Vernunft vom Verstande und dem Begriff als solchem unterschieden wird, so ist sie die Totalität des Begriffs und der Objektivität. In diesem Sinne ist die Idee das *Vernünftige*; sie ist das Unbedingte darum, weil nur dasjenige Bedingungen hat, was sich wesentlich auf eine Objektivität bezieht, aber eine nicht durch es selbst bestimmte, sondern eine solche, die noch in der Form der Gleichgültigkeit und Äußerlichkeit dagegen ist, wie noch der äußerliche Zweck hatte.

Indem nun der Ausdruck *Idee* für den objektiven oder realen Begriff zurückbehalten, und von dem Begriff selbst, noch mehr aber von der bloßen Vorstellung unterschieden wird, so ist ferner noch mehr diejenige Schätzung der Idee zu verwerfen, nach welcher sie für etwas nur Unwirkliches genommen und von wahren Gedanken gesagt wird, *es seyen nur Ideen*. Wenn die *Gedanken* etwas bloß *Subjektives* und Zufälliges sind, so haben sie allerdings keinen weitern Werth, aber sie stehen den zeitlichen und zufälligen *Wirklichkeiten* darin nicht nach, welche ebenfalls keinen weitern Werth als den von *Zufälligkeiten* und Erscheinungen haben. Wenn dagegen umgekehrt die Idee darum den Werth der Wahrheit nicht haben soll, weil sie in Ansehung der Erscheinungen *transcendent*, weil ihr kein kongruirender Gegenstand in der Sinnenwelt gegeben werden könne, so ist dieß ein sonderbarer Mißverstand, indem der Idee deswegen objektive Gültigkeit abgesprochen wird, weil ihr dasjenige fehle, was die Erscheinung, das *unwahre Seyn* der objektiven Welt, ausmacht. In Ansehung der praktischen Ideen erkennt es Kant, daß "nichts Schädlicheres und eines Philosophen Unwürdigeres gefunden werden könne, als die *pöbelhafte* Berufung auf vorgeblich gegen die Idee widerstreitende *Erfahrung*. Diese würde selbst gar nicht existiren, wenn z.B. Staatsanstalten zu rechter Zeit nach den Ideen getroffen wären, und an deren Statt nicht *rohe Begriffe*, eben darum, *weil sie aus Erfahrung geschöpft* worden, alle gute Absicht vereitelt hätten." Kant sieht die Idee als etwas Nothwendiges, als das Ziel an, das als das Urbild für ein Maximum aufzustellen und dem den Zustand der Wirklichkeit immer näher zu bringen, das Bestreben seyn müsse.

Indem sich aber das Resultat ergeben hat, daß die Idee die Einheit des Begriffs und der Objektivität, das Wahre, ist, so ist sie nicht nur als ein Ziel zu betrachten, dem sich anzunähern sey, das aber selbst immer eine Art von Jenseits bleibe, sondern daß alles Wirkliche nur insofern ist, als es die Idee in sich hat, und sie ausdrückt. Der Gegenstand, die objektive und subjektive Welt, überhaupt sollen mit der Idee nicht bloß kongruiren, sondern sie sind selbst die Kongruenz des Begriffs und der Realität; diejenige Realität, welche dem Begriffe nicht entspricht, ist bloße Erscheinung, das Subjektive, Zufällige, Willkürliche, das nicht die Wahrheit ist. Wenn gesagt wird, es finde sich in der Erfahrung kein Gegenstand, welcher der *Idee* vollkommen kongruire, so wird diese als ein subjektiver Maaßstab dem Wirklichen gegenübergestellt; was aber ein Wirkliches wahrhaft *seyn* solle, wenn nicht sein Begriff in ihm, und seine Objektivität diesem Begriffe gar nicht angemessen ist, ist nicht zu sagen; denn es wäre das Nichts. Das mechanische und chemische Objekt, wie das geistlose Subjekt, und der nur des Endlichen, nicht seines Wesens bewußte Geist, haben zwar, nach ihrer verschiedenen Natur, ihren Begriff nicht *in seiner eigenen freien Form* an ihnen existirend. Aber sie können überhaupt nur insofern etwas Wahres seyn, als sie die Vereinigung ihres Begriffs und der Realität, ihrer Seele und ihres Leibes, sind. Ganze, wie der Staat, die Kirche, wenn die Einheit ihres Begriffs und ihrer Realität aufgelöst ist, hören auf zu existiren; der Mensch, das Lebendige ist todt, wenn Seele und Leib sich in ihm trennen; die todte Natur, die mechanische und chemische Welt, wenn nämlich das Todte für die unorganische Welt genommen wird, sonst hätte es gar keine positive Bedeutung, die todte Natur also, wenn sie in ihren Begriff und ihre Realität geschieden wird, ist nichts als die subjektive Abstraktion einer gedachten Form und einer formlosen Materie. Der Geist, der nicht Idee, Einheit des Begriffs selbst mit sich, der Begriff, der den Begriff selbst zu seiner Realität hätte, wäre der todte, geistlose Geist, ein materielles Objekt.

Seyn hat die Bedeutung der *Wahrheit* erreicht, indem die *Idee* die Einheit des Begriff und der Realität ist; es *ist* also nunmehr nur das, was Idee ist. Die endlichen Dinge sind darum endlich, insofern sie die Realität ihres Begriffs nicht vollständig an ihnen selbst haben, sondern dazu anderer bedürfen; oder umgekehrt, insofern sie als Objekte vorausgesetzt sind, somit den Begriff als eine äußerliche Bestimmung an ihnen haben. Das Höchste, was sie nach der Seite dieser Endlichkeit erreichen, ist die äußere Zweckmäßigkeit. Daß die wirklichen Dinge mit der Idee nicht kongruiren, ist die Seite ihrer *Endlichkeit, Unwahrheit*, nach welcher sie *Objekte*, jedes nach seiner verschiedenen Sphäre, und in den Verhältnissen der Objektivität mechanisch, chemisch oder durch einen äußerlichen Zweck bestimmt ist. Daß die Idee ihre Realität nicht vollkommen durchgearbeitet, sie unvollständig dem Begriffe unterworfen hat, davon beruht die Möglichkeit darauf, daß sie selbst einen *beschränkten Inhalt* hat, daß sie, so wesentlich sie Einheit des Begriffs und der Realität, ebenso wesentlich auch deren Unterschied ist; denn nur das Objekt ist die unmittelbare, d. h. nur *ansich* seyende Einheit. Wenn aber ein Gegenstand, z.B. der Staat seiner Idee *gar nicht* angemessen, das heißt, vielmehr gar nicht die Idee des Staates wäre, wenn seine Realität, welche die selbstbewußten Individuen ist, dem Begriffe ganz nicht entspräche, so hätten seine Seele und sein Leib sich getrennt; jene entflöhe in die abgeschiedenen Regionen des Gedankens, dieser wäre in die einzelnen Individualitäten zerfallen; aber indem der Begriff des Staates so wesentlich ihre Natur ausmacht, so ist er als ein so mächtiger Trieb in ihnen, daß sie ihn, sey es auch nur in der Form äußerer Zweckmäßigkeit, in Realität zu versetzen oder ihn so sich gefallen zu lassen gedrungen sind, oder sie müßten zu Grunde gehen. Der schlechteste Staat, dessen Realität dem Begriffe am wenigsten entspricht, insofern er noch existirt, ist er noch Idee, die Individuen gehorchen noch einem Machthabenden Begriffe.

Die Idee hat aber nicht nur den allgemeineren Sinn des *wahrhaften Seyns*, der Einheit von *Begriff* und *Realität*, sondern den bestimmteren von *subjektivem Begriffe* und *der Objektivität*. Der Begriff als solcher ist nämlich selbst schon die Identität seiner und der

Realität; denn der unbestimmte Ausdruck Realität heißt überhaupt nichts Anderes als das *bestimmte Seyn*; dieß aber hat der Begriff an seiner Besonderheit und Einzelnheit. Ebenso ist ferner die *Objektivität* der aus seiner Bestimmtheit in die *Identität* mit sich zusammengegangene, totale *Begriff*. In jener Subjektivität ist die Bestimmtheit oder der Unterschied des Begriffes ein *Schein*, der unmittelbar aufgehoben und in das Fürsichseyn, oder die negative Einheit zurückgegangen ist, *inhärirendes* Prädikat. In dieser Objektivität aber ist die Bestimmtheit als unmittelbare Totalität, als äußerliches Ganzes gesetzt. Die Idee hat sich nun gezeigt als der wieder von der Unmittelbarkeit, in die er im Objekte versenkt ist, zu seiner Subjektivität befreite Begriff, welcher sich von seiner Objektivität unterscheidet, die aber ebenso sehr von ihm bestimmt und ihre Substantialität nur in jenem Begriffe hat. Diese Identität ist daher mit Recht als das *Subjekt-Objekt* bestimmt worden; daß sie *ebenso wohl* der formelle oder subjektive Begriff, *als* sie das Objekt als solches ist. Aber dieß ist bestimmter aufzufassen. Der Begriff, indem er wahrhaft seine Realität erreicht hat, ist dieß absolute Urtheil, dessen *Subjekt* als die sich auf sich beziehende negative Einheit sich von seiner Objektivität unterscheidet, und das An- und Fürsichseyn derselben ist, aber wesentlich sich durch sich selbst auf sie bezieht, daher *Selbstzweck* und *Trieb* ist; die Objektivität aber hat das Subjekt eben darum nicht unmittelbar an ihm, es wäre so nur die in sie verlorene Totalität des Objekts als solchen; sondern sie ist die Realisation des Zwecks, eine durch die Thätigkeit des Zweckes *gesetzte* Objektivität, welche als *Gesetztseyn* ihr Bestehen und ihre Form nur als durchdrungen von ihrem Subjekt hat. Als Objektivität hat sie das Moment der *Äußerlichkeit* des Begriffs an ihr, und ist daher überhaupt die Seite der Endlichkeit, Veränderlichkeit und Erscheinung, die aber ihren Untergang darin hat, in die negative Einheit des Begriffes zurückzugehen; die Negativität, wodurch ihr gleichgültiges Außereinanderseyn sich als Unwesentliches und Gesetztseyn zeigt, ist der Begriff selbst. Die Idee ist daher, dieser Objektivität ungeachtet, schlechthin *einfach* und *immateriell*, denn die Äußerlichkeit ist nur als durch den Begriff bestimmt, und in seine negative Einheit aufgenommen; insofern sie als gleichgültige Äußerlichkeit besteht, ist sie dem Mechanismus überhaupt nicht nur preisgegeben, sondern ist nur als das Vergängliche und Unwahre. Ob die Idee also gleich ihre Realität in einer Materiatur hat, so ist diese nicht ein abstraktes, gegen den Begriff für sich bestehendes *Seyn*, sondern nur als *Werden* durch die Negativität des gleichgültigen Seyns als einfache Bestimmtheit des Begriffes.

Es ergeben sich hieraus folgende nähere Bestimmungen der Idee. Sie ist *erstlich* die einfache Wahrheit, die Identität des Begriffes und der Objektivität als *Allgemeines*, in welchem der Gegensatz und das Bestehen des Besondern in seine mit sich identische Negativität aufgelöst, und als Gleichheit mit sich selbst ist. *Zweitens* ist sie die *Beziehung* der fürsichseyenden Subjektivität des einfachen Begriffs und seiner davon *unterschiedenen* Objektivität; jene ist wesentlich der *Trieb*, diese Trennung aufzuheben, und diese das gleichgültige Gesetztseyn, das an und für sich nichtige Bestehen. Sie ist als diese Beziehung der *Proceß*, sich in die Individualität und in deren unorganische Natur zu dirimiren, und wieder diese unter die Gewalt des Subjekts zurückzubringen und zu der ersten einfachen Allgemeinheit zurückzukehren. Die *Identität* der Idee mit sich selbst ist eins mit dem *Processe*; der Gedanke, der die Wirklichkeit von dem Scheine der zwecklosen Veränderlichkeit befreit und zur *Idee* verklärt, muß diese Wahrheit der Wirklichkeit nicht als die todte Ruhe, als ein bloßes *Bild*, matt, ohne Trieb und Bewegung, als einen Genius, oder Zahl, oder einen abstrakten Gedanken vorstellen; die Idee hat, um der Freiheit willen, die der Begriff in ihr erreicht, auch den *härtesten Gegensatz* in sich; ihre Ruhe besteht in der Sicherheit und Gewißheit, womit sie ihn ewig erzeugt und ewig überwindet, und in ihm mit sich selbst zusammengeht.

Zunächst aber ist die Idee auch wieder erst nur *unmittelbar* oder nur in ihrem *Begriffe*; die objektive Realität ist dem Begriffe zwar angemessen, aber noch nicht zum Begriffe befreit, und er existirt nicht *für sich als der Begriff*. Der Begriff ist so zwar *Seele*, aber die Seele ist in der Weise eines *Unmittelbaren*, d. h. ihre Bestimmtheit ist nicht als sie selbst, sie hat sich nicht als Seele erfaßt, nicht in ihr selbst ihre objektive Realität; der Begriff ist als eine Seele, die noch nicht *seelenvoll* ist. So ist die Idee *erstlich* das *Leben*; der Begriff, der unterschieden von seiner Objektivität einfach in sich seine Objektivität durchdringt, und als Selbstzweck an ihr sein Mittel hat und sie als sein Mittel setzt, aber in diesem Mittel immanent und darin der realisirte mit sich identische Zweck ist. Diese Idee hat um ihrer Unmittelbarkeit willen die *Einzelnheit* zur Form ihrer Existenz. Aber die Reflexion ihres absoluten Processes in sich selbst ist das Aufheben dieser unmittelbaren Einzelnheit; dadurch macht der Begriff, der in ihr als Allgemeinheit das *Innere* ist, die Äußerlichkeit zur Allgemeinheit, oder setzt seine Objektivität als Gleichheit mit sich selbst. So ist die Idee.

Zweitens die Idee des *Wahren* und des *Guten*, als *Erkennen* und *Wollen*. Zunächst ist sie endliches Erkennen und endliches Wollen, worin das Wahre und Gute sich noch unterscheiden, und beide nur erst als *Ziel* sind. Der Begriff hat *sich* zunächst zu sich selbst befreit und sich nur erst eine *abstrakte Objektivität* zur Realität gegeben. Aber der Proceß dieses endlichen Erkennens und Handelns macht die zunächst abstrakte Allgemeinheit zur Totalität, wodurch sie *vollkommene Objektivität* wird. Oder von der andern Seite betrachtet, *macht* der endliche, das ist der subjektive Geist, sich die *Voraussetzung* einer objektiven Welt, wie das Leben eine solche Voraussetzung *hat*; aber seine Thätigkeit ist, diese Voraussetzung aufzuheben und sie zu einem Gesetzten zu machen. So ist seine Realität für ihn die objektive Welt, oder umgekehrt, die objektive Welt ist die Idealität, in der er sich selbst erkennt.

Drittens erkennt der Geist die Idee als seine *absolute Wahrheit*, als die Wahrheit, die an und für sich ist; die unendliche Idee, in welcher Erkennen und Thun sich ausgeglichen hat, und die das *absolute Wissen ihrer selbst* ist.

Erstes Kapitel. Das Leben

Die Idee des Lebens betrifft einen so konkreten und, wenn man will, reellen Gegenstand, daß mit derselben nach der gewöhnlichen Vorstellung der Logik ihr Gebiet überschritten zu werden scheinen kann. Sollte die Logik freilich nichts als leere, todte Gedankenformen enthalten, so könnte in ihr überhaupt von keinem solchen Inhalte, wie die Idee, oder das Leben ist, die Rede seyn. Wenn aber die absolute Wahrheit der Gegenstand der Logik, und *die Wahrheit* als solche wesentlich *im Erkennen* ist, so müßte das *Erkennen* wenigstens abgehandelt werden. Der sogenannten reinen Logik pflegt man denn auch gewöhnlich eine *angewandte* Logik folgen zu lassen, eine Logik, welche es mit dem *konkreten Erkennen* zu thun hat; die viele *Psychologie* und *Anthropologie* nicht mitgerechnet, deren Einflechtung in die Logik häufig für nöthig erachtet wird. Die anthropologische und psychologische Seite des Erkennens aber betrifft dessen *Erscheinung*, in welcher der Begriff für sich selbst noch nicht dieses ist, eine ihm gleiche Objektivität, d. i. sich selbst zum Objekte zu haben. Der Theil der Logik, der dasselbe betrachtet, gehört nicht zur *angewandten Logik* als solchen; so wäre jede Wissenschaft in die Logik hereinzuziehen, denn jede ist insofern eine angewandte Logik, als sie darin besteht, ihren Gegenstand in Formen des Gedankens und Begriffs zu fassen. Der subjektive Begriff hat Voraussetzungen, die in psychologischer, anthropologischer und sonstiger Form sich darstellen. In die Logik aber gehören nur die Voraussetzungen des reinen Begriffs, insofern sie die Form von reinen Gedanken, von abstrakten Wesenheiten haben, die Bestimmungen des *Seyns* und *Wesens*. Ebenso sind vom *Erkennen*, dem sich selbst Erfassen des Begriffs, nicht die anderen Gestalten seiner Voraussetzung, sondern nur diejenige, welche selbst Idee ist, in der Logik abzuhandeln; aber diese ist nothwendig in ihr zu betrachten. Diese Voraussetzung nun ist die *unmittelbare* Idee; denn indem das Erkennen der Begriff ist, insofern er für sich selbst aber als Subjektives in Beziehung auf Objektives ist, so bezieht er sich auf die Idee als *vorausgesetzte* oder *unmittelbare*. Die unmittelbare Idee aber ist das Leben.

Insofern würde sich die Nothwendigkeit, die Idee des Lebens in der Logik zu betrachten, auf die auch sonst anerkannte Nothwendigkeit, den konkreten Begriff des Erkennens hier abzuhandeln, gründen. Diese Idee hat sich aber durch die eigene Nothwendigkeit des Begriffes herbeigeführt; die *Idee*, das an und für sich *Wahre*, ist wesentlich Gegenstand der Logik; da sie zuerst in ihrer Unmittelbarkeit zu betrachten ist, so ist sie in dieser Bestimmtheit, in welcher sie *Leben* ist, aufzufassen und zu erkennen, damit ihre Betrachtung nicht etwas Leeres und Bestimmungsloses sey. Es kann nur etwa zu bemerken seyn, inwiefern die logische Ansicht des Lebens von anderer wissenschaftlicher Ansicht desselben unterschieden ist; jedoch gehört hierher nicht, wie in unphilosophischen Wissenschaften von ihm gehandelt wird, sondern nur wie das logische Leben als reine Idee von dem Naturleben, das in der *Natur-Philosophie* betrachtet wird, und von dem Leben, insofern es mit dem *Geiste* in Verbindung steht, zu unterscheiden ist. Das Erstere ist als das Leben der Natur das Leben, insofern es in die *Äußerlichkeit des Bestehens* hinausgeworfen ist, an der unorganischen Natur seine *Bedingung* hat, und wie die Momente der Idee eine Mannigfaltigkeit wirklicher Gestaltungen sind. Das Leben in der Idee ist ohne solche *Voraussetzungen,* welche als Gestalten der Wirklichkeit sind; seine Voraussetzung ist der *Begriff,* wie er betrachtet worden ist, einer Seits als subjektiver, anderer Seits als objektiver. In der Natur erscheint das Leben als die höchste Stufe, welche von ihrer Äußerlichkeit dadurch erreicht wird, daß sie in sich gegangen ist und sich in der Subjektivität aufhebt. In der Logik ist es das einfache Insichseyn, welches in der Idee des Lebens seine ihm wahrhaft entsprechende Äußerlichkeit erreicht hat; der Begriff, der als subjektiver früher auftritt, ist die Seele des Lebens selbst; er ist der Trieb, der sich durch die Objektivität hindurch seine Realität vermittelt. Indem die Natur von ihrer Äußerlichkeit aus diese Idee erreicht, geht sie über sich hinaus, ihr Ende ist nicht als ihr Anfang, sondern als ihre Gränze, worin sie sich selbst aufhebt. Ebenso erhalten in der Idee des Lebens die Momente seiner Realität nicht die Gestalt äußerlicher Wirklichkeit, sondern bleiben in die Form des Begriffes eingeschlossen.

Im *Geiste* aber erscheint das Leben Theils ihm gegenüber, Theils als mit ihm in eins gesetzt, und diese Einheit wieder durch ihn rein herausgeboren. Das Leben ist hier nämlich überhaupt in seinem eigentlichen Sinne als *natürliches Leben* zu nehmen, denn was das *Leben des Geistes* als Geistes genannt wird, ist seine Eigenthümlichkeit, welche dem bloßen Leben gegenübersteht; wie auch von der *Natur* des Geistes gesprochen wird, obgleich der Geist kein Natürliches, und vielmehr der Gegensatz zur Natur ist. Das Leben als solches also ist für den Geist Theils *Mittel,* so stellt er es sich gegenüber; Theils ist er lebendiges Individuum, und das Leben sein Körper, Theils wird diese Einheit seiner mit seiner lebendigen Körperlichkeit aus ihm selbst zum *Ideal* herausgeboren. Keine dieser Beziehungen auf den Geist geht das logische Leben an, und es ist hier weder als Mittel eines Geistes, noch als sein lebendiger Leib, noch als Moment des Ideals und der Schönheit zu betrachten. Das Leben hat in beiden Fällen, wie es *natürliches* und wie es mit dem *Geiste* in Beziehung steht, eine *Bestimmtheit seiner Äußerlichkeit*, dort durch seine Voraussetzungen, welches anderer Gestaltungen der Natur sind, hier aber durch die Zwecke und Thätigkeit des Geistes. Die Idee des Lebens für sich ist frei von jener vorausgesetzten und bedingenden Objektivität, so wie von der Beziehung auf diese Subjektivität.

Das Leben, in seiner Idee nun näher betrachtet, ist an und für sich absolute *Allgemeinheit*; die Objektivität, welche es an ihm hat, ist vom Begriffe schlechthin durchdrungen, sie hat nur ihn zur Substanz. Was sich als Theil oder nach sonstiger äußerer Reflexion unterscheidet, hat den ganzen Begriff in sich selbst; er ist die darin *allgegenwärtige* Seele, welche einfache Beziehung auf sich selbst, und Eins in der

Mannigfaltigkeit bleibt, die dem objektiven Seyn zukommt. Diese Mannigfaltigkeit hat als die sich äußerliche Objektivität ein gleichgültiges Bestehen, das im Raume und in der Zeit, wenn diese hier schon erwähnt werden könnten, ein ganz verschiedenes und selbstständiges Außereinander ist. Aber die Äußerlichkeit ist im Leben zugleich als die *einfache Bestimmtheit* seines Begriffs; so ist die Seele allgegenwärtig in diese Mannigfaltigkeit ausgegossen, und bleibt zugleich schlechthin das einfache Einsseyn des konkreten Begriffs mit sich selbst. Am Leben, an dieser Einheit seines Begriffs in der Äußerlichkeit der Objektivität, in der absoluten Vielheit der atomistischen Materie, gehen dem Denken, das sich an die Bestimmungen der Reflexions-Verhältnisse und des formalen Begriffes hält, schlechthin alle seine Gedanken aus; die Allgegenwart des Einfachen in der vielfachen Äußerlichkeit ist für die Reflexion ein absoluter Widerspruch, und insofern sie dieselbe zugleich aus der Wahrnehmung des Lebens auffassen, hiermit die Wirklichkeit dieser Idee zugeben muß, ein *unbegreifliches Geheimnis*, weil sie den Begriff nicht erfaßt, und den Begriff nicht als die Substanz des Lebens. Das einfache Leben ist aber nicht nur allgegenwärtig, sondern schlechthin das *Bestehen* und die *immanente Substanz* seiner Objektivität, aber als subjektive Substanz *Trieb*, und zwar der *specifische Trieb* des *besondern* Unterschiedes, und ebenso wesentlich der Eine und allgemeine Trieb des Specifischen, der diese seine Besonderung in die Einheit zurückführt und darin erhält. Das Leben ist nur als diese *negative Einheit* seiner Objektivität und Besonderung sich auf sich beziehendes, für sich seyendes Leben, eine Seele. Es ist damit wesentlich *Einzelnes*, welches auf die Objektivität sich als auf ein Anderes, eine unlebendige Natur bezieht. Das ursprüngliche *Urtheil* des Lebens besteht daher darin, daß es sich als individuelles Subjekt gegen das Objektive abscheidet, und indem es sich als die negative Einheit des Begriffs konstituirt, die *Voraussetzung* einer unmittelbaren Objektivität macht.

Das Leben ist daher *erstlich* zu betrachten als *lebendiges Individuum*, das für sich die subjektive Totalität, und als gleichgültig vorausgesetzt ist gegen eine ihm als gleichgültig gegenüberstehende Objektivität.

Zweitens ist es *der Lebens-Proceß*, seine Voraussetzung aufzuheben, die gegen dasselbe gleichgültige Objektivität als negativ zu setzen, und sich als ihre Macht und negative Einheit zu verwirklichen. Damit macht es sich zum Allgemeinen, das die Einheit seiner selbst und seines Andern ist. Das Leben ist daher

Drittens der Proceß der Gattung, seine Vereinzelung aufzuheben, und sich zu seinem objektiven Daseyn als zu sich selbst zu verhalten. Dieser Proceß ist hiermit einer Seits die Rückkehr zu seinem Begriffe, und die Wiederholung der ersten Diremtion, das Werden einer neuen, und der Tod der ersten unmittelbaren Individualität; anderer Seits aber ist der *in sich gegangene Begriff* des Lebens das Werden des sich zu sich selbst verhaltenden, als allgemein und frei für sich existirenden Begriffes, der Übergang in *das Erkennen*.

A. Das lebendige Individuum

1. Der Begriff des Lebens oder das allgemeine Leben ist die unmittelbare Idee, der Begriff, dem seine Objektivität angemessen ist; aber sie ist ihm nur angemessen, insofern er die negative Einheit dieser Äußerlichkeit ist, das heißt, sie sich angemessen *setzt*. Die unendliche Beziehung des Begriffes auf sich selbst ist als die Negativität das Selbstbestimmen, die Diremtion seiner in sich *als subjektive Einzelnheit, und in sich als gleichgültige Allgemeinheit*. Die Idee des Lebens in ihrer Unmittelbarkeit ist nur erst die schöpferische allgemeine Seele. Um dieser Unmittelbarkeit willen ist ihre erste negative Beziehung der Idee in sich selbst, Selbstbestimmung ihrer als *Begriff*, das Setzen *an sich*, welches erst als Rückkehr in sich Für-sich-seyn ist; das schöpferische *Voraussetzen*. Durch dieß Selbstbestimmen ist das *allgemeine* Leben ein *Besonderes*; es hat sich damit in die beiden Extreme des Urtheils, das unmittelbar Schluß wird, entzweit.

Die Bestimmungen des Gegensatzes sind die allgemeinen *Bestimmungen* des *Begriffs*, denn es ist der Begriff, dem die Entzweiung zukommt; aber die *Erfüllung* derselben ist die Idee. Das eine ist die *Einheit* des Begriffs und der Realität, welche die Idee ist, als die *unmittelbare*, die sich früher als die *Objektivität* gezeigt hat. Allein sie ist hier in anderer Bestimmung. Dort war sie die Einheit des Begriffs und der Realität, insofern der Begriff in sie übergegangen und nur in sie verloren ist; er stand ihr nicht gegenüber, oder weil er ihr nur *Inneres* ist, ist er nur eine ihr *äußerliche* Reflexion. Jene Objektivität ist daher das Unmittelbare selbst auf unmittelbare Weise. Hier hingegen ist sie nur das aus dem Begriffe Hervorgegangene, so daß ihr Wesen das Gesetztseyn, daß sie als *Negatives* ist. Sie ist als die *Seite* der *Allgemeinheit des Begriffes* anzusehen, somit als *abstrakte* Allgemeinheit, wesentlich nur dem Subjekte *inhärirend*, und in der Form des unmittelbaren *Seyns*, das für sich gesetzt, gegen das Subjekt gleichgültig sey. Die Totalität des Begriffs, welche der Objektivität zukommt, ist insofern gleichsam nur eine *geliehene*; die letzte Selbstständigkeit, die sie gegen das Subjekt hat, ist jenes *Seyn*, welches seiner Wahrheit nach nur jenes Moment des Begriffes ist, der als *voraussetzend* in der ersten Bestimmtheit eines *an sich* seyenden *Setzens* ist, welches noch nicht *als* Setzen, als die in sich reflektierte Einheit ist. Aus der Idee hervorgegangen ist also die selbstständige Objektivität unmittelbares Seyn, nur als das *Prädikat* des Urtheils der Selbstbestimmung des Begriffs, ein zwar vom Subjekte verschiedenes Seyn, aber zugleich wesentlich gesetzt als *Moment* des Begriffs.

Dem Inhalte nach ist diese Objektivität die Totalität des Begriffes, die aber dessen Subjektivität oder negative Einheit sich gegenüberstehen hat, welche die wahrhafte Centralität ausmacht, nämlich seine freie Einheit mit sich selbst. Dieses *Subjekt* ist die Idee in der Form der *Einzelnheit*; als einfache aber negative Identität mit sich; das *lebendige Individuum*.

Dieses ist erstlich das Leben als *Seele*; als der Begriff seiner selbst, der in sich vollkommen bestimmt ist, das anfangende, sich selbst bewegende *Princip*. Der Begriff enthält in seiner Einfachheit die bestimmte Äußerlichkeit als *einfaches* Moment in sich eingeschlossen. aber ferner ist diese Seele *in ihrer Unmittelbarkeit* unmittelbar äußerlich, und hat ein objektives Seyn an ihr selbst; die dem Zwecke unterworfene Realität, das unmittelbare *Mittel*, zunächst die Objektivität als *Prädikat* des Subjekts, aber fernerhin ist sie auch die *Mitte* des Schlusses; die Leiblichkeit der Seele ist das, wodurch sie sich mit der äußerlichen Objektivität zusammenschließt.Die Leiblichkeit hat das Lebendige zunächst als die unmittelbar mit dem Begriff identische Realität; sie hat dieselbe insofern überhaupt von *Natur*.

Weil nun diese Objektivität Prädikat des Individuums und in die subjektive Einheit aufgenommen ist, so kommen ihr nicht die früheren Bestimmungen des Objekts, das mechanische oder chemische Verhältniß, noch weniger die abstrakten Reflexions-Verhältnisse von Ganzem und Theilen u. drgl. zu. Als Äußerlichkeit ist sie solcher Verhältnisse zwar *fähig*, aber insofern ist sie nicht lebendiges Daseyn; wenn das Lebendige als ein Ganzes, das aus Theilen besteht, als ein solches, auf welches mechanische oder chemische Ursachen einwirken, als mechanisches oder chemisches Produkt, es sey bloß als solches, oder auch durch einen äußerlichen Zweck Bestimmtes, genommen wird, so wird der Begriff ihm als äußerlich, es wird als ein *Todtes* genommen. Da ihm der Begriff immanent ist, so ist die *Zweckmäßigkeit* des Lebendigen als *innere* zu fassen; er ist in ihm als bestimmter, von seiner Äußerlichkeit unterschiedener, und in seinem Unterscheiden sie durchdringender und mit sich identischer Begriff. Diese Objektivität des Lebendigen ist *Organismus*; sie ist das *Mittel und Werkzeug* des Zwecks, vollkommen zweckmäßig, da der Begriff ihre Substanz ausmacht; aber eben deswegen ist dieß Mittel und Werkzeug selbst der ausgeführte Zweck, in welchem der subjektive Zweck insofern unmittelbar mit sich selbst zusammen geschlossen ist. Nach der Äußerlichkeit des Organismus ist er ein Vielfaches nicht von *Theilen*, sondern von *Gliedern*, welche als solche a) nur in der Individualität bestehen; sie sind trennbar, insofern sie äußerliche sind, und an dieser Äußerlichkeit gefaßt werden können; aber insofern sie getrennt werden, kehren sie unter die mechanischen und chemischen Verhältnisse der gemeinen Objektivität zurück. b) Ihre Äußerlichkeit ist der negativen Einheit der lebendigen Individualität entgegen; diese ist daher *Trieb*, das abstrakte Moment der Bestimmtheit des Begriffes als reellen Unterschied zu setzen; indem dieser Unterschied *unmittelbar* ist, ist er *Trieb* jedes *einzelnen, specifischen Moments*, sich zu produciren, und ebenso seine Besonderheit zur Subjektheit zu erheben, die anderen ihm äußerlichen aufzuheben, sich auf ihre Kosten hervorzubringen, aber ebenso sehr sich selbst aufzuheben und sich zum Mittel für die anderen zu machen.

2. Dieser *Proceß* der lebendigen Individualität ist auf sie selbst beschränkt, und fällt noch ganz innerhalb ihrer. Im Schlusse der äußerlichen Zweckmäßigkeit ist vorhin die erste

Prämisse desselben, daß sich der Zweck unmittelbar auf die Objektivität bezieht und sie zum Mittel macht, so betrachtet worden, daß in ihr zwar der Zweck sich darin gleich bleibt, und in sich zurückgegangen ist, aber die Objektivität *an ihr selbst* sich noch nicht aufgehoben, der Zweck daher in ihr insofern nicht *an* und *für sich* ist, und dieß erst im Schlußsatze wird. Der Proceß des Lebendigen mit sich selbst ist jene Prämisse, insofern sie aber zugleich Schlußsatz, insofern die unmittelbare Beziehung des Subjekts auf die Objektivität, welche dadurch Mittel und Werkzeug wird, zugleich als die *negative Einheit* des Begriffs an sich selbst ist; der Zweck führt sich in dieser seiner Äußerlichkeit dadurch aus, daß er ihre subjektive Macht und der Proceß ist, worin sie ihre Selbstauflösung und Rückkehr in diese seine negative Einheit aufzeigt. Die Unruhe und Veränderlichkeit der äußerlichen Seite des Lebendigen ist die Manifestation des Begriffs an ihm, der als die Negativität an sich selbst nur Objektivität hat, insofern sich ihr gleichgültiges Bestehen als sich aufhebend zeigt. Der Begriff producirt also durch seinen Trieb sich so, daß das Produkt, indem er dessen Wesen ist, selbst das Producirende ist, daß es nämlich Produkt nur als die sich ebenso negativ setzende Äußerlichkeit, oder als der Proceß der Producirens ist.

3. Die so eben betrachtete Idee ist nun der *Begriff* des *lebendigen Subjekts* und *seines Processes*; die Bestimmungen, die im Verhältnisse zu einander sind, sind die sich auf sich beziehende *negative Einheit* des Begriffs und die *Objektivität*, welche sein *Mittel*, in welcher er aber in sich selbst *zurückgekehrt* ist. Aber indem dieß Momente der Idee des Lebens *innerhalb seines Begriffes* sind, so sind es nicht die bestimmten Begriffs-Momente des *lebendigen Individuums in seiner Realität*. Die Objektivität oder Leiblichkeit desselben ist konkrete Totalität; jene Momente sind daher nicht die Momente dieser schon durch die Idee konstituirten Lebendigkeit. Die lebendige *Objektivität* des Individuums aber als solche, da sie vom Begriffe beseelt und ihn zur Substanz hat, hat auch an ihr zu wesentlichem Unterschiede solche, welche seine Bestimmungen sind, *Allgemeinheit, Besonderheit* und *Einzelnheit*; die *Gestalt*, als in welcher sie äußerlich unterschieden sind, ist daher nach denselben eingetheilt, oder eingeschnitten (insectum).

Sie ist hiermit *erstlich Allgemeinheit*, das rein nur in sich selbst Erzittern der Lebendigkeit, die *Sensibilität*. Der Begriff der Allgemeinheit, wie er sich oben ergeben hat, ist die einfache Unmittelbarkeit, welche dieß aber nur ist als absolute Negativität in sich. Dieser Begriff des *absoluten Unterschiedes*, wie seine Negativität in der *Einfachheit aufgelöst* und sich selbst gleich ist, ist in der Sensibilität zur Anschauung gebracht. Sie ist das Insichseyn, nicht als abstrakte Einfachheit, sondern eine unendliche *bestimmbare* Receptivität, welche in ihrer *Bestimmtheit* nicht ein Mannigfaltiges und Äußerliches wird, sondern schlechthin in sich reflektirt ist. Die *Bestimmtheit* ist in dieser Allgemeinheit als einfaches *Princip*; die einzelne äußerliche Bestimmtheit, ein sogenannter *Eindruck*, geht aus seiner äußerlichen und mannigfaltigen Bestimmung in diese Einfachheit des *Selbstgefühls* zurück. Die Sensibilität kann somit als das Daseyn der in sich seyenden Seele betrachtet werden, da sie alle Äußerlichkeit in sich aufnimmt, dieselbe aber in die vollkommene Einfachheit der sich gleichen Allgemeinheit zurückführt.

Die zweite Bestimmung des Begriffs ist die *Besonderheit*, das Moment des *gesetzten* Unterschiedes; die Eröffnung der Negativität, welche im einfachen Selbstgefühl eingeschlossen, oder in ihm ideelle, noch nicht reelle Bestimmtheit ist; die *Irritabilität*. Das Gefühl ist um der Abstraktion seiner Negativität willen Trieb; es *bestimmt* sich; die Selbstbestimmung des Lebendigen ist sein Urtheil oder Verendlichung, wonach es sich auf das Äußerliche als auf eine *vorausgesetzte* Objektivität bezieht, und in Wechselwirkung damit ist. Nach seiner Besonderheit ist es nun Theils *Art* neben anderen Arten von Lebendigen, die *formale* Reflexion dieser *gleichgültigen Verschiedenheit* in sich ist die formale *Gattung* und deren Systematisirung; die individuelle Reflexion aber ist, daß die Besonderheit die Negativität ihrer Bestimmtheit, als einer Richtung nach Außen, die sich auf sich beziehende Negativität des Begriffes ist.

Nach dieser *dritten* Bestimmung ist das Lebendige *als Einzelnes*. Näher bestimmt sich diese Reflexion-in-sich so, daß das Lebendige in der Irritabilität Äußerlichkeit seiner gegen sich selbst, gegen die Objektivität ist, welche es als sein Mittel und Werkzeug unmittelbar an ihm hat, und die äußerlich bestimmbar ist. Die Reflexion-in-sich hebt diese Unmittelbarkeit auf, einer Seits als theoretische Reflexion; insofern nämlich die Negativität als einfaches Moment der Sensibilität ist, das in derselben betrachtet wurde, und welches das *Gefühl* ausmacht, anderer Seits als reelle, indem sich die Einheit des Begriffes *in seiner äußerlichen Objektivität* als negative Einheit setzt, die *Reproduktion*. Die beiden ersten Momente, die Sensibilität und Irritabilität, sind abstrakte Bestimmungen; in der Reproduktion ist das Leben *Konkretes* und Lebendigkeit, es hat in ihr, als seiner Wahrheit, erst auch Gefühl und Widerstandskraft. Die Reproduktion ist die Negativität als einfaches Moment der Sensibilität, und die Irritabilität ist nur lebendige Widerstandskraft, daß das Verhältniß zum Äußerlichen Reproduktion und individuelle Identität mit sich ist. Jedes der einzelnen Momente ist wesentlich die Totalität aller, ihren Unterschied macht die ideelle Formbestimmtheit aus, welche in der Reproduktion als konkrete Totalität des Ganzen gesetzt ist. Dieß Ganze ist daher einer Seits als Drittes, nämlich als *reelle* Totalität jenen bestimmten Totalitäten entgegengesetzt, anderer Seits aber ist es deren ansichseyende Wesenheit, zugleich das, worin sie als Momente zusammengefaßt sind, und ihr Subjekt und Bestehen haben.

Mit der Reproduktion, als dem Momente der Einzelnheit, setzt sich das Lebendige als *wirkliche* Individualität, ein sich auf sich beziehendes Fürsichseyn; ist aber zugleich reelle *Beziehung nach Außen*; die Reflexion der *Besonderheit* oder Irritabilität *gegen ein Anderes*, gegen die *objektive* Welt. Der innerhalb des Individuums eingeschlossene Proceß des Lebens geht in die Beziehung zur vorausgesetzten Objektivität als solcher dadurch über, daß das Individuum, indem es sich als *subjektive* Totalität setzt, auch das *Moment seiner Bestimmtheit* als *Beziehung* auf die Äußerlichkeit zur *Totalität* wird.

B. Der Lebens-Proceß

Daß das lebendige Individuum sich in sich selbst gestaltet, damit spannt es sich gegen sein ursprüngliches Voraussetzen, und stellt sich als an und für sich seyendes Subjekt der vorausgesetzten objektiven Welt gegenüber. Das Subjekt ist der Selbstzweck, der Begriff, welcher an der ihm unterworfenen Objektivität sein Mittel und subjektive Realität hat; hierdurch ist es als die an und für sich seyende Idee und als das wesentliche Selbstständige konstituirt, gegen welches die vorausgesetzte äußerliche Welt nur den Werth eines Negativen und Unselbstständigen hat. In seinem Selbstgefühle hat das Lebendige diese *Gewißheit* von der an sich seyenden *Nichtigkeit* des ihm gegenüberstehenden *Andersseyns*. Sein Trieb ist das Bedürfniß, dieß Andersseyn aufzuheben, und sich die Wahrheit jener Gewißheit zu geben. Das Individuum ist als Subjekt zunächst erst der *Begriff* der Idee des Lebens; sein subjektiver Proceß in sich, in welchem es aus sich selbst zehrt, und die unmittelbare Objektivität, welche es als natürliches Mittel seinem Begriffe gemäß setzt, ist vermittelt durch den Proceß, der sich auf die vollständig gesetzte Äußerlichkeit, auf die *gleichgültig* neben ihm stehende objektive Totalität bezieht.

Dieser Proceß fängt mit dem *Bedürfnisse* an, das ist dem Momente, daß das Lebendige *erstlich* sich bestimmt, sich somit als verneint setzt, und hierdurch auf eine gegen sich *andere*, die gleichgültige Objektivität bezieht; daß es aber *zweitens* ebenso sehr in diesen Verlust seiner nicht verloren ist, sich darin erhält und die Identität des sich selbst gleichen Begriffes bleibt; hierdurch ist es der Trieb, jene ihm *andere* Welt *für sich*, sich gleich zu setzen, sie aufzuheben und *sich* zu objektiviren. Dadurch hat seine Selbstbestimmung die Form von objektiver Äußerlichkeit, und daß es zugleich identisch mit sich ist, ist es der absolute *Widerspruch*. Die unmittelbare Gestaltung ist die Idee in ihrem einfachen Begriffe, die dem Begriff gemäße Objektivität; so ist sie *gut* von Natur. Aber indem ihr negatives Moment sich zur objektiven Besonderheit, d. i. indem die wesentlichen Momente ihrer Einheit jedes für sich zur Totalität realisirt ist, so ist der Begriff in die absolute Ungleichheit seiner mit sich *entzweit*, und indem er ebenso die absolute Identität in dieser Entzweiung ist, so ist das Lebendige für sich selbst diese Entzweiung und hat das Gefühl dieses Widerspruchs, welches der *Schmerz* ist. Der *Schmerz* ist daher das Vorrecht lebendiger Naturen; weil sie der existirende Begriff sind, sind sie eine Wirklichkeit von der unendlichen Kraft, daß sie in sich die *Negativität* ihrer selbst sind, daß diese *ihre Negativität für sie* ist, daß sie sich in ihrem Andersseyn erhalten. Wenn man sagt, daß der Widerspruch nicht denkbar sey, so ist er vielmehr im Schmerz des Lebendigen sogar eine wirkliche Existenz.

Diese Diremtion des Lebendigen in sich ist *Gefühl*, indem sie in die einfache Allgemeinheit des Begriffs, in die Sensibilität aufgenommen ist. Von dem Schmerz fängt das *Bedürfniß* und der *Trieb* an, die den Übergang ausmachen, daß das Individuum, wie es als Negation seiner für sich ist, so auch als Identität für sich werde, eine Identität, welche nur als die Negation jener Negation ist. Die Identität, die im Triebe als solchem ist, ist die subjektive Gewißheit seiner selbst, nach welcher es sich zu seiner äußerlichen, gleichgültig existirenden Welt als zu einer Erscheinung, einer an sich begrifflosen und unwesentlichen Wirklichkeit verhält. Sie soll den Begriff in sich erst durch das Subjekt erhalten, welches der immanente Zweck ist. Die Gleichgültigkeit der objektiven Welt gegen die Bestimmtheit, und damit gegen den Zweck, macht ihre äußerliche Fähigkeit aus, dem Subjekt angemessen zu seyn; welche Specifikationen sie sonst an ihr habe, ihre mechanische Bestimmbarkeit, der Mangel an der Freiheit des immanenten Begriffs macht ihre Ohnmacht aus, sich gegen das Lebendige zu erhalten. Insofern das Objekt gegen das Lebendige zunächst als ein gleichgültiges Äußerliches ist, kann es mechanisch auf dasselbe einwirken; so aber wirkt es nicht als auf ein Lebendiges; insofern es sich zu diesem verhält, wirkt es nicht als Ursache, sondern *erregt* es. Weil das Lebendige Trieb ist, kommt die Äußerlichkeit an und in dasselbe, nur insofern sie schon an und für sich *in ihm* ist; die Einwirkung auf das Subjekt besteht daher nur darin, daß dieses die sich darbietende Äußerlichkeit *entsprechend findet*; sie mag seiner Totalität auch nicht angemessen seyn, so muß sie wenigstens einer besondern Seite an ihm entsprechen, und diese Möglichkeit liegt darin, daß es eben als sich äußerlich verhaltend ein Besonderes ist.

Das Subjekt übt nun, insofern es in seinem Bedürfniß bestimmt sich auf das Äußerliche bezieht, und damit selbst Äußerliches oder Werkzeug ist, *Gewalt* über das Objekt aus. Sein besonderer Charakter, seine Endlichkeit überhaupt, fällt in die bestimmtere Erscheinung dieses Verhältnisses. Das Äußerliche daran ist der Proceß der Objektivität überhaupt, Mechanismus und Chemismus. Derselbe wird aber unmittelbar abgebrochen und die Äußerlichkeit in Innerlichkeit verwandelt. Die äußerliche Zweckmäßigkeit, welche durch die Thätigkeit des Subjekts in dem gleichgültigen Objekt zunächst hervorgebracht wird, wird dadurch aufgehoben, daß das Objekt gegen den Begriff keine Substanz ist, der Begriff daher nicht nur dessen äußere Form werden kann, sondern sich als dessen Wesen und immanente, durchdringende Bestimmung, seiner ursprünglichen Identität gemäß, setzen muß.

Mit der Bemächtigung des Objekts geht daher der mechanische Proceß in den innern über, durch welchen das Individuum sich das Objekt so *aneignet*, daß es ihm die eigenthümliche Beschaffenheit benimmt, es zu seinem Mittel macht, und seine Subjektivität ihm zur Substanz giebt. Diese Assimilation tritt damit in Eins zusammen mit dem oben betrachteten Reproduktionsproceß des Individuums; es zehrt in diesem zunächst aus sich, indem es seine eigene Objektivität sich zum Objekte macht; der mechanische und chemische Konflikt seiner Glieder mit den äußerlichen Dingen ist ein objektives Moment seiner. Das Mechanische und Chemische des Processes ist ein Beginnen der Auflösung des Lebendigen. Da das Leben die Wahrheit dieser Processe, hiermit als Lebendiges die Existenz dieser Wahrheit und die Macht derselben ist, greift es über sie über, durchdringt sie als ihre Allgemeinheit, und ihr Produkt ist durch dasselbe vollkommen bestimmt. Diese ihre Verwandlung in die lebendige Individualität macht die Rückkehr dieser letztern in sich selbst aus, so daß die Produktion, welche als solche das Übergehen in ein Anderes seyn würde, zur Reproduktion wird, in der das Lebendige sich *für sich* identisch mit sich setzt.

Die unmittelbare Idee ist auch die unmittelbare, nicht als *für sich* seyende Identität des Begriffes und der Realität; durch den objektiven Proceß giebt sich das Lebendige sein *Selbstgefühl*; denn es *setzt* sich darin als das, was es an und für sich ist, in seinem als gleichgültig gesetzten Andersseyn, das Identische mit sich selbst, die negative Einheit des Negativen zu seyn. In diesem Zusammengehen des Individuums mit seiner zunächst ihm als gleichgültig vorausgesetzten Objektivität hat es, so wie auf einer Seite sich als wirkliche Einzelnheit konstituirt, so sehr *seine Besonderheit aufgehoben* und sich zur *Allgemeinheit* erhoben. Seine Besonderheit bestand in der Diremtion, wodurch das Leben als seine Arten das individuelle Leben und die ihm äußerliche Objektivität setzte. Durch den äußern Lebens-Proceß hat es sich somit als reelles, allgemeines Leben, als *Gattung* gesetzt.

C. Die Gattung

Das lebendige Individuum zuerst aus dem allgemeinen Begriffe des Lebens abgeschieden, ist eine Voraussetzung, die noch nicht durch sie selbst bewährt ist. Durch den Proceß mit der zugleich damit vorausgesetzten Welt hat es sich selbst gesetzt *für sich* als die negative Einheit seines Andersseyns, als die Grundlage seiner selbst; es ist so die Wirklichkeit der Idee, so daß das Individuum nun aus *der Wirklichkeit* sich hervorbringt, wie es vorher nur aus dem *Begriffe* hervorging, und daß seine Entstehung, die ein *Voraussetzen* war, nun seine Produktion wird.

Die weitere Bestimmung aber, welche es durch die Aufhebung des Gegensatzes erlangt hat, ist, *Gattung* zu seyn, als Identität seiner mit seinem vorherigen gleichgültigen Andersseyn. Diese Idee des Individuums ist, da sie diese wesentliche Identität ist, wesentlich die Besonderung ihrer selbst. Diese ihre Diremtion ist nach der Totalität, aus der sie hervorgeht, die Verdoppelung des Individuums, ein Voraussetzen einer Objektivität, welche mit ihm identisch ist, und ein Verhalten des Lebendigen zu sich selbst, als einem andern Lebendigen.

Dieß Allgemeine ist die dritte Stufe, die Wahrheit des Lebens, insofern es noch innerhalb seiner Sphäre eingeschlossen ist. Diese Stufe ist der sich auf sich beziehende Proceß des Individuums, wo die Äußerlichkeit sein immanentes Moment ist, *zweitens* diese Äußerlichkeit ist selbst als lebendige Totalität eine Objektivität, die für das Individuum es selbst ist; in der es nicht als *aufgehobener*, sondern als *bestehender* die Gewißheit seiner selbst hat.

Weil nun das Verhältniß der Gattung die Identität des individuellen Selbstgefühls in einem solchen ist, welches zugleich ein anderes selbstständiges Individuum ist, ist es der *Widerspruch*; das Lebendige ist somit wieder Trieb. Die Gattung ist nun zwar die Vollendung der Idee des Lebens, aber zunächst ist sie noch innerhalb der Sphäre der Unmittelbarkeit; diese Allgemeinheit ist daher in *einzelner* Gestalt *wirklich*; der Begriff, dessen Realität die Form unmittelbarer Objektivität hat. Das Individuum ist daher *an sich* zwar Gattung, aber es ist die Gattung nicht *für sich*; was für es ist, ist nur erst ein anderes lebendiges Individuum; der von sich unterschiedene Begriff hat zum Gegenstande, mit dem er identisch ist, nicht sich als Begriff, sondern einen Begriff, der als Lebendiges zugleich äußerliche Objektivität für ihn hat, eine Form, die daher unmittelbar gegenseitig ist.

Die Identität mit dem andern, die Allgemeinheit des Individuums ist somit nur erst *innerliche* oder *subjektive*; es hat daher das Verlangen, dieselbe zu setzen und sich als Allgemeines zu realisiren. Dieser Trieb der Gattung aber kann sich nur realisiren durch Aufheben der noch gegen einander besonderen, einzelnen Individualitäten. Zunächst insofern es diese sind, welche *an sich* allgemein die Spannung ihres Verlangens befriedigen und in ihre Gattungsallgemeinheit sich auflösen, so ist ihre realisirte Identität die negative Einheit der aus der Entzweiung sich in sich reflektirenden Gattung. Sie ist insofern die Individualität des Lebens selbst, nicht mehr aus seinem Begriffe, sondern aus der *wirklichen* Idee *erzeugt*. Zunächst ist sie selbst nur der Begriff, der erst sich zu objektiviren hat, aber *der wirkliche Begriff; der Keim eines lebendigen Individuums*. In ihm ist es für *die gemeine Wahrnehmung vorhanden*, was der Begriff ist, und daß der *subjektive Begriff äußerliche Wirklichkeit* hat. Denn der Keim des Lebendigen ist die vollständige Konkretion der Individualität, in welcher alle seine verschiedenen Seiten, Eigenschaften und gegliederte Unterschiede in ihrer *ganzen Bestimmtheit* enthalten und die zunächst *immaterielle*, subjektive Totalität unentwickelt, einfach und nichtsinnlich ist; der Keim ist so das ganze Lebendige in der innerlichen Form des Begriffes. Die Reflexion der Gattung-in-sich ist nach dieser Seite dieß, wodurch sie *Wirklichkeit* erhält, indem das Moment der negativen Einheit und Individualität in ihr *gesetzt* wird, die *Fortpflanzung* der lebenden Geschlechter. Die Idee, die als Leben noch in der Form der Unmittelbarkeit ist, fällt insofern in die Wirklichkeit zurück, und diese ihre Reflexion ist nur die Wiederholung und der unendliche Progreß, in welchem sie nicht aus der Endlichkeit ihrer Unmittelbarkeit heraustritt.

Aber diese Rückkehr in ihren ersten Begriff hat auch die höhere Seite, daß die Idee nicht nur die Vermittelung ihrer Processe innerhalb der Unmittelbarkeit durchlaufen, sondern eben damit diese aufgehoben, und sich dadurch in eine höhere Form ihres Daseyns erhoben hat.

Der Proceß der Gattung nämlich, in welchem die einzelnen Individuen ihre gleichgültige, unmittelbare Existenz in einander aufheben und in dieser negativen Einheit ersterben, hat ferner zur andern Seite seines Produkts die *realisirte Gattung*, welche mit dem Begriffe sich identisch gesetzt hat. In dem Gattungs-Proceß gehen die abgesonderten Einzelnheiten des individuellen Lebens unter; die negative Identität, in der die Gattung in sich zurückkehrt, ist, wie einer Seits das *Erzeugen der Einzelnheit*, so anderer Seits *das Aufheben derselben*, ist somit mit sich zusammengehende Gattung, die *für sich werdende Allgemeinheit* der Idee. In der Begattung erstirbt die Unmittelbarkeit der lebendigen Individualität; der Tod dieses Lebens ist das Hervorgehen des Geistes. Die Idee, die als Gattung *an sich* ist, ist *für sich*, indem sie ihre Besonderheit, welche die lebendigen Geschlechter ausmachte, aufgehoben, und damit sich eine *Realität* gegeben hat, welche *selbst einfache Allgemeinheit* ist; so ist sie die Idee, welche *sich zu sich* als *Idee verhält*, das Allgemeine, das die Allgemeinheit zu seiner Bestimmtheit und Daseyn hat; die *Idee des Erkennens*.

Zweites Kapitel. Die Idee des Erkennens

Das Leben ist die unmittelbare Idee, oder die Idee als ihr noch nicht an sich selbst realisirter *Begriff*. In ihrem *Urtheil* ist sie das *Erkennen* überhaupt.

Der Begriff ist als Begriff *für sich*, insofern er *frei* als abstrakte Allgemeinheit oder als Gattung existirt. So ist er seine reine Identität mit sich, welche sich so in sich selbst unterscheidet, daß das Unterschiedene nicht eine *Objektivität*, sondern gleichfalls zur Subjektivität oder zur Form der einfachen Gleichheit mit sich befreit, hiermit der Gegenstand des Begriffes, der Begriff selbst ist. Seine *Realität* überhaupt ist die *Form seines Daseyns*; auf Bestimmung dieser Form kommt es an; auf ihr beruht der Unterschied dessen, was der Begriff an *sich*, oder als *subjektiver* ist, was er ist in die Objektivität versenkt, dann in der Idee des Lebens. In der letztern ist er zwar von seiner äußerlichen Realität unterschieden und *für sich* gesetzt, doch dieß sein Fürsichseyn hat er nur als die Identität, welche eine Beziehung auf sich als versenkt in seine ihm unterworfene Objektivität oder auf sich als inwohnende, substantielle Form ist. Die Erhebung des Begriffs über das Leben ist, daß seine Realität die zur Allgemeinheit befreite Begriffsform ist. Durch dieses Urtheil ist die Idee verdoppelt, in den subjektiven Begriff, dessen Realität er selbst, und in den objektiven, der als Leben ist. *Denken, Geist, Selbstbewußtseyn* sind Bestimmungen der Idee, insofern sie sich selbst zum Gegenstand hat, und ihr *Daseyn*, d. i. die Bestimmtheit ihres Seyns ihr eigener Unterschied von sich selbst ist.

Die *Metaphysik des Geistes*, oder wie man sonst mehr gesprochen hat, der *Seele* drehte sich um die Bestimmungen von Substanz, Einfachheit, Immaterialität; Bestimmungen, bei welchen die *Vorstellung* des Geistes aus dem *empirischen* Bewußtseyn als Subjekt zu Grunde gelegt, und nun gefragt wurde, was für Prädikate mit den Wahrnehmungen übereinstimmen; ein Verfahren, das nicht weiter gehen konnte, als das Verfahren der Physik, die Welt der Erscheinung auf allgemeine Gesetze und Reflexions-Bestimmungen zu bringen, da der Geist auch nur in seiner *Erscheinung* zu Grunde lag; ja es mußte noch hinter der physikalischen Wissenschaftlichkeit zurückbleiben, da der Geist nicht nur unendlich reicher als die Natur ist, sondern da auch die absolute Einheit des Entgegengesetzem im *Begriffe* sein Wesen ausmacht, so zeigt er in seiner Erscheinung und Beziehung auf die Äußerlichkeit den Widerspruch in seiner höchsten Bestimmtheit auf, daher für jede der entgegengesetzten Reflexions-Bestimmungen eine Erfahrung angeführt, oder aus den Erfahrungen auf die entgegengesetzten Bestimmungen nach der Weise des formalen Schließens muß gekommen werden können. Weil die an der Erscheinung unmittelbar sich ergebenden Prädikate zunächst noch der empirischen Psychologie angehören, so bleiben eigentlich nur ganz dürftige Reflexions-Bestimmungen für die metaphysische Betrachtung übrig. *Kant* in seiner Kritik der *rationalen Seelenlehre* hält diese Metaphysik daran fest, daß, insofern sie eine rationale Wissenschaft seyn soll, durch das Mindeste, was man von der Wahrnehmung zu der *allgemeinen Vorstellung* des Selbstbewußtseyns *hinzunähme*, sich jene Wissenschaft in eine *empirische* verwandelte und ihre rationale Reinigkeit und Unabhängigkeit von aller Erfahrung verderbt würde. Es bleibe somit nichts als die einfache, für sich an Inhalt ganz leere, Vorstellung: *Ich*, von der man nicht einmal sagen kann, daß sie ein *Begriff* sey, sondern ein *bloßes Bewußtseyn*, das *alle Begriffe begleitet*. Durch dieses *Ich*, oder auch *Es (das Ding)*, welches denket, wird nun nach den weiteren kantischen Folgerungen nichts weiter als ein transcendentales Subjekt der Gedanken vorgestellt = x, welches nur durch die Gedanken, die seine *Prädikate* sind, erkannt wird, und wovon wir, abgesondert, *niemals* den *mindesten Begriff* haben können; dieß Ich hat dabei, nach Kants eigenem Ausdruck, die *Unbequemlichkeit*, daß *wir* uns jederzeit *seiner schon bedienen müssen*, um irgend etwas von ihm zu urtheilen; denn es ist nicht sowohl *eine Vorstellung*, wodurch ein besonderes Objekt unterschieden wird, sondern eine *Form* derselben überhaupt, insofern sie Erkenntniß genannt werden soll. Der *Paralogismus*, den die rationale Seelenlehre begehe, bestehe nun darin, daß *Modi* des Selbstbewußtseyns im Denken zu *Verstandesbegriffen* als von einem *Objekte* gemacht, daß jenes: Ich *denke* als ein *denkendes Wesen*, ein *Ding-an-sich* genommen werde; auf welche Weise daraus, daß Ich im Bewußtseyn immer als *Subjekt* und zwar als *singulares*, bei aller Mannigfaltigkeit der Vorstellung *identisches*, und von ihr als äußerlicher mich unterscheidendes vorkomme, unberechtigt abgeleitet wird, daß Ich eine *Substanz*, ferner ein qualitativ *Einfaches*, und ein *Eins*, und ein von den räumlichen und zeitlichen Dingen *unabhängig Existirendes* sey.-Ich habe diese Darstellung ausführlicher ausgezogen, weil sich sowohl die Natur der vormaligen *Metaphysik über die Seele*, als besonders auch *der Kritik*, wodurch sie zu Grunde gegangen ist, bestimmt daraus erkennen läßt. Jene ging darauf, das *abstrakte Wesen* der Seele zu bestimmen; sie ging dabei von der Wahrnehmung ursprünglich aus und verwandelte deren empirische Allgemeinheit und die an der Einzelnheit des Wirklichen überhaupt *äußerliche* Reflexions-Bestimmung in die Form von den angeführten *Bestimmungen des Wesens*. Kant hat dabei überhaupt nur den Zustand der Metaphysik seiner Zeit vor sich, welche vornehmlich bei solchen abstrakten, einseitigen Bestimmungen ohne alle Dialektik stehen blieb; die wahrhaft *spekulativen* Ideen älterer Philosophen über den Begriff des Geistes beachtete und untersuchte er nicht. In seiner *Kritik* über jene Bestimmungen folgte er nun ganz einfach der humeschen Manier des Skepticismus; daß er nämlich das festhält, wie Ich im Selbstbewußtseyn erscheint, wovon aber, da das *Wesen* desselben, *das Ding an sich*, erkannt werden solle, alles Empirische wegzulassen sey; nun bleibe nicht übrig, als diese Erscheinung des: *Ich denke*, das alle Vorstellungen begleite, wovon man *nicht den geringsten Begriff* habe. Gewiß muß es zugegeben werden, daß man weder von Ich, noch von irgend Etwas, auch von dem Begriff selbst den mindesten Begriff hat, insofern man nicht *begreift*, und nur bei der einfachen, fixen *Vorstellung* und dem *Namen* stehen bleibt. Sonderbar ist der Gedanken, wenn es anders ein Gedanke genannt werden kann, daß Ich mich des Ich schon *bedienen* müsse, um von Ich zu urtheilen; das Ich, das sich des Selbstbewußtseyns als eines Mittels *bedient*, um zu urtheilen, dieß ist wohl ein x, von dem man, so wie vom Verhältnisse solchen Bedienens, nicht den geringsten Begriff haben kann. Aber lächerlich ist es wohl, diese Natur des Selbstbewußtseyns, daß Ich sich selbst denkt, daß Ich nicht gedacht werden kann, ohne daß es Ich ist, welches denkt, eine *Unbequemlichkeit* und als etwas Fehlerhaftes einen *Cirkel* zu nennen; ein Verhältniß, wodurch sich im unmittelbaren empirischen Selbstbewußtseyn die absolute, ewige Natur desselben und des Begriffes offenbart, deswegen offenbart, weil das Selbstbewußtseyn eben der *daseyende*, also *empirisch wahrnehmbare*, reine *Begriff*, die absolute Beziehung auf sich selbst ist, welche als trennendes Urtheil sich zum Gegenstande macht und allein dieß ist, sich dadurch zum Cirkel zu machen. Ein Stein hat jene *Unbequemlichkeit* nicht; wenn er gedacht oder wenn über ihn geurtheilt werden soll, so steht er sich selbst dabei nicht im Wege; er ist der Beschwerlichkeit, sich seiner selbst zu diesem Geschäfte zu bedienen, enthoben; es ist ein Anderes außer ihm, welches diese Mühe übernehmen muß.

Der Mangel, den diese barbarisch zu nennenden Vorstellungen darein setzen, daß bei dem Denken des Ich dasselbe als *Subjekt* nicht weggelassen werden könne, erscheint dann umgekehrt auch so, daß Ich *nur* als *Subjekt des Bewußtseyns* vorkomme, oder Ich mich nur als *Subjekt* eines Urtheils *brauchen* könne, und die *Anschauung* fehle, wodurch es als ein *Objekt gegeben* würde; daß aber der Begriff eines Dings, das nur als Subjekt existiren könne, noch gar keine objektive Realität bei sich führe. Wenn zur Objektivität die äußerliche, in Zeit und Raum bestimmte Anschauung gefordert, und sie es ist, welche vermißt wird, so sieht man wohl, daß unter Objektivität nur diejenige sinnliche Realität gemeint ist, über welche sich erhoben zu haben Bedingung des Denkens und der Wahrheit ist. Aber allerdings wenn Ich begrifflos als bloße einfache Vorstellung nach der Weise genommen wird, wie wir im alltäglichen Bewußtseyn Ich aussprechen, so ist es die abstrakte Bestimmung, nicht die sich selbst zum Gegenstand habende Beziehung seiner selbst; es ist so nur *Eins* der Extreme, einseitiges Subjekt ohne seine Objektivität, oder es wäre auch nur Objekt ohne Subjektivität, wenn nämlich die berührte Unbequemlichkeit hierbei nicht wäre, daß sich von dem Ich als Objekt das denkende Subjekt nicht wegbringen läßt. Aber in der That findet dieselbe Unbequemlichkeit auch bei der erstern Bestimmung, dem Ich als Subjekte, Statt; das Ich denkt *etwas*, sich oder etwas Anderes. Diese Untrennbarkeit der zwei Formen, in denen es sich selbst entgegensetzt, gehört zur eigensten Natur seines Begriffs und des Begriffs selbst; sie ist gerade das, was Kant abhalten will um nur die sich in sich nicht unterscheidende, und somit ja nur die *begrifflose Vorstellung* fest zu erhalten. Ein solches Begriffloses darf sich nun zwar wohl den abstrakten Reflexions-Bestimmungen oder Kategorien der vorigen Metaphysik gegenüberstellen; denn an Einseitigkeit steht es auf gleicher Linie mit ihnen, obwohl diese doch ein Höheres des Gedankens sind; dagegen erscheint es desto dürftiger und leerer gegen die tieferen Ideen älterer Philosophie vom Begriff der Seele oder des Denkens, z.B. die wahrhaft spekulativen Ideen des Aristoteles. Wenn die kantische Philosophie jene Reflexions-Bestimmungen untersuchte, so hätte sie noch mehr die festgehaltene Abstraktion des leeren Ich, die vermeinte Idee des Dings-an-sich untersuchen müssen, das sich eben um seiner Abstraktion willen vielmehr als ein ganz Unwahres zeigt; die Erfahrung der beklagten Unbequemlichkeit ist selbst das empirische Faktum, worin die Unwahrheit jener Abstraktion sich ausspricht.

Nur des mendelssohnschen Beweises von der Beharrlichkeit der Seele erwähnt die kantische Kritik der rationalen Psychologie, und ich führe ihre Widerlegung desselben noch um der Merkwürdigkeit desjenigen willen an, was ihm entgegengestellt wird. Jener Beweis gründet sich auf die *Einfachheit* der Seele, vermöge der sie der Veränderung, *des Übergehens in ein Anderes* in der Zeit nicht fähig sey. Die qualitative Einfachheit ist die oben betrachtete Form der *Abstraktion* überhaupt; als *qualitative* Bestimmtheit ist sie in der Sphäre des Seyns untersucht und bewiesen worden, daß das Qualitative als solche sich abstrakt auf sich beziehende Bestimmtheit vielmehr eben darum dialektisch und nur das Übergehen in ein Anderes ist. Beim Begriffe aber wurde gezeigt, daß wenn er in Beziehung auf Beharrlichkeit, Unzerstörbarkeit, Unvergänglichkeit betrachtet wird, er vielmehr darum das An- und Fürsichseyende und Ewige ist, weil er nicht die *abstrakte*, sondern *konkrete* Einfachheit, nicht sich auf sich abstrakt beziehendes Bestimmtseyn, sondern die Einheit *seiner selbst und seines Andern* ist, in das er also nicht so übergehen kann, als ob er sich darin veränderte, eben darum, weil das *andere*, das Bestimmtseyn, er selbst ist, und er in diesem Übergehen daher nur zu sich selbst kommt. Die kantische

Kritik setzt nun jener *qualitativen* Bestimmung der Begriffseinheit die *quantitative* entgegen. Obgleich die Seele nicht ein mannigfaltiges Außereinander sey und keine *extensive* Größe enthalte, so habe das Bewußtseyn doch *einen Grad*, und die Seele wie *jedes Existirende* eine *intensive Größe*; dadurch sey aber die Möglichkeit des Übergehens in Nichts durch das *allmählige Verschwinden* gesetzt. Was ist nun diese Widerlegung anders, als die Anwendung einer Kategorie *des Seyns*, der *intensiven Größe*, auf den Geist? einer Bestimmung, die keine Wahrheit an sich hat, und im Begriffe vielmehr aufgehoben ist.

Die Metaphysik, auch selbst die, welche sich auf fixe Verstandesbegriffe beschränkte und sich zum Spekulativen, und zur Natur des Begriffes und der Idee nicht erhob, hatte zu ihrem Zwecke, *die Wahrheit zu erkennen*, und untersuchte ihre Gegenstände danach, ob sie ein *Wahrhaftes* seyen oder nicht, Substanzen oder Phänomene. Der Sieg der kantischen Kritik über dieselbe besteht aber vielmehr darin, die Untersuchung, welche das *Wahre* zum Zwecke hat, und diesen Zweck selbst zu beseitigen; sie macht die Frage, die allein Interesse hat, gar nicht, ob ein bestimmtes Subjekt, hier das *abstrakte Ich der Vorstellung*, an und für sich Wahrheit habe. Es heißt aber auf den Begriff und die Philosophie Verzicht leisten, wenn man bei der Erscheinung und bei demjenigen stehen bleibt, was sich im alltäglichen Bewußtseyn für die bloße Vorstellung ergiebt. Was darüber hinausgeht, heißt in der kantischen Kritik etwas Überfliegendes, und zu dem die Vernunft keineswegs berechtigt sey. In der That überfliegt der Begriff das Begrifflose, und die nächste Berechtigung, darüber hinauszugehen, ist eines Theils er selbst, andern Theils nach der negativen Seite die Unwahrheit der Erscheinung und der Vorstellung, so wie solcher Abstraktionen, wie die Dinge-an-sich und jenes Ich ist, das sich nicht Objekt seyn soll.

In dem Zusammenhang dieser logischen Darstellung ist es die *Idee des Lebens*, aus der die Idee des Geistes hervorgegangen, oder was dasselbe ist, als deren Wahrheit sie sich erwiesen hat. Als dieses Resultat hat diese Idee an und für sich selbst ihre Wahrheit, mit der dann auch das Empirische oder die Erscheinung des Geistes verglichen werden mag, wie es damit übereinstimme; das Empirische kann jedoch selbst auch nur durch und aus der Idee gefaßt werden. Von dem *Leben* haben wir gesehen, daß es die Idee ist, aber es hat sich zugleich gezeigt, noch nicht die wahrhafte Darstellung oder Art und Weise ihres Daseyns zu seyn. Denn im Leben ist die Realität der Idee als *Einzelnheit*, die *Allgemeinheit* oder die Gattung ist das *Innere*; die Wahrheit des Lebens als absolute negative Einheit ist daher, die abstrakte, oder was dasselbe ist, die unmittelbare Einzelnheit aufzuheben, und *als Identisches* mit sich identisch, als Gattung sich selbst gleich zu seyn. Diese Idee ist nun der *Geist*. Es kann aber hierüber noch bemerkt werden, daß er hier in derjenigen Form betrachtet wird, welche dieser Idee als logische zukommt. Die hat nämlich noch andere Gestalten, die hier beiläufig angeführt werden können, in welchen sie in den konkreten Wissenschaften des Geistes zu betrachten ist, nämlich als *Seele, Bewußtseyn und Geist als solcher*.

Der Name: *Seele* wurde sonst vom einzelnen endlichen Geiste überhaupt gebraucht, und die rationale oder empirische *Seelenlehre* sollte so viel bedeuten als *Geisteslehre*. Bei dem Ausdruck: *Seele* schwebt die Vorstellung vor, daß sie ein *Ding* ist, wie die anderen Dinge; man fragt nach ihrem *Sitze*, der *räumlichen* Bestimmung, von der aus ihre *Kräfte* wirken; noch mehr danach, wie dieses Ding *unvergänglich* sey, den Bedingungen der *Zeitlichkeit* unterworfen, der Veränderung darin aber entnommen sey. Das System der *Monaden* hebt die Materie zur Seelenhaftigkeit herauf; die Seele ist in dieser Vorstellung ein Atom wie die Atome der Materie überhaupt; das Atom, das als Dunst aus der Kaffeetasse aufsteige, sey durch glückliche Umstände fähig, sich zur Seele zu entwickeln, nur die *größere* Dunkelheit seines Vorstellens unterscheide es von einem solchen Dinge, das als Seele erscheint. *Der für sich selbst seyende Begriff* ist nothwendig auch in *unmittelbarem Daseyn*; in dieser substantiellen Identität mit dem Leben, in seinem Versenktseyn in seine Äußerlichkeit ist er in der *Anthropologie* zu betrachten. Aber auch ihr muß jene Metaphysik fremd bleiben, worin diese Form der *Unmittelbarkeit* zu einem *Seelending*, zu einem *Atom*, den Atomen der Materie gleich wird. Der Anthropologie muß nur die dunkle Region überlassen werden, worin der Geist unter, wie man es sonst nannte, *siderischen* und *terrestrischen* Einflüssen steht, als ein Naturgeist in der *Sympathie* mit der Natur lebt, und ihre Veränderungen in *Träumen* und *Ahnungen* gewahr wird, dem Gehirn, dem Herzen, den Ganglien, der Leber u. s. w. inwohnt, welcher letztern nach Plato der Gott, damit auch der *unvernünftige* Theil von seiner Güte bedacht und des Höhern theilhaftig sey, die Gabe des *Weissagens* gegeben habe, über welche der selbstbewußte Mensch erhoben sey. Zu dieser unvernünftigen Seite gehört ferner das Verhältniß des Vorstellens und der höhern geistigen Thätigkeit, insofern sie im einzelnen Subjekte dem Spiele ganz zufälliger körperlicher Beschaffenheit, äußerlicher Einflüsse und einzelner Umstände unterworfen ist.

Diese unterste der konkreten Gestalten, worin der Geist in die Materiatur versenkt ist, hat ihre unmittelbar höhere im *Bewußtseyn*. In dieser Form ist der freie Begriff als *fürsichseyendes* Ich zurückgezogen aus der Objektivität, aber sich auf sie als *sein Anderes*, als gegenüberstehenden Gegenstand beziehend. Indem der Geist hier nicht mehr als Seele ist, sondern in der *Gewißheit* seiner selbst die *Unmittelbarkeit* des *Seyns* vielmehr die Bedeutung *eines Negativen* für ihn hat, so ist die Identität, in der er im Gegenständlichen mit sich selbst ist, zugleich nur noch ein *Scheinen*, indem das Gegenständliche auch noch die Form eines *Ansichseyenden* hat.

Diese Stufe ist der Gegenstand *der Phänomenologie des Geistes*, einer Wissenschaft, welche zwischen der Wissenschaft des Naturgeistes und des Geistes als solches inne steht, und den *für sich* seyenden Geist zugleich in seiner *Beziehung auf sein Anderes*, welches hierdurch sowohl, wie erinnert, als *an sich* seyendes Objekt wie auch als negirtes bestimmt ist, den Geist also als *erscheinend* am Gegentheil seiner selbst sich darstellend betrachtet.

Die höhere Wahrheit dieser Form ist aber *der Geist für sich*, für welchen der dem Bewußtseyn *an sich* seyende Gegenstand die Form seiner eigenen Bestimmung, der *Vorstellung* überhaupt hat; dieser Geist, der auf die Bestimmungen als auf seine eigenen, auf Gefühle, Vorstellungen und Gedanken, thätig ist, ist insofern in sich und in seiner Form unendlich. Die Betrachtung dieser Stufe gehört der eigentlichen *Geisteslehre* an, die dasjenige umfassen würde, was Gegenstand der gewöhnlich *empirischen Psychologie* ist, die aber, um die Wissenschaft des Geistes zu seyn, nicht empirisch zu Werke gehen, sondern wissenschaftlich gefaßt werden muß. Der Geist ist auf dieser Stufe *endlicher* Geist, insofern der *Inhalt* seiner Bestimmtheit ein unmittelbarer gegebener ist; die Wissenschaft desselben hat den Gang darzustellen, worin er sich von dieser seiner Bestimmtheit befreit, und zum Erfassen seiner Wahrheit, des unendlichen Geistes, fortgeht.

Die *Idee des Geistes* dagegen, welche *logischer* Gegenstand ist, steht schon innerhalb der reinen Wissenschaft; sie hat daher ihn nicht den Gang durchmachen zu sehen, wie er mit der Natur, der unmittelbaren Bestimmtheit und dem Stoffe oder der Vorstellung, verwickelt ist, was in jenen drei Wissenschaften betrachtet wird; sie hat diesen Gang bereits hinter sich, oder, was dasselbe ist, vielmehr vor sich, jenes insofern die Logik, als die *die letzte* Wissenschaft, dieses insofern sie als *die erste* genommen wird, aus welcher die Idee erst in die Natur übergeht.

In der logischen Idee des Geistes ist Ich daher sogleich, wie es aus dem Begriffe der Natur als deren Wahrheit sich gezeigt hat, der freie Begriff, der in seinem Urtheile sich selbst der Gegenstand ist, *der Begriff als seine Idee*. Aber auch in dieser Gestalt ist die Idee noch nicht vollendet.

Indem sie der zwar freie, sich selbst zum Gegenstande habende Begriff ist, so ist sie *unmittelbar*, ebendarum weil sie unmittelbar ist, noch die Idee in ihrer *Subjektivität*, und damit in ihrer Endlichkeit überhaupt. Sie ist der *Zweck*, der sich realisiren soll, oder es ist die *absolute Idee* selbst noch in ihrer *Erscheinung*. Was sie *sucht*, ist das *Wahre*, diese Identität des Begriffs selbst und der Realität, aber sie sucht es nur erst; denn sie ist hier, wie sie *zuerst* ist, noch ein *Subjektives*. Der Gegenstand, der für den Begriff ist, ist daher hier zwar auch ein gegebener, aber er tritt nicht als einwirkendes Objekt, oder als Gegenstand, wie er als solcher für sich selbst beschaffen sey, oder als Vorstellung in das Subjekt ein, sondern dieses verwandelt ihn in *eine Begriffsbestimmung*; es ist der Begriff, der im Gegenstand sich bethätigt, darin sich auf sich bezieht, und dadurch, daß er sich an dem Objekte seine Realität giebt, *Wahrheit* findet.

Die Idee ist also zunächst das eine Extrem eines Schlusses als der Begriff, der als Zweck zunächst sich selbst zur subjektiven Realität hat; das andere Extrem ist die Schranke des Subjektiven, die objektive Welt. Die beiden Extreme sind darin identisch, daß sie die Idee sind; erstlich ist ihre Einheit die des Begriffs, welcher in dem einen nur *für sich*, in dem andern nur *an sich* ist; zweitens ist die Realität in dem einen abstrakt, in dem andern in ihrer konkreten Äußerlichkeit. Diese Einheit wird nun durch das Erkennen *gesetzt*; sie ist, weil es die subjektive Idee ist, die als Zweck von sich ausgeht, zunächst nur als *Mitte*. Das Erkennende bezieht sich durch die Bestimmtheit seines Begriffs, nämlich das abstrakte Fürsichseyn, zwar auf eine Außenwelt; aber in der absoluten Gewißheit seiner selbst, um die Realität seiner an sich selbst, diese formelle Wahrheit zur reellen Wahrheit zu erheben. Es hat an seinem Begriff die *ganze Wesenheit* der objektiven Welt, sein Proceß ist, den konkreten Inhalt derselben für sich als identisch mit dem *Begriffe*, und umgekehrt diesen als identisch mit der Objektivität zu setzen.

Unmittelbar ist die Idee der Erscheinung *theoretische* Idee, das *Erkennen* als solches. Denn unmittelbar hat die objektive Welt die Form der *Unmittelbarkeit* oder des *Seyns* für den für sich seyenden Begriff, so wie dieser zuerst sich nur als der abstrakte noch in ihm eingeschlossene Begriff seiner selbst ist; er ist daher nur als Form; seine Realität, die er an ihm selbst hat, sind nur seine einfachen Bestimmungen von Allgemeinheit und Besonderheit; die Einzelnheit aber oder die bestimmte Bestimmtheit, den Inhalt erhält diese Form von Außen.

A. Die Idee des Wahren

Die subjektive Idee ist zunächst Trieb. Denn sie ist der Widerspruch des Begriffs, sich zum Gegenstand zu haben und sich die Realität zu seyn, ohne daß doch der Gegenstand als anderes gegen ihn Selbstständiges wäre, oder ohne daß der Unterschied seiner selbst von sich zugleich die wesentliche Bestimmung der Verschiedenheit und des gleichgültigen Daseyns hätte. Der Trieb hat daher die Bestimmtheit, seine eigene Subjektivität aufzuheben, seine erst abstrakte Realität zur konkreten zu machen, und sie mit dem *Inhalte* der von seiner Subjektivität vorausgesetzten Welt zu erfüllen. Von der andern Seite bestimmt er sich hierdurch so: der Begriff ist zwar die absolute Gewißheit seiner selbst; seinem *Fürsichseyn* steht aber seine Voraussetzung einer *an sich* seyenden Welt gegenüber, deren gleichgültiges *Andersseyn* aber für die Gewißheit seiner selbst den Werth nur eines *Unwesentlichen* hat; er ist insofern der Trieb, dieß Andersseyn aufzuheben, und in dem Objekte die Identität mit sich selbst anzuschauen. Insofern diese Reflexion-in-sich der aufgehobenen Gegensatz und die *gesetzte*, für das Subjekt bewirkte *Einzelnheit* ist, welche zunächst als das vorausgesetzte *Ansichseyn* erscheint, ist es die aus dem Gegensatz hergestellte Identität der Form mit sich selbst, eine Identität, welche damit als gleichgültig gegen die Form in deren Unterschiedenheit, bestimmt und *Inhalt* ist. Dieser Trieb ist daher der Trieb der *Wahrheit*, insofern sie im *Erkennen* ist, also der *Wahrheit* als *theoretischer* Idee, in ihrem eigentlichen Sinne. Wenn die *objektive* Wahrheit zwar die Idee selbst ist, als die dem Begriffe entsprechende

Realität, und ein Gegenstand insofern an ihm Wahrheit haben kann oder nicht, so ist dagegen der bestimmtere Sinn die Wahrheit dieser, daß sie es *für* oder *im* subjektiven Begriff, im *Wissen* sey. Sie ist das Verhältniß des *Begriffsurtheils*, welches als das formelle Urtheil der Wahrheit sich gezeigt hat; in demselben ist nämlich das Prädikat nicht nur die Objektivität des Begriffes, sondern die beziehende Vergleichung des Begriffs der Sache und der Wirklichkeit derselben. *Theoretisch* ist diese Realisirung des Begriffs, insofern er als *Form* noch die Bestimmung eines *subjektiven*, oder die Bestimmung für das Subjekt hat, die seinige zu seyn. Weil das Erkennen die Idee als Zweck oder als subjektive, ist, so ist die Negation der als *an sich seyend* vorausgesetzten Welt die *erste*; der Schlußsatz, worin das Objektive in das Subjektive gesetzt ist, hat daher zunächst auch nur die Bedeutung, daß das Ansichseyende nur als ein Subjektives, oder in der Begriffsbestimmung nur *gesetzt*, darum aber nicht so an und für sich sey. Der Schlußsatz kommt insofern nur zu einer *neutralen* Einheit, oder einer *Synthesis*, d. h. einer Einheit von solchen, die ursprünglich geschieden, nur äußerlich so verbunden seyen. Indem daher in diesem Erkennen der Begriff das Objekt als *das seinige* setzt, giebt sich die Idee zunächst nur einen Inhalt, dessen Grundlage *gegeben* und an dem nur die Form der Äußerlichkeit aufgehoben worden. Dieß Erkennen behält insofern in seinem ausgeführten Zwecke noch seine *Endlichkeit*, es hat in ihn denselben zugleich *nicht* erreicht, und ist *in seiner Wahrheit* noch *nicht* zur *Wahrheit* gekommen. Denn insofern im Resultate der Inhalt noch die Bestimmung eines *gegebenen* hat, so ist das vorausgesetzte *Ansichseyn* gegen den Begriff nicht aufgehoben; die Einheit des Begriffs und der Realität, die Wahrheit, ist somit ebenso sehr auch nicht darin enthalten. Sonderbarer Weise ist in neueren Zeiten diese Seite der *Endlichkeit* festgehalten und als das *absolute* Verhältniß des Erkennens angenommen worden; als ob das Endliche als solches das Absolute seyn sollte!

Auf diesem Standpunkte wird dem Objekte eine unbekannte *Dingheit-an-sich hinter* dem Erkennen zugeschrieben, und dieselbe und damit auch die Wahrheit als ein absolutes *Jenseits* für das Erkennen betrachtet. Die Denkbestimmungen überhaupt, die Kategorien, die Reflexions-Bestimmungen, so wie der formale Begriff und dessen Momente erhalten darin die Stellung, nicht daß sie an und für sich endliche Bestimmungen, sondern daß sie es in dem Sinne sind, als sie ein Subjektives gegen jene leere *Dingheit-an-sich* sind; dieß Verhältniß der Unwahrheit des Erkennens als das wahrhafte anzunehmen, ist der zur allgemeinen Meinung neuerer Zeit gewordene Irrthum. Aus diese Bestimmung des endlichen Erkennens erhellt unmittelbar, daß es ein Widerspruch ist, der sich selbst aufhebt; der Widerspruch einer Wahrheit, die zugleich nicht Wahrheit seyn soll; eines Erkennens dessen, was ist, welches zugleich das Ding-an-sich nicht erkennt. In dem Zusammenfallen dieses Widerspruchs fällt sein Inhalt, das subjektive Erkennen und das Ding-an-sich zusammen, d. h. erweist sich als ein Unwahres, Aber das Erkennen hat durch seinen eigenen Gang seine Endlichkeit und damit seinen Widerspruch aufzulösen; jene Betrachtung, welche wir über dasselbe machen, ist eine äußerliche Reflexion; es ist aber selbst der Begriff, der sich Zweck ist, der also durch seine Realisirung sich ausführt, und eben in dieser Ausführung seine Subjektivität und das vorausgesetzte Ansichseyn aufhebt. Es ist daher an ihm selbst in seiner positiven Thätigkeit zu betrachten. Da diese Idee, wie gezeigt, der Trieb des Begriffes ist, sich *für sich selbst* zu realisiren, so ist seine Thätigkeit, das Objekt zu bestimmen, und durch dieß Bestimmen sich in ihm identisch auf sich zu beziehen. Das Objekt ist überhaupt das schlechthin Bestimmbare, und in der Idee hat es diese wesentliche Seite, nicht an und für sich gegen den Begriff zu seyn. Weil dieß Erkennen noch das endliche, nicht spekulative ist, so hat die vorausgesetzte Objektivität noch nicht die Gestalt für dasselbe, daß sie schlechthin nur der Begriff an ihr selbst ist, und nichts Besonderes für sich gegen ihn enthält. Aber damit, daß sie als ein an-sich-seyendes Jenseits gilt, hat sie die Bestimmung der *Bestimmbarkeit durch den Begriff* darum wesentlich, weil *die Idee* der für sich seyende Begriff und das schlechthin in sich Unendliche ist, worin das Objekt *an sich* aufgehoben, und der Zweck nur noch ist, es *für sich* aufzuheben; das Objekt ist daher zwar von der Idee des Erkennens als *an sich seyend* vorausgesetzt, aber wesentlich in dem Verhältniß, daß sie ihrer selbst und der Nichtigkeit dieses Gegensatzes gewiß, zu Realisirung ihres Begriffes in ihm komme.

In dem Schlusse, wodurch sich die subjektive Idee nun mit der Objektivität zusammenschließt, ist die *erste Prämisse* dieselbe Form der unmittelbaren Bemächtigung und Beziehung des Begriffs auf das Objekt, als wir in der Zweckbeziehung sahen. Die bestimmende Thätigkeit des Begriffs auf das Objekt ist eine unmittelbare *Mittheilung* und widerstandslose *Verbreitung* seiner auf dasselbe. Der Begriff bleibt hierin in der reinen Identität mit sich selbst; aber diese seine unmittelbare Reflexion-in-sich hat ebenso die Bestimmung der objektiven Unmittelbarkeit; das was *für ihn* seine eigene Bestimmung ist, ist ebenso sehr ein *Seyn*, denn es ist die *erste* Negation der Voraussetzung. Die gesetzte Bestimmung gilt daher ebenso sehr als eine nur *gefundene* Voraussetzung, als ein *Auffassen* eines *Gegebenen*, worin die Thätigkeit des Begriffs vielmehr nur darin bestehe, negativ gegen sich selbst zu seyn, sich gegen das Vorhandene zurückzuhalten und passiv zu machen, damit dasselbe nicht bestimmt vom Subjekte, sondern sich, wie es in sich selbst ist, *zeigen* könne. Dieß Erkennen erscheint daher in dieser Prämisse nicht einmal als eine *Anwendung* der logischen Bestimmungen, sondern als ein Empfangen und Auffassen derselben als Vorgefundener, und seine Thätigkeit erscheint als darauf beschränkt, nur ein subjektives Hinderniß, eine äußerliche Schaale von dem Gegenstande zu entfernen. Dieß Erkennen ist das *Analytische.*

a. Das analytische Erkennen

Den Unterschied des analytischen und synthetischen Erkennens findet man zuweilen so angegeben, daß das eine vom Bekannten zum Unbekannten, das andere vom Unbekannten zum Bekannten fortgehe. Es wird aber, wenn man diesen Unterschied näher betrachtet, schwer seyn, in ihm einen bestimmten Gedanken, vielweniger einen Begriff zu entdecken. Man kann sagen, das Erkennen fange überhaupt mit der Unbekanntschaft an, denn etwas, womit man schon bekannt ist, lernt man nicht kennen.

Umgekehrt auch fängt es mit dem Bekannten an; dieß ist ein tautologischer Satz; das, womit es anfängt, was es also wirklich erkennt, ist eben dadurch ein Bekanntes; was noch nicht erkannt worden, und erst später erkannt werden soll, ist noch ein Unbekanntes. Man muß insofern sagen, daß das Erkennen, wenn es einmal angefangen hat, immer vom Bekannten zum Unbekannten fortgehe.

Das Unterscheidende des analytischen Erkennens hat sich bereits dahin bestimmt, daß ihm als der ersten Prämisse des ganzen Schlusses die Vermittelung noch nicht angehört, sondern daß es die unmittelbare, das Andersseyn noch nicht enthaltende Mittheilung des Begriffes ist, worin die Thätigkeit sich ihrer Negativität entäußert. Jene Unmittelbarkeit der Beziehung ist jedoch darum selbst Vermittelung, denn sie ist die negative Beziehung des Begriffs auf das Objekt, die sich aber selbst vernichtet und sich dadurch einfach und identisch macht. Diese Reflexion-in-sich ist nur ein Subjektives, weil in ihrer Vermittelung der Unterschied nur noch als der vorausgesetzte *ansichseyende*, als Verschiedenheit *des Objekts* in sich, vorhanden ist. Die Bestimmung, die daher durch diese Beziehung zu Stande kommt, ist die Form einfacher *Identität*, der *abstrakten Allgemeinheit*. Das analytische Erkennen hat daher überhaupt diese Identität zu seinem Princip und der Übergang in Anderes, die Verknüpfung Verschiedener ist aus ihm selbst, aus seiner Thätigkeit ausgeschlossen.

Das analytische Erkennen nun näher betrachtet, so wird von einem *vorausgesetzten*, somit einzelnen, *konkreten* Gegenstande angefangen, er sey nun ein für die Vorstellung schon *fertiger* oder er sey eine *Aufgabe*, nämlich nur in seinen Umständen und Bedingungen gegeben, aus ihnen noch nicht für sich herausgehoben und in einfacher Selbstständigkeit dargestellt. Die Analyse desselben kann nun nicht darin bestehen, daß er bloß in die besonderen *Vorstellungen*, die er enthalten kann, *aufgelöst* werde; eine solche Auflösung und das Auffassen derselben ist ein Geschäft, das nicht zum Erkennen gehörte, sondern nur eine nähere *Kenntniß*, eine Bestimmung innerhalb der Sphäre des *Vorstellens* beträfe. Die Analyse, da sie den Begriff zum Grunde hat, hat zu ihren Produkten wesentlich die Begriffsbestimmungen, und zwar als solche, welche *unmittelbar* in dem Gegenstande *enthalten* sind. Es hat sich aus der Natur der Idee des Erkennens ergeben, daß die Thätigkeit des subjektiven Begriffs von der einen Seite nur als *Entwickelung* dessen, *was im Objekt schon ist*, angesehen werden muß, weil das Objekt selbst nichts als die Totalität des Begriffs ist. Es ist ebenso einseitig, die Analyse so vorzustellen, als ob im Gegenstande nichts sey, was nicht in ihm *hineingelegt* werde, als es einseitig ist, zu meinen, die sich ergebenden Bestimmungen werden nur aus ihm *herausgenommen*. Jene Vorstellung spricht bekanntlich der subjektive Idealismus aus, der in der Analyse die Thätigkeit des Erkennens allein für ein einseitiges *Setzen* nimmt, jenseits dessen das *Ding-an-sich* verborgen bleibt; die andere Vorstellung gehört dem sogenannten Realismus an, der den subjektiven Begriff als eine leere Identität erfaßt, welche die Gedankenbestimmungen *von Außen* in sich *aufnehme*. Da das analytische

Erkennen, die Verwandlung des gegebenen Stoffes in logische Bestimmungen, sich gezeigt hat, beides in Einem zu seyn, ein *Setzen*, welches sich ebenso unmittelbar als *Voraussetzen* bestimmt, so kann um des letztern willen das Logische als ein schon im Gegenstande *Fertiges*, so wie wegen des erstern als *Produkt* einer bloß subjektiven Thätigkeit erscheinen. Aber beide Momente sind nicht zu trennen; das Logische ist in seiner abstrakten Form, in welche es die Analyse heraushebt, allerdings nur im Erkennen vorhanden, so wie es umgekehrt nicht nur ein *Gesetztes*, sondern ein *An-sich-seyendes* ist.

Insofern nun das analytische Erkennen die aufgezeigte Verwandlung ist, geht es durch keine weiteren *Mittelglieder* hindurch, sondern die Bestimmung ist insofern *unmittelbar* und hat eben diese Sinn, dem Gegenstand eigen und an sich anzugehören, daher ohne subjektive Vermittelung aus ihm aufgefaßt zu seyn. aber das Erkennen soll ferner auch ein *Fortgehen*, eine *Entwickelung von Unterschieden* seyn. Weil es aber nach der Bestimmung, die es hier hat, begrifflos und undialektisch ist, hat es nur einen *gegebenen Unterschied*, und sein Fortgehen geschieht allein an den Bestimmungen des *Stoffes*. Nur insofern scheint es ein *immanentes* Fortgehen zu haben, als die abgeleiteten Gedankenbestimmungen von Neuem analysirt werden können, insofern scheint es ein *immanentes* Fortgehen zu haben, als die abgeleiteten Gedankenbestimmungen von Neuem analysirt werden können, insofern sie noch ein Konkretes sind; das Höchste und Letze dieses Analysirens ist das abstrakte höchste Wesen, oder die abstrakte subjektive Identität, und ihr gegenüber die Verschiedenheit. Dieses Fortgehen ist jedoch nichts Anderes, als nur die Wiederholung des einen ursprünglichen Thuns der Analyse, nämlich die Wiederbestimmung des schon in die abstrakte Begriffsform Aufgenommenen als eines *Konkreten* und hierauf die Analyse desselben, dann von Neuem die Bestimmung des aus ihr hervorgehenden Abstrakten als eines Konkreten und sofort. Die Gedankenbestimmungen scheinen aber in ihnen selbst auch einen Übergang zu enthalten. Wenn der Gegenstand als Ganzes bestimmt worden, so wird davon allerdings zur *andern* Bestimmung: *des Theils*; von der *Ursache* zur andern Bestimmung der *Wirkung* u. s. f. fortgegangen. Aber dieß ist hier insofern kein Fortgehen, als Ganzes und Theile, Ursache und Wirkung, *Verhältnisse* sind, und zwar für dieses formale Erkennen so *fertige* Verhältnisse, daß die eine Bestimmung an die andere wesentlich geknüpft *vorgefunden* wird. Der Gegenstand, der als *Ursache* oder als *Theil* bestimmt worden, ist damit durch das *ganze* Verhältniß, schon durch beide Seiten desselben bestimmt. Ob es schon *an sich* etwas Synthetisches ist, so ist dieser Zusammenhang für das analytische Erkennen ebenso sehr nur ein *Gegebenes*, als anderer Zusammenhang seines Stoffes, und gehört daher nicht seinem eigenthümlichen Geschäfte an. Ob solcher Zusammenhang sonst als ein Priorisches oder Aposteriorisches bestimmt werde, dieß ist dabei gleichgültig insofern er als ein *vorgefundener* gefaßt wird, oder wie man es auch genannt hat, als eine *Thatsache* des Bewußtseyns, daß mit der Bestimmung: *Ganzes* die Bestimmung: *Theil* verknüpft sey und so fort. Indem Kant die tiefe Bemerkung von *synthetischen* Grundsätzen a priori aufgestellt und als deren Wurzel die Einheit des Selbstbewußtseyns, also die Identität des Begriffes mit sich, erkannt hat, nimmt er doch den *bestimmten* Zusammenhang, die Verhältnißbegriffe und synthetischen Grundsätze selbst, *von der formalen Logik* als *gegeben* auf; die Deduktion derselben hätte die Darstellung des Übergangs jener einfachen Einheit des Selbstbewußtseyns in diese ihre Bestimmungen und Unterschiede seyn müssen; aber die Aufzeigung dieses wahrhaft synthetischen Fortgehens, des sich selbst producirenden Begriffs, hat Kant sich erspart, zu leisten.

Bekanntlich wird die *Arithmetik* und die allgemeineren *Wissenschaften der diskreten Größe* vorzugsweise *analytische Wissenschaft* und *Analysis* genannt. Die Erkenntnißweise derselben ist in der That am immanentesten analytisch und es ist kürzlich zu betrachten, worauf sich dieß gründet. Das sonstige analytische Erkennen fängt von einem konkreten Stoffe an, der eine zufällige Mannigfaltigkeit an sich hat; aller Unterschied der Inhalts und das Fortgehen zu weiterem Inhalt hängt von demselben ab. Der arithmetische und algebraische Stoff dagegen ist ein schon ganz abstrakt und unbestimmt Gemachtes, an dem alle Eigenthümlickeit des Verhältnisses getilgt, dem somit nun jede Bestimmung und Verknüpfung ein Äußerliches ist. Ein solches ist das Princip der diskreten Größe, das *Eins*. Dieß verhältnißlose Atome kann zu einer *Vielheit* vermehrt und äußerlich zu einer Anzahl bestimmt und vereinigt werden, dieses Vermehren und Begrenzen ist ein leeres Fortgehen und Bestimmen, welches bei demselben Princip des abstrakten Eins stehen bleibt. Wie die *Zahlen* ferner zusammengefaßt und getrennt werden, hängt allein von dem Setzen des Erkennenden ab. Die *Größe* ist überhaupt die Kategorie, innerhalb welcher diese Bestimmungen gemacht werden; was die *gleichgültig* gewordenen Bestimmtheit ist, so daß der Gegenstand keine Bestimmtheit hat, welche ihm immanent, also dem Erkennen *gegeben* wäre. Insofern sich das Erkennen zunächst eine zufällige Verschiedenheit von Zahlen gegeben hat, so machen sie nun den Stoff für eine weitere Bearbeitung und mannigfaltige Verhältnisse aus. Solche Verhältnisse, deren Erfindung und Bearbeitung, scheinen zwar nichts dem analytischen Erkennen Immanentes, sondern ein Zufälliges und Gegebenes zu seyn; wie denn auch diese Verhältnisse und die sich auf sie beziehenden Operationen gewöhnlich *nacheinander* als *verschiedene* ohne Bemerkung eines innern Zusammenhanges vorgetragen werden. Allein es ist leicht, ein fortleitendes Princip zu erkennen, und zwar ist es das Immanente der analytischen Identität, die am Verschiedenen als *Gleichheit* erscheint; der Fortschritt ist die Reduktion des Ungleichen auf immer größere Gleichheit. Um ein Beispiel an den ersten Elementen zu geben, so ist die Addition das Zusammenfassen ganz zufällig *ungleicher* Zahlen, die Multiplikation dagegen von *gleichen*, worauf noch das Verhältniß der *Gleichheit* von der *Anzahl* und der *Einheit* folgt, und das Potenzen-Verhältniß eintritt.

Weil nun die Bestimmtheit des Gegenstandes und der Verhältnisse eine *gesetzte* ist, so ist die weitere Operation mit ihnen auch ganz analytisch, und die analytische Wissenschaft hat daher nicht sowohl *Lehrsätze*, als *Aufgaben*. Der anlytische Lehrsatz enthält die Aufgabe schon für sich selbst als gelöst, und der ganz äußerliche Unterschied, der den beiden Seiten, die er gleich setzt, zukommt, ist so unwesentlich, daß ein solcher Lehrsatz als eine triviale Identität erscheinen würde. Kant hat zwar den Satz 5+7=12 für einen *synthetischen* Satz erklärt, weil auf einer Seite Dasselbe, in der Form von Mehreren, von 5 und 7, auf der anderen in der Form von Einem, von 12, dargestellt ist. Allein wenn das Analytische nicht das abstrakt Identische und Tautologische 12=12 bedeuten und ein Fortgang in demselben überhaupt seyn soll, so muß irgend ein Unterschied vorhanden seyn, jedoch ein solcher, der sich auf keine Qualität, keine Bestimmtheit der Reflexion und noch weniger des Begriffs gründet. 5+7 und 12 sind durchaus ganz derselbe Inhalt; in jener Seite ist auch die *Forderung* ausgedrückt, daß 5 und 7 in *Einen* Ausdruck zusammengefaßt, das heißt, daß wie fünf ein Zusammengezähltes ist, wobei das Abbrechen ganz willkürlich war, und ebenso gut weiter gezählt werden konnte, nun auf dieselbe Weise fortgezählt werden soll mit der Bestimmung, daß die hinzuzusetzenden Eins sieben seyn sollen. Das 12 ist also ein Resultat von 5 und 7 und von einer Operation, welche schon gesetzt, ihrer Natur nach auch ein ganz äußerliches, gedankenloses Thun ist, daß es daher auch eine Maschine verrichten kann. Hier ist im Geringsten kein Übergang zu einem *Andern*; es ist ein bloßes Fortsetzen, d. h. *Wiederholen* derselben Operation, durch welche 5 und 7 entstanden ist.

Der *Beweis* eines solchen Lehrsatzes, einen solchen erforderte er, wenn er ein synthetischer Satz wäre würde nur in der Operation des durch 7 bestimmten Fortzählens von 5 an, und in dem Erkennen der Übereinstimmung dieses Fortgezählten mit dem bestehen, was man sonst 12 nennt, und was wieder weiter nichts, als eben jenes bestimmte Fortzählen selbst ist. Statt der Form der Lehrsätze wählt man daher sogleich die Form der *Aufgabe, der Forderung* der Operation, nämlich das Aussprechen nur der *Einen* Seite von der Gleichung, die den Lehrsatz ausmachen würde, und deren andere Seite nun gefunden werden soll. Die Aufgabe enthält den Inhalt, und giebt die bestimmte Operation an, die mit ihm vorgenommen werden soll. Die Operation ist durch keinen spröden, mit specifischen Verhältnissen begabten Stoff beschränkt, sondern ein äußerliches, subjektives Thun, dessen Bestimmungen der Stoff gleichgültig annimmt, an welchem sie gesetzt werden. Der ganze Unterschied der in der Aufgabe gemachten Bedingungen und des Resultates in der *Auflösung* ist nur der, daß in diesem *wirklich* auf die bestimmte Weise vereinigt oder getrennt ist, wie in jener angegeben war.

Es ist daher ein höchst überflüssiges Gerüste, hier die Form der geometrischen Methode, welche sich auf synthetische Sätze bezieht, anzuwenden und der Aufgabe außer der *Auflösung* auch noch einen *Beweis* folgen zu lassen. Er kann nichts als die Tautologie ausdrücken, daß die Auflösung richtig ist, weil man operirt hat, wie aufgegeben war.

Wenn die Aufgabe ist, man soll mehrere Zahlen addiren; so ist die Auflösung: man addire sie; der Beweis zeigt, daß die Auflösung richtig ist, darum weil aufgegeben war zu addiren, und man addirt hat. Wenn die Aufgabe zusammengesetztere Bestimmungen und Operationen, z.B. etwa Decimal-Zahlen zu multipliciren enthält, und die Auflösung giebt nichts, als das mechanische Verfahren an, so wird wohl ein Beweis nöthig; dieser aber kann weiter nichts seyn, als die Analyse jener Bestimmungen und der Operation, woraus die Auflösung von selbst hervorgeht. Durch diese Absonderung der *Auflösung* als eines mechanischen Verfahrens, und des *Beweises* als der Rückerinnerung an die Natur des zu behandelnden Gegenstandes und der Operation selbst, geht gerade der Vortheil der analytischen Aufgabe verloren, daß nämlich die *Konstruktion* unmittelbar aus der Aufgabe abgeleitet, und daher an und für sich als *verständig* dargestellt werden kann; auf die andere Weise wird der Konstruktion ausdrücklich ein Mangel gegeben, welcher der synthetischen Methode eigen ist. In der höhern Analysis, wo mit dem Potenzen-Verhältnisse Verhältnisse vornehmlich qualitative und von Begriffsbestimmtheiten abhängende Verhältnisse der diskreten Größen eintreten, enthalten die Aufgaben und Lehrsätze allerdings wohl synthetische Bestimmungen; es müssen daselbst *andere* Bestimmungen und Verhältnisse zu Mittelgliedern genommen werden, als *unmittelbar* durch die Aufgabe oder den Lehrsatz *angegeben* sind. Übrigens müssen auch diese zu Hülfe genommenen Bestimmungen von der Art seyn, daß sie in der Berücksichtigung und Entwickelung einer Seite der Aufgabe oder des Lehrsatzes gegründet sind; das synthetische Aussehen kommt allein daher, daß die Aufgabe oder der Lehrsatz diese Seite nicht selbst schon nahmhaft macht. Die Aufgabe, z.B. die Summe der Potenzen der Wurzeln einer Gleichung zu finden, wird durch die Betrachtung und dann Verknüpfung der Funktionen gelöst, welche die Koefficienten der Gleichung von den Wurzeln sind. Die hier zu Hülfe genommene Bestimmung der Funktionen der Koefficienten und deren Verknüpfung ist nicht in der Aufgabe schon ausgedrückt, übrigens ist die Entwickelung selbst ganz analytisch. So ist die Auflösung der Gleichung x[hoch (m-1)]=0 mit Hülfe der Sinus, auch die immanente bekanntlich durch Gauß gefundene algebraische Auflösung mit Hülfe der Betrachtung des *Residuums* von x[hoch (m-1)]-1 durch m dividirt, und der sogenannten primitiven Wurzeln, eine der wichtigsten Erweiterungen der Analysis der neueren Zeit, eine synthetische Auflösung, weil die zu Hülfe genommenen Bestimmungen, die Sinus oder die Betrachtung der Residuen, nicht eine Bestimmung der Aufgabe selbst ist.

Über die Natur der Analysis, welche sogenannte unendliche Differenzen veränderlicher Größen betrachtet, der Differential- und Integral-Rechnung, ist im *ersten Theile* dieser Logik ausführlicher gehandelt worden. Daselbst wurde gezeigt, daß hier eine qualitative Größenbestimmung zu Grunde liegt, welche allein durch den Begriff gefaßt werden kann. Der Übergang zu derselben von der Größe als solcher ist nicht mehr analytisch; die Mathematik hat daher bis diesen Tag nicht dahin kommen können, die Operationen, welche auf jenem Übergange beruhen, durch sich selbst, d. h. auf mathematische Weise, zu rechtfertigen, weil er nicht mathematischer Natur ist. *Leibnitz*, dem der Ruhm zugeschrieben wird, die Rechnung mit den unendlichen Differenzen zu einem *Calcul* geschaffen zu haben, hat, wie ebendaselbst angeführt worden, den Übergang auf eine Art gemacht, welche die unzulänglichste, ebenso völlig begrifflos als unmathematisch, ist; den Übergang aber einmal vorausgesetzt, und er im gegenwärtigen Stande der Wissenschaft mehr nicht als eine Voraussetzung, so ist der weitere Verfolg allerdings nur eine Reihe gewöhnlicher analytischer Operationen.

Es ist erinnert worden, daß die Analysis synthetisch wird, insofern sie auf *Bestimmungen* kommt, welche nicht mehr durch die Aufgaben selbst *gesetzt* sind. Der allgemeine Übergang aber vom analytischen zum synthetischen Erkennen liegt in dem nothwendigen Übergange von der Form der Unmittelbarkeit zur Vermittelung, der abstrakten Identität zum Unterschiede. Das Analytische bleibt in seiner Thätigkeit bei den Bestimmungen überhaupt stehen, insofern sie sich auf sich selbst beziehen; durch ihre *Bestimmtheit* aber sind sie wesentlich auch von dieser Natur, daß sie sich auf *ein Anderes beziehen*. Es ist schon erinnert worden, daß wenn das analytische Erkennen auch an Verhältnissen fortgeht, die nicht ein äußerlich gegebener Stoff, sondern Gedankenbestimmungen sind, so bleibt es doch analytisch, insofern für dasselbe auch diese Verhältnisse *gegebene* sind. Weil aber die abstrakte Identität, welche dieß Erkennen allein als das seinige weiß, wesentlich *Identität des Unterschiedenen* ist, so muß sie auch als solche die seinige seyn, und für den subjektiven Begriff auch der *Zusammenhang* als durch ihn gesetzt und mit ihm identisch werden.

b. Das synthetische Erkennen

Das analytische Erkennen ist die erste Prämisse des ganzen Schlusses, die *unmittelbare* Beziehung des Begriffs auf das Objekt, die *Identität* ist daher die Bestimmung, welche es als die seinige erkennt, und es ist nur das *Auffassen* dessen, was ist. Das synthetische Erkennen geht auf das *Begreifen* dessen, was ist, das heißt, die Mannigfaltigkeit von Bestimmungen in ihrer Einheit zu fassen. Es ist daher die zweite Prämisse des Schlusses, in welchem das *Verschiedene* als solches bezogen wird. Sein Ziel ist deswegen die *Nothwendigkeit* überhaupt. Die Verschiedenen, welche verbunden sind, sind es Theils in einem *Verhältnisse*; in solchem sind sie ebenso wohl bezogen, als gleichgültig und selbstständig gegeneinander; Theils aber sind sie im *Begriffe* verknüpft, dieser ist ihre einfache, aber bestimmte Einheit. Insofern nun das synthetische Erkennen zunächst von der *abstrakten Identität* zum *Verhältnisse*, oder vom *Seyn* zur *Reflexion* übergeht, so ist es nicht die absolute Reflexion des Begriffes, welche der Begriff in seinem Gegenstande erkennt; die Realität, welche er sich giebt, ist die nächste Stufe, nämlich die angegebene Identität der Verschiedenen als solcher, die daher zugleich noch *innere* und nur Nothwendigkeit, nicht die subjektive, für sich selbst seyende, daher noch nicht der

Begriff als solcher ist. Das synthetische Erkennen hat daher wohl auch die Begriffsbestimmungen zu seinem Inhalt, das Objekt wird in denselben gesetzt; aber sie stehen erst im *Verhältnisse* zu einander, oder sind in *unmittelbarer* Einheit, aber damit eben nicht in derjenigen, wodurch der Begriff als Subjekt ist. Dieß macht die Endlichkeit dieses Erkennens aus; weil diese reelle Seite der Idee in ihm noch die Identität als *innere* hat, so sind deren Bestimmungen sich noch als *äußerliche*; da sie nicht als Subjektivität ist, so fehlt dem Eigenen, das der Begriff in seinem Gegenstande hat, noch die *Einzelnheit*, und es ist zwar nicht mehr die abstrakte, sondern die *bestimmte* Form, also das *Besondere* des Begriffes, was ihm im Objekte entspricht, aber das *Einzelne* desselben ist noch *ein gegebener* Inhalt. Dieß Erkennen verwandelt die objektive Welt daher zwar in Begriffe, aber giebt ihr nur die Form nach den Begriffsbstimmungen, und muß das Objekt nach seiner *Einzelnheit*, der bestimmten Bestimmtheit, *finden*; es ist noch nicht selbst bestimmend. Ebenso *findet* es Sätze und Gesetze, und beweist deren *Nothwendigkeit*, aber nicht als eine Nothwendigkeit der Sache an und für sich selbst, d. i. aus dem Begriffe, sondern des Erkennens, das an den gegebenen Bestimmungen, den Unterschieden der Erscheinung fortgeht, und *für sich* den Satz als Einheit und Verhältniß, oder aus der *Erscheinung* deren Grund erkennt.

Die näheren Momente des synthetischen Erkennens sind nun zu betrachten.

1. Die Definition

Das Erste ist, daß die noch gegebene Objektivität in die einfache, als erste Form, somit die Form *des Begriffes* verwandelt wird; die Momente dieses Auffassens sind daher keine anderen, als die Momente des Begriffs; die *Allgemeinheit, Besonderheit* und *Einzelnheit.* Das *Einzelne* ist das Objekt selbst als *unmittelbare Vorstellung*, dasjenige, was definirt werden soll. Das Allgemeine des Objekts desselben hat sich in der Bestimmung des objektiven Urtheils, oder des Urtheils der Nothwendigkeit, als die *Gattung*, und zwar als die *nächste* ergeben, das Allgemeine nämlich mit dieser Bestimmtheit, welche zugleich Princip für den Unterschied des Besondern ist. Diesen Unterschied hat der Gegenstand an der *specifischen Differenz*, welche ihn zu der bestimmten Art macht, und welche seine Disjunktion gegen die übrigen Arten begründet.

Die Definition, indem sie auf diese Weise den Gegenstand auf seinen *Begriff* zurückführt, streift seine Äußerlichkeiten, welche zur Existenz erforderlich sind, ab; sie abstrahirt von dem, was zum Begriffe in seiner Realisation hinzukommt, wodurch er erstlich zur Idee, und zweitens zur äußerlichen Existenz heraustritt. Die *Beschreibung* ist für die *Vorstellung* und nimmt diesen weitern der Realität angehörigen Inhalt auf. Die Definition reducirt aber diesen Reichthum der mannigfaltigen Bestimmungen des angeschauten Daseyns auf die einfachsten Momente; welches die Form dieser einfachen

Elemente, und wie sie gegen einander bestimmt ist, dieß ist in dem Begriff enthalten. Der Gegenstand wird hiermit, wie angegeben, als Allgemeines gefaßt, welches zugleich wesentlich Bestimmtes ist. Der Gegenstand selbst ist das Dritte, das Einzelne, in welchem die Gattung und die Besonderung in Eins gesetzt ist, und ein *Unmittelbares*, welches *außer* dem Begriffe, da er noch nicht selbstbestimmend ist, gesetzt ist.

In jenen Bestimmungen, dem Formunterschiede der Definition, findet der Begriff sich selbst, und hat darin die ihm entsprechende Realität. Aber weil die Reflexion der Begriffs-Momente in sich selbst, die Einzelnheit, in dieser Realität noch nicht enthalten, weil somit das Objekt, insofern es im Erkennen ist, noch nicht als ein subjektives bestimmt ist, so ist das Erkennen dagegen ein subjektives und hat einen äußerlichen Anfang, oder wegen seines äußerlichen Anfangs am Einzelnen ist es ein subjektives. Der Inhalt des Begriffs ist daher ein gegebenes und ein Zufälliges nach der gedoppelten Seite, einmal nach seinem Inhalte überhaupt, das andere Mal danach, welche Inhaltsbestimmungen von den mannigfaltigen Qualitäten, die der Gegenstand im äußerlichen Daseyn hat, für den Begriff ausgewählt werden, und die Momente desselben ausmachen sollen.

Die letztere Rücksicht bedarf näherer Betrachtung. Es ist nämlich, da die Einzelnheit als das an und für sich Bestimmtseyn außer der eigenthümlichen Begriffsbestimmung des synthetischen Erkennens liegt, kein Princip vorhanden, welche Seiten des Gegenstandes als zu seiner Begriffsbestimmung und welche nur zu der äußerlichen Realität gehörig angesehen werden sollen. Dieß macht eine Schwierigkeit bei den Definitionen aus, die für dieses Erkennen nicht zu beseitigen ist. Doch muß dabei ein Unterschied gemacht werden. *Vor's Erste* von Produkten der selbstbewußten Zweckmäßigkeit läßt sich leicht die Definition auffinden, denn der Zweck, für welchen sie dienen sollen, ist eine Bestimmung, die aus dem subjektiven Entschlusse erzeugt ist, und die wesentlichen Besonderung, die Form des Existirenden ausmacht, auf welche es hier allein ankommt. Die sonstige Natur seines Materials oder andere äußere Eigenschaften sind, insofern sie dem Zweck entsprechen in seiner Bestimmung enthalten, die übrigen sind dafür unwesentlich.

Zweitens die geometrischen Gegenstände sind abstrakte Raumbestimmungen; die zum Grunde liegende Abstraktion, der sogenannte absolute Raum, hat alle weitern konkreten Bestimmungen verloren, und hat nun ferner nur solche Gestalten und Figurationen, als in ihm gesetzt werden; *sie sind* daher wesentlich nur, was sie seyn *sollen*; ihre Begriffsbestimmung überhaupt, und näher die specifische Differenz hat an ihnen ihre einfache ungehinderte Realität; sie sind insofern dasselbe, was die Produkte der äußern Zweckmäßigkeit, wie sie auch mit den arithmetischen Gegenständen darin übereinkommen, in welchen gleichfalls nur die Bestimmung zum Grunde liegt, die in ihnen gesetzt worden. Der Raum hat zwar noch weitere Bestimmungen, die Dreiheit seiner Dimensionen, seine Kontinuität und Theilbarkeit, welche nicht durch die äußerliche Bestimmung an ihm erst gesetzt werden. Diese gehören aber zu dem aufgenommenen Material, und sind unmittelbar Voraussetzungen; erst die Verknüpfung und Verwickelung jener subjektiven Bestimmungen mit dieser eigenthümlichen Natur ihres Bodens, in welchen sie eingetragen worden, bringt synthetische Verhältnisse und Gesetze hervor. Bei den Zahlbestimmungen, da ihnen das einfache Princip des *Eins* zu Grunde liegt, ist die Verknüpfung und weitere Bestimmung ganz nur ein Gesetztes, die Bestimmungen hingegen im Raume, der für sich ein kontinuirliches *Außereinander* ist, verlaufen sich noch weiter, und haben eine von ihrem Begriffe verschiedene Realität, die aber nicht mehr zur unmittelbaren Definition gehört.

Drittens aber sieht es mit den Definitionen *konkreter* Objekte der Natur sowohl als auch des Geistes ganz anders aus. Solche Gegenstände sind überhaupt für die Vorstellung *Dinge von vielen Eigenschaften*. Es kommt hier zunächst darauf an, aufzufassen, was ihre nächste Gattung, und dann, was ihre specifische Differenz ist. Es ist daher zu bestimmen, welche der vielen Eigenschaften dem Gegenstande als Gattung, und welche ihm als Art zukomme, ferner welche unter diesen Eigenschaften die wesentliche sey; und zu dem Letztern gehört, zu erkennen, in welchem Zusammenhange sie mit einander stehen, ob die eine schon mit der andern gesetzt sey. Dafür aber ist kein anderes Kriterium noch vorhanden, als das *Daseyn* selbst. Die Wesentlichkeit der Eigenschaft ist für die Definiton, worin sie als einfache, unentwickelte Bestimmtheit gesetzt seyn soll, ihre Allgemeinheit. Diese aber ist im Daseyn die bloß empirische; Allgemeinheit in der Zeit, ob die Eigenschaft dauernd ist, während die anderen sich als vergänglich in dem Bestehen des Ganzen zeigen; oder eine Allgemeinheit, die aus Vergleichung mit anderen konkreten Ganzen hervorgeht, und insofern nicht über die Gemeinschaftlichkeit hinauskommt. Wenn nun die Vergleichung den totalen Habitus, wie er sich empirisch darbietet, als gemeinschaftliche Grundlage angiebt, so hat die Reflexion denselben in eine einfache Gedankenbestimmung zusammenzubringen, und den einfachen Charakter solcher Totalität aufzufassen. Aber die Beglaubigung, daß eine Gedankenbestimmung oder eine einzelne der unmittelbaren Eigenschaften das einfache und bestimmte Wesen des Gegenstandes ausmachte, kann nur eine *Ableitung* solcher Bestimmung aus der konkreten Beschaffenheit seyn. Dieß erforderte aber eine Analyse, welche die unmittelbaren Beschaffenheiten in Gedanken verwandelt, und das Konkrete derselben auf ein Einfaches zurückführt; eine Analyse, die höher ist als die betrachtete, weil sie nicht abstrahirend seyn, sondern in dem Allgemeinen das Bestimmte des Konkreten noch erhalten, dasselbe vereinigen und von der einfachen Gedankenbestimmung abhängig zeigen sollte.

Die Beziehungen der mannigfaltigen Bestimmungen des unmittelbaren Daseyns auf den einfachen Begriff wären aber Lehrsätze, die des Beweises bedürften. Die Definition aber als der erste, noch unentwickelte Begriff, indem sie die einfache Bestimmtheit des Gegenstandes auffassen, und dieß Auffassen etwas Unmittelbares seyn soll, kann dazu nur eine seiner *unmittelbaren* sogenannten Eigenschaften, eine Bestimmung des sinnlichen Daseyns oder der Vorstellung, gebrauchen; ihre durch die Abstraktion geschehene Vereinzelung macht dann die Einfachheit aus, und für die Allgemeinheit und Wesentlichkeit ist der Begriff an die empirische Allgemeinheit, das Beharren unter veränderten Umständen und die Reflexion verwiesen, die im äußerlichen Daseyn und in der Vorstellung, d. h. da die Begriffsbestimmung sucht, wo sie nicht zu finden ist. Das Definiren thut daher auch auf eigentliche Begriffsbestimmungen, die wesentlich die Principien der Gegenstände wären, von selbst Verzicht, und begnügt sich mit *Merkmalen*, d. i. Bestimmungen, bei denen die *Wesentlichkeit* für den Gegenstand selbst gleichgültig ist, und die vielmehr nur den Zweck haben, daß sie für eine äußere Reflexion *Merkzeichen* sind. Eine solche einzelne, *äußerliche* Bestimmtheit steht mit der konkreten Totalität und mit der Natur ihres Begriffs zu sehr in Unangemessenheit, als daß sie für sich gewählt und dafür genommen werden könnte, daß ein konkretes Ganzes seinen wahrhaften Ausdruck und Bestimmung in ihr hätte. Nach *Blumenbachs* Bemerkung z.B. ist das Ohrläppchen etwas, das allen anderen Thieren fehlt, das also nach den gewöhnlichen Redensarten von gemeinsamen und unterscheidenden Merkmalen mit allem Recht als der distinktive Charakter in der Definition des physischen Menschen gebraucht werden könnte. Aber wie unangemessen zeigt sich sogleich eine solche ganz äußerliche Bestimmung mit der Vorstellung des totalen Habitus des physischen Menschen, und mit der Forderung, daß die Begriffsbestimmung etwas Wesentliches seyn soll! Es ist etwas ganz Zufälliges, wenn die in die Definition aufgenommenen Merkmale nur solche reine Nothbehelfe sind, oder aber sich der Natur eines Princips mehr nähern. Es ist ihnen um ihrer Äußerlichkeit willen auch anzusehen, daß von ihnen in der Begriffserkenntniß nicht angefangen worden ist; vielmehr ist ein dunkles Gefühl, ein unbestimmter aber tieferer Sinn, eine Ahnung des Wesentlichen, der Erfindung der Gattungen in der Natur und im Geiste vorangegangen, und darum erst für den Verstand eine bestimme Äußerlickeit aufgesucht worden. Der Begriff, indem er im Daseyn in die Äußerlichkeit getreten ist, ist er in seine Unterschiede entfaltet, und kann nicht an eine einzelne solcher Eigenschaften schlechthin gebunden seyn. Die Eigenschaften als die Äußerlichkeit des Dinges sind sich selbst äußerlich; es ist in der Sphäre der Erscheinung bei dem Dinge von vielen Eigenschaften aufgezeigt worden, daß sie deswegen wesentlich sogar zu selbstständigen Materien werden; der Geist wird, von demselben Standpunkte der Erscheinung aus betrachtet, zu einem Aggregate von vielen selbstständigen Kräften. Die einzelne Eigenschaft oder Kraft hört durch diesen Standpunkt selbst, wo sie gleichgültig gegen die andern gesetzt wird, auf, charakterisirendes Princip zu seyn, womit mit der Bestimmtheit, als Bestimmtheit des Begriffs, überhaupt verschwindet.

Noch tritt an den konkreten Dingen neben der Verschiedenheit der Eigenschaften gegeneinander der Unterschied zwischen *Begriff* und seiner *Verwirklichung* ein. Der Begriff in der Natur und im Geiste hat eine äußerliche Darstellung, worin seine Bestimmtheit sich als Abhängigkeit von Äußerem, Vergänglichkeit und Unangemessenheit zeigt. Etwas Wirkliches zeigt daher wohl an sich, was es seyn *soll*, aber es kann auch nach dem negativen Begriffsurtheil ebenso sehr zeigen, daß seine Wirklichkeit diesem Begriffe nur unvollständig entspricht, daß sie *schlecht* ist. Indem die Definition nun in einer unmittelbaren Eigenschaft die Bestimmtheit des Begriffes angeben soll, so giebt es keine Eigenschaft, gegen welche nicht eine Instanz beigebracht werden könne, in der der ganze Habitus zwar das zu definirende Konkrete erkennen läßt, die Eigenschaft aber, welche für dessen Charakter genommen wird, sich unreif oder verkümmert zeigt. In einer schlechten Pflanze, einer schlechten Thiergattung, einem verächtlichen Menschen, einem schlechten Staate sind Seiten der Existenz mangelhaft oder ganz obliterirt, welche sonst für die Definition als das Unterscheidende und die wesentliche Bestimmtheit in der Existenz eines solchen Konkreten genommen werden konnten. Eine schlechte Pflanze, Thier u. s. f. bleibt aber immer noch eine Pflanze, Thier u. s. f. Soll daher auch das Schlechte in die Definition aufgenommen seyn, so entgehen den empirischen Herumsuchen alle Eigenschaften, welche es als wesentlich ansehen wollte, durch die Instanzen von Mißgeburten, denen dieselben fehlen, z.B. die Wesentlichkeit des Gehirns für den physischen Menschen, durch die Instanz der Akephalen, die Wesentlichkeit des Schutzes von Leben und Eigenthum für den Staat, durch die Instanz despotischer Staaten und tyrannischer Regierungen. Wenn gegen die Instanz der Begriff behauptet, und sie an demselben gemessen für ein schlechtes Exemplar ausgegeben wird, so hat er seine Beglaubigung nicht mehr an der Erscheinung. Die Selbstständigkeit des Begriffes ist aber dem Sinne der Definition zuwider, welche der *unmittelbare* Begriff seyn soll, daher ihre Bestimmungen für die Gegenstände nur aus der Unmittelbarkeit des Daseyns aufnehmen und sich nur an dem Vorgefundenen rechtfertigen kann. Ob ihr Inhalt *an und für sich* Wahrheit oder Zufälligkeit sey, dieß liegt außer ihrer Sphäre; die formelle Wahrheit aber, die Übereinstimmung des in der Definition subjektiv gesetzten Begriffs und eines außer ihm wirklichen Gegenstandes kann darum nicht ausgemacht werden, weil der einzelne Gegenstand auch schlecht seyn kann.

Der Inhalt der Definition ist überhaupt aus dem unmittelbaren Daseyn genommen, und weil er unmittelbar ist, hat er keine Rechtfertigung; die Frage nach dessen Nothwendigkeit ist durch den Ursprung beseitigt; darin, daß sie den Begriff als ein bloß Unmittelbares ausspricht, ist darauf Verzicht gethan, ihn selbst zu begreifen. Sie stellt daher nichts dar als die Formbestimmung des Begriffs an einem gegebenen Inhalt, ohne die Reflexion des Begriffes in sich selbst, d. h. *ohne sein Fürsichseyn*.

Aber die Unmittelbarkeit überhaupt geht nur aus der Vermittelung hervor, sie muß daher zu dieser übergehen. Oder die Inhaltsbestimmtheit, welche die Definition enthält, ist darum, weil sie Bestimmtheit ist, nicht nur ein Unmittelbares, sondern durch ihre andere Vermitteltes; die Definition kann daher ihren Gegenstand nur durch die entgegengesetzte Bestimmung fassen, und muß daher zur *Eintheilung* übergehen.

2. Die Eintheilung

Das Allgemeine muß sich *besondern*; insofern liegt die Nothwendigkeit der Eintheilung in dem Allgemeinen. Indem aber die Definition schon selbst mit dem Besondern anfängt, so liegt ihr Nothwendigkeit, zur Eintheilung überzugehen, im Besondern, das für sich auf ein anderes Besonderes hinweist. Umgekehrt scheidet sich eben darin das Besondere, indem die Bestimmtheit im Bedürfnisse ihres Unterschiedes von der ihr andern festgehalten wird, von dem Allgemeinen ab; dieses wird hiermit für die Eintheilung *vorausgesetzt*. Der Gang ist daher zwar dieser, daß er der einzelne Inhalt der Definition durch die Besonderheit zum Extrem der Allgemeinheit aufsteigt, aber diese muß nunmehr als die objektive Grundlage angenommen werden, und von ihr aus stellt sich die Eintheilung als Disjunktion des Allgemeinen, als des Ersten, dar.

Hiermit ist ein Übergang eingetreten, der, da er vom Allgemeinen zum Besondern geschieht, durch die Form des Begriffs bestimmt ist. Die Definition für sich ist etwas Einzelnes; eine Mehrheit von Definitionen gehört der Mehrheit der Gegenstände an. Der dem Begriff angehörige Fortgang vom Allgemeinen zum Besondern ist Grundlage und Möglichkeit einer *synthetischen Wissenschaft*, eines *Systems und systematischen Erkennens*.

Die erste Erforderniß hierfür ist, wie gezeigt, daß der Anfang mit dem Gegenstande in der Form eines *Allgemeinen* gemacht werde. Wenn in der Wirklichkeit, es sey der Natur oder des Geistes, die konkrete Einzelnheit dem subjektiven, natürlichen Erkennen als das Erste gegeben ist, so muß dagegen in dem Erkennen, das wenigstens insofern ein Begreifen ist, als es die Form des Begriffes zur Grundlage hat, das *Einfache*, von dem Konkreten *Ausgeschiedene* das Erste seyn, weil der Gegenstand nur in dieser Form die Form des sich auf sich beziehenden Allgemeinen und des dem Begriffe nach Unmittelbaren hat. Gegen diesen Gang im Wissenschaftlichen kann etwa gemeint werden, weil das Anschauen leichter sey als das Erkennen, so sey auch das Anschaubare, also die konkrete Wirklichkeit zum Anfang der Wissenschaft zu machen, und dieser Gang sey *naturgemäßer* als der, welcher vom Gegenstand in seiner Abstraktion beginnt, und von da umgekehrt zu dessen Besonderung und konkreten Vereinzelung fortgeht. Indem aber *erkannt* werden soll, so ist die Vergleichung mit der *Anschauung* bereits entschieden und aufgegeben; und es kann nur die Frage seyn, was *innerhalb des Erkennens* das Erste und wie die Folge beschaffen seyn soll; es wird nicht mehr ein *naturgemäßer*, sondern ein *erkenntnißgemäßer* Weg verlangt. Wenn bloß nach der *Leichtigkeit* gefragt wird, so erhellt ohnehin von selbst, daß es dem Erkennen leichter ist, die abstrakte einfache Gedankenbestimmung zu fassen, als das Konkrete, welches eine vielfache Verknüpfung von solchen Gedankenbestimmungen und deren Verhältnissen ist; und in dieser Art, nicht mehr wie es in der Anschauung ist, soll es aufgefaßt werden.

An und für sich ist das *Allgemeine* das erste Begriffs-Moment, weil es das *Einfache* ist, und das Besondere erst das nachfolgende, weil es das Vermittelte ist; und umgekehrt ist das *Einfache* das Allgemeinere, und das Konkrete als das in sich Unterschiedene, hiermit Vermittelte, dasjenige, das den Übergang von einem Ersten schon voraussetzt. Diese Bemerkung betrifft nicht nur die Ordnung des Ganges in den bestimmten Formen von Definitionen, Eintheilungen und Sätzen, sondern auch die Ordnung des Erkennens im Allgemeinen, und bloß in Rücksicht auf den Unterschied von Abstrakten und Konkreten überhaupt. Daher wird auch z.B. beim *Lesenlernen* vernünftigerweise nicht mit dem Lesen ganzer Worte oder auch der Sylben der Anfang gemacht, sondern mit den *Elementen* der Wörter und Sylben, und den Zeichen der *abstrakten* Töne; in der Buchstabenschrift ist die Analyse des konkreten Wortes in seine abstrakten Töne und deren Zeichen schon vollbracht, das Lesenlernen wird ebendadurch eine erste Beschäftigung mit abstrakten Gegenständen. In der *Geometrie* ist nicht der Anfang mit einer konkreten Raumgestalt, sondern mit dem Punkte und der Linie und dann weiter mit ebenen Figuren zu machen, und unter diesen nicht mit Polygonen, sondern mit dem Dreiecke, unter den krummen Linien mit dem Kreise. In der *Physik* sind die einzelnen Natureigenschaften oder Materien von ihren mannigfaltigen Verwickelungen, in denen sie sich in konkreter Wirklichkeit befinden, zu befreien, und mit den einfachen, nothwendigen Bedingungen darzustellen; auch sie, wie die Raumfiguren, sind ein Anschaubares, aber ihre Anschauung ist so vorzubereiten, daß sie zuerst von allen Modifikationen durch Umstände, die ihrer eigenen Bestimmtheit äußerlich sind, befreit erscheinen und festgehalten werden. Magnetismus, Elektricität, Gasarten u. s. f. sind solche Gegenstände, deren Erkenntniß allein dadurch ihre Bestimmtheit erhält, daß sie aus den konkreten Zuständen, in denen sie an der Wirklichkeit erscheinen, herausgenommen, aufgefaßt werden. Das Experiment stellt sie für die Anschauung freilich in einem konkreten Falle dar; aber Theils muß es, um wissenschaftlich zu seyn, nur die nothwendigen Bedingungen dazu nehmen, Theils sich vervielfältigen, um das untrennbare Konkrete dieser Bedingungen als unwesentlich zu zeigen, dadurch daß sie in einer andern konkreten Gestalt und wieder in anderer erscheinen, hiermit für die Erkenntniß nur ihre abstrakte Form übrig bleibt. Um noch eines Beispiels zu erwähnen, so konnte es als naturgemäß und sinnreich erscheinen, die *Farbe* zuerst in der konkreten Erscheinung des animalischen subjektiven Sinnes, alsdann außer dem Subjekt als eine gespenstartige, schwebende Erscheinung, und endlich in äußerlicher Wirklichkeit an Objekten fixirt, zu betrachten. Allein für das Erkennen ist die allgemeine, und hiermit wahrhaft erste Form, die mittlere unter den genannten, wie die Farbe auf der Schwebe zwischen der Subjektivität und Objektivität als das bekannte Spektrum steht, noch ohne alle Verwickelung mit subjektiven und objektiven Umständen. Letztere sind für die reine Betrachtung der Natur dieses Gegenstandes zunächst nur störend, weil sie als wirkende Ursachen sich verhalten und es daher unentschieden machen, ob die bestimmten Veränderungen, Übergänge und Verhältnisse der Farbe in deren eigener specifischen

Natur gegründet, oder vielmehr der krankhaften specifischen Beschaffenheit jener Umstände, den gefunden und krankhaften besonderen Affektionen und Wirkungen der Organe des Subjekts, oder den chemischen, vegetabilischen, animalischen Kräften der Objekte zuzuschreiben sind. Mehrere und anderer Beispiele könnten aus der Erkenntniß der organischen Natur und der Welt des Geistes angeführt werden; allenthalben muß das Abstrakte den Anfang und das Element ausmachen, in welchem und von welchem aus sich die Besonderheiten und die reichen Gestalten des Konkreten ausbreiten.

Bei der Eintheilung oder dem Besondern tritt nun zwar eigentlich der Unterschied desselben von dem Allgemeinen ein, aber dieß Allgemeine ist schon selbst ein Bestimmtes, und damit nur ein Glied einer Eintheilung. Es giebt daher ein höheres Allgemeines für dasselbe; für dieß aber von neuem ein höheres, und so zunächst fort ins Unendliche. Für das hier betrachtete Erkennen ist keine immanente Grenze, da es vom Gegebenen ausgeht, und die Form der abstrakten Allgemeinheit seinem Ersten eigenthümlich ist. Irgend ein Gegenstand also, welcher eine elementarische Allgemeinheit zu haben scheint, wird zum Gegenstande einer bestimmten Wissenschaft gemacht, und ist ein absoluter Anfang insofern, als die Bekanntschaft der *Vorstellung* mit ihm *vorausgesetzt* wird, und er für sich als keiner Ableitung bedürftig genommen wird. Die Definition nimmt ihn als einen unmittelbaren.

Der weitere Fortgang von ihm ist zunächst *die Eintheilung*. Für diesen Fortgang würde nur ein immanentes Princip, d. h. ein Anfang aus dem Allgemeinen und dem Begriffe erfordert; das hier betrachtete Erkennen ermangelt aber eines solchen, weil es nur der Formbestimmung des Begriffes ohne ihre Reflexion-in-sich nachgeht, daher die Inhaltsbestimmtheit aus dem Gegebenen nimmt. Für das Besondere, das in der Eintheilung eintritt, ist kein eigener Grund vorhanden, weder in Ansehung dessen, was den Eintheilungsgrund ausmachen, noch in Ansehung des bestimmten Verhältnisses, das die Glieder der Disjunktion zu einander haben sollen. Das Geschäft des Erkennens kann daher in dieser Rücksicht nur darin bestehen, Theils das im empirischen Stoffe aufgefundene Besondere zu ordnen, Theils auch allgemeine Bestimmungen desselben durch die Vergleichung zu finden. Die letzteren gelten alsdann als Eintheilungsgründe, deren vielfältige seyn können, so wie auch der Eintheilungen ebenso mannigfaltige danach Statt haben. Das Verhältniß der Glieder einer Eintheilung zu einander, der Arten, hat nur diese allgemeine Bestimmung, daß *sie nach dem angenommenen Eintheilungsgrund* bestimmt gegen einander seyen; beruhte ihre Verschiedenheit auf einer andern Rücksicht, so würden sie nicht auf gleicher Linie einander koordinirt seyn.

Wegen des ermangelnden Princips des Fürsich-selbst-Bestimmtseyns können die Gesetze für dieses Eintheilungsgeschäft nur in formellen, leeren Regeln bestehen, die zu nichts führen. So sehen wir als Regel aufgestellt, daß die Eintheilung den Begriff *erschöpfen* solle; aber in der That muß jedes einzelne Eintheilungsglied *den Begriff* erschöpfen. Es ist aber eigentlich die *Bestimmtheit* desselben gemeint, welche erschöpft werden soll; allein bei der empirischen, in sich bestimmungslosen Mannigfaltigkeit der Arten trägt es zur Erschöpfung des Begriffs nichts bei, ob deren mehr oder weniger vorgefunden werden; ob z.B. zu den 67 Arten von Papageyen noch ein Dutzend weiter aufgefunden werden, ist für die Erschöpfung der Gattung gleichgültig. Die Forderung der Erschöpfung kann nur den tautologischen Satz bedeuten, daß alle Arten *vollständig* aufgeführt werden sollen. Bei der Erweiterung der empirischen Kenntnisse kann es sich nun sehr wohl zutragen, daß sich Arten finden, welche nicht unter die angenommene Bestimmung der Gattung passen, weil diese häufig mehr nach einer dunkeln Vorstellung des ganzen Habitus angenommen wird, als nach dem mehr oder weniger einzelnen Merkmal, welches ausdrücklich für ihre Bestimmung dienen soll. In solchem Falle müßte die Gattung geändert, und es müßte gerechtfertigt werden, daß eine andere Anzahl von Arten als Arten Einer neuen Gattung anzusehen seyen, das heißt, die Gattung bestimmte sich aus dem, was man aus irgend einer Rücksicht, die man als Einheit annehmen will, zusammenstellt; diese Rücksicht selbst würde dabei der Eintheilungsgrund. Umgekehrt, wenn an der zuerst angenommenen Bestimmtheit als dem Eigenthümlichen der Gattung festgehalten wird, schlösse sich jener Stoff, den man als Arten mit frühern in Eins zusammenstellen wollte, aus. Dieses Treiben ohne Begriff, welches das eine Mal eine Bestimmtheit als wesentliches Moment der Gattung annimmt, und die Besonderen danach ihr unterstellt oder davon ausschließt, das andere Mal bei dem Besonderen anfängt und in dessen Zusammenstellung sich wieder von einer andern Bestimmtheit leiten läßt, giebt die Erscheinung eines Spiels der Willkür, der es anheimgestellt sey, welchen Theil oder welche Seite des Konkreten sie festhalten, und hienach ordnen will. Die physische Natur bietet von selbst eine solche Zufälligkeit in den Principien der Eintheilung dar; vermöge ihrer abhängigen, äußerlichen Wirklichkeit steht sie in dem mannigfaltigen, für sie gleichfalls gegebenen Zusammenhange; daher sich eine Menge Principien vorfinden, nach denen sie sich zu bequemen hat, in einer Reihe ihrer Formen also dem einen, in anderen Reihen aber anderen nachfolgt, und ebenso wohl auch vermischte Zwitterwesen, die nach den verschiedenen Seiten zugleich hingehen, hervorbringt, Hierdurch geschieht es, daß an einer Reihe von Naturdingen Merkmale als sehr bezeichnend und wesentlich hervortreten, die an andern unscheinbar und zwecklos werden, und damit das Festhalten an einem Eintheilungs-Princip dieser Art unmöglich wird.

Die allgemeine *Bestimmtheit* der empirischen Arten kann nur diese seyn, daß sie von einander *verschieden* überhaupt sind, ohne entgegengesetzt zu seyn. Die *Disjunktion* des *Begriffs* ist früher in ihrer Bestimmtheit aufgezeigt worden; wenn die Besonderheit ohne die negative Einheit des Begriffs als eine unmittelbare und gegebene aufgenommen wird, so bleibt der Unterschied nur bei der früher betrachteten Reflexions-Form der Verschiedenheit überhaupt. Die Äußerlichkeit, in welcher der Begriff in der Natur vornehmlich ist, bringt die gänzliche Gleichgültigkeit des Unterschiedes herein; eine häufige Bestimmung für die Eintheilung wird daher von der *Zahl* hergenommen.

So zufällig das Besondere hier gegen das Allgemeine und daher die Eintheilung überhaupt ist, so kann es einem *Instinkte* der Vernunft zugeschrieben werden, wenn man Eintheilungsgründe und Eintheilungen in diesem Erkennen findet, welche, so weit sinnliche Eigenschaften es zulassen, sich dem Begriffe gemäßer zeigen. Z. B. bei den *Thieren* werden die Freßwerkzeuge, Zähne und Klauen, als ein weitdurchgreifender Eintheilungsgrund in den Systemen gebraucht; sie werden zunächst nur als Seiten genommen, an denen sich die Merkmale für den subjektiven Behuf des Erkennens leichter auszeichnen lassen. In der That liegt aber in jenen Organen nicht nur ein Unterscheiden, das einer äußern Reflexion zukommt, sondern sie sind der Lebenspunkt der animalischen Individualität, wo sie sich selbst von dem Andern der ihr äußerlichen Natur als sich auf sich beziehende und von der Kontinuität mit Anderem ausscheidende Einzelnheit setzt. Bei der *Pflanze* machen die Befruchtungstheile denjenigen höchsten Punkt des vegetabilischen Lebens aus, wodurch sie auf den Übergang in die Geschlechts-Differenz, und damit in die individuelle Einzelnheit hindeutet. Das System hat sich daher mit Recht für einen zwar nicht aus-, doch weitreichenden Eintheilungsgrund an diesen Punkt gewendet, und dadurch eine Bestimmtheit zu Grunde gelegt, welche nicht bloß eine Bestimmtheit für die äußerliche Reflexion zur Vergleichung, sondern die höchste an und für sich ist, deren die Pflanze fähig ist.

3. Der Lehrsatz

1. Die dritte Stufe dieses nach den Begriffsbestimmungen fortschreitenden Erkennens ist der Übergang der Besonderheit in die Einzelnheit; diese macht den Inhalt des *Lehrsatzes* aus. Was hier also zu betrachten ist, ist *die sich auf sich beziehende Bestimmtheit*, der Unterschied des Gegenstandes in sich selbst, und die Beziehung der unterschiedenen Bestimmtheiten auf einander. Die Definition enthält nur *Eine Bestimmtheit*, die Eintheilung die Bestimmtheit *gegen andere*; in der Vereinzelung ist der Gegenstand in sich selbst aus einander gegangen. Insofern die Definition beim allgemeinen Begriffe stehen bleibt, so ist dagegen in den Lehrsätzen der Gegenstand in seiner Realität, in den Bedingungen und Formen seines reellen Daseyns erkannt. Mit der Definition zusammen stellt er daher die *Idee* dar, welche die Einheit des Begriffs und der Realität ist. Aber das hier betrachtete, noch im Suchen begriffene Erkennen kommt zu dieser Darstellung insofern nicht, als die Realität bei demselben nicht aus dem Begriffe hervorgeht, also ihre Abhängigkeit hiervon und damit die Einheit selbst nicht erkannt wird.

Der Lehrsatz nun nach der angegebenen Bestimmung ist das eigentlich *Synthetische* eines Gegenstandes, insofern die Verhältnisse seiner Bestimmtheiten *nothwendig*, das ist, in *der innern Identität* des Begriffes gegründet sind. Das Synthetische in der Definition und Eintheilung ist eine äußerlich aufgenommene Verknüpfung; das Vorgefundene wird in die Form des Begriffes gebracht, aber als vorgefunden wird der ganze Inhalt nur *monstrirt*; der Lehrsatz aber soll *demonstrirt* werden. Da dieses Erkennen den Inhalt seiner Definitionen und der Eintheilungsbestimmungen *nicht deducirt*, so scheint es, könnte es sich auch das *Beweisen* derjenigen Verhältnisse ersparen, welche die Lehrsätze ausdrücken, und sich in dieser Rücksicht gleichfalls mit der Wahrnehmung begnügen. Allein wodurch sich das Erkennen von der bloßen Wahrnehmung und der Vorstellung unterscheidet, ist die *Form des Begriffs* überhaupt, die es dem Inhalte ertheilt; dieß wird in der Definition und Eintheilung geleistet; aber da der Inhalt des Lehrsatzes von dem Begriffs-Momente der *Einzelnheit* herkommt, so besteht er in Realitäts-Bestimmungen, welche nicht mehr bloß die einfachen und unmittelbaren Begriffsbestimmungen zu ihrem Verhältnisse haben; in der Einzelnheit ist der Begriff zum *Andersseyn*, zur Realität, wodurch er Idee wird, übergegangen. Die Synthesis, die im Lehrsatze enthalten ist, hat somit nicht mehr die Form des Begriffs zu ihrer Rechtfertigung; sie ist eine Verknüpfung als von *Verschiedenen*; die noch nicht damit gesetzte Einheit ist daher erst aufzuzeigen, das Beweisen wird also hier diesem Erkennen selbst nothwendig.

Zunächst bietet sich hierbei nun die Schwierigkeit dar, bestimmt zu *unterschieden*, welche von den *Bestimmungen des Gegenstandes in die Definitionen* aufgenommen werden können, oder aber in die *Lehrsätze* zu verweisen sind. Es kann hierüber kein Princip vorhanden seyn; ein solches scheint etwa darin zu liegen, daß das, was einem Gegenstande unmittelbar zukomme, der Definition angehöre, von dem Übrigen aber als einem Vermittelten die Vermittelung erst aufzuzeigen sey. Allein der Inhalt der Definition ist ein bestimmter überhaupt, und dadurch selbst wesentlich ein vermittelter; er hat nur eine *subjektive* Unmittelbarkeit; das heißt das Subjekt macht einen willkürlichen Anfang, und läßt einen Gegenstand als Voraussetzung gelten. Indem dieß nun ein in sich konkreter Gegenstand überhaupt ist, und auch eingetheilt werden muß, so ergiebt sich eine Menge von Bestimmungen, welche ihrer Natur nach vermittelte sind, und nicht durch ein Princip, sondern nur nach subjektiver Bestimmung als unmittelbare und unerwiesene angenommen werden. Auch bei *Euklid*, welcher von jeher als der Meister in dieser synthetischen Art des Erkennens mit Recht anerkannt worden, findet sich unter dem Namen eines *Axioms* eine *Voraussetzung* über die *Parallel-Linien*, welche man für des Beweises bedürftig gehalten, und den Mangel auf verschiedene Weise zu ergänzen versucht hat. In manchen anderen Lehrsätzen hat man Voraussetzungen zu entdecken geglaubt, welche nicht unmittelbar hätten angenommen werden sollen, sondern zu beweisen gewesen wären. Was jenes Axiom über die Parallel-Linien betrifft, so läßt sich darüber bemerken, daß wohl darin gerade der richtige Sinn Euklides zu erkennen ist, der das Element, so wie die Natur seiner Wissenschaft genau gewürdigt hatte; der Beweis jenes Axioms wäre aus dem *Begriffe* der Parallel-Linien zu führen gewesen; aber ein solches Beweisen gehört so wenig in seine Wissenschaft, als die Deduktion seiner Definitionen, Axiome und überhaupt seines Gegenstandes, des Raums selbst und der nächsten Bestimmungen desselben, der Dimensionen; weil eine solche

Deduktion nur aus dem Begriffe geführt werden kann, dieser aber außerhalb des Eigenthümlichen der euklidischen Wissenschaft liegt, so sind es für dieselbe nothwendig *Voraussetzungen*, relative Erste.

Die *Axiome*, um derselben bei dieser Gelegenheit zu erwähnen, gehören zu derselben Klasse. Sie pflegen mit Unrecht gewöhnlich als absolut-Erste genommen zu werden, als ob sie an und für sich keines Beweises bedürften. Wäre dieß in der That der Fall, so würden sie bloße Tautologien seyn, da nur in der abstrakten Identität keine Verschiedenheit Statt findet, also auch keine Vermittelung erforderlich ist. Sind die Axiome aber mehr als Tautologien, so sind sie *Sätze* aus irgend *einer andern Wissenschaft*, weil sie für diejenige Wissenschaft, der sie als Axiome dienen, Voraussetzungen seyn sollen. Sie sind daher eigentlich *Lehrsätze*, und zwar meist aus der Logik. Die Axiome der Geometrie sind dergleichen Lemmen, logische Sätze, die sich übrigens den Tautologien darum nähern, weil sie nur die Größe betreffen und daher die qualitativen Unterschiede in ihnen ausgelöscht sind; von dem Haupt-Axiome, dem rein quantitativen Schlusse ist oben die Rede gewesen. Die Axiome bedürfen daher, so gut als die Definitionen und Eintheilungen, an und für sich betrachtet eines Beweises, und werden nur darum nicht zu Lehrsätzen gemacht, weil sie als relativ erste für einen gewissen Standpunkt als Voraussetzungen angenommen werden.

In Ansehung *des Inhaltes der Lehrsätze* ist nun der nähere Unterschied zu machen, daß da derselbe in einer *Beziehung* von *Bestimmtheiten* der Realität des Begriffes besteht, diese Beziehungen mehr oder weniger unvollständige und einzelne Verhältnisse des Gegenstandes, oder aber ein solches Verhältniß seyn können, das den *ganzen Inhalt* der Realität befaßt, und dessen bestimmte Beziehung ausdrückt. Die *Einheit der vollständigen Inhaltsbestimmtheiten* ist aber *dem Begriffe* gleich; ein Satz, der sie enthält, ist daher selbst wieder die Definition, aber die nicht nur den unmittelbar aufgenommenen, sondern den in seine bestimmten, realen Unterschiede entwickelten Begriff, oder das vollständige Daseyn desselben ausdrückt. Beides zusammen stellt daher die *Idee* dar.

Wenn man die Lehrsätze einer synthetischen Wissenschaft, und *namentlich der Geometrie*, näher vergleicht, so wird sich dieser Unterschied zeigen, daß einige ihrer Lehrsätze nur einzelne Verhältnisse des Gegenstandes enthalten, andere aber solche Verhältnisse, in welchen die vollständige Bestimmtheit des Gegenstandes ausgedrückt ist. Es ist eine sehr oberflächliche Ansicht, wenn die sämmtlichen Sätze an Werth einander gleichgeachtet werden, weil überhaupt jeder eine Wahrheit enthalte, und im formellen Gange, im Zusammenhange des Beweisens, gleich wesentlich sey. Der Unterschied in Ansehung des Inhalts der Lehrsätze hängt mit diesem Gange selbst auf's Engste zusammen; einige weitere Bemerkungen über den letztern werden dazu dienen, jenen Unterschied wie die Natur des synthetischen Erkennens näher aufzuhellen. Zunächst ist von jeher an der euklidischen Geometrie, welche als Repräsentant der synthetischen Methode, wovon sie das vollkommenste Muster liefert, als Beispiel dienen soll, die Anordnung in der Folge der Lehrsätze angerühmt worden, wodurch für jeden Lehrsatz diejenigen Sätze, die zu seiner Konstruktion und Beweis erforderlich sind, sich immer schon als früher bewiesen vorfinden. Dieser Umstand betrifft die formelle Konsequenz; so wichtig diese ist, so betrifft er doch mehr die äußerliche Anordnung der Zweckmäßigkeit, und hat für sich keine Beziehung auf den wesentlichen Unterschied von Begriff und Idee, in dem ein höheres Princip der Nothwendigkeit des Fortgangs liegt. Die Definitionen, mit welchen angefangen wird, fassen nämlich den sinnlichen Gegenstand als unmittelbar gegeben auf, und bestimmen ihn nach seiner nächsten Gattung und specifischen Differenz; welches gleichfalls die einfachen, *unmittelbaren* Bestimmtheiten des Begriffs, die Allgemeinheit und Besonderheit sind, deren Verhältniß weiter nicht entwickelt ist. Die anfänglichen Lehrsätze nun können selbst sich an nichts als solche unmittelbare Bestimmungen halten, wie die in den Definitionen enthaltene sind; ingleichen kann ihre gegenseitige *Abhängigkeit* zunächst nur dieß Allgemeine betreffen, daß die eine durch die andere *bestimmt* überhaupt ist. So betreffen die ersten Sätze Euklid's über die Dreiecke nur die *Kongruenz, d. h. wie viele* Stücke in einem Dreiecke *bestimmt seyn müssen*, damit auch die *übrigen* Stücke eines und desselben Dreiecks, oder das ganze *bestimmt überhaupt* sey. Daß *zwei* Dreiecke mit einander verglichen und die Kongruenz auf das *Decken* gesetzt wird, ist ein Umweg, dessen die Methode bedarf, die das *sinnliche Decken* statt des *Gedankens: Bestimmtseyn*, gebrauchen muß. Sonst für sich betrachtet, enthalten jene Lehrsätze selbst *zwei* Theile, deren der eine als der *Begriff*, der andere als die *Realität*, als das jenen zur Realität Vollendende angesehen werden kann. Das vollständig Bestimmende nämlich, z.B. die zwei Seiten und der eingeschlossene Winkel, ist bereits das ganze Dreieck *für den Verstand*; es bedarf zur vollständigen Bestimmtheit desselben nichts weiter; die übrigen zwei Winkel und die dritte Seite ist der Überfluß der Realität über die Bestimmtheit des Begriffs. Was jene Lehrsätze daher thun, ist eigentlich dieß, daß sie das sinnliche Dreieck, das allerdings dreier Seiten und dreier *Winkel* bedarf, auf die einfachsten Bedingungen reduciren; die Definition hatte nur der drei Linien überhaupt erwähnt, welche die ebene Figur einschließen und zu einem Dreieck machen; ein Lehrsatz enthält erst ausdrücklich das *Bestimmtseyn* der Winkel durch das Bestimmtseyn der Seiten, so wie die übrigen Lehrsätze die Abhängigkeit anderer dreier Stücke von dreien solchen Stücken. Die völlige Bestimmtheit aber der Größe des Dreiecks nach seinen Seiten *in sich selbst* enthält der *pythagoräische Lehrsatz*; dieser ist erst die Gleichung der Seiten des Dreiecks, da die vorhergehenden Seiten es nur im Allgemeinen zu einer *Bestimmtheit* seiner Stücke gegeneinander, nicht zu einer *Gleichung* bringen. Dieser Satz ist daher die vollkommene, *reelle Definition* des Dreiecks, nämlich zunächst des rechtwinklichten, des in seinen Unterschieden einfachsten und daher regelmäßigsten. Euklid schließt mit diesem Satze das erste Buch, indem er in der That eine erreichte vollkommene Bestimmtheit ist. So beschließt er auch das zweite, nachdem er vorher die mit größerer

Ungleichheit behafteten, nicht rechtwinklichten Dreiecke auf das Gleichförmige zurückgeführt hat, mit der Reduktion des Rektangels auf das Quadrat, einer Gleichung zwischen dem sich selbst Gleichen, dem Quadrat, mit dem in sich Ungleichen, dem Rechteck; so macht die Hypotenuse, die dem rechten Winkel, dem sich selbst Gleichen entspricht, im pythagoräischen Lehrsatze die eine Seite der Gleichung aus, und die andere das sich Ungleiche, nämlich die *zwei* Katheten. Jene Gleichung zwischen dem Quadrat und dem Rechteck liegt der *zweiten* Definition des Kreises zu Grunde, die wieder der pythaoräische Lehrsatz ist, nur insofern die Katheten als veränderliche Größen angenommen werden; die erste Gleichung des Kreises ist in eben dem Verhältnisse der *sinnlichen* Bestimmtheit zur *Gleichung*, als die zwei verschiedenen Definitionen der Kegelschnitte überhaupt zu einander sind.

Dieser wahrhafte synthetische Fortgang ist ein Übergang vom *Allgemeinen* zur *Einzelnheit*, nämlich *zum an und für sich Bestimmten* oder der Einheit des Gegenstandes *in sich selbst*, insofern dieser in seine wesentlichen reellen Bestimmtheiten aus einander gegangen und unterschieden worden ist. Der ganz unvollkommene, gewöhnliche Fortgang aber in anderen Wissenschaften pflegt zu seyn, daß der Anfang zwar von einem Allgemeinen gemacht wird, die *Vereinzelung* und Konkretion desselben aber nur eine *Anwendung* des Allgemeinen auf anders woher hereinkommenden Stoff ist; das eigentliche *Einzelne* der Idee ist auf diese Weise eine *empirische* Zuthat.

Von welchem unvollkommenern oder vollkommenern Inhalte nun auch der Lehrsatz sey, so muß er *bewiesen* werden. Er ist ein Verhältniß von reellen Bestimmungen, die nicht das Verhältniß von Begriffsbestimmungen haben; wenn sie dieses haben, wie es in den Sätzen, welche wir die *zweiten* oder reellen *Definitionen* genannt haben, aufgezeigt werden kann, so sind diese eben darum einer Seits Definitionen, aber weil ihr Inhalt zugleich aus Verhältnissen reeller Bestimmungen, nicht bloß in dem Verhältnisse eines Allgemeinen und der einfachen Bestimmtheit besteht, sind sie im Vergleich mit solcher ersten Definition auch des Beweises bedürftig und fähig. Als reelle Bestimmtheiten haben sie die Form gleichgültig bestehender und verschiedener; sie sind daher nicht unmittelbar eins; es ist deswegen ihre Vermittelung aufzuzeigen. Die unmittelbare Einheit in der ersten Definition ist die, nach welcher das besondere im Allgemeinen ist.

2. Die Vermittelung, die jetzt näher zu betrachten ist, kann nun einfach seyn, oder durch mehrere Vermittlungen hindurch gehen. Die vermittelnden Glieder hängen mit den zu vermittelnden zusammen; aber indem es nicht der Begriff ist, aus welchem die Vermittelung und der Lehrsatz in diesem Erkennen zurückgeführt wird, dem überhaupt der Übergang ins Entgegengesetzte fremd ist, so müssen die vermittelnden Bestimmungen, ohne den Begriff des Zusammenhangs, als ein vorläufiges Material zum Gerüste des Beweises irgendwoher herbeigebracht werden. Diese Vorbereitung ist die *Konstruktion*.

Unter den Beziehungen des Inhalts des Lehrsatzes, die sehr mannigfaltig seyn können, müssen nun nur diejenigen angeführt und vorstellig gemacht werden, welche dem Beweise dienen. Diese Herbeischaffung des Materials hat erst ihren Sinn in diesem; an ihr selbst erscheint sie als blind und ohne Begriff. Hintennach beim Beweise sieht man wohl ein, daß es zweckmäßig war, an der geometrischen Figur z.B. solche weitere Linien zu ziehen, als die Konstruktion angiebt; aber bei dieser selbst muß man blindlings gehorchen; für sich ist diese Operation daher ohne Verstand, da der Zweck, der sie leitet, noch nicht ausgesprochen ist. Es ist gleichgültig, ob es ein eigentlicher Lehrsatz oder eine Aufgabe ist, zu deren Behuf sie vorgenommen wird; so wie sie zunächst *vor dem* Beweis erscheint, ist sie etwas aus der im Lehrsatze oder der Aufgabe gegebenen Bestimmung nicht Abgeleitetes, daher ein sinnloses Thun für denjenigen, der den Zweck noch nicht kennt, immer aber ein nur von einem äußerlichen Zwecke Dirigirtes.

Dieses zuerst noch Geheime kommt im *Beweise* zum Vorschein. Er enthält, wie angegeben, die Vermittelung dessen, was im Lehrsatze als verbunden ausgesprochen ist; durch diese Vermittelung *erscheint* diese Verknüpfung erst als eine *nothwendige*. Wie die Konstruktion für sich ohne die Subjektivität des Begriffes ist, so ist der Beweis ein subjektives Thun ohne Objektivität. Weil nämlich die Inhaltsbestimmungen des Lehrsatzes nicht zugleich als Begriffsbestimmungen gesetzt sind, sondern als gegebene *gleichgültige Theile*, die in mannigfaltigen äußerlichen Verhältnissen zu einander stehen, so ist es nur der *formelle, äußerliche* Begriff, in welchem sich die Nothwendigkeit ergiebt. Der Beweis ist nicht eine *Genesis* des Verhältnisses, welches den Inhalt des Lehrsatzes ausmacht; die Nothwendigkeit ist nur für die Einsicht, und der ganze Beweis zum *subjektiven Behufe des Erkennens*. Er ist deswegen überhaupt eine *äußerliche* Reflexion, die *von Außen nach Innen geht*, d. h. aus äußerlichen Umständen auf die innere Beschaffenheit des Vehältnisses schließt. Diese Umstände, welche die Konstruktion dargestellt hat, sind eine *Folge* der Natur des Gegenstandes, hier werden sie umgekehrt zum *Grunde* und zu den *vermittelnden* Verhältnissen gemacht. Der Medius Terminus, das Dritte, worin die im Lehrsatze verbundenen sich in ihrer Einheit darstellen, und welches den Nerv des Beweises abgiebt, ist deswegen nur ein solches, woran diese Verknüpfung *erscheint* und *äußerlich* ist. Weil die *Folge*, der dieses Beweisen nachgeht, vielmehr die umgekehrte der Natur der Sache ist, so ist das, was als *Grund* darin angesehen wird, ein subjektiver Grund, woraus nur für das Erkennen die Natur der Sache hervorgeht.

Aus dem Bisherigen erhellt die nothwendige Grenze dieses Erkennens, welche sehr häufig verkannt worden ist. Das glänzende Beispiel der synthetischen Methode ist die *geometrische* Wissenschaft, aber unpassender Weise ist sie auch auf andere Wissenschaften, selbst auf die Philosophie angewendet worden. Die Geometrie ist eine Wissenschaft der *Größe*, daher ist das *formelle* Schließen ihr auf's Passendste angehörig; da die bloß quantitative Bestimmung in ihr betrachtet und von der qualitativen abstrahirt wird, so kann sie sich innerhalb der *formellen Identität*, der begrifflosen Einheit halten, welche die *Gleichheit* ist, und der äußerlichen abstrahirenden Reflexion angehört. Der Gegenstand, die Raumbestimmungen, sind schon solche abstrakte Gegenstände, die für den Zweck zubereitet worden, eine vollkommene endliche, äußerliche Bestimmtheit zu haben. Diese Wissenschaft hat durch ihren abstrakten Gegenstand einer Seits das Erhabene, daß in diesen leeren stillen Räumen die Farbe ausgelöscht, ebenso die anderen sinnlichen Eigenschaften verschwunden sind, daß ferner jedes andere Interesse darin schweigt, das an die lebendige Individualität näher anspricht. Anderer Seits ist der abstrakte Gegenstand noch der *Raum, ein unsinnlich Sinnliches*; die *Anschauung* ist in ihre Abstraktion erhoben, er ist eine *Form* der Anschauung, aber ist noch Anschauung, ein Sinnliches, das *Außereinander* der Sinnlichkeit selbst; ihre reine *Begrifflosigkeit*. Man hat in neueren Zeiten genug von der Vortrefflichkeit der Geometrie aus dieser Seite sprechen gehört; man hat dieß, daß sie sinnliche Anschauung zum Grunde liegen habe, für ihren höchsten Vorzug erklärt, und gemeint, ihre hohe Wissenschaftlichkeit Gründe sich sogar hierauf, und ihre Beweise beruhen auf der Anschauung. Es ist gegen diese Flachheit die flache Erinnerung zu machen nöthig, daß durch das Anschauen keine Wissenschaft zu Stande komme, sondern allein *durchs Denken*. Die Anschaulichkeit, welche die Geometrie durch ihren noch sinnlichen Stoff hat, giebt ihr allein diejenige Seite der Evidenz, welche das *Sinnliche* überhaupt für den gedankenlosen Geist hat. Kläglicherweise daher hat man diese Sinnlichkeit des Stoffs ihr für einen Vorzug angerechnet, welche vielmehr die Niedrigkeit ihres Standpunkts bezeichnet. Nur der *Abstraktion* ihres sinnlichen Gegenstandes verdankt sie ihre Fähigkeit zu einer höhern Wissenschaftlichkeit, und den großen Vorzug vor denjenigen Sammlungen von Kenntnissen, die man gleichfalls Wissenschaften zu nennen beliebt, und die konkretes, empfindbares Sinnliches zu ihrem Inhalte haben, und nur durch die Ordnung, die sie hinein zu bringen suchen, eine ferne Ahnung und Anspielung an die Forderungen des Begriffes zeigen.

Dadurch, daß der Raum der Geometrie die Abstraktion und Leere des Außereinanderseyns ist, ist es nur möglich, daß in seine Unbestimmtheit die Figurationen so hineingezeichnet werden, daß ihre Bestimmungen in fester Ruhe außereinander verbleiben und keinen Übergang in das Entgegengesetzte in sich haben. Ihre Wissenschaft ist dadurch einfache Wissenschaft *des Endlichen*, das nach der Größe verglichen wird, und dessen Einheit die äußerliche, die *Gleichheit*, ist. Aber indem nun bei diesem Figurieren zugleich von verschiedenen Seiten und Principien ausgegangen wird, und die verschiedenen Figuren für sich entstehen, so zeigt sich bei ihrer Vergleichung doch auch die *qualitative* Ungleichheit und *Inkommensurabilität*. Die Geometrie wird an derselben über die *Endlichkeit*, in der sie so geregelt und sicher fortschritt, zur *Unendlichkeit* getrieben, zum Gleichsetzen solcher, die qualitativ verschieden sind. Hier hört ihre Evidenz von der Seite auf, als ihr sonst die feste Endlichkeit zu Grunde liegt, und sie nichts mit dem Begriffe und dessen Erscheinung, jenem Übergange, zu thun hat. Die endliche Wissenschaft ist hier an ihre Grenze gekommen, da die Nothwendigkeit und Vermittelung des Synthetischen nicht mehr nur in der *positiven Identität*, sondern in der *negativen* gegründet ist.

Wenn die Geometrie, wie die Algebra bei ihren abstrakten, bloß verständigen Gegenständen bald auf ihre Grenze stößt, so zeigt sich die synthetische Methode für *andere Wissenschaften* von Anfang an um so ungenügender, am ungenügendsten aber bei der Philosophie. In Ansehung der Definition und Eintheilung hat sich das Gehörige schon ergeben; hier wäre nur noch vom Lehrsatze und Beweise zu sprechen, aber außer der Voraussetzung der Definition und Eintheilung, die den Beweis schon fordert und voraussetzt, besteht ferner in der *Stellung* derselben überhaupt zu den Lehrsätzen das Ungenügende. Diese Stellung ist vornehmlich merkwürdig bei den Erfahrungswissenschaften, wie z.B. die Physik, wenn sie sich die Form von synthetischen Wissenschaften geben wollen. Der Weg ist dann dieser, daß die *Reflexions-Bestimmungen* von besonderen *Kräften*, oder sonst innerlichen und wesenhaften Formen, welche aus der Weise, die Erfahrung zu analysiren, hervorgehen, und die sich nur als *Resultate* rechtfertigen können, *an die Spitze gestellt* werden müssen, um an denselben die allgemeine *Grundlage* zu haben, welche nachher auf das *Einzelne angewendet* und in ihm aufgezeigt wird. Indem diese allgemeinen Grundlagen für sich keinen Halt haben, so soll man sie sich einstweilen *gefallen* lassen; an den abgeleiteten *Folgerungen* aber merkt man erst, daß diese den eigentlichen *Grund* jener *Grundlagen* ausmachen. Es zeigt sich die sogenannte *Erklärung*, und der Beweis des in Lehrsätze gebrachten Konkreten Theils als eine Tautologie, Theils als eine Verwirrung des wahren Verhältnisses, Theils auch, daß diese Verwirrung dazu diente, die Täuschung des Erkennens zu verstecken, das Erfahrungen einseitig aufgenommen hat, wodurch es allein seine einfachen Definitionen und Grundsätze erlangen konnte, und die Widerlegung aus der Erfahrung damit beseitigt, daß es diese nicht in ihrer konkreten Totalität, sondern als Beispiel und zwar nach der für die Hypothesen und Theorie brauchbaren Seite vornimmt und gelten läßt. In dieser Unterordnung der konkreten Erfahrung unter die vorausgesetzten Bestimmungen wird die Grundlage der Theorie verdunkelt und nur nach der Seite gezeigt, welche der Theorie gemäß ist; so wie es überhaupt dadurch sehr erschwert wird, die konkreten Wahrnehmungen unbefangen für sich zu betrachten. Nur indem man den ganzen Verlauf auf den Kopf stellt, erhält das Ganze das rechte Verhältniß, worin sich der Zusammenhang von Grund und Folge, und die Richtigkeit der Umbildung der Wahrnehmung in Gedanken übersehen läßt. Eine der Hauptschwierigkeiten beim Studium solcher Wissenschaften ist daher, *in sie hineinzukommen*; was nur dadurch geschehen kann, daß man sich die Voraussetzung *blindlings gefallen* läßt, und ohne weiter einen Begriff, selbst oft kaum eine bestimmte Vorstellung, höchstens ein verworrenes Bild der Phantasie davon sich machen zu können, die Bestimmung von den angenommenen Kräften, Materien und deren hypothetischen Gestaltungen, Richtungen und Drehungen vor der Hand ins Gedächtniß einprägt. Wenn man die Nothwendigkeit und den Begriff der Voraussetzungen, um sie anzunehmen und gelten zu lassen, fordert, so ist nicht über den Anfang hinauszukommen.

Über das Unpassende der Anwendung der synthetischen Methode auf die streng analytische Wissenschaft ist oben die Gelegenheit gewesen, zu sprechen. Durch *Wolf* ist diese Anwendung auf alle mögliche Arten von Kenntnissen ausgedehnt worden, die er zur Philosophie und Mathematik zog, Kenntnisse, die zum Theil ganz analytischer Natur, zum Theil auch einer zufälligen, und bloß handwerkmäßigen Art sind. Der Kontrast eines solchen leicht faßliche, seiner Natur nach keiner strengen und wissenschaftlichen Behandlung fähigen Stoffes mit dem steifen wissenschaftlichen Umwege und Überzuge hat für sich selbst das Ungeschickte solcher Anwendung gezeigt, und um den Kredit gebracht. Z.B. in *Wolf's Anfangsgründen der Baukunst heißt der achte Lehrsatz*: Ein Fenster muß so breit seyn, daß zwei Personen gemächlich neben einander in demselben liegen können.*Beweis*: Denn man pflegt sich öfters mit einer andern Person an das Fenster zu legen, und sich umzusehen. Da nun der Baumeister den Hauptabsichten des Bauherrn in Allem ein Genüge thun soll (_. 1); so muß er auch das Fenster so breit machen, daß zwei Personen gemächlich neben einander in demselb en liegen können. W.z.E.*Desselben Anfangsgründe der Fortifikation, der zweite Lehrsatz*: Wenn der Feind in der Nähe kampirt, und man vermuthet, er werde durch einen Sukkurs die Festung zu entsetzen suchen: so muß eine Circumvallations-Linie um die ganze Festung herumgezogen werden.*Beweis*: Die Circumvallations-Linie hindern, daß Niemand in das Lager von Außen hineindringen kann (_. 311). Diejenigen aber, welche die Festung entsetzen wollen, verlangen in das Lager von Außen hineinzudringen. Wenn man sie also abhalten will, muß eine Circumvallations-Linie um das Lager gezogen werden. Derowegen wenn der Feind in der Nähe kampirt, und man vermuthet, er werde durch Sukkurs die Festung zu entsetzen suchen, so muß das Lager in Circumvallations-Linien eingeschlossen werden. W.z. E.

Den Glauben an die Tauglichkeit und Wesentlichkeit dieser Methode für eine wissenschaftliche Strenge in der *Philosophie* konnte jedoch jener Mißbrauch nicht benehmen; *Spinoza's* Beispiel in Darstellung seiner Philosophie hat noch lange als ein Muster gegolten. In der That aber ist durch *Kant* und *Jacobi* die ganze Weise der vormaligen Metaphysik und damit ihre Methode über den Haufen geworfen worden. Kant hat von dem Inhalte jener Metaphysik nach seiner Weise gezeigt, daß derselbe durch die strenge Demonstration auf *Antinomien*, deren übrige Beschaffenheit an den gehörigen Orten beleuchtet worden ist, führe; aber auf die Natur dieses Demonstrirens selbst, das an einen endlichen Inhalt geknüpft ist, hat er nicht reflektirt; das eine aber muß mit dem andern fallen. In seinen *Anfangsgründen der Naturwissenschaft* hat er selbst ein Beispiel gegeben, eine Wissenschaft, welche er auf diese Weise der Philosophie zu vindiciren gedachte, als eine Reflexions-Wissenschaft und in der Methode derselben zu behandeln. Wenn Kant mehr der Materie nach die vormalige Metaphysik angriff, so hat sie *Jacobi* vornehmlich von Seiten ihrer Weise zu demonstrieren angegriffen, und den Punkt, worauf es ankommt, auf's Lichteste und Tiefste herausgehoben, daß nämlich solche Methode der Demonstration schlechthin in den Kreis der starren Notwendigkeit des Endlichen gebunden ist, und die *Freiheit*, das ist *der Begriff*, und damit *Alles was wahrhaft ist*, jenseits derselben liegt, und von ihr unerreichbar ist. Nach dem kantischen Resultate ist es der eigenthümliche Stoff der Metaphysik, der sie in Widersprüche führt, und das Unzureichende des Erkennens besteht in seiner *Subjektivität*, nach dem jacobischen ist es die Methode und ganze Natur des Erkennens selbst, das nur einen *Zusammenhang der Bedingtheit* und *Abhängigkeit* erfaßt, und daher dem, was an und für sich und das absolut-Wahre ist, sich unangemessen zeigt. In der That, indem das Princip der Philosophie der *unendliche freie Begriff* ist, und aller ihr Inhalt allein auf demselben beruht, so ist die Methode der begrifflosen Endlichkeit nicht auf jenen passend. Die Synthese und Vermittelung dieser Methode, das *Beweisen* bringt es nicht weiter als zu einer der Freiheit gegenüberstehenden *Nothwendigkeit*, nämlich einer *Identität* des Abhängigen, welche nur *an sich* ist, es seyn, daß sie als *innerliche* oder als *äußerliche* aufgefaßt werde, worin dasjenige, was die Realität daran ausmacht, das Unterschiedene und in die Existenz Extreme schlechthin ein *selbstständig-Verschiedenes* und daher *Endliches* bleibt. Darin kommt also diese *Identität* selbst nicht *zur Existenz* und bleibt das *nur Innerliche*, oder sie ist das nur *Äußerliche*, indem ihr bestimmter Inhalt ihr gegeben ist; in beiden Ansichten ist sie ein Abstraktes und hat die reelle Seite nicht an ihr selbst, und ist nicht als an und für sich *bestimmte Identität* gesetzt; der *Begriff*, um welchen es allein zu thun, und der das an und für sich Unendliche ist, ist somit aus diesem Erkennen ausgeschlossen.

In dem synthetischen Erkennen gelangt also die Idee nur insoweit zu ihrem Zweck, daß der *Begriff* nach seinen *Momenten* der *Identität* und den *realen Bestimmungen*, oder nach der *Allgemeinheit* und den *besonderen* Unterschieden,ferner auch *als Identität*, welche *Zusammenhang* und *Abhängigkeit* des Verschiedenen ist, *für den Begriff* wird. Aber dieser sein Gegenstand ist ihm nicht angemessen; denn der Begriff wird nicht als *Einheit seiner mit sich selbst in seinem Gegenstande oder seiner Realität*; in der Nothwendigkeit ist seine Identität für ihn, in der aber nicht selbst die *Bestimmtheit*, sondern als ein ihr äußerlicher, d. i. nicht durch den Begriff bestimmter Stoff ist, in welchem er also nicht sich selbst erkennt. Überhaupt ist also der Begriff nicht für sich, nach seiner Einheit nicht zugleich an und für sich bestimmt. Die Idee erreicht deswegen in diesem Erkennen die Wahrheit noch nicht wegen der Unangemessenheit des Gegenstandes zu dem subjektiven Begriffe. Aber die Sphäre der Nothwendigkeit ist die höchste Spitze des Seyns und der Reflexion; sie geht an und für sich selbst in die Freiheit des Begriffes, die innere Identität geht in ihre Manifestation, die der Begriff als Begriff ist, über. Wie dieser *Übergang* aus der Sphäre der Nothwendigkeit in den Begriff *an sich* geschieht, ist bei Betrachtung der erstern gezeigt worden, so wie er auch als die *Genesis des Begriffs* zu

Anfang dieses Buchs sich dargestellt hat. Hier hat die *Nothwendigkeit* die Stellung, die *Realität* oder der *Gegenstand* des Begriffes zu seyn, wie auch der Begriff, in den sie übergeht, nunmehr als Gegenstand desselben ist. Aber der Übergang selbst ist derselbe. Er ist auch hier nur erst *an sich* und liegt noch außer dem Erkennen in unserer Reflexion, d. h. ist dessen noch innere Nothwendigkeit selbst. Nur das Resultat ist für ihn. Die Idee, insofern der Begriff nun *für sich* der an und für sich bestimmte ist ist die *praktische* Idee, *das Handeln*.

B. Die Idee des Guten

Indem der Begriff, welcher Gegenstand seiner selbst ist, an und für sich bestimmt ist, ist das Subjekt sich als *Einzelnes* bestimmt. Er hat als Subjektives wieder die Voraussetzung eines an sich-seyenden Andersseyns; er ist der *Trieb*, sich zu realisiren, der Zweck der sich *durch sich selbst* in der objektiven Welt Objektivität geben und sich ausführen will. In der theoretischen Idee steht der subjektive Begriff, als das *Allgemeine*, an- und für sich *Bestimmungs-lose*, der objektiven Welt entgegen, aus der er sich den bestimmten Inhalt und die Erfüllung nimmt. In der praktischen Idee aber steht er als Wirkliches dem Wirklichen gegenüber; die Gewißheit seiner selbst, die das Subjekt in seinem An- und Für-sich-Bestimmt-seyn hat, ist aber eine Gewißheit seiner Wirklichkeit und der *Unwirklichkeit* der Welt; nicht nur das Andersseyn derselben als abstrakte Subjektheit ist ihm das Nichtige, sondern deren Einzelnheit und die Bestimmungen ihrer Einzelnheit. Die *Objektivität* hat das Subjekt hier sich selbst vindicirt; seine Bestimmtheit in sich ist das Objektive, denn es ist die Allgemeinheit, welche ebenso wohl schlechthin bestimmt ist; die vorhin objektive Welt ist dagegen nur noch ein Gesetztes, ein *unmittelbar* auf mancherlei Weise Bestimmtes, aber das, weil es nur unmittelbar ist, der Einheit des Begriffes in sich entbehrt, und für sich nichtig ist.

Diese in dem Begriffe enthaltene, ihm gleiche, und die Forderung der einzelnen äußerlichen Wirklichkeit in sich schließende Bestimmtheit ist das *Gute*. Es tritt mit der Würde auf, absolut zu seyn, weil es die Totalität des Begriffes in sich, das Objektive zugleich in der Form der freien Einheit und Subjektivität ist. Diese Idee ist höher als die Idee des betrachteten Erkennens, denn sie hat nicht nur die Würde des Allgemeinen, sondern auch des schlechthin Wirklichen: Sie ist *Trieb*, insofern dieses Wirkliche noch subjektiv, sich selbst setzend ist, nicht die Form zugleich der unmittelbaren Voraussetzung hat; ihr Trieb, sich zu realisiren ist eigentlich nicht, sich Objektivität zu geben, diese hat sie an sich selbst, sondern nur diese leere Form der Unmittelbarkeit. Die Thätigkeit des Zwecks ist daher nicht gegen sich gerichtet, um eine gegebene Bestimmung in sich aufzunehmen und sich zu eigen zu machen, sondern vielmehr die eigene Bestimmung zu setzen, und sich vermittelst des Aufhebens der Bestimmungen der äußerlichen Welt die Realität in Form äußerlicher Wirklichkeit zu geben. Die

Willensidee hat als das Selbstbestimmende *für sich* den *Inhalt* in sich selbst. Dieser ist nun zwar *bestimmter* Inhalt, und insofern ein *Endliches* und *Beschränktes*; die Selbstbestimmung ist wesentlich *Besonderung*, da die Reflexion des Willens in sich als negative Einheit überhaupt auch Einzelnheit im Sinne des Ausschließens und des Voraussetzens eines Andern ist. Die Besonderheit des Inhalts ist jedoch zunächst unendlich durch die Form des Begriffs, dessen eigene Bestimmtheit er ist, und der in ihm die negative Identität seiner mit sich selbst, hiermit nicht nur ein Besonderes, sondern seine unendliche Einzelnheit hat. Die erwähnte *Endlichkeit* des Inhalts in der praktischen Idee ist damit eins und dasselbe, daß sie zunächst noch unausgeführte Idee ist; der Begriff ist *für ihn* das An- und Fürsichseyende; er ist hier die Idee in der Form der *für sich selbst* seyenden Objektivität; eines Theils ist das Subjektive darum nicht mehr nur ein *Gesetztes*, Willkürliches oder Zufälliges, sondern ein Absolutes; aber andern Theils hat diese *Form der Existenz, das Fürsichseyn*, noch nicht auch die des *Ansichseyns*. Was so der Form als solcher nach als Gegensatz erscheint, erscheint an der zur *einfachen Identität* reflektirten Form des Begriffes, d. i. am Inhalt, als einfache Bestimmtheit desselben; das Gute, ob zwar an und für sich geltend, ist dadurch irgend ein besonderer Zweck, der aber durch die Realisirung nicht erst seine Wahrheit erhalten soll, sondern schon für sich das Wahre ist.

Der Schluß der unmittelbaren *Realisirung* selbst bedarf hier keiner nähern Ausführung; er ist ganz nur der oben betrachtete Schluß der *äußerlichen Zweckmäßigkeit*; nur der Inhalt macht den Unterschied aus. In der äußerlichen als der formellen Zweckmäßigkeit war er ein unbestimmter endlicher Inhalt überhaupt, hier ist er zwar auch ein endlicher, aber als solcher zugleich absolut geltender. Aber in Ansehung des Schlußsatzes, des ausgeführten Zwecks, tritt ein weiterer Unterschied ein. Der endliche Zweck kommt in seiner *Realisirung* ebenso sehr nur bis zum *Mittel*; da er nicht in seinem Anfange schon an und für sich bestimmter Zweck ist, bleibt er auch als ausgeführt ein solches, das nicht an und für sich ist. Ist das Eine auch wieder als ein *Endliches* fixirt, und wesentlich ein solches, so kann es auch, seiner innerlichen Unendlichkeit unerachtet, dem Schicksale der Endlichkeit nicht entgehen; ein Schicksal, das in mehreren Formen erscheint. Das ausgeführte Gute ist gut durch das, was es schon im subjektiven Zweck, in seiner Idee ist; die Ausführung giebt ihm ein äußerliches Daseyn; aber da dieß Daseyn nur bestimmt ist als die an und für sich nichtige Äußerlichket, so hat das Gute in ihr nur ein zufälliges, zerstörbares Daseyn, nicht eine seiner Idee entsprechende Ausführung erreicht. Ferner da es seinem Inhalte nach ein Beschränktes ist, so giebt es auch des Guten mehrerlei; das existirende Gute ist nicht nur der Zerstörung durch äußerliche Zufälligkeit und durch das Böse unterworfen, sondern durch die Kollision und den Widerstreit des Guten selbst. Von Seiten der ihm vorausgesetzten objektiven Welt, in deren Voraussetzung die Subjektivität und Endlichkeit des Guten besteht, und die als eine andere ihren eigenen Gang geht, ist selbst die Ausführung des Guten Hindernissen, ja sogar der Unmöglichkeit ausgesetzt.

Das Gute bleibt so ein *Sollen*; es ist *an und für sich*, aber das *Seyn* als die letzte, abstrakte Unmittelbarkeit bleibt gegen dasselbe *auch* als ein *Nichtseyn* bestimmt. Die Idee des vollendeten Guten ist zwar ein *absolutes Postulat*, aber mehr nicht als ein Postulat, d. i. das Absolute mit der Bestimmtheit der Subjektivität behaftet. Es sind noch die zwei Welten im Gegensatze, die eine ein Reich der Subjektivität in den reinen Räumen des durchsichtigen Gedankens, die andere ein Reich der Objektivität in dem Elemente einer äußerlich mannigfaltigen Wirklichkeit, die ein unaufgeschlossenes Reich der Finsterniß ist. Die vollständige Ausbildung des unaufgelösten Widerspruchs, jenes *absoluten* Zwecks, dem die *Schranke* dieser Wirklichkeit *unüberwindlich* gegenübersteht, ist in der Phänomenologie des Geistes S. 453 ff. näher betrachtet worden. Indem die Idee das Moment der vollkommenen Bestimmtheit in sich enthält, so hat der andere Begriff, zu dem der Begriff sich in ihr verhält, in seiner Subjektivität zugleich das Moment eines Objekts; die Idee tritt daher hier in die Gestalt des *Selbstbewußtseyns*, und trifft nach dieser einen Seite mit dessen Darstellung zusammen.

Was aber der praktischen Idee noch mangelt, ist das Moment des eigentlichen Bewußtseyns selbst, daß nämlich das Moment der Wirklichkeit im Begriffe für sich die Bestimmung des *äußerlichen Seyns* erreicht hätte. Dieser Mangel kann auch so betrachtet werden, daß der *praktischen* Idee noch das Moment der *theoretischen* fehlt. In der letztern nämlich steht auf der Seite des subjektiven, vom Begriffe in sich angeschaut werdenden Begriffs nur die Bestimmung der *Allgemeinheit*; das Erkennen weiß sich nur als Auffassen, als die für sich selbst *unbestimmte* Identität des Begriffs mit sich selbst; die Erfüllung, d. i. die an und für sich bestimmte Objektivität ist ihr ein *Gegebenes*, und das *wahrhaft-Seyende* die unabhängig vom subjektiven Setzen vorhandene Wirklichkeit.

Der praktischen Idee. dagegen gilt diese Wirklichkeit, die ihr zugleich als unüberwindliche Schranke gegenübersteht, als das an und für sich Nichtige, das erst seine wahrhafte Bestimmung und einzigen Werth durch die Zwecke des Guten erhalten solle. Der Wille steht daher der Erreichung seines Ziels nur selbst im Wege dadurch, daß er sich von dem Erkennen trennt, und die äußerliche Wirklichkeit für ihn nicht die Form des wahrhaft-Seyenden erhält; die Idee des Guten kann daher ihre Ergänzung allein in der Idee des Wahren finden.

Sie macht aber diesen Übergang durch sich selbst. In dem Schlusse des Handelns ist die eine Prämisse die *unmittelbare Beziehung* des *guten Zweckes auf die Wirklichkeit*, deren er sich bemächtigt und in der zweiten Prämisse als äußerliches *Mittel* gegen die äußerliche Wirklichkeit richtet. Das Gute ist für den subjektiven Begriff das Objektive; die Wirklichkeit in ihrem Daseyns steht ihm nur insofern als die unüberwindliche Schranke gegenüber, als sie noch die Bestimmung *unmittelbaren Daseyns*, nicht eines Objektiven nach dem Sinne des An- und Fürsichseyns hat; sie ist vielmehr entweder das Böse oder Gleichgültige, nur Bestimmbare, welches seinen Werth nicht in sich selbst hat.

Dieses abstrakte Seyn, das dem Guten in der zweiten Prämisse gegenübersteht, hat aber die praktische Idee bereits selbst aufgehoben; die erste Prämisse ihres Handelns ist die *unmittelbare Objektivität* des Begriffes, wonach der Zweck ohne allen Widerstand sich der Wirklichkeit mittheilt, und in einfacher, identischer Beziehung mit ihr ist. Es sind insofern also nur die Gedanken ihrer beiden Prämissen zusammen zu bringen. Zu dem, was in der ersten von dem objektiven Begriffe unmittelbar schon vollbracht ist, kommt in der zweiten zunächst nur dieß hinzu, daß es durch Vermittelung, hiermit *für ihn* gesetzt wird. Wie nun in der Zweckbeziehung überhaupt der ausgeführte Zweck zwar auch wieder nur ein Mittel, aber umgekehrt das Mittel auch der ausgeführte Zweck ist, so ist gleichfalls in dem Schlusse des Guten die zweite Prämisse schon unmittelbar in der ersten *an sich* vorhanden; allein diese Unmittelbarkeit ist nicht hinreichend, und die zweite wird schon für das erste postulirt; die Ausführung des Guten gegen eine gegenüberstehende andere Wirklichkeit ist die Vermittelung, welche wesentlich für die unmittelbare Beziehung und das Verwirklichtseyn des Guten nothwendig ist. Denn sie ist nur die erste Negation oder das Andersseyn des Begriffs, eine Objektivität, welche ein Versenktseyn des Begriffs in die Äußerlichkeit wäre; die zweite ist das Aufheben dieses Andersseyns, wodurch die unmittelbare Ausführung des Zwecks erst Wirklichkeit des Guten als des für sich seyenden Begriffes wird, indem er darin identisch mit sich selbst, nicht mit einem Andern, hiermit allein als freier gesetzt wird. Wenn nun der Zweck des Guten dadurch doch nicht ausgeführt seyn sollte, so ist dieß ein Rückfall des Begriffs in den Standpunkt, den der Begriff vor seiner Thätigkeit hat, den Standpunkt der als nichtig bestimmten und doch als reell vorausgesetzten Wirklichkeit; ein Rückfall, welcher zum Progreß in die schlecht Unendlichkeit wird, seinen Grund allein darin hat, daß in dem Aufheben jener abstrakten Realität dieß Aufheben ebenso unmittelbar vergessen wird, oder daß vergessen wird, daß diese Realität vielmehr schon als die an und für sich nichtige, nicht objektive Wirklichkeit vorausgesetzt ist. Diese Wiederholung der Voraussetzung des nicht ausgeführten Zweckes nach der wirklichen Ausführung des Zweckes bestimmt sich daher auch so, daß *die subjektive Haltung* des objektiven Begriffes reproducirt und perennirend gemacht wird, womit *die Endlichkeit* des Guten seinem Inhalte, so wie seiner Form nach als die bleibende Wahrheit, so wie seine Verwirklichung schlechthin immer nur als ein *einzelner Akt*, nicht als ein *allgemeiner* erscheint. In der That hat sich diese Bestimmtheit in der Verwirklichung des Guten aufgehoben; was den objektiven Begriff noch *begrenzt*, ist seine eigene *Ansicht* von sich, die durch die Reflexion auf das, was seine Verwirklichung *an sich* ist, verschwindet; er steht nur sich selbst durch diese Ansicht im Wege, und hat sich darüber nicht gegen eine äußere Wirklichkeit, sondern gegen sich selbst zu richten.

Die Thätigkeit in der zweiten Prämisse nämlich, die nur ein einseitiges *Fürsichseyn* hervorbringt, daher das Produkt als ein *Subjektives* und *Einzelnes* erschient, darin somit die erste Voraussetzung wiederholt wird, ist in Wahrheit ebenso sehr das Setzen der *an sich seyenden* Identität des objektiven Begriffs und der unmittelbaren Wirklichkeit.

Diese letztere ist durch die Voraussetzung bestimmt, nur eine Realität der Erscheinung zu haben, an und für sich nichtig, und schlechthin vom objektiven Begriff bestimmbar zu seyn. Indem durch die Thätigkeit des objektiven Begriffs die äußere Wirklichkeit verändert, ihre Bestimmung hiermit aufgehoben wird, so wird ihr eben dadurch die bloß erscheinenden Realität, äußerliche Bestimmbarkeit und Nichtigkeit genommen, sie wird hiermit *gesetzt* als an und für sich seyend. Es wird darin die Voraussetzung überhaupt aufgehoben, nämlich die Bestimmung des Guten als eines bloß subjektiven und seinem Inhalte nach beschränkten Zwecks, die Nothwendigkeit, ihn durch subjektive Thätigkeit erst zu realisiren, und diese Thätigkeit selbst. In dem Resultate hebt die Vermittelung sich selbst auf, es ist eine *Unmittelbarkeit*, welche nicht die Wiederherstellung der Voraussetzung, sondern vielmehr deren Aufgehobenseyn ist. Die Idee des an und für sich bestimmten Begriffs ist hiermit gesetzt, nicht mehr bloß im thätigen Subjekt, sondern ebenso sehr als eine unmittelbare Wirklichkeit, und umgekehrt diese, wie sie im Erkennen ist, als wahrhaftseyende Objektivität zu seyn. Die Einzelnheit des Subjekts, mit der es durch seine Voraussetzung behaftete wurde, ist mit dieser verschwunden; es ist hiermit jetzt als *freie, allgemeine Identität mit sich selbst*, für welche die Objektivität des Begriffs ebenso sehr eine *gegebene*, unmittelbar für dasselbe *vorhandene* ist, als es sich als den an und für sich bestimmten Begriff weiß. In diesem Resultate ist hiermit das *Erkennen* hergestellt, und mit der praktischen Idee vereinigt, die vorgefundene Wirklichkeit ist zugleich als der ausgeführte absolute Zweck bestimmt, aber nicht wie im suchenden Erkennen bloß als objektive Welt, deren innerer Grund und wirkliches Bestehen der Begriff ist. Dieß ist die absolute Idee.

Drittes Kapitel. Die absolute Idee

Die absolute Idee, wie sich ergeben hat, ist die Identität der theoretischen und der praktischen, welche jede für sich noch einseitig, die Idee selbst nur als ein gesuchtes Jenseits und unerreichtes Ziel in sich hat; jede daher eine *Synthese des Strebens* ist, die Idee sowohl in sich hat als auch *nicht* hat, von einem zum andern übergeht, aber beide Gedanken nicht zusammenbringt, sondern in deren Widerspruche stehen bleibt. Die absolute Idee als der vernünftige Begriff, der in seiner Realität nur mit sich selbst zusammengeht, ist um dieser Unmittelbarkeit seiner objektiven Identität willen einer Seits die Rückkehr zum *Leben*; aber sie hat diese Form ihrer Unmittelbarkeit ebenso sehr aufgehoben, und den höchsten Gegensatz in sich. Der Begriff ist nicht nur *Seele*, sondern freier subjektiver Begriff, der für sich ist und daher die Persönlichkeit hat, der praktische, an und für sich bestimmte, objektive Begriff, der als Person undurchdringliche, atome Subjektivität ist, der aber ebenso sehr nicht ausschließende Einzelnheit, sondern für sich *Allgemeinheit* und *Erkennen* ist, und in seinem Andern *seine eigene* Objektivität zum Gegenstande hat. Alles Übrige ist Irrthum, Trübheit, Meinung, Streben, Willkür und

Vergänglichkeit; die absolute Idee allein ist *Seyn*, unvergängliches *Leben, sich wissende Wahrheit*, und ist *alle Wahrheit*.

Sie ist der einzige Gegenstand und Inhalt der Philosophie Indem sie *alle Bestimmtheit* in sich enthält, und ihr Wesen dieß ist, durch ihre Selbstbestimmung oder Besonderung zu sich zurückzukehren, so hat sie verschiedene Gestaltungen, und das Geschäft der Philosophie ist, sie in diesen zu erkennen. Die Natur und der Geist sind überhaupt unterschiedene Weisen, *ihr Daseyn* darzustellen; Kunst und Religion ihre verschiedenen Weisen, sich zu erfassen und ein sich angemessenes Daseyn zu geben; die Philosophie hat mit Kunst und Religion denselben Inhalt und denselben Zweck; aber sie ist die höchste Weise, die absolute Idee zu erfassen, weil ihre Weise die höchste, der Begriff, ist. Sie faßt daher jene Gestaltungen der reellen und ideellen Endlichkeit, so wie der Unendlichkeit und Heiligkeit in sich, und begreift sie und sich selbst. Die Ableitung und Erkenntniß dieser besonderen Weisen ist nun das fernere Geschäft der besonderen philosophischen Wissenschaften. *Das Logische* der absoluten Idee kann auch eine *Weise* derselben genannt werden; aber indem die *Weise* eine *besondere* Art, eine *Bestimmtheit* der Form bezeichnet, so ist das Logische dagegen die allgemeine Weise, in der alle besonderen aufgehoben und eingehüllt sind. Die logische Idee ist sie selbst in ihrem reinen Wesen, wie sie in einfacher Identität in ihren Begriff eingeschlossen, und in das *Scheinen* in einer Formbestimmtheit noch nicht eingetreten ist. Die Logik stellt daher die Selbstbewegung der absoluten Idee nur als das ursprüngliche *Wort* dar, das eine *Äußerung* ist, aber eine solche, die als Äußeres unmittelbar wieder verschwunden ist, indem sie ist; die Idee ist also nur in dieser Selbstbestimmung, *sich zu vernehmen*, sie ist in dem *reinen Gedanken*, worin der Unterschied noch kein *Andersseyn*, sondern sich vollkommen durchsichtig ist und bleibt. Die logische Idee hat somit sich als die *unendliche Form* zu ihrem Inhalte; die *Form*, welche insofern den Gegensatz zum *Inhalt* ausmacht, als dieser die in sich gegangene und in der Identität aufgehobene Formbestimmung so ist, daß diese konkrete Identität gegenüber der als Form entwickelten steht; er hat die Gestalt eines Andern und Gegebenen gegen die Form, die als solche schlechthin in *Beziehung* steht, und deren Bestimmtheit zugleich als Schein gesetzt ist. Die absolute Idee selbst hat näher nur dieß zu ihrem Inhalt, daß die Formbestimmung ihre eigene vollendete Totalität, der reine Begriff, ist. Die *Bestimmtheit* der Idee und der ganze Verlauf dieser Bestimmtheit nun hat den Gegenstand der logischen Wissenschaft ausgemacht, aus welchem Verlauf die absolute Idee selbst *für sich* hervorgegangen ist; für sich aber hat sie sich als dieß gezeigt, daß die Bestimmtheit nicht die Gestalt eines *Inhalts* hat, sondern schlechthin als *Form*, daß die Idee hiernach als die schlechthin *allgemeine Idee* ist. Was also hier noch zu betrachten kommt, ist somit nicht ein Inhalt als solcher, sondern das Allgemeine seiner Form, das ist die *Methode*.

Die *Methode* kann zunächst als die bloße *Art und Weise* des Erkennens erscheinen, und sie hat in der That die Natur einer solchen. Aber die Art und Weise ist als Methode nicht nur eine *an und für sich bestimmte* Modalität des *Seyns*, sondern als Modalität des Erkennens gesetzt als durch den *Begriff* bestimmt, und als die Form, insofern sie die Seele aller Objektivität ist, und aller sonst bestimmte Inhalt seine Wahrheit allein in der Form hat. Wenn der Inhalt wieder der Methode als gegeben und als von eigenthümlicher Natur angenommen wird, so ist sie wie das Logische überhaupt in solcher Bestimmung eine bloß *äußerliche* Form. Aber es kann hiergegen nicht nur auf den Grundbegriff vom Logischen sich berufen werden, sondern der ganze Verlauf desselben, worin alle Gestalten eines gegebenen Inhalts und der Objekte vorgekommen sind, hat ihren Übergang und Unwahrheit gezeigt, und statt daß ein gegebenes Objekt die Grundlage seyn könnte, zu der sich die absolute Form nur als äußerliche und zufällige Bestimmung verhielte, hat sich diese vielmehr als die absolute Grundlage und letzte Wahrheit erwiesen. Die Methode ist daraus als *der sich selbst wissende, sich* als das Absolute, sowohl Subjektive als Objektive, *zum Gegenstande habende Begriff*, somit als das reine Entsprechen des Begriffs und seiner Realität, als eine Existenz, die er selbst ist, hervorgegangen.

Was hiermit als Methode hier zu betrachten ist, ist nur die Bewegung des *Begriffs* selbst, deren Natur schon erkannt worden, aber *erstlich* nunmehr mit der *Bedeutung*, daß der *Begriff Alles*, und seine Bewegung die *allgemeine absolute Thätigkeit*, die sich selbst bestimmende und selbst realisirende Bewegung ist. Die Methode ist deswegen als die ohne Einschränkung allgemeine, innerliche und äußerliche Weise, und als die schlechthin unendliche Kraft anzuerkennen, welcher kein Objekt, insofern es sich als ein Äußerliches, der Vernunft fernes und von ihr unabhängiges präsentirt, Widerstand leisten, gegen sie von einer besondern Natur seyn, und von ihr nicht durchdrungen werden könnte. Sie ist darum die *Seele und Substanz*, und irgend etwas ist nur begriffen und in seiner Wahrheit gewußt, als es der *Methode vollkommen unterworfen* ist; sie ist die eigene Methode jeder Sache selbst, weil ihre Thätigkeit der Begriff ist. Dieß ist auch der wahrhaftere Sinn ihrer *Allgemeinheit*; nach der Reflexions-Allgemeinheit wird sie nur als die Methode für *Alles* genommen; nach der Allgemeinheit der Idee aber ist sie sowohl die Art und Weise des Erkennens, des *subjektiv* sich wissenden Begriffs, als die *objektive* Art und Weise, oder vielmehr die *Substantialität* der *Dinge*, d. h. der Begriffe, insofern sie der *Vorstellung* und der *Reflexion* zunächst als *Andere* erscheinen. Sie ist darum die höchste *Kraft* oder vielmehr die *einzige* und absolute *Kraft* der Vernunft nicht nur, sondern auch ihr höchster und einziger *Trieb, durch sich selbst in Allem sich selbst* zu finden und zu erkennen. Hiermit ist *zweitens* auch der *Unterschied der Methode von dem Begriffe als solchem*, das *Besondere* derselben, angegeben. Wie der Begriff für sich betrachtet wurde, erschien er in seiner Unmittelbarkeit; die *Reflexion oder der ihn betrachtende Begriff* fiel in *unser* Wissen. Die Methode ist dieß Wissen selbst, für das er nicht nur als Gegenstand, sondern als dessen eigenes, subjektives Thun ist, als das

Instrument und Mittel der erkennenden Thätigkeit, von ihr unterschieden, aber als deren eigene Wesenheit. In dem suchenden Erkennen ist die Methode gleichfalls als *Werkzeug* gestellt, als ein auf der subjektiven Seite stehendes Mittel, wodurch sie sich auf das Objekt bezieht. Das Subjekt ist in diesem Schlusse das eine und das Objekt das andere Extrem, und jenes schließt sich durch seine Methode mit diesem, aber darin für sich nicht *mit sich selbst zusammen*. Die Extreme bleiben verschiedene, weil Subjekt, Methode und Objekt nicht als *der eine identische Begriff* gesetzt sind, der Schluß ist daher immer der formelle; die Prämisse, in welcher das Subjekt die Form als seine Methode auf seine Seite setzt, ist eine *unmittelbare* Bestimmung und enthält deswegen die Bestimmungen der Form, wie wir gesehen, der Definition, Eintheilung u. s. f. als im *Subjekte vorgefundene* Thatsachen. Im wahrhaften Erkennen dagegen ist die Methode nicht nur eine Menge gewisser Bestimmungen, sondern das An- und Für-sich-Bestimmtseyn des Begriffs, der die Mitte nur darum ist, weil er ebenso sehr die Bedeutung des Objektiven hat, das im Schlußsatze daher nicht nur eine äußere Bestimmtheit durch die Methode erlangt, sondern in seiner Identität mit dem subjektiven Begriffe gesetzt ist.

1. Das, was die Methode hiermit ausmacht, sind die Bestimmungen des Begriffes selbst und deren Beziehungen, die in der Bedeutung als Bestimmungen der Methode nun zu betrachten sind. Es ist dabei *erstens* von dem *Anfange* anzufangen. Von demselben ist bereits bei dem Anfange der Logik selbst, wie auch vorhin beim subjektiven Erkennen gesprochen und gezeigt worden, daß wenn er nicht willkürlich und mit einer kategorischen Bewußtlosigkeit gemacht wird, zwar viele Schwierigkeiten zu machen scheinen kann, jedoch von höchst einfacher Natur ist. Weil er der Anfang ist, ist sein Inhalt ein *Unmittelbares*, aber ein solches, das den Sinn und die Form *abstrakter Allgemeinheit* hat. Er sey sonst ein Inhalt des *Seyns* oder des *Wesens* oder des *Begriffes*, so ist er insofern ein *Aufgenommenes, Vorgefundenes, Assertorisches*, als er ein *Unmittelbares* ist. *Vor's Erste* aber ist er nicht ein Unmittelbares *der sinnlichen Anschauung* oder *der Vorstellung*, sondern des *Denkens*, das man wegen seiner Unmittelbarkeit auch ein übersinnliches, *innerliches Anschauen* nennen kann. Das Unmittelbare der sinnlichen Anschauung ist ein *Mannigfaltiges* und Einzelnes. Das Erkennen ist aber begreifendes Denken, sein Anfang daher auch *nur im Elemente des Denkens*; ein *Einfaches* und *Allgemeines*. Von dieser Form ist vorhin bei der Definition die Rede gewesen. Bei dem Anfang des endlichen Erkennens wird die Allgemeinheit als wesentliche Bestimmung gleichfalls anerkannt, aber nur als Denk- und Begriffsbestimmung im Gegensatze gegen das Seyn genommen. In der That ist diese *erste* Allgemeinheit eine *unmittelbare*, und hat darum ebenso sehr die Bedeutung des *Seyns*; denn das Seyn ist eben diese abstrakte Beziehung auf sich selbst. Das Seyn bedarf keiner andern Ableitung, als ob es dem Abstrakten der Definition nur daraus zukomme, weil es aus der sinnlichen Anschauung oder sonst woher genommen sey, und insofern es monstrirt werde. Dieses Monstriren und Herleiten betrifft eine *Vermittelung*, die mehr

als ein bloßer Anfang ist, und ist eine solche Vermittelung, die nicht dem denkenden Begreifen gehört, sondern die Erhebung der Vorstellung, des empirischen und raisonnirenden Bewußtseyns, zu dem Standpunkte des Denkens ist. Nach dem geläufigen Gegensatze von Gedanken oder Begriff und Seyn erscheint es als eine wichtige Wahrheit, daß jenem für sich noch kein Seyn zukomme, und daß dieß einen eigenen, vom Gedanken selbst unabhängigen Grund habe. Die einfache Bestimmung von *Seyn* ist aber so arm an sich, daß schon darum nicht viel Aufhebens davon zu machen ist; das Allgemeine ist unmittelbar selbst dieß Unmittelbare, weil es als Abstraktes auch nur die abstrakte Beziehung auf sich ist, die das Seyn ist. In der That hat die Forderung, das Seyn aufzuzeigen, einen weitern innern Sinn, worin nicht bloß diese abstrakte Bestimmung liegt, sondern es ist damit die Forderung der *Realisirung des Begriffs* überhaupt gemeint, welche nicht im *Anfange* selbst liegt, sondern vielmehr das Ziel und Geschäft der ganzen weitern Entwickelung des Erkennens ist. Ferner indem der *Inhalt* des Anfangs durch das Monstriren in der innern oder äußern Wahrnehmung gerechtfertigt und als etwas Wahres oder Richtiges beglaubigt werden soll, so ist damit nicht mehr die *Form* der Allgemeinheit als solche gemeint, sondern ihre *Bestimmtheit*, wovon gleich zu sprechen nothwendig ist. Die Beglaubigung des *bestimmten Inhalts*, mit dem der Anfang gemacht wird, scheint *rückwärts* desselben zu liegen; in der That aber ist sie als Vorwärtsgehen zu betrachten, wenn sie nämlich zum begreifenden Erkennen gehört.

Der Anfang hat somit für die Methode keine andre Bestimmtheit, als die, das Einfache und Allgemeine zu seyn; dieß ist selbst die *Bestimmtheit*, wegen der er mangelhaft ist. Die Allgemeinheit ist der reine, einfache Begriff, und die Methode als das Bewußtseyn desselben weiß, daß die Allgemeinheit nur Moment und der Begriff in ihr noch nicht an und für sich bestimmt ist. Aber mit diesem Bewußtseyn, das den Anfang nur um der Methode willen weiter führen wollte, wäre diese ein Formelles, in äußerlicher Reflexion Gesetztes. Da sie aber die objektive, immanente Form ist, so muß das Unmittelbare des Anfangs *an ihm selbst* das Mangelhafte, und mit dem *Triebe* begabt seyn, sich weiter zu führen. Das Allgemeine gilt aber in der absoluten Methode nicht als bloß Abstraktes, sondern als das objektiv-Allgemeine, d. h. das *an sich* die *konkrete Totalität*, aber die noch nicht *gesetzt*, noch nicht *für sich* ist. Selbst das abstrakte Allgemeine als solches, im Begriffe, d. i. nach seiner Wahrheit betrachtet, ist nicht nur das *Einfache*, sondern als *Abstraktes* ist es schon *gesetzt* als mit einer *Negation* behaftet. Es *giebt* deswegen auch, es sey in der *Wirklichkeit* oder im *Gedanken*, kein so Einfaches und so Abstraktes, wie man es sich gewöhnlich vorstellt. Solches Einfache ist eine bloße *Meinung*, die allein in der Bewußtlosigkeit dessen, was in der That vorhanden ist, ihren Grund hat. Vorhin wurde das Anfangende als das Unmittelbare bestimmt; die *Unmittelbarkeit des Allgemeinen* ist dasselbe, was hier als das *Ansichseyn* ohne *Fürsichseyn* ausgedrückt ist. Man kann daher wohl sagen, daß mit dem *Absoluten* aller Anfang gemacht werden müsse, so wie aller Fortgang nur die Darstellung desselben ist, insofern das *Ansichseyende* der Begriff ist. Aber darum, weil es nur erst *an sich* ist, ist es ebenso sehr *nicht* das Absolute, noch der gesetzte Begriff, auch nicht die Idee; denn diese sind eben dieß, daß das *Ansichseyn* nur ein abstraktes, einseitiges Moment ist. Der Fortgang ist daher nicht eine Art von *Überfluß*; er wäre dieß, wenn das Anfangende in Wahrheit schon das Absolute wäre; das Fortgehen besteht vielmehr darin, daß das Allgemeine sich selbst bestimmt, und *für sich* das Allgemeine, d. i. ebenso sehr Einzelnes und Subjekt ist. Nur in seiner Vollendung ist es das Absolute.

Es kann daran erinnert werden, daß der Anfang, der *an sich* konkrete Totalität ist, als solcher auch *frei* seyn, und seine Unmittelbarkeit die Bestimmung eines *äußerlichen Daseyns* haben kann; der *Keim* des *Lebendigen* und der *subjektive Zweck* überhaupt haben sich als solche Anfänge gezeigt, beide sind daher selbst *Triebe*: Das Nicht-Geistige und Nicht-Lebendige dagegen ist der konkrete Begriff nur als *reale Möglichkeit*; die *Ursache* ist die höchste Stufe, in der der konkrete Begriff als Anfang in der Sphäre der Nothwendigkeit ein unmittelbares Daseyn hat; aber sie ist noch kein Subjekt, das als solches sich auch in seiner wirklichen Realisirung erhält. Die *Sonne* z.B. und überhaupt alles Nichtlebendige sind bestimmte Existenzen, in welchen die reale Möglichkeit eine *innere* Totalität bleibt, und die Momente derselben wieder in subjektiver Form in ihnen *gesetzt* sind, und insofern sie sich realisiren, eine Existenz durch *andere* Körper-Individuen erlangen.

2. Die konkrete Totalität, welche den Anfang macht, hat als solche in ihr selbst den Anfang des Fortgehens und der Entwickelung. Sie ist als Konkretes *in sich unterschieden*; wegen ihrer *ersten Unmittelbarkeit* aber sind die ersten Unterschiedenen zunächst *Verschiedene*. Das Unmittelbare ist aber als sich auf sich beziehende Allgemeinheit, als Subjekt, auch die *Einheit* dieser Verschiedenen. Diese Reflexion ist die erste Stufe des Weitergehens, das Hervortreten der *Differenz, das Urtheil*, das *Bestimmen* überhaupt. Das Wesentliche ist, daß die absolute Methode die *Bestimmung* des Allgemeinen in ihm selbst findet und erkennt. Das verständige endliche Erkennen verfährt so dabei, daß es von dem Konkreten das, was es bei dem abstrahirenden Erzeugen jenes Allgemeinen weggelassen, nun ebenso äußerlich wieder aufnimmt. Die absolute Methode dagegen verhält sich nicht als äußerliche Reflexion, sondern nimmt das Bestimmte aus ihrem Gegenstande selbst, da sie selbst dessen immanentes Princip und Seele ist. Dieß ist es, was *Plato* von dem Erkennen forderte, die *Dinge an und für sich selbst zu betrachten*, Theils in ihrer Allgemeinheit, Theils aber nicht von ihnen abzuirren, und nach Umständen, Exempeln und Vergleichungen zu greifen, sondern sie allein vor sich zu haben, und was in ihnen immanent ist, zum Bewußtseyn zu bringen. Die Methode des absoluten Erkennens ist insofern *analytisch*. Daß sie die weitere Bestimmung ihres anfänglichen Allgemeinen ganz allein in ihm *findet*, ist die absolute Objektivität des Begriffes, deren Gewißheit sie ist. sie ist aber ebenso sehr *synthetisch*, indem ihr Gegenstand, unmittelbar als *einfaches Allgemeines* bestimmt, durch die Bestimmtheit, die er in seiner Unmittelbarkeit und Allgemeinheit selbst hat, als ein *Anderes* sich zeigt.

Diese Beziehung eines Verschiedenen, die er so in sich ist, ist jedoch das nicht mehr, was als die Synthese beim endlichen Erkennen gemeint ist; schon durch seine ebenso sehr analytische Bestimmung überhaupt, daß sie die Beziehung im *Begriffe* ist, unterschiedet sie sich völlig von diesem Synthetischen.

Dieses so sehr synthetische als analytische Moment des *Urtheils*, wodurch das anfängliche Allgemeine aus ihm selbst als das *Andere seiner* sich bestimmt, ist das *dialektische* zu nennen. Die *Dialektik* ist eine derjenigen alten Wissenschaften, welche in der Metaphysik der Modernen, und dann überhaupt durch die Popularphilosophie, sowohl der Alten als der Neuern, am meisten verkannt worden. Von *Plato* sagt Diogenes Laertius, wie Thales der Urheber der Natur-Philosophie, Sokrates der Moral-Philosophie, so sey Plato der Urheber der dritten zur Philosophie gehörigen Wissenschaft, der *Dialektik* gewesen; ein Verdienst, das ihm vom Alterthume hiermit als das Höchste angerechnet worden, das aber von solchen oft gänzlich unbeachtet bleibt, die ihn am meisten im Munde führen. Man hat die Dialektik oft als eine *Kunst* betrachtet, als ob sie auf einem subjektiven *Talente* beruhe, und nicht der Objektivität des Begriffes angehöre. Welche Gestalt und welches Resultat sie in der kantischen Philosophie erhalten, ist an den bestimmten Beispielen ihrer Ansicht schon gezeigt worden. Es ist als ein unendlich wichtiger Schritt anzusehen, daß die Dialektik wieder als der Vernunft nothwendig anerkannt worden, obgleich das entgegengesetzte Resultat gegen das, welches daraus hervorgegangen, gezogen werden muß.

Außerdem, daß die Dialektik gewöhnlich als etwas Zufälliges erscheint, so pflegt sie diese nähere Form zu haben, daß von irgend einem Gegenstande, z.B. Welt, Bewegung, Punkt u. s. f. gezeigt wird, es komme demselben irgend eine Bestimmung zu, z.B. nach der Ordnung der genannten Gegenstände, Endlichkeit im Raume oder der Zeit, an *diesem* Orte seyn, absolute Negation des Raumes; aber ferner ebenso nothwendig auch die entgegengesetzte, z.B. Unendlichkeit im Raume und der Zeit, nicht an diesem Orte seyn, Beziehung auf den Raum, somit Räumlichkeit. Die ältere elatische Schule hat vornehmlich ihre Dialektik gegen die Bewegung angewendet, Plato häufig gegen die Vorstellungen und Begriffe seiner Zeit, insbesondere der Sophisten, aber auch gegen die reinen Kategorien und Reflexions-Bestimmungen; der gebildete spätere Skepticismus hat sie nicht nur auf die unmittelbaren sogenannten Thatsachen des Bewußtseyns und Maximen des gemeinen Lebens, sondern auch auf alle wissenschaftlichen Begriffe ausgedehnt. Die Folgerung nun, die aus solcher Dialektik gezogen wird, ist überhaupt der *Widerspruch* und die *Nichtigkeit* der aufgestellten Behauptungen. Dieß kann aber in doppeltem Sinne Statt haben, entweder im objektiven Sinne, daß der *Gegenstand*, der solchermaßen sich in sich selbst widerspreche, sich aufhebe und nichtig sey; dieß war z.B. die Folgerung der Eleaten, nach welcher z.B. der Welt, der Bewegung, dem Punkte die *Wahrheit* abgesprochen wurde; oder aber im subjektiven Sinne, daß *das Erkennen mangelhaft sey*. Unter der letztern Folgerung wird nun entweder verstanden, daß es nur diese Dialektik sey, welche das Kunststück eines falschen Scheines vormache. Dieß ist die gewöhnliche Ansicht des sogenannten gesunden Menschenverstandes, der sich an die *sinnliche* Evidenz und die *gewohnten Vorstellungen* und *Aussprüche* hält, zuweilen ruhiger, wie Diogenes der Hund, die Dialektik der Bewegung durch ein stummes Auf- und Abgehen in ihrer Blöße zeigt, oft aber in Harnisch darüber geräth, es sey bloß als über eine Narrheit, oder wenn es sittlich wichtige Gegenstände betrifft, als über einen Frevel, der das wesentliche Feste wankend zu machen suche, und dem Laster Gründe an die Hand zu geben lehre, eine Ansicht, die in der sokratischen Dialektik gegen die sophistische vorkommt, und ein Zorn, der umgekehrt wieder selbst dem Sokrates das Leben gekostet hat. Die pöbelhafte Widerlegung, die, wie Diogenes that, dem Denken das *sinnliche Bewußtseyn* entgegensetzt, und in diesem die Wahrheit zu haben meint, muß man sich selbst überlassen; insofern die Dialektik aber sittliche Bestimmungen aufhebt, zur Vernunft das Vertrauen haben, daß sie dieselben, aber in ihrer Wahrheit und dem Bewußtseyn ihres Rechts, aber auch ihrer Schranke, wieder herzustellen wissen werde. Oder aber das Resultat der subjektiven Nichtigkeit betrifft nicht die Dialektik selbst, sondern vielmehr das Erkennen, wogegen sie gerichtet ist; und im Sinne des Skepticismus, ingleichen der kantischen Philosophie, das *Erkennen überhaupt*.

Das Grundvorurtheil hierbei ist, daß die Dialektik *nur ein negatives Resultat* habe, was sogleich seine nähere Bestimmung erhalten wird. Zunächst ist über die angeführte *Form*, in der sie zu erscheinen pflegt, zu bemerken, daß sie und ihr Resultat nach derselben den *Gegenstand*, der vorgenommen wird, oder auch das subjektive *Erkennen* betrifft, und dieses oder den Gegenstand für nichtig erklärt, dagegen die *Bestimmungen*, welche an ihm als einem *Dritten* aufgezeigt werden, unbeachtet bleiben, und als für sich gültig vorausgesetzt sind. Auf dieß unkritische Verfahren ist es ein unendliches Verdienst der kantischen Philosophie, die Aufmerksamkeit gezogen, und damit den Anstoß zur Wiederherstellung der Logik und Dialektik, in dem Sinne der Betrachtung der *Denkbestimmungen an und für sich*, gegeben zu haben. Der Gegenstand, wie er ohne das Denken und den Begriff ist, ist eine Vorstellung oder auch ein Name; die Denk- und Begriffsbestimmungen sind es, in denen er ist, was er ist. In der That kommt es daher auf sie allein an; sie sind der wahrhafte Gegenstand und Inhalt im Unterschiede von ihnen versteht, gilt nur durch sie und in ihnen. Es muß daher nicht als die Schuld eines Gegenstands oder des Erkennens genommen werden, daß sie durch die Beschaffenheit und eine äußerliche Verknüpfung sich dialektisch zeigen. Das eine und das andere wird auf diese Weise als ein Subjekt vorgestellt, in das die *Bestimmungen* in Form von Subjekten, Eigenschaften, selbstständigen Allgemeinen so gebracht seyen, daß sie als fest und für sich richtig erst durch die fremde und zufällig Verbindung in und von einem Dritten, in dialektische Verhältnisse und in Widerspruch gesetzt werden. Ein solches äußerliches und fixes Subjekt der Vorstellung und des Verstandes, so wie die abstrakten Bestimmungen, statt für *Letzte*, sicher zu Grunde liegen bleibende angesehen werden zu können, sind vielmehr selbst als ein Unmittelbares, eben ein solches Vorausgesetztes und Anfangendes zu betrachten, das, wie vorhin gezeigt, an und für sich selbst der Dialektik unterliegen muß, weil es als Begriff *an sich* zu nehmen ist. So sind alle als fest angenommenen Gegensätze, wie z.B. Endliches und Unendliches, Einzelnes und Allgemeines, nicht etwa durch eine äußerliche Verknüpfung in Widerspruch, sondern sind, wie die Betrachtung ihrer Natur gezeigt, vielmehr an und für sich selbst das Übergehen; die Synthese und das Subjekt, an dem sie erscheinen, ist das Produkt der eigenen Reflexion ihres Begriffs. Wenn die begrifflose Betrachtung bei ihrem äußerlichen Verhältnisse stehen bleibt, sie isolirt und als feste Voraussetzungen läßt, so ist es vielmehr der Begriff, der sie selbst ins Auge faßt, als ihre Seele sie bewegt und ihre Dialektik hervorthut.

Dieß ist nun selbst der vorhin bezeichnete Standpunkt, nach welchem ein allgemeines Erstes *an und für sich betrachtet* sich als das Andere seiner selbst zeigt. Ganz allgemein aufgefaßt, kann diese Bestimmung so genommen werden, daß hierin das zuerst *Unmittelbare* hiermit als *Vermitteltes, bezogen* auf ein Anderes, oder daß das Allgemeine als ein Besonders gesetzt ist. Das *Zweite*, das hierdurch entstanden, ist somit das *Negative* des Ersten; und indem wir auf den weitern Verlauf zum Voraus Bedacht nehmen, das *erste Negative*. Das Unmittelbare ist nach dieser negativen Seite in dem Andern *untergegangen*, aber das Andere ist wesentlich nicht das *leere Negative*, das *Nichts*, das als das gewöhnliche Resultat der Dialektik genommen wird, sondern es ist das *Andere des Ersten*, das *Negative* des *Unmittelbaren*; also ist es bestimmt als das *Vermittelte, enthält* überhaupt die *Bestimmung des Ersten* in sich. Das Erste ist somit wesentlich auch im Andern *aufbewahrt* und *erhalten*. Das Positive in *seinem* Negativen, dem Inhalt der Voraussetzung, im Resultate festzuhalten, dieß ist das Wichtigste im vernünftigen Erkennen; es gehört zugleich nur die einfachste Reflexion dazu, um sich von der absoluten Wahrheit und Nothwendigkeit dieses Erfordernisses zu überzeugen, und was die *Beispiele* von Beweisen hierzu betrifft, so besteht die ganze Logik darin.

Was hiermit nunmehr vorhanden ist, ist das *Vermittelte*, zunächst oder gleichfalls unmittelbar genommen auch eine *einfache* Bestimmung, denn da das Erste in ihm untergegangen, so ist nur das Zweite vorhanden. Weil nun auch das Erste im Zweiten *enthalten*, und dieses die Wahrheit von jenem ist, so kann diese Einheit als ein Satz ausgedrückt werden, worin das Unmittelbare als Subjekt, das Vermittelte aber als dessen Prädikat gestellt ist, z.B. *das Endliche ist unendlich, Eins ist Vieles, das Einzelne ist das Allgemeine*. Die inadäquate Form solcher Sätze und Urtheile aber fällt von selbst in die Augen. Bei dem *Urtheile* ist gezeigt worden, daß seine Form überhaupt, und am meisten die unmittelbare des *positiven* Urtheils unfähig ist, das Spekulative und die Wahrheit in sich zu fassen. Die nächste Ergänzung desselben, das *negative* Urtheil müßte wenigstens ebenso sehr beigefügt werden. Im Urtheile hat das Erste als Subjekt den Schein eines selbstständigen Bestehens, da es vielmehr in seinem Prädikate als seinem Andern aufgehoben ist; diese Negation ist in dem Inhalte jener Sätze wohl enthalten, aber ihre positive Form widerspricht demselben; es wird somit das nicht gesetzt, was darin enthalten ist; was gerade die Absicht, einen Satz zu gebrauchen, wäre.

Die zweite Bestimmung, die *negative* oder *vermittelte*, ist ferner zugleich die *vermittelnde*. Zunächst kann sie als einfache Bestimmung genommen werden, aber ihrer Wahrheit nach ist sie eine *Beziehung* oder *Verhältniß*; denn sie ist das Negative, *aber des Positiven*, und schließt dasselbe in sich. Sie ist also das *Andere* nicht als von einem, wogegen sie gleichgültige ist, so wäre sie keine Anderes, noch eine Beziehung oder Verhältniß; sondern das *Andere an sich* selbst, das *andere eines Andern*; darum schließt sie *ihr* eigenes Anderes in sich, und ist somit *als der Widerspruch die gesetzte Dialektik ihrer selbst.* Weil das Erste oder Unmittelbare der Begriff *an sich*, daher auch nur *an sich* das Negative ist, so besteht das dialektische Moment bei ihm darin, daß der *Unterschied*, den es *an sich* enthält, in ihm gesetzt wird. Das Zweite hingegen ist selbst das *Bestimmte*, der *Unterschied* oder Verhältniß; das dialektische Moment besteht bei ihm daher darin, die *Einheit* zu setzen, die in ihm enthalten ist. Wenn deswegen das Negative, Bestimmte, das Verhältniß, Urtheil und alle unter dieß zweite Moment fallende Bestimmungen, nicht für sich selbst schon als der Widerspruch und als dialektisch erscheinen, so ist es bloßer Mangel des Denkens, das seine Gedanken nicht zusammenbringt. Denn das Material, die *entgegengesetzten* Bestimmungen in *Einer Beziehung*, sind schon *gesetzt*, und für das Denken vorhanden. Das formelle Denken aber macht sich die Identität zum Gesetze, läßt den widersprechenden Inhalt, den es vor sich hat, in die Sphäre der Vorstellung, in Raum und Zeit herabfallen, worin das Widersprechende im Neben- und Nach-einander *außer einander* gehalten wird, und so ohne die gegenseitige Berührung vor das Bewußtseyn tritt. Es macht sich darüber den bestimmten Grundsatz, daß der Widerspruch nicht denkbar sey; in der That aber ist das Denken des Widerspruchs das wesentliche Moment des Begriffes. Das formelle Denken denkt denselben auch faktisch, nur sieht es sogleich von ihm weg, und geht von ihm in jenem Sagen nur zur abstrakten Negation über.

Die betrachtete Negativität macht nun den *Wendungspunkt* der Bewegung des Begriffes aus. Sie ist der *einfache Punkt der negativen Beziehung* auf sich, der innerste Quell aller Thätigkeit, lebendiger und geistiger Selbstbewegung, die dialektische Seele, die alles Wahre an ihm selbst hat, durch die es allein Wahres ist; denn auf dieser Subjektivität allein ruht das Aufheben des Gegensatzes zwischen Begriff und Realität und die Einheit, welche die Wahrheit ist. Das *zweite* Negative, das Negative des Negativen, zu dem wir gekommen, ist jenes Aufheben des Widerspruches, aber ist so wenig als der Widerspruch ein *Thun einer äußerlichen Reflexion*, sondern das *innerste, objektivste Moment* des Lebens und Geistes, wodurch ein *Subjekt, Person, Freies* ist. Die *Beziehung des Negativen auf sich selbst* ist als die *zweite Prämisse* des ganzen Schlusses zu betrachten. Die *erste* kann man, wenn die Bestimmungen von *analytisch* und *synthetisch* in ihrem Gegensatze gebraucht werden, als das *analytische* Moment ansehen, indem das Unmittelbare sich darin *unmittelbar* zu seinem Andern verhält, und daher in dasselbe *übergeht* oder vielmehr übergegangen ist; obgleich diese Beziehung, wie schon erinnert, eben deswegen auch synthetisch ist, weil es ihr *anderes* ist, in welches sie übergeht. Die hier betrachtete, zweite Prämisse kann als die *synthetische* bestimmt werden, weil sie die Beziehung des *Unterschiedenen als solchen* auf *sein Unterschiedenes* ist. Wie die erste das Moment der *Allgemeinheit* und der *Mittheilung*, so ist die zweite durch die *Einzelnheit* bestimmt, die zunächst ausschließend und als für sich und verschieden sich auf das Andere bezieht. Als das *Vermittelnde* erscheint das Negative, weil es sich selbst und das Unmittelbare in sich schließt, dessen Negation es ist. Insofern diese beiden Bestimmungen nach irgend einem Verhältnisse als äußerlich bezogen genommen werden, ist es nur das vermittelnde *Formelle*; als die absolute Negativität aber ist das negative Moment der absoluten Vermittelung die Einheit, welche die Subjektivität und Seele ist.

In diesem Wendepunkt der Methode kehrt der Verlauf des Erkennens zugleich in sich selbst zurück. Diese Negativität ist als der sich aufhebende Widerspruch die *Herstellung* der *ersten Unmittelbarkeit*, der einfachen Allgemeinheit; denn unmittelbar ist das Andere des Andern, das Negative des Negativen, das *Positive, Identische, Allgemeine.* Dieß *zweite* Unmittelbare ist im ganzen Verlaufe, wenn man überhaupt *zählen* will, das *Dritte* zum ersten Unmittelbaren und zum Vermittelten. Es ist aber auch das Dritte zum ersten oder formellen Negativen, und zur absoluten Negativität oder dem zweiten Negativen; insofern nun jenes erste Negative schon der zweite Terminus ist, so kann das als *Dritte* gezählte auch als *Viertes* gezählt, und statt der *Triplicität* die abstrakte Form als eine *Quadruplicität* genommen werden; das Negative oder der *Unterschied* ist auf diese Weise als eine Zweiheit gezählt. Das Dritte oder das Vierte ist überhaupt die Einheit des ersten und zweiten Moments, des Unmittelbaren und des Vermittelten. Daß es diese *Einheit*, so wie, daß die ganze Form der Methode eine *Triplicität* ist, ist zwar ganz nur die oberflächliche, äußerliche Seite der Weise des Erkennens; aber auch nur diese, und zwar in bestimmterer Anwendung aufgezeigt zu haben, denn die abstrakte Zahlform selbst ist bekanntlich schon früh, aber ohne Begriff, und daher ohne Folge aufgestellt worden, gleichfalls als ein unendliches Verdienst der kantischen Philosophie anzusehen. Der *Schluß*, auch das Dreifache, ist als die allgemeine Form der Vernunft immer erkannt worden, Theils aber galt er überhaupt als eine ganz äußerliche, die Natur des Inhalts nicht bestimmende Form, Theils da er im formellen Sinne bloß in der verständigen Bestimmung der *Identität* sich verläuft, fehlt ihm das wesentliche, *dialektische* Moment, die *Negativität*; dieses tritt aber in der Triplicität der Bestimmungen ein, weil das Dritte die Einheit der zwei ersten Bestimmungen ist, diese aber, da sie verschiedene sind, in Einheit nur *als aufgehobene* seyn können. Der Formalismus hat sich zwar der Triplicität gleichfalls bemächtigt, und sich an das leere *Schema* derselben gehalten; der seichte Unfug und das Kahle des modernen philosophischen sogenannten *Konstruirens*, das in nichts besteht, als jenes formelle

Schema, ohne Begriff und immanente Bestimmung überall anzuhängen, und zu einem äußerlichen Ordnen zu gebrauchen, hat jene Form langweilig und übel berüchtigt gemacht. Durch die Schaalheit dieses Gebrauchs aber kann sie an ihrem innern Werthe nicht verlieren, und es ist immer hoch zu schätzen, daß zunächst auch nur die unbegriffene Gestalt des Vernünftigen aufgefunden worden.

Näher ist nun das *Dritte* das Unmittelbare aber *durch Aufhebung der Vermittelung*, das Einfache durch *Aufheben des Unterschiedes*, das Positive durch Aufheben des Negativen, der Begriff, der sich durch das Andersseyn realisirt, und durch Aufheben dieser Realität mit sich zusammengegangen, und seine absolute Realität, seine *einfache* Beziehung auf sich hergestellt hat. Dieß *Resultat* ist daher die *Wahrheit*. Es *ist ebenso sehr* Unmittelbarkeit *als* Vermittelung; aber diese Formen des Urtheils: das Dritte *ist* Unmittelbarkeit und Vermittelung, oder es *ist die Einheit* derselben, sind nicht vermögend, es zu fassen, weil es nicht ein ruhendes Drittes, sondern eben als diese Einheit, die sich mit sich selbst vermittelnde Bewegung und Thätigkeit ist. Wie das Anfangende das *Allgemeine*, so ist das Resultat das *Einzelne, Konkrete, Subjekt*; was jenes *an sich*, ist dieses nun ebenso sehr *für sich*, das Allgemeine ist im Subjekte *gesetzt*. Die beiden ersten Momente der Triplicität sind die *abstrakten*, unwahren Momente, die eben darum dialektisch sind, und durch diese ihre Negativität sich zum Subjekte machen. Der Begriff selbst ist, *für uns* zunächst, *sowohl* das an-sich-seyende Allgemeine, *als* das für-sich-seyende Negative, als auch das dritte an- und für-sich-seyende, das *Allgemeine*, welches durch alle Momente des Schlusses hindurchgeht; aber das Dritte ist der Schlußsatz, in welchem er durch seine Negativität mit sich selbst vermittelt, hiermit *für sich* als das *Allgemeine* und *Identische seiner Momente* gesetzt ist.

Dieß Resultat hat nun als das in sich gegangene und mit sich *identische* Ganze sich die Form der *Unmittelbarkeit* wieder gegeben. Somit ist es nun selbst ein solches, wie das *Anfangende* sich bestimmt hatte. Als einfache Beziehung auf sich ist es ein Allgemeines, und die *Negativität*, welche die Dialektik und Vermittelung desselben ausmachte, ist in dieser Allgemeinheit gleichfalls in die *einfache Bestimmtheit* zusammengegangen, welche wieder ein Anfang seyn kann. Es kann zunächst scheinen, daß dieß Erkennen des Resultates eine Analyse desselben seyn und daher diejenigen Bestimmungen und deren Gang wieder auseinander legen müsse, durch den es entstanden und der betrachtet worden ist. Wenn aber die Behandlung des Gegenstandes wirklich auf diese analytische Weise gemacht wird, so gehört sie der oben betrachteten Stufe der Idee, dem suchenden Erkennen, an, das von seinem Gegenstand nur angiebt, was ist, ohne die Nothwendigkeit seiner konkreten Identität und deren Begriff. Die Methode der Wahrheit aber, die den Gegenstand begreift, ist zwar, wie gezeigt, selbst analytisch, da sie schlechthin im Begriffe bleibt, aber sie ist ebenso sehr synthetisch, denn durch den Begriff wird der Gegenstand dialektisch und als anderer bestimmt. Die Methode bleibt an der neuen Grundlage, die das Resultat als der nunmehrige Gegenstand ausmacht, dieselbe, als bei dem vorhergehenden. Der Unterschied betrifft allein das Verhältniß der Grundlage als solcher; sie ist dieß zwar jetzt gleichfalls, aber ihre Unmittelbarkeit ist nur *Form,* weil sie zugleich Resultat war; ihre Bestimmtheit als Inhalt ist daher nicht mehr ein bloß Aufgenommenes, sondern *Abgeleitetes* und *Erwiesenes.*

Hier ist es erst, wo der *Inhalt* des Erkennens als solcher in den Kreis der Betrachtung eintritt, weil er nun als abgeleiteter der Methode angehört. Die Methode selbst erweitert sich durch dieß Moment zu einem *Systeme.* Zunächst mußte für sie der Anfang in Ansehung des Inhalts ganz unbestimmt seyn; sie erscheint insofern als die nur formelle Seele, für und durch welche der Anfang ganz allein nur seiner *Form* nach, nämlich als das Unmittelbare und Allgemeine bestimmt war. Durch die aufgezeigte Bewegung hat der Gegenstand eine *Bestimmtheit* für sich selbst erhalten, die ein *Inhalt* ist, weil die in die Einfachheit zusammengegangene Negativität die aufgehobene Form ist, und als einfache Bestimmtheit, ihrer Entwickelung, zunächst ihrem Gegensatze selbst gegen die Allgemeinheit, gegenübersteht.

Indem nun diese Bestimmtheit die nächste Wahrheit des unbestimmten Anfangs ist, so rügt sie denselben als etwas Unvollkommenes, so wie die Methode selbst, die von demselben ausgehend nur formell war. Dieß kann als die nunmehr bestimmte Forderung ausgedrückt werden, daß der Anfang, weil er gegen die Bestimmtheit des Resultats selbst ein Bestimmtes ist, nicht als Unmittelbares, sondern als Vermitteltes und Abgeleitetes genommen werden soll; was als die Forderung des unendlichen *rückwärts* gehenden Progresses im Beweisen und Ableiten erscheinen kann; so wie aus dem neuen Anfang, der erhalten worden ist, durch den Verlauf der Methode gleichfalls ein Resultat hervorgeht, so daß der Fortgang sich ebenso *vorwärts* ins Unendliche fortwälzt.

Es ist schon oft gezeigt worden, daß der unendliche Progreß überhaupt der begrifflosen Reflexion angehört; die absolute Methode, die den Begriff zu ihrer Seele und Inhalt hat, kann nicht in denselben führen. Zunächst können schon solchen Anfänge wie *Seyn, Wesen, Allgemeinheit* von der Art zu seyn scheinen, daß sie die ganze Allgemeinheit und Inhaltslosigkeit haben, welche für einen ganz formellen Anfang, wie er seyn soll, erfordert wird, und daher als absolut erste Anfänge keinen weitern Rückgang fordern und zulassen. Indem sie reine Beziehungen auf sich selbst, Unmittelbare und Unbestimmt sind, so haben sie allerdings den Unterschied nicht an ihnen, der an einem sonstigen Anfange sogleich zwischen der Allgemeinheit seiner Form und seinem Inhalte gesetzt ist. Aber die Unbestimmtheit, welche jene logischen Anfänge zu ihrem einzigen Inhalte haben, ist es selbst, was ihre Bestimmtheit ausmacht, diese besteht nämlich in ihrer Negativität als aufgehobener Vermittelung; die Besonderheit von dieser giebt auch ihrer Unbestimmtheit eine Besonderheit, wodurch sich *Seyn, Wesen* und *Allgemeinheit* von einander unterscheiden. Die Bestimmtheit nun, die ihnen zukommt, ist ihre, wie sie für sich genommen werden, *unmittelbare Bestimmtheit,* so gut als die irgend eines Inhalts, und bedarf daher einer Ableitung; für die Methode ist es gleichgültig, ob die

Bestimmtheit als Bestimmtheit der *Form* oder des *Inhalts* genommen werde. Es fängt deswegen in der That für die Methode keine neue Weise damit an, daß sich durch das erste ihre Resultate ein Inhalt bestimmt habe; sie bleibt hiermit nicht mehr noch weniger formell als vorher. Denn da sie die absolute Form, der sich selbst und Alles als Begriff wissende Begriff ist, so ist kein Inhalt, der ihr gegenüberträte, und sie zur einseitigen, äußerlichen Form bestimmte. Wie daher die Inhaltslosikgeit jener Anfänge sie nicht zu absoluten Anfängen macht, so ist es aber auch nicht der Inhalt, der als solcher die Methode in den unendlichen Progreß vor- oder rückwärts führte. Von einer Seite ist die *Bestimmtheit*, welche sie sich in ihrem Resultate erzeugt, das Moment, wodurch sie die Vermittelung mit sich ist, und *den unmittelbaren Anfang zu einem Vermittelten* macht. Aber umgekehrt ist es die Bestimmtheit, durch welche sich diese ihre Vermittelung verläuft; sie geht *durch* einen *Inhalt* als durch ein scheinbares *Andere* ihrer selbst, zu ihrem Anfange so zurück, daß sie nicht bloß denselben aber als einen *bestimmten* wieder herstellt, sondern das Resultat ist ebenso sehr die aufgehobene Bestimmtheit, somit auch die Wiederherstellung der ersten Unbestimmtheit, in welcher sie angefangen. Dieß leistet sie als ein System der Totalität. In dieser Bestimmung ist sie noch zu betrachten.

Die Bestimmtheit, welche Resultat war, ist, wie gezeigt worden, um der Form der Einfachheit willen, in welche sie zusammengegangen, selbst ein neuer Anfang; indem er von seinem vorhergehenden durch eben diese Bestimmtheit unterschieden ist, so wälzt sich das Erkennen von Inhalt zu Inhalt fort. Vor's Erste bestimmt sich dieß Fortgehen dahin, daß es von einfachen Bestimmtheiten beginnt, und die folgenden immer *reicher und konkreter* werden. Denn das Resultat enthält seinen Anfang, und dessen Verlauf hat ihn um eine neue Bestimmtheit bereichert. Das *Allgemeine* macht die Grundlage aus; der Fortgang ist deswegen nicht als ein *Fließen* von einem *Andern* zu einem *Andern* zu nehmen. Der Begriff in der absoluten Methode *erhält* sich in seinem Andersseyn, das Allgemeine in seiner Besonderung, in dem Urtheile und der Realität; es erhebt auf jede Stufe weiterer Bestimmung die ganze Masse seines vorhergehenden Inhalts, und verliert durch sein dialektisches Fortgehen nicht nur nichts, noch läßt es etwas dahinten, sondern trägt alles Erworbene mit sich, und bereichert und verdichtet sich in sich.

Diese *Erweiterung* kann als das Moment des Inhalts und im Ganzen als die erste Prämisse angesehen werden; das Allgemeine ist dem Reichthume des Inhalts *mitgetheilt*, unmittelbar in ihm erhalten. Aber das Verhältniß hat auch die zweite, negative oder dialektische Seite. Die Bereicherung geht an der *Nothwendigkeit* des Begriffes fort, sie ist von ihm gehalten, und jede Bestimmung ist eine Reflexion in sich. Jede *neue Stufe des Außersichgehens*, das heißt der *weitern Bestimmung*, ist auch ein In-sich-gehen, und die größere *Ausdehnung* ebenso sehr *höhere Intensität*. Das Reichste ist daher das Konkreteste und *Subjektiveste*, und das sich in die einfachste Tiefe Zurücknehmende das Mächtigste und Übergreifendste. Die höchste zugeschärfteste Spitze ist die *reine Persönlichkeit*, die allein durch die absolute Dialektik, die ihre Natur ist, ebenso sehr

Alles in sich befaßt und hält, weil sie sich zum Freisten macht, zur Einfachheit, welche die erste Unmittelbarkeit und Allgemeinheit ist.

Auf diese Weise ist es, daß jeder Schritt des *Fortgangs* im Weiterbestimmen, indem er von dem unbestimmten Anfang sich entfernt, auch eine *Rückannäherung* zu demselben ist, daß somit das, was zunächst als verschieden erscheinen mag, das *rückwärts gehende Begründen* des Anfangs, und das *vorwärts gehende Weiterbestimmen* desselben in einander fällt und dasselbe ist. Die Methode, die sich hiermit in einen Kreis schlingt, kann aber in einer zeitlichen Entwickelung es nicht anticipiren, daß der Anfang schon als solcher ein Abgeleitetes sey; für ihn in seiner Unmittelbarkeit ist es genügend, daß er einfache Allgemeinheit ist. Insofern er dieß ist, hat er seine vollständige Bedingung; und es braucht nicht deprecirt zu werden, daß man ihn nur *provisorisch und hypothetisch* gelten lassen möge. Was man gegen ihn vorbringen möchte, etwa von den Schranken der menschlichen Erkenntniß, von dem Erforderniß, ehe man an die Sache gehe, das Instrument des Erkennens kritisch zu untersuchen, sind selbst *Voraussetzungen*, die als *konkrete Bestimmungen* die Forderung ihrer Vermittelung und Begründung mit sich führen. Da sie hiermit formell nichts vor dem *Anfange* mit der Sache, gegen den sie protestiren, voraus haben, und vielmehr wegen des konkreten Inhalts einer Ableitung bedürftig sind, so sind sie nur für eitle Anmaßungen zu nehmen, daß auf sie vielmehr als etwas Anderes zu achten sey. Sie haben einen unwahren Inhalt, indem sie das als endlich und unwahr Bekannte zu einem Unumstößlichen und Absoluten machen, nämlich ein *beschränktes, als Form* und *Instrument gegen* seinen *Inhalt* bestimmtes Erkennen; dieses unwahre Erkennen ist selbst auch die Form, das Begründen, das rückwärts geht. Auch die Methode der Wahrheit weiß den Anfang als ein Unvollkommenes, weil er Anfang ist, aber zugleich dieß Unvollkommene überhaupt als ein Nothwendiges, weil die Wahrheit nur das Zu-sich-selbst-kommen durch die Negativität der Unmittelbarkeit ist. Die Ungeduld, die über das *Bestimmte*, es heiße Anfang, Objekt, Endliches, oder in welcher Form es sonst genommen werde, *nur* hinaus, und unmittelbar sich im Absoluten befinden will, hat als Erkenntniß nichts vor sich, als das leere Negative, das abstrakte Unendliche; oder ein *gemeintes* Absolutes, das ein gemeintes ist, weil es nicht gesetzt, nicht *erfaßt* ist; erfassen läßt es sich nur durch die *Vermittelung* des Erkennens, von der das Allgemeine und Unmittelbare ein Moment, die Wahrheit selbst aber nur im ausgebreiteten Verlauf und im Ende ist. Für das subjektive Bedürfniß der Unbekanntschaft und deren Ungeduld kann wohl eine Übersicht des *Ganzen zum Voraus* gegeben werden, durch eine Eintheilung für die Reflexion, die von dem Allgemeinen nach der Weise des endlichen Erkennens das Besondere als ein *Vorhandenes* und in der Wissenschaft zu Erwartendes angiebt. Doch gewährt dieß mehr nicht als ein Bild der *Vorstellung*, denn der wahrhafte Übergang vom Allgemeinen zum Besondern und zu dem an und für sich bestimmten Ganzen, worin jenes erste Allgemeine selbst nach seiner wahrhaften Bestimmung wieder Moment ist, ist jener Weise der Eintheilung fremd, und ist allein die Vermittelung der Wissenschaft selbst.

Vermöge der aufgezeigten Natur der Methode stellt sich die Wissenschaft als einen in sich geschlungenen *Kreis* dar, in dessen Anfang, den einfachen Grund, die Vermittelung das Ende zurückschlingt; dabei ist dieser Kreis ein *Kreis von Kreisen*; denn jedes einzelne Glied, als Beseeltes der Methode, ist die Reflexion in-sich, die, indem sie in den Anfang zurückkehrt, zugleich der Anfang eines neuen Gliedes ist. Bruchstücke dieser Kette sind die einzelnen Wissenschaften, deren jede ein *Vor* und ein *Nach* hat, oder genauer gesprochen, nur das Vor *hat*, und in ihrem Schlusse selbst ihr *Nach zeigt*.

So ist denn auch die Logik in der absoluten Idee zu dieser einfachen Einheit zurückgegangen, welche ihr Anfang ist; die reine Unmittelbarkeit des Seyns, in dem zuerst alle Bestimmung als ausgelöscht oder durch die Abstraktion weggelassen erscheint, ist die durch die Vermittelung, nämlich die Aufhebung der Vermittelung zu ihrer entsprechenden Gleichheit mit sich gekommene Idee. Die Methode ist der reine Begriff, der sich nur zu sich selbst verhält; sie ist daher die *einfache Beziehung auf sich*, welche *Seyn* ist. Aber es ist nun auch *erfülltes* Seyn, der sich *begreifende Begriff*, das Seyn als die konkrete, ebenso schlechthin *intensive* Totalität. Es ist von dieser Idee zum Schlusse nur noch dieß zu erwähnen, daß in ihr *erstlich* die *logische Wissenschaft* ihren eigenen Begriff erfaßt hat. Bei dem *Seyn*, dem Anfange ihres *Inhalts* erscheint ihr Begriff als ein demselben äußerliches Wissen in subjektiver Reflexion. In der Idee des absoluten Erkennens aber ist er zu ihrem eigenen Inhalte geworden. Sie ist selbst der reine Begriff, der sich zum Gegenstande hat, und der, indem er sich als Gegenstand die Totalität seiner Bestimmungen durchläuft, sich zum Ganzen seiner Realität, zum Systeme der Wissenschaft ausbildet, und damit schließt, dieß Begreifen seiner selbst zu erfassen, somit seine Stellung als Inhalt und Gegenstand aufzuheben, und den Begriff der Wissenschaft zu erkennen. *Zweitens* ist diese Idee noch logisch, sie ist in den reinen Gedanken eingeschlossen, die Wissenschaft nur des göttlichen *Begriffs*. Die systematische Ausführung ist zwar selbst eine Realisation, aber innerhalb derselben Sphäre gehalten. Weil die reine Idee des Erkennens insofern in die Subjektivität eingeschlossen ist, ist sie *Trieb*, diese aufzugeben, und die reine Wahrheit wird als letztes Resultat auch der *Anfang einer andern Sphäre und Wissenschaft*. Dieser Übergang bedarf hier nur noch angedeutet zu werden.

Indem die Idee sich nämlich als absolute *Einheit* des reinen Begriffs und seiner Realität setzt, somit in die *Unmittelbarkeit* des *Seyns* zusammennimmt, so ist sie als die *Totalität* in dieser Form, *Natur*. Diese Bestimmung ist aber nicht ein *Gewordenseyn* und *Übergang*, wie, nach oben, der *subjektive Zweck* zum *Leben wird*. Die reine Idee, in welcher die Bestimmtheit oder Realität des Begriffes selbst zum Begriffe erhoben ist, ist vielmehr absolute *Befreiung*, für welche keine unmittelbare Bestimmung mehr ist, die nicht ebenso sehr *gesetzt* und der Begriff ist; in dieser Freiheit findet daher kein Übergang Statt, das einfache Seyn, zu dem sich die Idee bestimmt, bleibt ihr vollkommen durchsichtig, und ist der in seiner Bestimmung bei sich selbst bleibende Begriff. Das

Übergehen ist also hier vielmehr so zu fassen, daß die Idee sich selbst *frei entläßt*, ihrer absolut sicher und in sich ruhend. Um dieser Freiheit willen ist die *Form ihrer Bestimmtheit* ebenso schlechthin frei, die absolut für sich selbst ohne Subjektivität seyende *Äußerlichkeit des Raums und der Zeit*. Insofern diese nur nach der abstrakten Unmittelbarkeit des Seyns ist und vom Bewußtseyn gefaßt wird, ist sie als bloße Objektivität und äußerliches Leben; aber in der Idee bleibt sie an und für sich die Totalität des Begriffs, und die Wissenschaft im Verhältnisse des göttlichen Erkennens zur Natur. Dieser nächste Entschluß der reinen Idee, sich als äußerliche Idee zu bestimmen, setzt sich aber damit nur die Vermittelung, aus welcher sich der Begriff als freie aus der Äußerlichkeit in sich gegangene Existenz emporhebt, *in der Wissenschaft* des *Geistes* seine Befreiung durch sich vollendet, und den höchsten Begriff seiner selbst in der logischen Wissenschaft, als dem sich begreifenden reinen Begriffe, findet.